丛书主编　丁见民
丛书副主编　付成双　赵学功

美 洲 史 丛 书

# 美国新闻媒体影响外交决策的机制研究

罗宣　著

南闻大學出版社

天　津

**图书在版编目(CIP)数据**

美国新闻媒体影响外交决策的机制研究 / 罗宣著
. －天津：南开大学出版社，2023.1
（美洲史丛书 / 丁见民主编）
ISBN 978-7-310-06356-7

Ⅰ.①美… Ⅱ.①罗… Ⅲ.①传播媒介－影响－对外
政策－研究－美国 Ⅳ.①D871.20

中国版本图书馆 CIP 数据核字(2022)第 231404 号

美国新闻媒体影响外交决策的机制研究
MEIGUO XINWEN MEITI YINGXIANG WAIJIAO JUECE DE JIZHI YANJIU

---

### 南开大学出版社出版发行

出版人：陈　敬
地址：天津市南开区卫津路 94 号　　邮政编码：300071
营销部电话：(022)23508339　营销部传真：(022)23508542
https://nkup.nankai.edu.cn

---

雅迪云印（天津）科技有限公司印刷　全国各地新华书店经销
2023 年 1 月第 1 版　　2023 年 1 月第 1 次印刷
238×170 毫米　16 开本　20 印张　4 插页　336 千字
定价：182.00 元

---

如遇图书印装质量问题,请与本社营销部联系调换,电话：(022)23508339

南开大学中外文明交叉科学中心
资助出版

本书为国家社科项目"西方媒体对他国的报道影响本国舆论和外交政策的机制分析"最终结项成果

# 编者的话

　　自从 1492 年哥伦布发现"新大陆",美洲开始进入全世界的视野之内。不过,哥伦布认为他所到达的是东方的印度,故误将所到之地称为印度群岛,将当地原住民称为"印地人"。意大利航海家阿美利哥在随葡萄牙船队到南美洲探险后,于 1507 年出版的《阿美利哥·维斯普西四次航行记》中宣布哥伦布所发现的土地并非东方印度,而是一个新大陆。稍后学者为了纪念新大陆的发现,将这一大陆命名为"亚美利加",即美洲。此后很长时期内,欧洲人,无论是西班牙、葡萄牙还是英国、法国的探险家,都将这一大陆称为美洲。葡萄牙航海家费迪南德·麦哲伦,西班牙探险家赫尔南·科尔特斯、弗朗西斯科·皮萨罗,英国探险家弗朗西斯·德雷克、沃尔特·雷利无论在发给欧洲的报告、书信还是出版的行记中,都将新大陆称为美洲。甚至到 18 世纪后期,克雷夫科尔撰写的《一位美国农夫的来信》使用的依然是"America",而法国人托克维尔在 19 世纪 30 年代出版的名著《论美国的民主》也是如此。可以说,在"新大陆"被发现后的数百年中,美洲在欧洲人的观念中都是一个整体。

　　1776 年,随着英属北美 13 个殖民地的独立,美洲各区域开始走上不同的发展道路。首先独立的美国逐渐发展壮大,西进运动势如破竹,领土扩张狂飙猛进,到 19 世纪中期已经俨然成为美洲大国。接着,原在西班牙、葡萄牙殖民统治之下的广大拉丁美洲地区,也在 19 世纪 20 年代纷纷独立,建立了众多国家。不过,新独立的拉美各国在资源禀赋极为有利的情况下,却未能实现经济快速发展,社会问题丛生,现代化之路崎岖缓慢。现代学者在谈及拉美问题时,屡屡提及"现代化的陷阱"。最后,加拿大在 19 世纪中期经过与英国谈判才获得半独立地位,但此后其"国家政策"不断推进,经济发展和国家建设稳步提升,于 20 世纪初跻身经济发达国家之列。

　　表面上看,似乎美洲各国因为国情不同、发展道路各异而无法被等同视之，但当历史进入 19 世纪末期以后，美洲一体化的趋势却日渐明显，似乎应了"分久必合"的老话。1890 年 4 月，美国同拉美 17 个国家在华盛顿举行第一次美洲会议，决定建立美洲共和国国际联盟及其常设机构——美洲共和国商务局。1948 年在波哥大举行的第九次美洲会议通过了《美洲国家组织宪章》，联盟遂改称为"美洲国家组织"。这一国际组织包括美国、加拿大与拉丁美洲大部分国家。

除了国际政治联合外，美洲经济一体化也在第二次世界大战后迅速发展。美洲区域经济一体化首先在拉丁美洲开启。拉美一体化协会（Latin American Integration Association）是最大的经济合作组织，其前身是拉丁美洲自由贸易协会，主要成员国包括阿根廷、玻利维亚、巴西、智利、哥伦比亚、厄瓜多尔、墨西哥、巴拉圭、秘鲁、乌拉圭和委内瑞拉。此外，1969 年成立的安第斯条约组织（又称安第斯集团），由玻利维亚、智利、哥伦比亚、厄瓜多尔和秘鲁组成。1994 年，安第斯条约组织正式组建自由贸易区。1997 年，安第斯条约组织更名为安第斯共同体，开始正式运作。与此同时，加勒比共同体、中美洲共同市场、南方共同市场等区域经济一体化组织纷纷出现。其中，1995 年建立的南方共同市场是拉美地区发展最快、成效最显著的经济一体化组织。北美自由贸易区的建立，则是美洲一体化的里程碑。1992 年，美国、加拿大和墨西哥三国正式签署《北美自由贸易协定》。1994 年 1 月 1 日，协定正式生效，北美自由贸易区宣布成立。

时至今日，美洲各国在经济和政治上的联系日益紧密，美洲在政治、经济和文化等诸多方面依然是和欧洲、亚洲、非洲迥然不同的一个区域。无论是被视为一个整体的美洲，还是走上不同发展道路的美洲各国，抑或走向一体化的美洲，都值得学界从历史、文化、外交、经济等多维度、多视角进行深入研究。

南开大学美洲史研究有着悠久的历史和深厚的学术传统。20 世纪二三十年代，曾有世界史先贤从美国学成归来，在南开大学执教美国史，为后来美国史的发展开启先河。不过，南开美国史研究作为一个具有影响的学科则可以追溯到杨生茂先生。先生 1941 年远赴海外求学，师从美国著名外交史学家托马斯·贝利，1947 年回国开始执教南开大学，他培养的许多硕士生和博士生成为国内高校美国史教学和科研的骨干。1964 年，根据周恩来总理的指示，国家高教委在南开大学设立美国史研究室，杨生茂先生任主任。这是中国高校中最早的外国史专门研究机构。此后，历经杨生茂先生、张友伦先生和李剑鸣、赵学功教授三代学人的努力，南开大学美国史学科成为中国美国史研究一个颇具影响的学术点。2000 年，美国历史与文化研究中心成立，成为南开大学历史学院下属的三系三所三中心的机构之一。2017年，以美国历史与文化研究中心为基础组建的南开大学美国研究中心，有幸入选教育部国别与区域研究（备案）基地，迎来新的发展机遇。不过，南开大学美国研究中心并非仅仅局限于历史学科。南开美国研究在薪火相传中一直都具有跨学科的多维视角特色，这可以追溯到冯承柏先生。冯先生出身于书香世家，数代都是南开学人。他一生博学多才，在美国研究、博物馆学与图书情报等数个领域都建树颇丰，在学界具有重要的影响，他为美国研究进一步开辟了交叉学科的宽广视野。在冯先生之后，南开美国研究的多学科合作传统也一直在延续，其中的领军者周恩来政府管理学院的韩召颖教授、美国研究中心的罗宣老师都是冯先生的杰出弟子。

南开大学拉丁美洲史是国家重点学科"世界史"主要分支学科之一，也是历史学院的特色学科之一。南开大学历史系拉丁美洲史研究室建立于1964 年，梁卓生先生被任命为研究室主任。1966 年，研究室一度停办。1991 年，独立建制的拉丁美洲研究中心成立，洪国起教授为第一任主任，王晓德教授为第二任主任，董国辉教授为现任主任。2002 年南开大学实行学院制后，拉美研究中心并入历史学院。1999 年，中心成为中国拉丁美洲史研究会秘书处所在地。洪国起教授在 1991—1999 年任该研究会副理事长，1999—2007 年任理事长。2007—2014 年，王晓德教授担任研究会理事长，韩琦教授担任常务副理事长；2014 年后，韩琦教授担任理事长，王萍教授、董国辉教授担任副理事长。

此外，加拿大史研究也一直是南开大学世界史学科的重要组成部分。20世纪 90 年代，张友伦先生带队编著并出版《加拿大通史简编》，开启研究先河。杨令侠、付成双教授分别担任中国加拿大研究会会长、副会长，先后担任南开大学加拿大研究中心主任。南开大学加拿大研究中心是中国加拿大研究的重镇之一，出版了众多加拿大研究成果，召开过数次大型学术研讨会。

深厚的学术传统结出丰硕的学术成果，而"美洲史丛书"就是前述研究成果的一个集中展现。这套丛书计划出版（或再版）18 部学术著作，包括杨生茂著《美国史学史论译》、张友伦主编《加拿大通史简编》、冯承柏著《美国社会文化与中美交流史》、洪国起著《拉丁美洲若干问题研究》、陆镜生著《美国社会主义运动史》、韩铁著《美国历史中的法与经济》、王晓德著

《拉丁美洲对外关系史论》、李剑鸣著《文化的边疆：美国印第安人与白人文化关系史论》、韩琦著《拉丁美洲的经济发展：理论与历史》、赵学功著《战后美国外交政策探微》、付成双著《多重视野下的北美西部开发研究》、董国辉著《拉美结构主义发展理论研究》、王萍著《智利农业与农村社会的变迁》、丁见民著《外来传染病与美国早期印第安人社会的变迁》、张聚国著《上下求索：美国黑人领袖杜波依斯的思想历程》、罗宣著《美国新闻媒体影响外交决策的机制研究》、王翠文著《体系变革与中拉发展合作：跨区域主义的新转向》与董瑜著《美国早期政治文化史散论》。

与其他高校和科研机构的相关成果相比，这套丛书呈现如下特点：第一，丛书作者囊括南开大学老中青三代学者，既包括德高望重的前辈大家如杨生茂、张友伦、冯承柏、洪国起，又包括年富力强的学术中坚如王晓德、李剑鸣、赵学功、韩琦等，还包括新生代后起之秀如付成双、董国辉和董瑜等；第二，丛书研究的地理区域涵盖范围宽广，涉及从最北端的加拿大到美国，再到拉丁美洲最南端的阿根廷；第三，涉猎主题丰富广泛，涉及政治、经济、文化、外交、社会和法律等众多方面。可以说，这套丛书从整体上展现了南开大学美洲史研究的学术传统特色和专业治学水平。

为保证丛书的编写质量，南开大学历史学院与南开大学出版社密切合作，联手打造学术精品。南开大学中外文明交叉科学中心负责人江沛教授在担任历史学院院长时启动了"美洲史丛书"的出版工作，并利用中外文明交叉科学中心这个学术平台，提供学术出版资助。余新忠教授继任历史学院院长后，十分关心丛书的后续进展，就丛书的编辑、出版提出了不少建设性意见。南开大学世界近现代史研究中心主任杨栋梁教授对丛书的出版出谋划策，鼎力支持。此外，美国研究中心、拉丁美洲研究中心的博士及硕士研究生出力尤多，在旧版书稿与扫描文稿间校对文字，核查注释，以免出现篇牍讹误。

南开大学出版社的陈敬书记、王康社长极为重视"美洲史丛书"的编辑出版工作，为此召开了专门的工作会议。项目组的编辑对丛书的审校加工倾情投入，付出了艰巨的劳动。在此向南开大学出版社表示衷心的感谢！

丁见民

2022 年 4 月

# 序　言

新闻媒体与政治在人类社会发展过程中一直有着不可分割的联系。媒体被视为政治生活的重要部分。美国著名外交史学家托马斯·贝利（Thomas Bailey）认为：“发黄的历史画卷无数次展示，统治者一旦不顾臣民意愿而一意孤行，很少有人能逃脱灭顶的命运。即便是独裁者，也深知公众舆论的厉害，故而不厌其烦地宣传鼓动，以期获得民众对其专制的支持。”①美国20世纪最有影响的政治学家、比较政治学和政治文化理念的创始人加布里埃尔·A. 阿尔蒙德（Gabriel Almond）于此有着更为系统的解读。他在谈及政治体系中政治传播的本质时指出：在现代政治体制当中，政治消息的目的、指向、内容乃至影响在很大程度上依赖于政治权力的组织方式。对媒体的利用既反映了统治集团维护权力、推行政策的需要，又反映出权力中心由内到外或由上及下的控制途径。换言之，媒体是维护作为权力中心的宪法和执政者政治地位的重要工具。②显然，新闻媒体和公众舆论是连接政府与社会不可或缺的纽带，发挥着超乎常人想象的政治功用。

在现代西方社会，新闻媒体的迅猛发展使其在政治生活中扮演着更为重要的角色。它对于政治人物的形象塑造、政治事件的定性评价所产生的影响越来越引起人们的高度重视，也吸引着学者进行深入的思考。九尔根·哈贝马斯（Jürgen Habermas）把新闻媒体和公众舆论在国家和社会之间发挥社会影响的空间称为公共领域，指出：“一个合理化的生命世界在多大程度上为自由的公共领域提供强大的市民社会基础，在日益激烈的社会争论中立场鲜

---

① Bailey, Thomas. *The Man in the Street: The Impact of American Public Opinion on Foreign Policy*. New York: The MacMillan Company, 1948, p. 1.

② Almond, Gabriel A. "Introduction: A Functional Approach to Comparative Politics." In Gabriel A. Almond and James S. Coleman eds. *The Politics of the Developing Areas*. Princeton: Princeton University Press, 1960, pp. 45-52.

明的公众权威就在多大程度上得到加强。"他认为，不同社会制度下公共领域特别是新闻媒体可发挥如下作用："在自由公共领域的条件下，非正式公共传播在危机时的动员中完成两件事情：一方面阻止那些受民粹主义鼓动的、被进行了思想灌输的大众聚而成群；另一方面将仅仅因为大众媒体而抽象地联合起来的公众的批判潜力聚集起来。这有助于公众对制度化的意见形成和意志形成过程施加政治影响。"哈贝马斯特别强调："只有在自由的公共领域中，为了推动政治体制中宪法规定的权力循环，抛开传统利益政治途径的次制度层面的政治运动，才会具有上述特性。相形之下，专制扭曲的社会制度下形成的公共领域很少为公投合法化提供平台。"①哈贝马斯立足于实际情况的敏锐观察显然反映了现代西方国家媒体与公众舆论和政府对外政策关系的实况。以往的历史现象表明，新闻媒体和公众舆论在政治权力相对分散的西方国家能够发挥更大的影响，新闻媒体对公众在外交问题上的舆论也具有更大的影响。因而，现代西方国家对于新闻媒体一向予以高度重视。

在西方国家中，美国的新闻媒体在政治、社会与外交中发挥的作用尤其具有代表性。聚焦美国的新闻媒体，探求美国新闻媒体、公众舆论与外交决策的关系，对于理解西方媒体对他国的报道影响本国舆论和外交政策的机制，具有于管中窥豹而见一斑的功效。

# 一、美国新闻媒体对外交决策影响研究的现实与学术意义

19 世纪末，伴随着报纸转为大批量印刷，新闻媒体的角色随之悄然发生革命性的改变。此前，报纸的读者群局限于社会的精英阶层，其发表的文章也常被当作政客诋毁政敌、赚取政治资本的工具，政治、外交、公众和媒体之间没有形成真正意义上的互动关系。报纸的大量发行将政治家与公众联结起来，为公众搭建了参与政治的机遇和平台，对美国社会产生了革命性的影响。作为距离公众最为遥远，很难引起公众关注的外交问题，其表现尤为明显。受益于信息传播技术的变革，在 1898 年美西战争中，威廉·赫斯特

---

① Habermas, Jürgen. *Between Facts and Norms: Contributions to a Discourse Theory of Law and Democracy.* Translated by William Rehg. MA: MIT Press, 1996, p.382.

（William Randolph Hearst）的《纽约日报》（*New York Journal*）和约瑟夫·普利策（Joseph Pulitzer）的《纽约世界报》（*The World*）史无前例地扮演了沟通公众与政府，共同推动美国外交决策的重要角色。从此，公众得以及时获取更多的外交层面信息，进而在外交领域，公众舆论成为不可或缺的参与因素。

伴随着批量印刷技术在世界推广，在整个世界，外交与社会、外交官与公众逐渐联结在一起，进而改变了世界外交史的走向。当我们从公众与外交关系的视角回首 19 世纪末 20 世纪初世界外交图景时，不难发现，1900 年是世界外交史的分水岭。此前，世界各国外交多为秘密进行，除特殊情况，媒体和公众对决策过程很难产生影响。此后，伴随着新闻传播媒介的发展，其公开的程度不断加大，传播的时效性也日趋提高，一向秘密进行的外交逐渐走向公开化。首先发现这一现象的，是美国著名政治学家、外交学家汉斯·摩根索（Hans Morgenthau）。1949 年，他在感伤外交丧失了其所固有的神秘性魅力同时，敏锐地发现了 1900 年前后世界外交史的差异，指出："如今外交已经不再扮演三十年战争结束至第一次世界大战之初期间所扮演的耀眼、精彩、重要的角色……外交已失去了活力，其功能也萎缩到了现代国家体系史上史无前例的程度。造成如此衰落的原因有五个……其中最显著的原因是现代传媒的发展。"[1]

其实，在 20 世纪中叶，看到世界外交正在发生天翻地覆变迁的并不只是政治学家汉斯·摩根索，还有一批政客和媒体大亨。只不过，他们少有感时伤怀的雅致，却有抓住机遇推波助澜的冲动。这一时期，在利益的驱动下，媒体直接或间接地与党派联系在一起，一批媒体大亨也随之出现，媒体对外交的影响进一步深化。媒体一旦与政治联手，其国际事务的报道无论广度、深度和速度均不断提高，使媒体对社会乃至外交决策产生了前所未有的影响。自此开始，媒体成为塑造解释框架、公众舆论和外交决策的重要角色，媒体也因此成为仅次于宗教的影响美国社会的重要因素。

冷战期间，如过江之鲫的媒体对外交的影响力进一步增长。民权运动、反战运动、水门事件、美国有线电视网（CSPAN）的出现等，促使美国政

---

[1] 转引自：Ammon, Royce J. *Global Television and the Shaping of World Politics: CNN, Telediplomacy, and Foreign Policy.* Jefferson, CA: McFarland & Company, Inc. 2001, p. 6.

府增加其外交决策过程的公开化和透明度。[1]外交决策过程的公开化直接导致了各方势力争夺公共话语权，争取营造有利于己方的舆论解释框架。而在这场舆论解释框架争夺战的混战中，作为外交决策核心人物的美国总统往往不仅无法因总统的特殊地位在口水战中占得便宜，反而常常成为舆论攻击的对象。美国前国务卿亨利·基辛格（Henty Kissinger）因此感叹道，外交已为瞬时传媒时代所"大大地改变了"。1995 年，联合国秘书长、世界最主要的外交官加利甚至声称："CNN 是联合国安全委员会 15 个成员国之外的第16 个非正式成员。"[2]

　　1900 年之后世界外交史变迁的图景，显露出媒体对于外交事务影响的端倪。但是，媒体对于外交决策是否有影响，产生着怎样的影响，显然无法从宏观的世界外交史轮廓中得出明确的答案。事实也是如此。近百年来，如上问题持续不断地在各个时代的研究者头脑中提出，相应的解读也在不断地展现，但是，与之相映的不是观点的趋同，而是分歧从未停歇，甚至出现了以"制造共识论"（Manufacturing Consent）和"CNN 效应学说"为代表的两种针锋相对的观点。以"制造共识论"为代表的观点认为，新闻媒体没有参与政策制定，它只是被动地甚至被裹胁地支持政府决策，其主要作用是为政府争取公众的支持，不过是政府的喉舌与传声筒。[3]以"CNN 效应学说"为代表的观点认为，美国新闻媒体通过迅速、自由、积极地进行国际事务报道，传播舆论对外交事务的观点，在公众对国际事务的认识、关注度、关注持续时间以及决策者对事态的反应速度、根据舆论修订政策等环节上塑造着外交政策的制定。[4]新闻媒体不但有巨大的影响力，甚至有能力"撼动政

---

[1] Jacobs, Lawrence and Robert Y. Shapiro. *Politicians Don't Pander: Political Manipulation and the Loss of Democratic Responsiveness*. Chicago: University of Chicago Press, 2000; Kernell, Samuel. *Going Public: New Strategies of Presidential Leadership*. Washington, D.C.: CQ Press, 1992.

[2] 转引自：Ammon, Royce J. *Global Television and the Shaping of World Politics: CNN, Telediplomacy, and Foreign Policy*. Jefferson, CA: McFarland & Company, Inc. 2001, pp. 6-7.

[3] 参见 Chomsky, Noam and Edward Herman. *Manufacturing Consent*. New York: Pantheon, 1988；Hammond, Phil and Edward Herman eds. *Degraded Capability: The Media and the Kosovo Crisis*. London: Pluto Press, 2000；Herman, Edward. "The Media's Role in US Foreign Policy." *Journal of International Affairs*. Vol.47, No.1 (1993): pp.23-45.

[4] Newsom, David D. *The Public Dimension of Foreign Policy*. Bloomington: Indiana University Press, 1996, p.43.

府"①。

　　除了如上两种各执一词的观点，同样值得注意的是，国内外学者在媒体
如何影响外交决策问题上的论断多为语焉不详甚至前后矛盾，从而进一步加
剧了这一问题的复杂化。例如 BBC 国际新闻记者、媒体与政府决策研究专
家尼克·高英（Nik Gowing）在对众多美国前任和现任外交决策高官进行一
系列访谈和问卷调查后提出，媒体新闻报道在某些特定情况下能够改变"总
体战略"，尽管这种情况并不多见。②但他并未说明总体战略是什么，媒体
又具体如何改变战略决策等问题。又如，美国骑士报业外交事务专栏记者、
媒体与外交关系专家沃伦·P.斯特罗贝尔（Warren P.Strobel）的研究一方面
指出几乎没有"证据表明媒体的推动（政府参战）作用，……也没有证据表
明其推动（政府撤兵）作用"③，新闻报道在政策形成过程中扮演着"辅助
作用"，但同时又认为，"虽然新闻媒体对政策没有直接独立的影响，但却起
着推动其他议程的作用"，媒体"会对决策产生重大影响"④。有人认为
"媒体对于外交决策的影响具有不确定性"⑤，更有学者将媒体与外交决策的
关系统而概之地称为"复杂的系统""互动关系"和"复杂多变的关系"⑥。

　　显然，与本课题相关的研究尚不够系统和深入，仍停留在概而言之的阶
段，这是如上观点彼此矛盾、自相矛盾的根本原因所在，也是本课题研究的
学术价值所在。

　　学术界对于新闻媒体影响公众舆论与外交决策的研究之所以笼统、矛
盾，并非无本之木，而是与复杂多变的实际情况紧密地连接在一起。事实
上，新闻媒体在不同阶段和情形下对西方国家外交决策的影响的确时强时
弱、时隐时现。强时，媒体仿若能翻云覆雨的巨手，似乎能够掌控一切。这

---

　　① Cohen, Bernard C. "The View from the Academy." In W. Lance Bennett and David L. Paletz eds. *Taken by Storm: The Media, Public Opinion and US Foreign Policy in the Gulf War*. Chicago, IL: University of Chicago Press, 1994, p.9.

　　② Gowing, Nik. "Real-time TV Coverage from War: Does it Make or Break Government Policy?" In James Gow et al. eds. *Bosnia by Television*. London: British Film Institute, 1996, p. 88.

　　③ Strobel, Warren P. *Late Breaking Foreign Policy: The News Media's Influence on Peace Operations*. Washington D.C., WA: United States Institute of Peace, 1997, p. 212.

　　④ Strobel, Warren P. *Late Breaking Foreign Policy: The News Media's Influence on Peace Operations*. Washington D.C., WA: United States Institute of Peace, 1997, pp. 215-216.

　　⑤ 朱锐：《外交决策中的公众舆论与媒体因素》，《当代世界》2008 年第 8 期，第 46 页。

　　⑥ Minear, Larry, Colin Scott and Thomas Weiss. *The News Media, Civil Wars and Humanitarian Action*. Boulder, CO: Lynne Rienner, 1996, p. 46.

方面的例证比比皆是。一战前，德国和美国的媒体报道影响了德美双方政府的重大外交决策[①]；二战前，《泰晤士报》（*The Times*）的新闻报道对英国和德国的外交决策有过深远影响[②]；南斯拉夫解体后，德国主流媒体的报道是德国政府于 1991 年过早地承认斯洛文尼亚和克罗地亚的直接原因；1992 年，美国出兵索马里，其直接原因是媒体大量报道索马里儿童在大饥荒中的惨境，导致美国在媒体压力下政府出兵。弱时，媒体似乎一瞬间销声匿迹了。最典型的例证就是美国出兵索马里的同时，苏丹的饥荒程度绝不亚于索马里，但却无人问津。

现实中媒体对外交决策明显的影响，与学界含混不清的研究现状，使人们对媒体究竟对外交政策有无影响、有什么影响、如何影响等问题更加迷惑。有人因此感叹道："媒体影响理论的缺失已极大地阻碍了我们对民主运作机制的理解。"[③]

显然，国内外学界对媒体影响机制的认识多停留在感性认识层面，大多笼统地认为二者之间关系复杂多变。有目共睹的是，新闻媒体对外交决策没有直接独立的影响，但在特定情况下却也会对决策产生决定性影响。由此我们不能不产生这样的疑问：新闻媒体对外交决策乃至公众究竟有无影响，如果有，又有什么样的影响，怎样产生如此影响，而这种影响对外交决策和公众发挥作用的具体机制又是怎样的？这些正是本书力求回答的问题。本书正是力图通过深入探讨新闻媒体分别对外交决策者和公众在外交事务方面的影响，剥开令人迷惑的媒体影响疑团，揭示新闻媒体对外交决策和公众舆论影响机制的尝试。

本书将以美国为中心对"西方媒体对他国的报道影响本国舆论和外交政策的机制分析"这一课题进行探讨。选取美国为个案研究对象部分是因为美国历史和美国研究是本书作者的专业研究领域，但更主要是由于以下几个方面的原因。

首先，较之其他西方国家，美国新闻媒体自由度最高、综合影响力更

---

① Foster, Schuyler H. Jr. "How America Became Belligerent: A Quantitative Study of War News, 1914-1917." *American Journal of Sociology*. Vol. 40 (1935): pp. 464-475; Foster, Schuyler H. Jr. "Chartering America's News of the World War." *Foreign Affairs*. Vol.15, No.2 (1937): pp. 311-319.

② 参见：Seymour-Ure, Colin. *The Political Impact of Mass Media*. London: Constable; Beverly Hills, CA: Sage, 1974.

③ Iyengar, Shanto and Donald R. Kinder. *News That Matters: Television and American Opinion*. Chicago: The University of Chicago Press, 1987, p. 3.

大，因此也是研究新闻媒体对外交决策和公众舆论影响机制最有力的例证。
正如美国外交史学家托马斯·贝利所说："如今世界上最强大的国家是美
国，因此世界上存在的最强有力的公众是由美国人民组成的。华盛顿政府在
外交领域中做到的和没有做到的很大程度上取决于美国公民的意愿；而美国
公民提出的和没有提出的要求对整个地球的命运都具有重大影响。"①因此，
"在美国，没有任何国会的重大立法，任何国外冒险，任何外交活动，任何
大的社会改革能够成功，除非新闻界准备好了公众的思想。"②美国如同探
究西方国家新闻媒体与外交决策和公众舆论关系的放大镜，有利于研究更为
深入地进行。

　　同时，这也是美国作为西方国家中政权最为分散的国家所具有的特性使
然。亚历克西·德·托克维尔（Alexis De Tocqueville）曾明确指出，美国乃
至所有西方国家在对外关系方面"绝对不如其他政府"，因为"对外政策几
乎不需要民主所固有的任何素质；恰恰相反，它所需要的倒是发挥民主几乎
完全不具备的那些素质。民主有利于增加国内的资源，使人民生活舒适，发
展公益精神，促进社会各阶级尊重法律；而且，所有这一切，还能对一个国
家的对外关系发生间接的影响。但是，民主却难于调整一项巨大事业的各个
细节，它只能制定规划，然后排除障碍去监督执行。民主很少能够秘密地拟
定措施和耐心地等待所定措施产生的结果，而这却是一个个人或一个贵族所
具有的素质"③。托克维尔的这一论断主要基于美国决策过程中的一个重要
因素，即国会与总统之间、美国立法机构与行政机构的分权，麦迪逊则称之
为"部分权力的交织"。

　　若要在这样分权制政治体制的国家制定有力的国家政策，就必须以某种
方式取得平衡。而作为与政府权力机构分割开来的另外一个机构，媒体是联
系政治体制中相互分离的部分的纽带之一，并能对非常情况下的政治局势作
出反应。媒体既能够维护体制内处于任何位置任何权力持有者的正当利益，
又会如同麦卡锡时代媒体所表现的，有效地揭露某一执政府、机构或个人。

　　在这样政权最为分散的国家中，民众对民主思想的信仰和对新闻自由的

① Bailey, Thomas. *The Man in the Street: The Impact of American Public Opinion on Foreign Policy*. New York: The MacMillan Company, 1948, p.2.

② 张友伦、李剑鸣主编：《美国历史上的社会运动和政府改革》，天津：天津教育出版社，1992 年版，第 185 页。

③ Tocqueville, Alexis De. *Democracy in America,* Vol.1. New York: Liberty of America, 2004, p.262.

推崇也愈重，因而，新闻媒体与公众以及公众舆论之间的互动关系也愈为凸显。"如今，美国人每天都要做与其生存息息相关的决策。为使决策得当，人们须得明达多闻。因此，他们依赖本国的自由媒体。"①因此，对美国公众与新闻媒体及其对他国报道的关系的探讨，有助于发现媒体与公众关系的特质。

其次，探究美国媒体对公众舆论和外交政策的影响还能增进对美国乃至整个西方政治体系制定外交政策运作方式的了解。媒体影响外交政策选择本身就是外交政策制定过程的重要环节。在此过程中，媒体是极其重要的组成部分。对这一组成部分了解得越透彻，对外交政策制定体系方方面面的关系也能理解得更为透彻。②

最后，新闻媒体并非美国政治体制中唯一具有信息传播功能的机构，也不是政治调节的唯一工具。实际上，无论如何定义美国的政权功能，美国政权广泛分配的一方面就是政治功能全方位的广泛运行。然而，在此过程中是有特别分工的，正如施政者所普遍认可的拟定外交政策主要是行政部门的职责一样，外交政策的传播工作一般被认为是媒体的主要职能。因此，对媒体和外交政策关系的研究也能深化我们对美国和西方政治体制中的媒体传播职能的认识。③

# 二、研究现状

美国新闻媒体与外交决策的关系深深扎根于美国历史传统，尤其与其早于国家创立的独特背景息息相关。与世界上的其他国家不同的是，美国是一个"媒体诞生早于外交政策"④数十年的国家。这样的历史传统，使新闻媒体在美国社会中扮演着十分重要的角色，其中包括对外交决策的影响。尤其是进入 20 世纪以来，作为美国民主的重要维护机构，新闻媒体在外交决策

① Cohen, Bernard C. *The Press and Foreign Policy*. Princeton, NJ: Princeton University Press, 1963, p.5.

② Cohen, Bernard C. *The Press and Foreign Policy*. Princeton, NJ: Princeton University Press, 1963, p.15.

③ Cohen, Bernard C. *The Press and Foreign Policy*. Princeton, NJ: Princeton University Press, 1963, p.16.

④ Reston, James. "The Press, the President and Foreign Policy." *Foreign Affairs*. Vol.44, No.4 (1966): p.554.

中的作用一直被认为是很重要的一环，"许多新闻人士、决策者、学者都不曾真正质疑媒体对外交决策过程的深刻影响"①。近百年来，这一极具挑战性的课题就吸引着记者、官员和来自传媒学、政治学、社会学、历史学等诸多领域的学者。但是，对于新闻媒体如何介入外交决策的过程一直众说纷纭，至今难有定论。这一点，在近百年来的媒体影响相关研究中表露无遗。

关于美国新闻媒体与外交决策关系的相关研究，在过去的一百年中大致可以分为如下三个阶段。

19 世纪末到 20 世纪 30 年代为第一阶段。在这个阶段，媒体在欧洲和北美得到迅猛发展，黄色新闻报道、各种新闻杂志、广播等左右着舆论、塑造着价值观、改变着人们的生活行为和习惯，更为重要的是其积极参与到了反垄断反腐败的进步主义运动等政治活动和决策当中。这一时期人们对于媒体的认识并非科学系统的考察，而主要是对大众化读物、电影和广播的大量涌现及其普及的初步认识。广告商、一战期间的政府宣传机构、报社、国家首脑等开始注意利用媒体的力量。受当时整个社会科学研究方法与理论刚刚起步的限制，此阶段对媒体作用的研究基本停留在感官认识阶段。②这一时期学者们关切的是影响决策的外部力量与西方国家运转的问题，他们认识到，媒体通过提供信息教育着公众。他们的目光很快从公众转向公众舆论。1922 年沃尔特·李普曼（Walter Lippmann）发表的《公众舆论》一书即是这一时代的产物。

继李普曼《公众舆论》之后，大众传媒研究主要集中在探索媒体警醒大众什么是大事要闻的能力方面。这一理论有时被称为"魔弹理论"（Magic Bullet Theory）或者"皮下注射理论"（Hypodermic Needle Theory）。该理论认为，传媒具有极其强大的威力，其受众就像射击手面对的固定不变的靶子或是躺在病床上接受治疗的病人一样，只要枪口瞄准靶子，或者针头对准扎入病人身体的目标部位，子弹或药水就会产生种种强大而神奇的效果。③显

① Livingston, Steven. "Beyond the 'CNN effect': The Media-Foreign Policy Dynamic." In Pippa Norris ed. *Politics and the Press: The News Media and Their Influences*. Boulder, Colorado: Lynne Rienner Publishers, Inc. 1997, p. 292.

② Curran, James, Michael Gurevitch, and Janet Woolacott. *Mass Communication and Society*. Sage Publications, 1979, p. 71. 转引自 Graber, Doris A. *Media Power in Politics*. Congressional Quarterly Inc. Washtington D.C., 1994, p. 9.

③ 参见：Berger, Arthur A. *Essentials of Mass Communication Theories*. London: Sage Publications, 1995.

然，当时人们认为媒体信息的魔弹完全被新闻受众照单全收了。

但这并不意味着李普曼等将新闻受众视为新闻媒体传递信息的被动接受者。他认为："足以见得，在某些条件下，人们对虚拟情形的反应与其对现实情况的反应一样强烈。在有些情况下，他们帮助造就了自己必须应对的虚拟情形。"① 也就是说，公众积极参与构建现实的影像，但他们的信息主要通过大众媒体获得，因而受媒体的制约。②

一战后到二战前（1919—1939）的这段时期，媒体研究的主体思想认为，媒体是强大的、有说服力的。③ 媒体所呈现的现实映像能极大地改变全体公众的信念和观念，公众"所有层面的行为，从穿衣、举止、语言、种族和宗教观等等，都在媒体重塑社会映像的报道下彻底改变了。而研究人员对媒体这种极权式影响的研究结果感到不寒而栗、忧心忡忡"④。

第二阶段为 20 世纪 40 年代至 60 年代初，媒体影响研究在大众传媒研究大发展的历史背景下得到重要发展，主要表现在媒体研究范式开始发生明显转变。因此，此阶段虽然研究成果不多，但影响深远。

量化研究在此阶段开始受到高度重视。1940 年 5 月至 11 月，保罗·F. 拉扎斯菲尔德（Paul F. Lazasfeld）及其同事在美国俄亥俄州伊利郡（Erie County）进行了居民在总统大选中的投票选择的调查研究。他们发现，人际影响在总统大选中发挥着举足轻重的作用。这一发现令他们始料未及。他们注意到，在大选中，有些人起到了"舆论领袖"（Opinion Leader）的作用。这些"舆论领袖"充当着信息中转站的角色，他们"从广播和印刷媒体"接受某种观点，然后再从他们流向不太活跃的人群，进而形成公众舆论。⑤

自拉扎斯菲尔德等里程碑式的研究开始，有关媒体对选举、公共信息宣传活动以及公众态度影响的量化研究开始展现出媒体影响的不同侧面，进而形成了影响至今的"拉斯韦尔 5W 模式"。

---

① Lippmann, Walter. *Public Opinion.* New York: Macmillan Publishing, 1922, p. 14.

② McCombs, Mexwell et al. *Contemporary Public Opinion: Issues and the News.* Hillsdale, N.J.: Lawrence Erlbaum Associates, 1991, p. 12.

③ Lowery, Shearon and Melvin Defleur. *Milestones in Mass Communication Research: Media Effects.* News York: Longman Publishers, 1983, pp. 17-18.

④ Taras, David. "Television and Public Policy: The CBC's Coverage of the Meech Lake Accord." *Canadian Public Policy.* Vol. 15, No. 3 (1989): p. 323.

⑤ Lazarsfeld, Paul F., Bernard R. Berelson and Hazel Gaudet. *The People's Choice: How the Voter Makes Up His Mind in a Presidential Campaign.* New York, NY: Duell, Sloan & Pierce, 1948.

1948 年，哈罗德·拉斯韦尔（Harold Lasswell）发表了《社会传播的结构与功能》一文①，从内部结构上分析了传播过程中的诸要素，明确提出了传播过程及其五个基本构成要素，即：谁（Who），说什么（What），对谁（Whom）说，通过什么渠道（What channel），取得什么效果（What effect）（Who said What to Whom through Which channel with What effect）。这就是著名的"拉斯韦尔 5W 模式"。这一模式奠定了传播学研究的五大基本内容，即"控制分析""内容分析""媒体分析""受众分析"以及"效果分析"。这五种分析涵盖了传播研究的主要领域，并为传播学重视确定的效果奠定了基础。

1950 年，被公认为美国 20 世纪最具影响力的政治学家加布里埃尔·A. 阿尔蒙德出版了《美国人民与外交政策》一书。该著作具体分析了公众舆论、新闻媒体和外交决策之间的关系：在外交决策过程中，媒体精英（包括新闻媒体的发行人等媒体拥有者、编辑等媒体控制者和新闻记者等媒体积极参与者）与政府精英（包括国务院成员、国会外交委员会成员、行政机构精英人物和利益集团领导人）之间进行互动，以反映美国大众在经济、种族、宗教和意识形态等方面的复杂利益。②凭借这部著作，加布里埃尔·阿尔蒙德一举成名。这部著作也成为这一时期媒体与外交关系研究的扛鼎之作。

1960 年，约瑟夫·T. 克拉佩尔（Joseph T. Klapper）在《大众传播影响》（*The Effects of Mass Communication*）③一书总结了当时媒体影响实证研究的两大共识：一是大众传播一般并不是影响受众充分且必要的条件，而是作为诸多影响因素和影响力之一，通过诸多因素和影响力合力发挥作用；二是这些因素使得大众传播在影响现状的过程中成为助成因素而不是唯一的原因。④因此，这一时期的研究中媒体的影响是有限的。媒体对受众感知的任何影响力首先是基于其自身亲历的社会经历和心路历程。受众的感知似乎在接触媒体后得到强化，而不是通过使用媒体而大幅度改变。

克拉佩尔之前，学者们深为媒体不均衡的新闻报道、误导性的广告或暴

① Lasswell, Harold. "The Structure and Function of Communication in Society." In Lyman Bryson ed. *The Communication of Ideas*. New York: Harper and Row, 1948, pp. 37-51.

② Almond, Gabrial A. *The American People and Foreign Policy*. New York: Harcourt Brace and Jonanovick, 1950.

③ Klapper, Joseph T. *The Effect of Mass Communication*. Glencoe, Ill.: Free Press, 1960.

④ Shaw, Donald L. and Maxwell E. McCombs. *The Emergene of American Political Issues: The Agenda-Setting Function of the Press*. St. Paul: West Publishing, 1977, pp. 3-4.

力节目可能给社会带来的有害影响感到不安，克拉佩尔认为媒体影响有限的研究结论在一定程度上平复了学者们不安的心。

但是，大众传播研究新的范式转换唤起了人们对李普曼关于媒体对公众舆论具有重要影响的重新认识。[①]在克拉佩尔出版《大众传播影响》后不久，库尔特·朗（Kurt Lang）和格拉迪斯·恩格尔（Gladys Engel）的研究就推翻了其有限影响理论。他们在对 1948 年和 1953 年美国总统大选进行系列研究的基础上指出，媒体在界定政治辩论范围、确定选民关注的问题等过程中具有重要作用，大众媒体具有议程设置功能。[②]库尔特·朗和格拉迪斯·恩格尔着重研究了媒体如何界定议题，如何发现只有媒体才能直接或间接地获知的现实政治环境中存在的问题。他们写道："接触这一间接环境如同逃离和接触所处世界一样困难。主要事件、事件引发的分歧、围绕主要问题讨论涌现的一系列领军人物，以及关于这些人物个性的思想等都在某种程度上为即使不是每个人也至少是大部分公众所熟知，其中也包括那些很少关注新闻和政治的公众。新闻媒体的这种普遍性促使我们在研究其累积性影响时不仅仅局限于其直接影响。"[③]议程设置的研究视角并不是将劝说作为影响新闻受众的主要因素，相反，它研究的是媒体如何影响新闻受众的认知，如何影响受众对什么是重要的信息、什么问题值得深入探讨的判断。该研究不但发现选择性接触和选择性保留是受众对待媒体政治性内容的方式，而且还指出，媒体有限影响论并未涵盖媒体影响的全部。[④]

麦克斯韦尔·E. 麦库姆斯（Maxwell E. McCombs）和唐纳德·L.肖（Donald L. Shaw）在朗氏研究的基础上，首度利用 1968 年美国总统大选期间量化的政治数据对媒体议程设置功能进行了实证考察。研究发现，媒体认为重要的政治问题与公众认为重要的问题之间关联极大，"选民观念中国家面临的重大问题与媒体反映的问题基本一致，即使大选中三个总统竞选人强

---

① McCombs, Mexwell et al. *Contemporary Public Opinion: Issues and the News*. Hillsdale, N.J.: Lawrence Erlbaum Associates, 1991, p. 13.

② Lang, Kurt and Gladys Engel Lang. *Voting and Nonvoting: Implications of Broadcasting Returns before Polls are Closed*. Waltham: Blaisdell Publishing Co, 1968.

③ Engel, Gladys and Kurt Lang. *Politics and Television Re-viewed*. Beverly Hills: Sage Publications, 1984, p. 213.

④ Engel, Gladys and Kurt Lang. *Politics and Television Re-viewed*. Beverly Hills: Sage Publications, 1984, pp. 212-213.

调的问题面广类杂"①。麦库姆斯和肖的这项研究开启了从实证角度深入探索媒体影响的先河，为量化媒体塑造公众政治舆论的研究提供了新思路。他们首度提出，媒体在塑造公众舆论的同时，也必然塑造着必须对公众舆论作出应对的政治活动参与者们的议程框架。因此，麦库姆斯和肖的研究成为推动议程设置理论实证研究的重要里程碑。

20 世纪 60 年代以来，信息技术的迅猛发展使新闻媒体可以 24 小时播报消息，外交保密因而几乎成为不可能。新闻媒体的空前活跃引起了部分学者对其与外交决策关系研究的关注，其中最具影响的研究者是詹姆斯·赖斯顿（James Reston）和伯纳德·C. 科恩（Bernard C. Cohen）。他们的研究成果至今仍被广泛引用。

詹姆斯·赖斯顿的代表作《媒体的炮口》（The Artillery of the Press）认同媒体在外交政策中各种相互关联的作用，并突出强调了新闻媒体发掘新闻对外交决策的影响。赖斯顿呼吁媒体更积极地发挥捕获事实、揭示事实根源、批评美国外交政策的作用。他指出：媒体通常是通讯员，会时而发现连政府当局都一无所知或者有意无意忽视的事实。在公布这些事实的同时，媒体也因此会促使政府做进一步调查，并对外交决策进行相应调整。②

此阶段新闻媒体对外交决策影响研究的另一重要贡献是伯纳德·C. 科恩的经典力作《媒体与外交政策》（The Press and Foreign Policy）。科恩以外事记者为主体，采访了 62 位知名度较高的报社、新闻机构通讯员和主编。同时，他还采访了 150 人次的外交政策制定人员，包括行政机构、国会中在外交政策领域有明显兴趣并担任相关职务的人员。③在调查采访的基础上，科恩深入探讨了媒体自身对国际新闻报道的理解及其意义，以及国际新闻报道在外交决策过程中具体如何被其受众吸收利用的过程。在该书中，科恩从三方面探讨了新闻媒体在外交政策领域中所起到的作用，即观察家、参与者及催化剂作用。他认为：作为观察家，新闻媒体对他国新闻的取舍和有选择性的报道，决定国内受众头脑中的国外政治文化版图，媒体报道频繁的

---

① McCombs, Maxwell E. and Donald L. Shaw. "The Agenda-Setting Function of Mass Media." *Public Opinion Quarterly,* Vol. 36, No.3 (Summer 1972): p. 178.

② Reston, James. *The Artillery of the Press: Its Influence on American Foreign Policy.* New York: Harper & Row, 1966.

③ Cohen, Bernard C. *The Press and Foreign Policy.* Princeton, NJ: Princeton University Press, 1963, pp. 9-11.

国家和问题，受众就相应对其更感兴趣，反之对于媒体不重视的国家和问题，于大多受众来说就看不见，因而不存在；媒体作为参与者，能够通过主宰报道什么外交事务，不报道什么，来决定外交决策的议程，成为外交政策决策过程中的隐性影响力；此外，媒体还具有催化剂的作用，可以通过报道引起公众对某些问题的关注，进而推动或阻止某些外交决策的制定。媒体的上述三种作用基本概括了其在外交政策制定过程中的作用。[①]

媒体影响研究的第三阶段为 20 世纪 70 年代至今。此阶段学者普遍认为媒体和外交决策之间的相互关系是极其多样、充满争议的。美国新闻媒体与外交决策的关系问题自 20 世纪 80 年代开始为越来越多学者所关注，并逐渐成为研究热点。据笔者不完全统计，至今为止，与此相关的研究专著共 61 部，但多侧重于政府对新闻媒体影响的研究，从新闻媒体影响政府外交的视角进行研究的著作仅 8 部，且多为论文集。在媒体影响研究第三阶段，出现了第一部系统研究媒体与决策关系的专著，即马丁·林斯基（Martin Linsky）的《影响：媒体如何影响联邦决策》（*Impact: How the Press Affects Federal Policy Making*）一书。林斯基在书中指出，媒体对于公众的态度和行为影响甚微，但在影响政治精英的态度和行为方面卓有成效。政府官员深信新闻媒体从议程设置到政策评估都对决策有极大的影响力。[②]

总体来看，从肯定和否定媒体对外交政策存在影响的角度，在前两个阶段对媒体与外交决策研究的基础上，第三阶段的研究可分为以"制造共识论"为代表的否定派、以"CNN 效应"为代表的肯定派和折中派。

否定派普遍认为，长久以来，美国媒体在外交政策形成过程中没有直接作用，但在其实施、解释和澄清过程中具有不断增长的影响。美国媒体对外交政策的影响主要通过影响国会、非政府利益组织和集团，而不是通过影响广大读者和公众来进行的。国会常在媒体的敦促下对某些问题展开调查，并通过委员会决议、授权和拨款等手段直接影响外交政策。[③]

部分学者特别是传媒学界的学者主张弱化甚至否认新闻媒体对决策的塑

---

① Cohen, Bernard C. *The Press and Foreign Policy*. Princeton, NJ: Princeton University Press, 1963, pp.4-5.

② Linsky, Martin. *Impact: How the Press Affects Federal Policy Making*. New York: W.W. Norton, 1986.

③ 见 Cohen, Bernard C. *The Press and Foreign Policy*. Princeton, NJ: Princeton University Press, 1963; Almond, Gabrial A. *The American People and Foreign Policy*. New York: Harcourt Brace and Jonanovick, 1950.

造或影响作用。以丹尼尔·C. 哈林（Daniel C. Hallin）和 W. 兰斯·贝内特
（W. Lance Bennett）为代表的主流学派坚持认为，媒体对精英外交政策辩论
没有独立影响，即使有影响，其作用也微乎其微。[①]决策者很少顺从公众舆
论，哪怕是关注型公众甚至是舆论精英，如国会议员、报纸编辑或媒体发行人。
虽然舆论无疑有一定影响，但向来不是外交决策者决策时考虑的主要因素。[②]

　　大部分否认派认为，新闻媒体是政府的喉舌和传声筒，对决策没有影
响。最为典型的代表是"制造共识论"，其认为媒体没有制定政策，它只是
被动地甚至被裹胁地支持政府政策。[③]媒体的主要作用几乎无一例外地是为
统治精英的外交政策服务，与行政机构口径一致。他们主张，媒体的主要作
用是为政府争取公众支持，没有起到批评或挑战官方外交政策的理论作
用。[④]制造共识理论认为，媒体可能以两种方式发生作用：行政方式，即媒
体的解释框架与官方议程保持高度一致；精英方式，即媒体报道在决策精英
内部存在争议的情况下对行政决策产生重大影响。[⑤]

　　否定派认为，政府决策官员全权支配着外交信息对外发布的主动权，他
们向公众透露的信息极为有限，因此公众参与并进而施加影响基本不可

①　见 Hallin, Daniel C. The "Uncensored War". Berkeley: University of California Press, 1986; Bennett, W. Lance. "Toward a Theory of Press-State Relations in the United States." Journal of Communication. Vol.40, No.2 (1990): pp.103-125; Jonathan Mernin. Debating War and Peace. Princeton, NJ: Princeton University Press, 1999; Zaller, John and Dennis Chui. "Government's Little Helper: US Press Coverage of Foreign Policy Crises, 1945-1991." Political Communication. Vol.13 (1996): pp.385-405.

②　LaFeber, Walter. "U.S. Policy-Makers, Public Opinion and the Outbreak of the Cold War, 1945-1950." In Yonosuke Nagai and Akira Iriye eds. The Origin of the Cold War in Asia. New York: Columbia University Press, 1977, p. 60.

③　Robinson, Piers. "The CNN Effect: Can the News Media Drive Foreign Policy?" Review of International Studies, Vol. 25 (1999): pp. 301-309.

④　见 Chomsky, Noam and Edward Herman. Manufacturing Consent. New York: Pantheon, 1988; Hammond, Phil and Edward Herman eds. Degraded Capability: The Media and the Kosovo Crisis. London: Pluto Press, 2000; Herman, Edward. "The Media's Role in US Foreign Policy." Journal of International Affairs. Vol.47, No.1 (1993): pp.23-45.

⑤　Srivastava, Shubham. "The Role of Media in Foreign Policy: A Decision Making." In Proceedings and E-journal of the 7th AMSAR Conference on Roles of Media during Political Crisis, Bangkok, Thailand, May 20th 2009: p. 3.

能。[①]虽然决策层内部时有分歧，但决策者在基本原则上的一致，阻碍了信息的流通，通常营造支持政府决策的氛围，具体表现为民众对白宫决策的赞同或默许。

该学说进一步发展的理论是 W. 兰斯·贝内特提出的"标引说"（Indexing）。贝内特认为，新闻报道一直在追随决策精英的官方言行，媒体报道是对决策精英谈论话题及决策层内部矛盾的"标引"（Index）。当媒体报道强调外交政策存在的问题或政策失误甚至失败时，也只是新闻工作者反映权力中心重大矛盾和内部斗争的职责的反应[②]，很少超出华盛顿政府决策层政策分歧的局限性。[③]标引理论将决策者不同意见作为其讨论的核心，认为媒体相当准确地"标引"出或是说反映出决策层的矛盾。如果白宫的外交决策有激烈争议，一旦消息从决策层爆出，对该外交决策的批评意见就会见诸报端。[④]"除非政府内部（常常是国会）首先提出对白宫决策的批评，否则媒体是不会先发制人的。这就意味着媒体最大程度上是作为政府官员批评的工具发挥作用。"[⑤]因而，媒体"对外交决策辩论没有独立性（只是边缘性）的贡献"[⑥]。

---

① Augelli, Enrico and Craig Murphy. *America's Quest for Supremacy in the Third World: A Gramscian Analysis*. London: Pinter Publisher, 1988; Chomsky, Noam and Edward Herman. *Manufacturing Consent*. New York: Pantheon, 1988; Michael Parenti. *Land of Idols*. New York: St. Martin's Press, 1993; Rachli, Allann. *News as Hegemonic Reality: American Political Culture and the Framing of News Accounts*. New York: Praeger, 1988.

② Bennett, W. Lance. "Toward a theory of press-state relations in the United States". *Journal of Communication*. Vol. 40, No. 2 (Spring 1990): p.110.

③ 另见 Entman, Robert. "Framing US Coverage of International News: Contrasts in Narratives of the KAL and Iran Air incidents." *Journal of Communication*. Vol.41, No.4 (1991): 6-27; Hallin, Daniel C. *The "Uncensored War"*. Berkeley: University of California Press, 1986; Mermin, Jonathan. *Debating War and Peace: Media Coverage of U.S. Intervention in the Post-Vietnam Era*. Princeton: Princeton University Press, 1999; Sigal, Leon. *Reporters and Officials*. Lexington, MA: D.C. Heath, 1973; Zaller, John and Dennis Chui. "Government's Little Helper: US Press Coverage of Foreign Policy Crises, 1945-1991." *Political Communication*. Vol.13 (1996): pp.385-405.

④ Althaus, Scott L., Jill A. Edy, Robert M. Entman, and Patricia Phalen. "Revising the Indexing Hypothesis: Officals, Media, and the Libya Crisis." *Political Communication*, Vol. 13, No. 4 (1996): pp. 407-421.

⑤ Mermin, Jonathan. *Debating War and Peace: Media Coverage of U.S. Intervention in the Post-Vietnam Era*. Princeton: Princeton University Press, 1999, p.7.

⑥ Mermin, Jonathan. *Debating War and Peace: Media Coverage of U.S. Intervention in the Post-Vietnam Era*. Princeton: Princeton University Press, 1999, p. 143.

　　与制造共识理论不同的是，标引理论认为当决策者在外交政策上意见出现分歧时，媒体的及时报道会影响外交政策，当然其影响极为有限。也就是说，媒体的作用虽然有限，但超越了政府宣传工具的作用。

　　总之，否定学派认为，在媒体与政府外交决策关系中，政府影响着媒体的一举一动，而不是媒体影响外交决策。[①]这一学派并没有完全否认媒体对外交政策可能存在的一定影响，如在决策层出现意见分歧时，媒体报道可能有某种程度的影响。但这一学派完全否认媒体对外交决策具有独立的影响。

　　否定学派存在两大缺陷。一是忽视了媒体在某些问题上对外交政策造成的实质性影响。例如，当媒体通过大量图片和文字反映某些地区悲惨境况，强烈呼吁人道主义支援，在相当程度上对政府官员最终制定支持政策具有不可忽视的影响。二是在提出媒体只是被动报道或标引决策层政策分歧的同时，不应该忽视新闻工作者本身的主观能动性，即新闻工作者可能偏向某一方，或者偏向非官方意见，由此采取行动，进而成为影响最终决策的力量之一。[②]也正是在这种情形下，新闻工作者及其报道有可能引起对外政策的调整。[③]越战期间大部分人从支持政府赴越作战计划到反战的转变过程中，电视新闻画面所展现的战争之惨烈，不能不说是影响公众、高官转向反战的重要原因。

　　大众传播学界也提出，新闻媒体对外交政策的影响远比制造共识理论和标引理论更为积极。例如新闻传播领域政治传播学的"把关人"（Gatekeeper）研究显示，新闻记者通过判断报道的新闻价值来塑造新闻。这表明，新闻报道可能充分报道的是决策层不具代表性的言论。而这种偏见的可能性会随着具有明显党派倾向的新媒体影响力的增长而增长。[④]

　　无论制造共识理论还是标引理论都是冷战格局的产物。随着冷战格局的解体，新的理论框架应运而生。冷战结束后，美国学界出现了以 CNN 效应和解释框架学说（Framing）为代表的新理论，开启了媒体与外交决策关系

---

　　① Robinson, Piers. "Theorizing the Influence of Media on World Politics: Models of Media Influence on Foreign Policy." *European Journal of Communication*. Vol.16, No.4 (2001): p.525.

　　② Cook, Timothy E. *Governing With the News*. Chicago, IL and London:University of Chicago Press, 1998，pp. 12-13.

　　③ Robinson, Piers. "Theorizing the Influence of Media on World Politics: Models of Media Influence on Foreign Policy." *European Journal of Communication*. Vol.16, No.4 (2001): p.531.

　　④ Galtung, Johan and Mari Holmboe Ruge. "The Structure of Foreign News." *Journal of Peace Research*, Vol.2, No.1 (1965): pp. 64-91; Thomas E. Patterson. *Out of Order*. New York: Knopf, 1993.

研究的新篇章。

对媒体影响外交决策机制的研究在 20 世纪 90 年代有了真正意义上的开端，这主要表现在对 CNN 现象或称 CNN 效应的研究。由此，也真正开始形成媒体对外交决策影响的肯定学派。1993 年 9 月，乔治·凯南（George Kennan）在《纽约时报》（*The New York Times*）观点栏目发表题为《透过神秘的黑玻璃看索马里》的文章，指出布什总统在国会和公众舆论始料未及的情况下，突然宣布派兵索马里，确保其食物补给，得到了国会和公众的默许，其原因是"美国媒体特别是电视对索马里局势的曝光。没有媒体曝光，这种反应就是不可思议的。这一反应是被饥民受难场景触动后的感情用事"[1]。这一事例表明，美国外交政策正被媒体特别是电视牵着鼻子走。凯南的文章很快引来许多报刊编辑和传媒学、政治学等领域学者对 CNN 现象存在与否的大辩论。

学者们以 CNN 效应为代表的研究凸显了新闻媒体的作用。学界对 CNN 效应的理解因对媒体作用的理解不同而不同：有学者将 CNN 效应理解为以电视新闻为代表的新闻媒体对外交政策议程的影响[2]，或者新闻媒体敦促政府采取对策的力量[3]，或即时通信技术使观众和媒体精英对特定事件引起重视的作用[4]，或新闻媒体迫使西方政府以军事手段干预人道主义危机事件[5]，或外交决策者面对媒体报道失去对政策方向的控制[6]，或认为 CNN 效应被滥用，实际上媒体影响在不同性质外交决策问题上本具有不同程度和性质的影响[7]。此类观点认为，新闻报道在人道主义危机中驱动西方政府进行

---

① Kennan, George. "Somalia, through a Glass Darkly." *New York Times*. September 30, 1993.

② Gowing, Nik. "Real-time TV Coverage from War: Does it Make or Break Government Policy?" In James Gow et al. eds. *Bosnia by Television*. London: British Film Institute, 1996, pp. 81-91.

③ Cohen, Bernard C. "The View from the Academy." In W. Lance Bennett and David L. Paletz eds. *Taken by Storm: The Media, Public Opinion and US Foreign Policy in the Gulf War*. Chicago, IL: University of Chicago Press, 1994, pp. 8-11.

④ Robinson, Piers. "The CNN Effect: Can the News Media Drive Foreign Policy?" *Review of International Studies*, Vol. 25 (1999): pp. 301-309.

⑤ Jacobson, Peter V. "Focus on the CNN Effect Misses the Point: The Real Media Impact on Conflict Mangaement is Invisible and Indirect." *Journal of Peace Research*. Vol. 37, No. 2 (2000): pp. 131-143.

⑥ Livingston, Steven and Todd Eachus. "Humanitarian Crises and U.S. Foreign Policy: Somalia and the CNN Effect Reconsidered." *Political Communication*. Vol. 12, No. 4 (1995): pp. 413-429.

⑦ Livingston, Steven. "Beyond the 'CNN effect': The Media-Foreign Policy Dynamic." In Pippa Norris ed., *Politics and the Press: The News Media and Their Influences*. Boulder, Colorado: Lynne Rienner Publishers, Inc. 1997, pp. 291-318.

干预的能力尤为突出。虽然也有学者对 CNN 效应成立与否进行质疑[①]，却依然不断有官员断言新闻报道对塑造人道主义危机政策具有重要作用。[②]

罗伯特·M. 恩特曼（Robert M. Entman）也肯定地指出，"新闻媒体在公众舆论认知的形成方面具有显著的影响……实际上，公众舆论、决策官员的言行以及新闻报道三者之间是互为依存的关系"[③]，并进而提出了解释框架理论。

具体来说，解释框架是指"一篇文章……鼓励那些关注思考某问题的读者对该问题形成特定观点的特殊属性"[④]。解释框架提供了理解和解释事件的途径。恩特曼的解释框架理论认为，制造共识理论中决策层偶尔出现的分歧实际上并非偶尔存在，而是无时不在。公众和决策层对总统最终决策的响应并非必然，而对总统决策的响应也会相时而变。政府支配的情况确实存在，但不能在所有外交决策中出现，因此政府支配并非定律。标引理论虽然强调了决策层矛盾是新闻媒体在白宫决策中发挥作用的重要决定因素，但对某些问题却解释不清，如：为什么有时决策者们会反对总统提出的方针政策，而有时又保持缄默？决策者们会在多大程度上反对总统政策？其反对意见又往往会因何而起？不仅如此，无论是政府支配说还是标引说，都没有将公众的因素考虑进来。实际上，整个决策过程会牵扯到总统、白宫内部、白宫外部决策者（包括国会、利益集团等）、媒体记者、新闻报道以及公众等诸多因素。在进一步探究媒体设定解释框架的研究中，恩特曼还提出了媒体"预设"（Priming）作用理论，即认为媒体通过取舍新闻材料、版面位置、是否连续报道、连续报道时间等，达到了突出哪些是重要问题，哪些问题不

---

① 如 Gowing, Nik. "Real-time Television Coverage of Armed Conflicts and Diplomatic Crises: Does it Pressure or Distort Foreign Policy Decisions?" Harvard Working Paper. Cambridge, MA: The Joan Shorenstein Barone Center on the Press, Politics and Public Policy, Harvard University, 1994; Strobel, Warren P. *Late Breaking Foreign Policy: The News Media's Influence on Peace Operations.* Washington D.C., WA: United States Institute of Peace, 1997.

② Blair, Tony. Speech by the Prime Minister Tony Blair, to the Economic Club of Chicago, Hilton Hotel, Chicago, IL, April 22, 1999, available at: www.feo.gov.uk/news; Holbrooke, Richard. "No Media-No War." *Index on Cencorship*. Vol.28, No.3 (1999): pp. 20-21.

③ Entman, Robert M. *Projections of Power: Framing News, Public Opinion, and U.S. Foreign Policy.* Chicago: Univ. Chicago Press, 2003, p.123.

④ Entman, Robert M. "Framing US Coverage of International News: Contrasts in Narratives of the KAL and Iran Air Incidents." *Journal of Communication*, Vol.41, No.4 (1991): p.7.

重要的影响效果。[①]

肯定学派认为，媒体主要通过对主流精英政策提供支持发挥重要作用[②]，CNN 乃至整个现代新闻媒体具有鼓动公众舆论的作用。美国新闻媒体通过迅速传播国际事务报道，传播舆论对外交事务的观点，在塑造公众对国际事务的认识，以及在反应速度、力度、关注持续时间、修订政策等环节上影响着外交政策的制定。不仅如此，电视图像和文字报道还过滤、编辑并不时挑战决策官员的言辞。[③]新闻媒体无论用文字还是影像勾画出的事态局势，迫使政府和公众采取对策。一旦新闻媒体，特别是瞬间能将新闻图像同时传递到亿万公众眼前的电视，将大批民众忍饥挨饿、种族冲突或其他众人受苦受难的情形以镜头或文字的形式报道出来，就会引起公众极大的同情。公众于是转向自己选区的民选官员，要求采取强有力的伸张正义的行动。也就是说，被媒体苦难镜头或报道鼓动的公众要求决策者有所反应和作为。由于显而易见的原因，希望继续得到公众支持的民选官员就会尽快以人道主义干涉、军事干涉或其他必要的行动对民意作出反应。由此可以肯定的是，媒体在决定公众议程上具有重要影响。

在否定学派和肯定学派之外，也有不少学者采取折中的立场，认为媒体

---

① Entman, Robert M. "Framing: Toward Clarification of a Fractured Paradigm." *Journal of Communication*, Vol.43, No.4 (1993): pp. 51-58; Pan, Zhongdang and Gerald M. Kosicki, "Framing Analysis: An Approach to News Discourse." *Political Communication*. Vol.10, No. 1 (1993): pp. 55-76; Pan, Zhongdang and Gerald M. Kosicki. "Framing as a Strategic Action in Public Deliberation." In Stephen D. Reese, Oscar Gandy, and August E. Grant eds. *Framing Public Life: Perspectives on Media and Our Understanding of Social Life*. Mahway, N.J.: Erlbaum, 2001, pp. 35-65; Reese, Stephen D., Oscar Gandy, and August E. Grant, eds. *Framing Public Life: Perspectives on Media and Our Understanding of the Social World*. Mahwah, N.J.: Erlbaum, 2001; Scheufele, Dietram A. "Framing as a Theory of Media Effects." *Journal of Communication*. Vol. 49, No. 1 (1999): pp. 103-122.

② Chomsky, Noam and Edward Herman. *Manufacturing Consent*. New York: Pantheon, 1988; Hammond, Phil and Edward Herman, eds. *Degraded Capability: The Media and the Kosovo Crisis*. London: Pluto Press, 2000; Herman, Edward. "The Media's Role in US Foreign Policy", *Journal of International Affairs*. Vol.47, No.1 (1993): pp.23-45.

③ Newsom, David D. *The Public Dimension of Foreign Policy*. Bloomington: Indiana University Press, 1996, p.43.

对外交决策虽然有影响，但也极为有限。①唐耐心（Nancy B. Tucker）指出：
"杜鲁门经常阅读多种地方报纸、纽约当地报纸以及其他地区的报纸……媒
体早晨例行工作会议上还会听取口头新闻综述，收到各地新闻剪报。在任期
间，他与白宫新闻记者团关系融洽，还有几个记者朋友。"因此，新闻媒体
至少对杜鲁门外交决策具有间接影响。而且，"如果说新闻记者对决策没有
直接影响的话，那么在决定公众和决策官员在报纸上看到什么新闻的过程
中，他们极大地影响了美国人思考并采取行动的对象"②。

此外，美国学界还从综合理论角度将媒体、决策层和公众互动关系归纳
为如下几种理论模式：菲利普·J. 波利克（Philip J. Powlick）和安德鲁·Z.
卡茨（Andrew Z. Katz）的公众舆论"激发"（Activation）理论模式，恩特
曼的"瀑布式"（Cascade）理论模式，以及马修·A. 鲍姆（Matthrew A.
Baum）和菲利普·B. K. 波特（Philip B. K. Potter）的"市场"模式等。

恩特曼的"瀑布式"模式试图澄清决策精英如何向媒体并继而向公众传
达讯息，以及在决策过程中不可避免的信息反弹现象。恩特曼认为，历史上
媒体以某种规律有时充当俯首帖耳的"乖乖狗"（Lapdog），有时成为尽忠
职守的"看门狗"（Watchdog）。传统的理论模式对此很难作出合理的解
释。因此，恩特曼建立了一套更为复杂的"瀑布式"模式，试图说明白宫、
向媒体传递的讯息、媒体对此讯息的诠释以及公众反应等几者间的互动关
系。而这些环节在信息反馈及进一步相应的互动下显得更为错综复杂。

恩特曼指出，不同的文化背景、权力构建模式、策略和动机使新闻媒体
与行政部门之间形成了一个变量区间。区间的一极是媒体基本原封不动地向
公众发布行政部门提供的消息的情况，区间的另外一极是媒体抨击政府政策
并向公众强调不同方案的情况。这种总体评价与认为公众舆论可以或应该对
外交决策有积极影响的观点有出入。尽管有学者认为近年来的伊拉克战争、
"9·11"事件等国际事件以及信息技术的发展对公众有利，但在恩特曼的分

---

① 见 Hallin, Daniel C. *The "Uncensored War"*. Berkeley: University of California Press, 1986; Bennett,
W. Lance. "Toward a Theory of Press-State Relations in the United States." *Journal of Communication*. Vol.40,
No.2 (1990): pp.103-125; Mermin, Jonathan. *Debating War and Peace: Media Coverage of U.S. Intervention in
the Post-Vietnam Era*. Princeton: Princeton University Press, 1999; Zaller, John and Dennis Chui.
"Government's Little Helper: US Press Coverage of Foreign Policy Crises, 1945-1991." *Political
Communication*. Vol.13 (1996): pp.385-405.

② Tucker, Nancy B. *Patterns in the Dust: Chinese-American Relations and the Recognition Controversy
1949-1950*. New York: Columbia University Press, 1983, p.162, pp. 144-145.

析模式中，决策精英的解释框架和导向仍占主导地位。①

菲利普·J. 波利克和安德鲁·Z. 卡茨的公众舆论与外交政策关系"触发"模式认为，一般情况下，公众舆论和新闻媒体在外交问题上的影响是潜在的、不活跃的，这为决策层灵活机动地制定和掌握外交政策提供了宽松的空间。但是在有些情况下，例如决策层就某外交政策问题出现争议，为了寻求外援，部分决策者主要通过媒体寻求公众的支持，决策层内部的分歧就会成为驱动力，触发公众的注意力，而媒体报道施展影响的空间因此无形地扩大，媒体通常以符合大众利益为标准，对外交政策提出解释框架。②

鲍姆和波特的"市场"经济学模式视外交决策为市场，将信息作为第四个重要因素纳入由信息营销商新闻媒体、信息消费者公众舆论和信息提供商外交决策三者组成的市场化互动机制之中，利用市场经济学的需求供给理论来解释信息消费者、信息提供者和信息供销商之间的关系。鲍姆和波特将信息视为决定决策市场均势的砝码之一，提出不同于传统看法的观点，捕捉并突出了新闻媒体在决策过程中无处不在的特性。③

在国内，媒体、外交、公众舆论研究受国外学界特别是 21 世纪之前研究影响，对于外交决策影响因素的研究主要集中在静态下相关因素之间的关系探讨上，而且多侧重三者中的两两因素关系的研究。如媒体对美国外交策影响，媒体对美国公众舆论影响，公众舆论对外交决策影响，等等。将三者结合起来的研究目前仅见北大国际关系学院范士明副教授的博士论文《公众舆论、新闻媒体对九十年代美国对华政策国内环境的影响》④。但国内与国外研究同样存在的问题是没有对新闻媒体和公众舆论为什么在不同情况下对外交决策有不同程度的影响，这两者在什么情况下对外交决策影响加大，以及新闻媒体在不同情况下又具体如何影响外交决策和公众舆论等问题提出可行的综合解释框架。本研究正是力图回答上述问题的尝试。

---

① Entman, Robert M. *Projections of Power: Framing News, Public Opinion, and U.S. Foreign Policy.* Chicago: Univ. Chicago Press, 2003.

② Powlick, Philip J. and Andrew Z. Katz. "Defining the American Public Opinion/Foreign Policy Nexus." *International Studies Review.* Vol.42, No.1 (1998): pp.29-61.

③ Baum, Matthew A. and Philip B. K. Potter. "The Relationships Between Mass Media, Public Opinion, and Foreign Policy: Toward a Theoretical Synthesis." *Annual Review of Political Science.* Vol. 11, No. 1 (2008): p. 55.

④ 范士明：《公众舆论、新闻媒体对九十年代美国对华政策国内环境的影响》，北京大学博士论文，1999 年。

## 三、本研究的基本思路和框架

在媒体、外交决策者和公众舆论这三者间的关系之中，媒体参与的是不断为回应决策者和公众需求而构建新闻的过程。决策者特别是政治精英显然会影响新闻媒体报道的内容[①]，但媒体对决策者或政治精英的选择，以及对其言论的选择性报道，对公众理解外交事务是有其积极影响的，而这一过程对于外交政策也便有了积极的影响。实际上，新闻媒体的影响可以渗透到舆论与外交政策相互关系的各个环节。因此，研究新闻媒体对公众舆论及外交决策的影响，需要将公众舆论、政治精英以及媒体作为独立的参与者分别对其各异的倾向和动机进行研究。

有鉴于此，本研究用三章的篇幅首先对媒体国际新闻报道、决策者和公众舆论分别展开研究，再以第四章对三者关系进行综合分析并由此提出新的解释三者关系的理论框架。具体如下。

第一章以国际新闻报道为主题，从新闻媒体记者获取国际新闻的渠道、对国际新闻的取舍及其内涵、国际新闻受众特性、美国新闻媒体对他国报道的特点等方面，具体考察其报道数量、关注范围、特殊受众群体等内容。

第二章和第三章在借鉴国内外研究成果的基础上，对媒体与决策者和公众舆论之间在外交决策问题上的关系分别进行了梳理。第二章探讨了美国新闻媒体的国际新闻报道对包括总统和其他行政部门如白宫、国务院、国防部以及国会等决策者与决策机构影响，具体阐述了美国国际新闻报道对决策者和决策机构的影响方式及其结果。第三章则将研究视角转向公众舆论在外交决策上的特殊作用以及媒体报道对公众在外交事务上的影响，以反映新闻媒体如何通过对公众外交事务议程的影响在外交决策问题上发挥其特有的作用。

对媒体影响公众舆论和外交决策进行贴合实际的解释，势必需要将媒体发生作用以及不发生作用的客观条件进行综合考察与分析。因此，在前三章

---

① 参见 Hallin, Daniel C. *The "Uncensored War"*. Berkeley: University of California Press, 1986; Bennett, W. Lance. "Toward a theory of Press-state Relations in the United States." *Journal of Communication*. Vol. 40, No. 2 (Spring 1990): pp. 103-125; Zaller, John and Dennis Chui. "Government's Little Helper: US Press Coverage of Foreign Policy Crises, 1945-1991." *Political Communication*. Vol.13 (1996): pp.385-405.

对国际新闻、决策者、公众舆论等与媒体关系探讨的基础上，第四章侧重综合考察与分析，主要表现在如下三个层面：一是在视野上综合考察媒体、外交决策者和公众三者关系；二是就媒体、外交决策者和公众三者关系的现有理论进行了综合性的考察与分析；三是将现有理论探讨和典型个案综合在一起予以分析考察。通过如上三重综合考察，为最终结论的提出奠定基础。

第五章为研究结论部分。在介绍并分析国外关于媒体、外交决策者、公众三者关系理论和研究范式基础上，借用"政策确定性"理论，提出媒体于外交决策和公众舆论的影响机制，即：新闻媒体的国际报道对外交决策和公众舆论在外交问题上的影响并非时有时无，而是始终存在；新闻媒体影响时有时无的表象实际上是媒体在政府外交政策确定时期的隐性影响和政策不确定时期的显性影响的表现。在政策不确定期间，新闻媒体呈现出消除信息不对称、标引、CNN 效应、加速决策进程等不同程度的宏观影响以及微观层面上的设置议程、预设评判标准、舆论导向等影响。媒体消除信息不对称、议程设置、预设价值判断标准、舆论导向和加速决策进程等作用在外交政策明确时期也同时存在，只是其对决策的影响弱化为不易为公众所觉察的隐性影响。

# 目　录

第一章　媒体的国际新闻报道及其影响 ……………………………… 1
　　一、国际新闻报道的取舍 …………………………………………… 1
　　二、西方主要国家国际新闻报道与特点 ………………………… 15
第二章　美国媒体对外交决策者的影响 ………………………………… 33
　　一、新闻媒体与决策者 ……………………………………………… 33
　　二、媒体对行政部门外交决策的影响 …………………………… 51
　　三、媒体对国会外交决策的影响 ………………………………… 66
第三章　美国媒体国际报道对公众舆论的影响 ……………………… 83
　　一、常态下公众舆论在外交决策中的作用 ……………………… 84
　　二、危机或冲突状态下公众舆论与外交决策的关系 …………… 92
　　三、新闻媒体国际报道与公众舆论 ……………………………… 104
第四章　综合理论分析与个案考察 …………………………………… 134
　　一、综合理论分析 ………………………………………………… 134
　　二、典型个案之一：新闻媒体与美国退出国际联盟 …………… 151
　　三、典型个案之二：新闻媒体与美国干涉索马里 ……………… 176
第五章　新闻媒体对美国外交决策影响机制 ………………………… 191
　　一、外交政策确定时期媒体影响机制 …………………………… 191
　　二、外交政策不确定时期媒体影响机制 ………………………… 218
附　录 …………………………………………………………………… 241
参考文献 ………………………………………………………………… 245

# 第一章 媒体的国际新闻报道及其影响

国际事务是新闻媒体与外交决策者共同关注的话题。新闻媒体力图通过对国际新闻的报道引起公众和外交决策者的关注来干预国际事务，而外交决策者则通过外交政策的形成、修订和实施对国际事务进行处理。

传统外交决策者的工作重心是展开幕后政治活动。其幕后的政治交易和运作、决策精英对外交对手和危机的看法、国防安全部门的工作，以及决策层内部意见一致程度等都是一般不为公众所知的秘密。[①]但是，19 世纪末20 世纪初以来，伴随着大批印刷技术使报纸发行量迅猛增加，新闻媒体开始经常在国际事务中显露出不容忽视的影响。尤其是 20 世纪下半叶以来，随着广播、电视乃至互联网的普及，新闻媒体的国际新闻报道引起了外交决策过程的重大变革。

## 一、国际新闻报道的取舍

媒体究竟是如何报道国际事务的？世界上有二百多个国家，每天各国都发生着影响其与他国、组织乃至个人之间关系的大大小小的外交事件，而其他国家、组织和个人也都在影响着本国与其他国家的关系。显然，新闻媒体无法也不必对所有国际事务进行报道。况且，相对国内新闻和当地新闻，各国公众对外交政策相关报道普遍缺乏兴趣，国际报道在各类报道中的读者浏览量向来也是最低的，因此，新闻媒体必须将国际新闻的报道量控制在一定限度之内。当然也有媒体根据自己目标读者的兴趣，反而"增加国际新闻报

---

① Bennett, W. Lance and David L. Paletz eds. *Taken by Storm: The Media, Public Opinion and US Foreign Policy in the Gulf War.* Chicago, IL: University of Chicago Press, 1994, p. 20.

道"篇幅的情况。[①]显然，在我们考察美国国际新闻报道时，首先有必要探求西方主要国家的新闻媒体如何就国际事务报道进行取舍。

### （一）国际新闻报道取舍的一般标准

总体来说，新闻记者对国际新闻的取舍主要受专业训练和媒体营利机构的性质两个基本因素影响。首先，国际新闻记者所接受的专业训练和行业行为准则塑造其对新闻的选择。记者在新闻学院习得新闻的基本概念，即新闻是影响许多人或影响知名人士的事件。他们了解到新闻稿要按照五个 W 和一个 H 构成的倒金字塔的叙述方式撰写，即开篇要回答谁、在哪里、于什么时间、做了什么事等基本问题，随后的为什么和怎样做以及对新闻事件进一步的解释等信息随时有可能因版面有限而被编辑删减。同时，国际新闻是具有重要性、冲突性、时效性（特别要赶在最新的新闻周期内，如报纸要赶在下一期交付印刷前，广播电视则要赶在下一档新闻节目前）、接近性（报道涉及地区在文化上、地域上与媒体所在地区的接近程度）、趣味性（越稀奇古怪越有新闻价值）等特性的事件。因此，国际新闻记者无法也无意报道所有国际事件，他们根据所受训练和了解的新闻业常识选择自己认为有新闻价值的国际新闻。这也是为什么《纽约时报》的口号是"刊登所有适合刊登的新闻"（All the news that is fit to print），其中就蕴含了新闻媒体对新闻取舍的必然性。其次，新闻媒体本是营利性企业，其生存的最终目的并不是发现和传播真相，而是谋求经济效益。因此，媒体报道的国外新闻不但受编辑赢利与否理念的影响，而且受记者对受众喜好需求的理解乃至媒体发行人新闻观念等因素的影响。

媒体影响外交政策首先开始于记者对于新闻的选择。寻找新闻主要通过两种方式：阅读各大报纸，从中得出新闻；从广阔大千世界中寻找新闻。[②]新闻记者作为新闻提供和把关的基本来源，对什么消息可以成为新闻，如何诠释新闻等的判断对影响公众和外交决策的影响不可小觑。

20 世纪 60 年代，北欧学者约翰·高尔顿（Johan Galtung）和玛丽·鲁格（Mari Ruge）在《新闻报道结构》一文中以内容分析方法探讨了挪威四家不同政治倾向的报纸对国际新闻报道的取舍情况，研究了媒体判断新闻是否具有新闻价值的标准。这些标准决定了媒体最终报道什么，以及受众感觉

①　Hoge, James. "Media Pervasiveness." *Foreign Affairs.* July/August 1994: p. 143.

②　Cohen, Bernard C. *The Press and Foreign Policy*. Princeton, NJ: Princeton University Press, 1963, p. 15.

重要的新闻是什么。研究最终锁定了八个促使或阻碍受众感知形成的因素，并因此推衍出一套新闻取舍的标准，其主要内容如下。第一，调查报道所需时间短的事件，如所需时间在连续两期日报出版间歇范围内的报道比所需时间长的更有可能被媒体登载。第二，事件越"大"，如特大暴力杀人事件，越有可能被报道。事件要超过一定惊悚程度才会为媒体所报道。第三，可以交代清楚前因后果的事件比细节含混不清的事件更可能见报。第四，文化上为受众所熟悉熟知的事件比受众感觉陌生疏远的事件更可能受媒体青睐。第五，与受众预期差之千里、很难被受众认可的新闻比在受众预期范围发生的事件对媒体的吸引力小得多。第六，与第四、第五条相关联，在人们预期范围内与受众文化观念一致但却出乎预料或少见的新闻会被媒体报道，这也就是所谓"人咬狗"之类的新闻。第七，一旦某事件成为头条并已被定义为新闻，就将继续被定义为新闻，即使其惊悚程度降低了。第八，新闻内容须得平衡：太多同类新闻报道即使意义重大也会因维持报道面"均衡"的需要为其他意义不太重大但种类不同的报道所取代。[①]这八点阐释了媒体报道什么和报道谁的选择标准，也同时解释了新闻受众从媒体感受到什么事和人是重要的。

由于新闻报道的上述新闻取舍观，媒体在塑造现实的过程中就介入了偏见因素。朗氏认为，"新闻系统被迫通过取舍来运行，而取舍的标准不可避免地会引入编辑的观点，后者则以某种形式歪曲媒体呈现的现实"[②]，尽管大多数情况下偏见或歪曲不是有意的操控，但的确为读者感知现实世界戴上了有色眼镜。

朗氏的研究还探讨了媒体新闻取舍对营造的象征性现实的影响。他们认为："这种强加给自然状况的人为取舍，立即构成了一种（因打开了新的前景而产生的）丰富和（因大部分被忽略而凸显的）贫乏。"[③]他们提出，总体现实的创造大都是单向进程。在这种情况下，受众只能被动接受或不理睬媒体传达的信息。

---

① Galtung, John and Mari Ruge. "Structuring and Selecting News." *Journal of International Peace Research*. Vol. 2 (1965): pp.64-90.

② Engel, Gladys and Kurt Lang. *Politics and Television Re-viewed*. Beverly Hills: Sage Publications, 1984, p. 199.

③ Engel, Gladys and Kurt Lang. *Politics and Television Re-viewed*. Beverly Hills: Sage Publications, 1984, p. 201.

朗氏的研究还发现，虽然从媒体到受众的信息流向很少有反向的情况，但媒体间却倾向于互相炒作。往往新闻机构认为重要的新闻，其他媒体资源也常常如法炮制。这样，由于新闻机构和取舍而造成的错误或错觉，往往被无限度夸大，相应地对于事实更正的反馈信息是存在时间差的。"在这一点上，象征性现实变成自我肯定性的现实。它迫使参与公共生活的人们根据媒体做自我调整，甚至在试图改变媒体对发生了什么的定义过程中也是如此。实际上，公众对任何事件的定义都是多种努力合力的结果，这些合力来自从不同的出发点，试图控制、利用、促进和阻挠相关信息向公众的流动。"①

朗氏的研究不仅为媒体、公众舆论和政治行为关系研究提供了新的研究范畴，而且为此后的议程设置研究提供了理论基础。

高尔顿和鲁格发现，新闻的筛选发生在以下三种情况之中：一是媒体对有什么新闻发生的认识过程中；二是媒体对所收集情况的报道中；三是读者对媒体所报道新闻的认知过程中。他们认为，如果国际新闻事件符合以下要求就更有可能被报道：频率（frequency）、门槛（threshold）、清晰度（unambiguity）、意义（meaningfulness）、协同度（consonance）、非预期性（unexpectedness）、持续性（continuity）、组合程度（composition）、与精英国家有关（relevance to elite nations）、与精英人物有关（elite people）、个人化（persons）以及负面性（negativity）。②也有学者发现有美国参与的国际事件更有可能被报道。③

另有学者将影响国际新闻取舍的因素归纳为两大类，即事件相关因素和背景相关因素。事件相关因素包括时效性（timeliness）、不可预知性（unexpectedness）、煽情度（human interest）、连续性（continuity）或离奇性（deviant）。背景相关因素主要包括影响国际新闻选择的外部因素，如政治属性（political affiliation）、经济关系（economic relations）、相关性（relevance）、地缘邻近性（geographical proximity）和文化相似性（cultural

---

① Engel, Gladys and Kurt Lang. *Politics and Television Re-viewed*. Beverly Hills: Sage Publications, 1984, p. 202.

② Galtung, Johan and Mari H. Ruge. "The Structure of Foreign News." *Journal of Peace Research*. Vol. 2, No.1 (1965): pp. 64-91.

③ Hester, Albert. "The News from Latin America via a World News Agency." *Gazette*. Vol. 20, No.2 (1974): pp. 82-98; Vilanilam, John V. "Foreign Policy as a Dominant Factor in Foreign News Selection and Presentation." *Gazette*. Vol. 32, No.1 (1983): pp. 73-85.

similarity）。[1]总之，选择报道国际新闻时要考虑文化背景、历史、地缘政治、经济、社会等方面的因素。

美国学者将影响新闻把关的因素综合归纳为五个层次[2]，其中包括两个微观因素，即个人因素和常规因素；三个宏观因素，即组织结构因素、外在或社会体制因素和社会制度因素。

个人因素考察新闻把关人的信仰、经历、态度、新闻决策、记者个人威望等，并研究个人权威及其影响的模式。[3]个人信仰包括新闻把关人的政治信仰和宗教信仰。有学者将新闻记者作为一个整体进行研究，发现美国的新闻从业者大都有自由主义"偏见"，因为新闻媒体的记者基本上都是自由主义者。该研究对 240 名主流媒体记者的问卷调查结果显示，54% 的记者认同自己是自由主义者，选票会投给民主党。[4]另外，记者和编辑的教育、出国经历等背景会影响他对国际新闻的兴趣。在国外长大并接受教育的经历也会影响其对国际新闻的价值判断。把关人是新闻媒体内部对国际新闻审查过程中的重要决定因素。把关（gatekeeping）是经过一系列审查，决定发布什么新闻。这种审查多为媒体内部的审查。需要指出的是，在这里新闻媒体本身并不是研究的主要对象，负责收集新闻、解释外交政策新闻的新闻媒体界人士才应该是真正的研究对象。美国大多数报社都没有专事报道外交事务的记者，他们的国际新闻来自少数几个有大量外事报道的报社，如《纽约时报》及美国联合通讯社（Associated Press，以下简称"美联社"）等大的新

---

① Chang, Tsan-Kuo, Pamela J. Shoemaker and Nancy Brendlinger. "Determinants of International News Coverage in the U.S. Media." *Communication Research*. Vol. 14 (1987): pp. 396-414.

② Shoemaker, Pamela J. and Elizabeth Mayfield. "Building a Theory of News Content: A Synthesis of Current Approaches." *Journalism Monographs*, 103 (1987); Shoemaker, Pamela J. and Stephen Reese. "Exposure To What? Integrating Media Content and Effects Studies." *Journalism Quarterly*. Vol.67, No.4 (1990): pp.649-652.

③ 参见：Cohen, Bernard C. *The Press and Foreign Policy*. Princeton, NJ: Princeton University Press, 1963; Snider, Paul. "'Mr. Gates' Revisited: A 1966 Version of the 1949 Case Study." *Journalism Quarterly*. Vol. 44, No. 3 (1967): pp. 419-427; Bass, Abraham Z. "Refining the 'Gatekeeper' Concept: A U.N. Radio Case Study." *Journalism Quarterly*. Vol.46 (1969): pp. 69-72; Gandy, Oscar. *Beyond Agenda-Setting: Information Subsidies and Public Policy*. Norwood, N.J.: Ablex, 1982; Chang, Tsan-Kuo and Jae-Won Lee. "Factors Affecting Gatekeepers' Selection of Foreign News: A National Survey Of Newspaper Editors." *Journalism Quarterly*. Vol. 69, No.3 (1992): pp. 554-561; Shoemaker, Pamela J., et al. "Individual and Routine Forces in Gatekeeping." *Journalism and Mass Communication Quarterly*. Vol. 78, No. 2 (2001): pp.233-46.

④ Lichter, S. Rober, Stanley Rothman, and Linda S. Lichter. *The Media Elite: America's New Powerbrokers*. New York: Hastings House Publishers, 1986, p. 28.

闻机构。

把关人对新闻的态度诸如其新闻价值观、对新闻职业理想的追求，以及其说服力、影响力、管理能力等也会影响到其对国际新闻的取舍。此外，因新闻把关人不同的教育背景、职务、政党认同、新闻工作经验等因素而常出现新闻质量之差异。研究显示，新闻把关人倾向将国际新闻议题转化为本地新闻议题以提升本地受众之兴趣。[1]因而有学者建议从新闻把关人的专业背景、组织资源及策略、新闻竞争合作关系、文化认同等角度探索国际新闻的取舍及表现，以了解新闻建构过程如何影响新闻报道。[2]

显然，新闻媒体得到的信息在传播出去之前，要受到媒体内部信息加工策略的支配。这些策略是由媒体专家、节目编导和报纸编辑认为适合的选择条件决定的。因为公众的接受能力、认知能力和关注度是众多电台、电视台节目竞相争夺的稀缺资源，新闻和评论的取舍及发布则主要取决于受众最为喜闻乐见的话题和形式。因此，媒体竞相将新闻报道转化为引人入胜的故事、将信息与娱乐相结合、把材料处理为连篇报道、将复杂的关系分解为一个个相对简单的片段，所有这些形成了公众传播的去政治化现象。而这也正是文化产业理论的核心。

常规因素中影响新闻取舍的因素包括截稿时间、对新闻价值的判断标准、由五个 W（谁通过什么渠道对谁说什么取得什么效果（Who said What to Whom through Which channel with What effect））和一个 H 构成的倒金字

---

① 见 Cohen, Akiba, Mark Levy, Itzhak Roeh and Michael Gurevitch. *Global Newsroom, Local Audiences: A Study of the Eurovision News Exchange.* London: John Libbey, 1996.

② Lee, Chin-Chuan, Zhongdang Pan, Joseph M. Chan, and Clement Y. So. "Through the Eyes of US Media: Banging the Democracy Drum in Hong Kong." *Journal of Communication.* Vol. 51, No. 2 (2001): pp. 345-365.

塔的叙述要求、独家报道等。[①]

　　组织结构因素侧重研究新闻传播、媒体所有制运作模式、报道政策等变量。[②]通常情况下，媒体所处城市的规模、人口受教育的程度、家庭收入水平、市场竞争的程度、移民的多寡等因素都会影响国际新闻的报道。媒体所处地区人口越多，报纸对国际新闻的兴趣越大。这是因为大城市在国际交流和贸易方面与其他国家的互动更多。爱德华·吉拉德特（Edward Girardet）指出，国外大部分暴力冲突其实从未被报道过。冲突会否被媒体作为国际新闻曝光与其国际影响有关。"值得怀疑的是，如果卢旺达事件'仅仅'是卢旺达人屠杀卢旺达人，媒体是否还会予以报道。"他进一步认为，对大部分暴力事件报道的缺失是由于国际社会所关切的不仅仅是普通人之间的杀戮，而更多的是令人在道德上产生憎恶感并予以反应的需要。[③]

　　媒体规模、通讯社信息资源、国际新闻部的员工数量、驻外机构和驻外记者数量的多少等也是影响媒体取舍新闻的重要因素。新闻记者在选择国际新闻报道的过程中易受到新闻机构内部的经济、政治、组织机制与规范甚至

　　① 参见: Stempel, Guido H. "Content Patterns of Small and Metropolitan Dailies." *Journalism Quarterly*. Vol.39 (1962): pp.88-91; Stempel, Guido. "Gatekeeping: The Mix of Topics and the Selection of Stories." *Journalism Quarterly*. Vol. 62 (1985): pp.791-796; Tuchman, Gaye. "Making News By Doing Work: Routinizing the Unexpected." *American Journal of Sociology*. Vol. 77 (1979): pp. 110-31. Gitlin, Todd. *The Whole World is Watching*. Berkeley: University of California Press, 1980; Bantz, Charles R., Suzanne McCorkle, and Roberta C. Baade. "The News Factory." *Communication Research*. Vol. 7, No. 1 (1980): pp. 45-68; Riffe, Daniel et al. "Gatekeeping and the Network News Mix." *Journalism Quarterly*. Vol. 63, No. 2 (1986): pp. 315-321; Bridges, Janet A. . "News Use on the Front Pages of the American Daily." *Journalism Quarterly*. Vol. 66 (1989): pp. 332-337; Donohue, George A., Clarice N. Olien, and Philip J. Tichenor. "Structure and Constraints on Community Newspaper Gatekeepers." *Journalism Quarterly*, Vol. 66, No. 4 (1989): pp. 807-812; Bridges, Janet A. and Lamar W. Bridges. "Changes in News Use on the Front Pages of the American Daily Newspaper." *Journalism and Mass Communication Quarterly*. Vol.74, No.4 (1997): pp.826-838; Berkowitz, Dan. "Refining the Gatekeeper Metaphor for Local Television News." *Journal of Broadcasting and Electronic Media*. Vol. 34, No. 1 (1990): pp. 55-68; Shoemaker, Pamela J. and Stephen Reese. "Exposure to What? Integrating Media Content and Effects Studies." *Journalism Quarterly*. Vol. 67, No.4 (1990): pp. 649-652; Shoemaker, Pamela J., et al. "Individual and Routine Forces in Gatekeeping." *Journalism and Mass Communication Quarterly*. Vol. 78, No. 2 (2001): pp. 233-246.
　　② 参见 Tuchman, Gaye. "Objectivity As Strategic Ritual: An Examination of Newsmen's Notions of Objectivity." *American Journal of Sociology*. Vol. 77 (1972): pp. 660-679; Sigal, Leon. *Reporters and Officials*. Lexington, Mass.: D.C. Heath, 1973; Rosengren, Carl. "International News: Methods, Data And Theory." *Journal of Peace Research*. Vol. 11, No. 2 (1974): pp. 145-156.
　　③ Girardet, Edward ed. *Somalia, Rwanda, and Beyond: The Role of the International Media in Wars and Humanitarian Crises*. Geneva: *Crosslines Global Report*, 1995.

新闻工作者个人偏见的影响。有研究发现，规模相对较大的报纸刊载的国际新闻更多，这是因为国际新闻的生产成本高于地方新闻和国内新闻，大报更有能力承担费用。小报对通讯社的依赖导致其国际新闻的数量和风格受通讯社影响。有条件派驻驻外记者的报社，则不仅国际新闻数量多、篇幅长，而且在重大选题的报道中有更明确具体的消息来源。[①]

外在或社会体制因素即存在于媒体之外对新闻取舍有影响的因素，具体包括政府影响因素、广告以及利益集团因素等。[②]一个国家的政治经济体系决定该国新闻媒体如何呈现新闻事件。例如，爱德华·S. 赫尔曼（Edword S. Herman）和诺姆·乔姆斯基（Noam Chomsky）就此提出了"宣传模式"的概念，强调新闻媒体是政治结构的重要组成部分，其作用在于给主流意识形态注入动力，进而稳定政治经济权力体系。[③]如不同国家的新闻媒体常以自己国家的国家利益为最终考量。[④]美国在国际事件的涉入程度影响美国媒体对该事件的报道程度。[⑤]美国媒体常以国家政策考量为依归，将新闻事件塑造成与美国公众息息相关的事件。[⑥]

社会制度因素则考察意识形态和文化等的影响。新闻报道的故事叙述是社会文化的作用结果或传达意识形态的工具。美国社会中的主流意识形态包括资本主义、私有权、自由市场、民主、反共、男性世界观等，以及以政府为主导的精英意识形态。美国媒体的新闻观往往被决策精英操纵，其国际报道的议题也为精英意识形态所主导。即使有时个别记者会走出意识形态划定

---

① Wilhoit, G. Cleveland and David Weaver. "Foreign News Coverage in Two U.S. Wire Services: Update." *Journal of Communication*. Vol. 33, No. 2 (1983): pp. 132-148.

② 参见：Berkowitz, Dan and Douglas Beach. "News Sources and News Context: The Effect of Routine News, Conflict And Proximity". *Journalism Quarterly*. Vol.70, No.1 (1993): pp. 4-12; Johnson, Melissa. "Predicting News Flow From Mexico." *Journalism and Mass Communication Quarterly*. Vol.74, No.2 (1997): pp. 315-330.

③ Herman, Edward S. "The Propaganda Model Revisited." In Robert W. McChesney, Ellen M. Woods and John B. Foster eds. *Capitalism and the Information Age: The Political Economy of the Global Communication Revolution*. New York: Monthly Review Press, 1998, pp. 191-205.

④ Lee, Chin-Chuan and Junghye Yang. "National Interest and Foreign News: Comparing U.S. and Japanese Coverage of a Chinese Student Movement." *Gazette*. Vol. 56, No. 1 (1995): pp.1-18.

⑤ Chang, Tsan-Kuo and Jae-Won Lee. "Factors Affecting Gatekeepers' Selection of Foreign News: A National Survey of Newspaper Editors." *Journalism Quarterly*. Vol. 69 (1992): pp. 554-561.

⑥ Hallin, Daniel C. and Todd Gitlin. "The Gulf War as Popular Culture and Television Drama." In W. Lance Bennett and David L. Paletz eds. *Taken by Storm: The Media, Public Opinion and US Foreign Policy in the Gulf War*. Chicago, IL: University of Chicago Press, 1994, pp. 149-163.

的圈子，但是美国媒体报道的主流新闻解释框架仍以主流意识形态为主导。高尔顿与鲁格在《国际新闻结构》一文中提出的"各国精英人物""精英国家""事件之负面程度""事件与个人相关程度"等四项因素便是这类社会因素的具体体现。在国际新闻报道中，美国媒体为主流意识形态所主导的倾向更为明显，对欧美民族之外的国家和民族的报道都不同程度地存在霸权和偏见意识。

虽然媒体记者竭力恪守作为国际新闻记者的职业操守，即批判性思维、旁观者清的态度、善于思考和质疑、头脑冷静、抵制爱国主义情绪的干扰等，[1]但是，国家利益、爱国主义、与本民族本国家的认同感等因素却时刻影响着新闻把关人对新闻的取舍。有研究显示，在国际关系紧张尤其是国家利益严重冲突时，媒体不再秉承新闻的客观和公正原则，而是与政府、公众一样笃信国家利益至上，与政府的立场保持高度一致。这无疑影响了媒体在国际报道中的报道角度、内容和主题的选择。此时，美国媒体对政府不具有新闻监督作用。[2]

由上述分析可以看出，国际新闻报道仅就国际事务中的一小部分进行了有选择的报道。其取舍取决于人道主义关怀之外的诸如个人、经济、社会、文化等宏观和微观因素。那么，在这些复杂因素的综合作用下，西方国家国际新闻报道的内容是怎样具体选择的呢？

### （二）国际新闻报道内容的选择

西方国家国际新闻报道的内容是选择之后的结果。

首先，从国际新闻报道的人物分析，西方各国首脑在新闻报道中的出现频率最高。国家首脑的行踪、言行是新闻媒体最自然的关注对象。法国媒体更倾向于报道党首的行踪，而美国媒体的国际新闻报道则倾向于围绕三个关键机构也称作"金三角"的行踪：白宫－五角大楼－国务院。[3]美国总统的一举一动更是被美国媒体 24 小时跟踪播报。同时需要注意的是，不同国家的首脑被媒体关注的程度也不一样。发达国家中最富足的八国集团成员国家

---

① Bennett, W. Lance and David L. Paletz eds. *Taken by Storm: The Media, Public Opinion and US Foreign Policy in the Gulf War.* Chicago, IL: University of Chicago Press, 1994, p. 4.

② 如 Riffe, Daniel et al. "Gatekeeping and the Network News Mix." *Journalism Quarterly.* Vol.63, No.2 (1986): pp. 315-321.

③ Cook, Timothy E. "Domesticating a Crisis: Washington Newsbeats and Network News after the Iraqi Invasion of Kuwait." In W. Lance Bennett and David L. Paletz eds. *Taken by Storm: The Media, Public Opinion and US Foreign Policy in the Gulf War.* Chicago, IL: University of Chicago Press, 1994, p. 108.

首脑受媒体关注的程度远远高于其他国家。

在各国首脑之后，媒体关注的群体是各国其他政府官员和知名政要，如前任政府官员、联合国官员和其他非政府组织要员。有学者就此专门进行了研究并发现，政府官员等知名政治活动家与非知名人士被媒体报道的比例是4∶1。[①]不在政府任职或非身居要职的人士、穷人、妇女和白人以外的群体一般进入不了媒体的关注视线。

其次，从国际新闻报道的国家分析，对于发达国家的报道明显多于欠发达国家。欠发达国家一般只是在发生战争、饥荒、人为或自然灾害的情况下才可能得到西方发达国家媒体的注意。尤尔根·威克（Jurgen Wilke）横向对比了美国、德国、英国和法国等四国1620—1906年300年间的新闻报道。其研究发现，四个国家的世界观和认知范围不断扩大。早期四国媒体以欧洲为绝对关注中心，后来媒体关注的地区扩大到世界其他地区，但地域主义依然是各国选择国际新闻时极为普遍的现象。该研究还发现各国报道他国新闻的趋势不同。美国媒体的国外新闻报道在这300年间经历了有趣的转变过程。其国际新闻与国内新闻的比例在1674—1705年为81%和19%，但到1906年该比例恰好颠倒，即国际新闻仅占9%，国内新闻占了91%。而其他三国媒体的新闻报道关注地区就没有如美国般经历了由主要对外向主要对内的大转移，也没有像美国在20世纪初显示的那般自我中心。[②]学者们对荷兰媒体国际报道的考察结果显示，在四家荷兰报纸和三家电视台的新闻报道中，非欧洲的国际新闻仅占6%，而关于欧洲的新闻报道就占全部新闻报道的19%。[③]对日本40份报纸的国际新闻报道情况的考察发现，国际新闻占新闻报道的7.1%，其中57%的国际新闻来自新闻通讯社，16%与冲突和天灾人祸相关。[④]

再次，在国际新闻报道中男女差异及种族差异也非常大。有研究显示，美国ABC、NBC和CBS报道中援引的专业人士中90%都是男性，90%是白人，67%是二战结束后出生的一代人，而这代1945—1960年出生的人却

① Gans, Herbert. *Deciding What's News*. New York: Vintage, 1980, pp. 8-10.

② Wilke, Jurgen. "Foreign News Coverage and International News fFow over Three Centuries." *Gazette*. Vol. 39 (1987): p.159.

③ Semetko, Holli A. and Patti M. Valkenburg. "Framing European politics: A content analysis of press and television news." Journal of Communication. Vol.50, No. 2 (2000): 93-109.

④ Cho, Hiromi and Stephen Lacy. "International Conflict Coverage in Japanese Local daily Newspapers." *Journalism and Mass Communication Quarterly*. Vol. 77, No. 4 (2000): pp. 830-845.

仅占不到美国人口的三分之一。[①]仅有 17% 的新闻涉及女性，而且妇女很少在国际新闻或国防类新闻中出现。[②]

最后，从国际新闻报道具体话题来说，媒体会选择他们认为受众会感兴趣的话题进行报道。其中，媒体表现出对战争、冲突、灾难和能够产生轰动效应的国际事件的偏爱。由于公众普遍对国际事务缺乏广泛的兴趣，因此国际报道所占版面不能过多。[③]为了引起读者的兴趣，国际新闻报道最为突出的特点是有选择性地集中报道其他国家"非常事件和暴力事件"。因为只有这类新闻才能有机会挤进惜时如金的晚间新闻。[④]

在美国，涉及美军事部署、其主要盟国和邻国的国际冲突事件比其他国度中发生的冲突事件更多地得到媒体的关注和报道。中东的恐怖事件在国际新闻报道中更频繁地被媒体报道。（见图 1-1）实际上，哥伦比亚、希腊和印度是世界上恐怖事件最为频繁发生的地方，其恐怖事件数量远远超过中东，但上述三个国家的恐怖事件却很少在国际新闻中出现。[⑤]由于冷战结束后国际上发生的冲突大部分是内战，也由于欠发达国家也多在发生动乱、灾害或冲突时受到西方发达国家媒体的注意，因此媒体给国际新闻的受众留下错误的印象，即欠发达国家总是有无休止的内战和灾害。和平与和解没有在媒体报道中受到应有的重视，意外事故和能够提供戏剧性画面的事件极易受媒体青睐。

"暴力是国际新闻得以超越限制其出现在晚间新闻二十二分钟宝贵的播出时间中的砝码。"[⑥]因此，反映其他国家正面信息的新闻很少能见诸电视或报纸。有研究对 114 份美国报纸的国外新闻报道进行分析发现，76% 的报道与冲突有关，冲突是国外新闻报道的主旋律。有趣的是，城市人口、对电视新闻的依赖程度和报纸发行量等都与国际新闻在报道中的比例有紧密

---

① Tyndall, Andrew. *Who Speaks for America? Sex, Age and Race on the Network News.* Washington, D.C.: 10th Annual Women, Men and Media Study, conducted by ADT Research in conjunction with the Freedom Forum, October 20,1998.

② Spears, George, Kasia Seydegart, and Margaret Gallagher. *Who Makes the News? The Global Media Monitoring Project 2000.* London: World Association for Christian Communication, 2000.

③ Hoge, James. "Media Pervasiveness." *Foreign Affairs* (July/August 1994): p. 143.

④ Hoge, James. "The End of Predictability." *Media Studies Journal.* Vol. 7 (1993): p.3.

⑤ State Department. *Patterns of Global Terrorism.* 2004. Available at: http://www.state.gov/j/ct/rls/crt/2003/33777.htm

⑥ Hoge, James. "The End of Predictability." *Media Studies Journal.* Vol. 7 (1993): p. 3.

联系。①

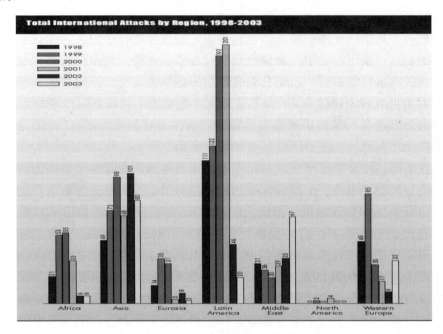

图 1-1　国际恐怖袭击频次地区分布图，1998—2003 年

资料来源：State Department. *Patterns of Global Terrorism*. 2004. Available at: http://www.state.gov/ j/ct/rls/crt/2003/33777.htm

显然，以美国为代表的西方媒体在报道国际事务时，是"以美国和西方国家为中心，以政府官方为焦点，突出政治和国家安全问题，强调冲突、危机和消极事件，并以西方价值观为意识框架的。全球媒体在相当大的程度上是按照西方传媒的游戏规则在进行运作。"②这既与美国超级大国的地位及西方各国的政治、经济影响力密切相关，又受益于其先进、庞大的传媒体系。在这样的背景下，国际传媒关于世界事务的报道，在很大程度上受到以美国为首的西方国家的政治意识形态和文化价值观的影响。而西方国家政治意识形态和文化价值观的形成，不仅受西方国家国内政治思想动向的影响，并且也受到商业利益的驱使，这一点体现在国际新闻报道明显的倾向性。在

---

① 见 Lacy, Stephen, Tsan-Kuo Chang and Tuen-Yu Lau. "Impact of Allocation Decisions and Market Factors on Foreign News Coverage." *Newspaper Research Journal*. Vol. 10, No. 4 (1989): pp. 23-32.

② 刘继南主编：《大众媒体与国际关系》，北京：北京广播学院出版社，1999 年版，第 194 页。

西方国家，国际新闻报道通常包括"大国之间的外交活动，对西方有影响的全球经济金融活动和事件，对西方主要国家特别是对美国有影响的境外事件，东西方政治关系，重要国家的皇室和首脑更迭，西方国家的大选，急剧的政治冲突（如政变、革命和政府更迭），战争与骚乱，重大自然灾害，非西方国家特别是非美国意识形态系统的国家中的'民主'与'人权'运动，'独裁者的暴行'等等"①。

### （三）美国国际新闻的来源渠道

冲突、暴力等事件是国际新闻关注的焦点问题，但媒体报道的冲突却只是一小部分冲突事件，报道的取舍是由一系列独立于人道主义关怀之外的因素决定的。在此，前文讨论的国际新闻取舍中个人、经济、社会、文化等宏观和微观影响因素就成了问题的症结所在。那么，又是什么因素促使新闻记者在第一时间将视线转向某一国际事务，并决定对其进行报道的呢？

国际新闻记者获取外交决策相关信息的渠道主要是官方。史蒂文·利文斯顿（Steven Livingston）和托德·伊卡斯（Todd Eachus）观察发现，记者们"时常转向官员套取新闻线索，在对外事务和国家安全报道方面尤为如此"②。乔纳森·默尔明（Jonathan Mermin）指出，在美国，"新闻记者往往依仗政客和政府官员的指点来确定什么是新闻"，而且，华盛顿也的确是"每天公布具有新闻价值的信息"的地方。③

聚集在华盛顿数以千计的记者主要通过各种新闻发布会和记者招待会上的通报、对决策层人士的采访以及从总统到国会议员、从白宫到各级行政部门官员和国会各级行政主管获得消息。20 世纪 70 年代以来，新闻记者更将信息渠道扩展到了各种利益集团的发言人、学者、各国驻华盛顿大使和外交官以及为数众多的智囊团。

官方渠道是新闻记者获取国际新闻的主要渠道。其原因有三：第一，由于资金和人手有限，新闻记者一般都被分派到有新闻价值的地方，在美国，华盛顿无疑是几乎所有人心目中最具新闻价值的地方；第二，在外交政策问

---

① 刘继南主编：《大众媒体与国际关系》，北京：北京广播学院出版社，1999 年版，第 194 页。

② Livingston, Steven and Todd Eachus. "Humanitarian Crisis and Foreign Policy." *Political Communication.* Vol.12 (1995): p.415. 关于新闻界在国家事务报道上依赖官方消息来源，还可参阅 Entman, Robert M. "Framing United States Coverage of International News: Contrasts in Narratives of the KAL and Iran Air Incidents." *Journal of Communication*, Vol.41, No.4 (1991): pp. 6-27.

③ Mermin, Jonathan. "Television News and American Intervention in Somalia: The Myth of a Media Driven Foreign Policy." *Political Science Quarterly.* Vol. 112, No. 3 (1997): p. 387.

题上，华盛顿每天都会传出大量消息；第三，对所报道新闻权威性和避免不实报道的考虑也鼓励媒体利用官方作为消息来源。[①]

机密情报是所有记者梦寐以求的素材。为了取得相关素材，他们不得不与政府官员建立亲密关系，也就不愿轻易开罪这些官员，由此大大限制了新闻人的独立性与客观性。如外交、军事等突发事件期间，美国白宫、五角大楼、国务院和战区新闻发布会、记者招待会成为新闻传播的唯一源泉。美国通过这些渠道从根本上控制了新闻话语垄断权，提供对己有利的消息，限制不利的宣传，最大限度地报道有利于自己的消息，将舆论和媒体注意力牢牢掌握在自己控制的范围内。

因此，新闻记者依赖华盛顿作为国际新闻消息来源决定了美国国际新闻报道与外交决策关系的特点，即大多数时候与政府外交决策议程同步。乔纳森·默尔明在对美国干涉索马里事件的研究中就发现，华盛顿的决策是新闻界对后续事件报道的关键所在。媒体无论是在报道的数量上还是在对索马里问题的重视程度上皆闻华盛顿之风而动。不仅如此，默尔明还指出，新闻报道还与美国外交决策日程同步。在 1992 年 7 月，索马里相关新闻从未上过任何新闻媒体的头条，原因很简单，即索马里那时并未进入美国外交政策日程头等大事的行列。[②]

美国媒体国际新闻的消息来源也相对单一。美联社是美国各报国外新闻的主要来源。康奈尔大学朱利安·伍德沃德（Julian Woodward）对 40 份报纸国际新闻的调研显示，来源于美联社的新闻就占 58.8%。来自美联社的新闻在《纽约时报》的国外新闻报道中占 24.1%，所占比例最小；占《华盛顿邮报》（*The Wasmington Post*）国际报道的比例最高，达 96.1%；《波士顿环球报》（*The Boston Global*）居第二位，占 92.1%。[③]

① Mermin, Jonathan. "Television News and American Intervention in Somalia: The Myth of a Media Driven Foreign Policy." *Political Science Quarterly*. Vol. 112, No. 3 (1997): p. 387.

② Mermin, Jonathan. "Television News and American Intervention in Somalia: The Myth of a Media Driven Foreign Policy." *Political Science Quarterly*. Vol. 112, No. 3 (1997): p. 395.

③ Woodward, Julian. *Foreign News in American Morning Newspapers: A Study in Public Opinion*. New York: Columbia University Press, 1930, p. 113.

## 二、西方主要国家国际新闻报道与特点

在大多数国家，外交政策属于国家事务，是统治者或者国家领导人的特权领域，这使得公众对外交决策方面的态度产生的影响明显有别于其对国内政策的影响。因此，政治集权程度是理解公众舆论对外交政策影响的关键因素。有研究显示，在西方国家，公众舆论对该国的外交决策普遍产生着影响，尽管其影响有大有小。托马斯·雷兹-卡朋（Thomas Raisse-Kappen）考察了美国、法国、西德和日本公众舆论与外交决策的关系，发现这些国家的公众舆论为该国"外交政策的选择设定了宽泛而不具体的限制"。表明在如上各国，公众舆论对外交决策有间接的影响。其原因是这些国家的公众能够"影响精英集团彼此联盟的过程"。在托马斯·雷兹-卡朋看来，"对政治精英和社会参与者来说，公众舆论已证实是联盟建立过程中提高其地位的资源"[①]。因此，公众舆论是政治精英和利益集团在围绕某政策形成联盟过程中谋取主导地位所利用的砝码。

### （一）非美西方国家的国际新闻报道

英国宪法没有权利法案，对官方行动的公开和批评主要受《官方秘密法案》（*Official Secrets Act*）、保密法、隐私法等的制约。《官方秘密法案》赋予政府禁止提前公开发布国家安全情报的权力，保密法明确规定情报属于政府财产。政府有选择地向记者公布信息，使英国外交决策官员与记者间形成了相对均衡的关系。[②]

法国政府外交决策的权力在西方国家中相对最为集中。第五共和国所确立的权力集中型政治体制，在戴高乐之后的历任总统任上都得到了巩固。法国官僚体制加强了行政部门的权力。[③]法国政治体制的这一特点也反映在其外交和国防决策权力上：外交决策和国防决策是总统独享的大权（Domaine

---

① Raisse-Kappen, Thomas. "Public Opinion, Domestic Structure, and Foreign Policy in Liberal Demoracies." *World Politics*. Vol. 43, No. 4 (1991): pp. 479-512.

② Newsom, David D. *The Public Dimension of Foreign Policy*. Bloomington: Indiana University Press, 1996, p.2.

③ 参见 Wright, Vincent. *The Government and Politics of France*. New York: Holmes and Meier, 1978; Hayne, Mark B. "The Quai d'Orsay and the Formation of French Foreign Policy in Historical Context." In Robert Aldrich and John Connell eds. *France in World Politics*. London: Routledge, 1989, pp.194-218.

Réservée）。而且，法国的国会与美国相比外交权力微弱到几乎可以忽略不计。因此，法国的行政权力集中在外交决策方面尤为突出。[1]

同时需要注意的是，法国的新闻自由始自大革命时期，但现行法律却严格限制新闻自由。诽谤罪的解释极宽泛，有时甚至包括已被证实的事实。此外，相关特别法律禁止在未得到政府允许的情况下公开谈论某些问题，例如国会调查、有损国家荣誉的问题、公德以及军事机密。触犯上述法律会受到刑事以及民事制裁。外交部是外交新闻的权威也是主要来源。记者必须随身携带证件。此外，电视台基本全部属于政府管辖。报纸具有明显的党派倾向，而且报纸发行商与政府间也保持着密切的心照不宣的默契。[2]

日本政治制度中权力相对集中的情况与法国相似，国家官僚体制的权力中包括外交权。主掌日本外交和国防政策的外务省权力虽凌驾于防务省之上，但在内部权力上却无法与经济产业省或财务省抗衡。[3]而日本政府内部的权力分配也反映到了日本外交政策之中，即经济问题总是优先于防御问题。日本国会的外交权力也极小，1955 年以来绝大多数时间控制着日本国会的自民党在日本外交决策中具有举足轻重的作用。[4][5]

德国行政部门的外交和国防决策权力大于美国。国会的权力相当有限。但这在德国并未造成法国那样行政部门权力绝对强大的结果。在德国，政党控制着立法机构和行政机构。造成这种局面的部分原因是德国特殊的选举制度，其政党体系比法国要小，政党多极多元化程度也不及法国。政党执政联盟在主要外交决策问题上必须竭力保持一致。

具有讽刺意味的是，新闻自由程度与美国最接近的却是二战战败国德国和日本。这是因为二战后德日两国的宪法都仿效美国模式改写，而且沿用至今，对言论自由和新闻自由都有和美国法律同样的明文规定。例如，在德

① Raisse-Kappen, Thomas. "Public Opinion, Domestic Structure and Foreign Policy in Liberal Democracies." *World Politics*. Vol. 43, No. 3 (1991): p. 487.

② Newsom, David D. *The Public Dimension of Foreign Policy*. Bloomington: Indiana University Press, 1996, p.2.

③ 参见 Drifte, Reinhold. *Japan's Foreign Policy*. London: Chatham House Papers, Royal Institue of International Affairs, 1990, pp. 21-24.

④ 参见 Hans, Baerwold. "The Diet and Foreign Policy." In Robert A. Scalapino ed. *The Foreign Policy of Modern Japan*. Berkeley: University of California Press, 1977, pp. 37-54.

⑤ Raisse-Kappen, Thomas. "Public Opinion, Domestic Structure and Foreign Policy in Liberal Democracies." *World Politics*. Vol. 43, No. 3 (1991): p. 487.

国，"电视网络更多地受政党和利益集团的影响，还是受担负得起巨额广告费用的私人企业的影响，是由法律及其自身体制结构来决定的"①。但是，日本的政治传统在某种程度上限制了新闻媒体对政策和官员的攻击。新闻机构和官员之间的紧密联系以及新闻俱乐部与各部委之间的紧密合作实际上控制了新闻的真正自由。②

### （二）美国的国际新闻报道

美国无疑是在外交决策和国家安全政策方面权力不够集中的国家之一。五角大楼、国务院和国家安全委员会之间的制度安排所产生的张力导致其在国防、军控等政策上争执不断。行政部门与国会之间外交权力的制衡也使决策不畅。但是，较之其他西方国家的议会，美国国会在外交决策上的权力却更大。这是因为，第一，美国两党制严重限制了美国行政部门制约国会参与决策的权力；第二，宪法规定总统必须得到三分之二以上参议员的认可才能批准国际条约。③

早在美国建国前后，参与设计建国大业的一部分精英就意识到了新闻媒体的重要作用，认为它应在政府和民众之间起"中间人"的作用，是公众的眼睛和耳朵。国父们大都赞同詹姆斯·麦迪逊（James Madsion）的观点："一个民治政府如果没有广泛的信息，或者获得这种信息的办法，不过就是一场闹剧或悲剧或者二者兼而有之的序幕。有知识的人永远会统治无知的人。想要自己当家作主的百姓必须用知识赋予的力量把自己武装起来。"④类似对媒体重要性的描述也不绝于耳："如果美国人民不了解政府的所作所为，美国民主便无从谈起。"⑤

从理论上讲，媒体、公众与政府间的理想关系是媒体晓之公众以其应知

---

① Habermas, Jürgen. *Between Facts and Norms: Contributions to a Discourse Theory of Law and Democracy.* Translated by William Rehg. MA: MIT Press, 1996, p.376.

② Sherman, Spencer. "Pack Journalism, Japanese Style." *Columbia Journalism Review* (September-October, 1990): pp. 37-42.

③ Raisse-Kappen, Thomas. "Public Opinion, Domestic Structure and Foreign Policy in Liberal Democracies." *World Politics.* Vol. 43, No. 3 (1991): p. 487.

④ Madison, James. *Letters and Other Writings of James Madison, Fouth President of the United States.* Philadelphia: Lippincott & Co., 1865, vol. 3, 1816-1828, p. 276.

⑤ Bartley, Robert L. "The Press: Adversary, Surrogate Sovereign, or Both?" In George Will ed. *Press, Politics and Popular Government.* Washinton, American Enterprise Institute, 1972, p. 24.

的消息，人民大众决定要什么，媒体将此信息反馈给决策者。①然而，约瑟夫·熊彼得（Joseph Schumpeter）、沃尔特·李普曼等这一时期的著名思想家却发现，美国的现实并非如此。他们认为，古典民主理论描述的民主进程过于简单，且错误百出。他们发现，美国公众既没有足够的知识也没有兴趣去完成古典民主理论所赋予的任务，现实中美国公民没有能力履行民主公民权所要求的职责。以李普曼为例，他认为公民中普遍存在的先入为主、固定思维、和选择性思维等严重扭曲了其政治判断，他们很少有空闲或能力调整自己的偏见。因此李普曼不相信新闻媒体能够解决纠正这些问题，但他相信政治精英。②

熊彼得也同样怀疑公众的自治能力，但他同时提出，民主政体能够在此情况下照常运作，因为公众不必直接参与解决问题。他们只要在定期选举中选择政治精英。当选代表自然会审时度势地决策。③

在美国，媒体向来是以政府的冤家对头形象出现。早在 1793 年，时任总统的华盛顿派约翰·杰伊（John Jay）赴英国进行外交交涉，就是迫于媒体要求严惩英国在对法战争前两年中非法扣留美方船只和财产的行为。而当美英达成协议但协议仍处于保密阶段时，又是《费城曙光》（*Philadelphia Aurora*）设法获取文件副本，刊于报头，引起舆论对该不平等条约的痛斥。现代以来，五角大楼文件泄密、水门事件、间谍门事件、海湾战争中的 CNN 现象等等，媒体更是让政府吃尽了苦头。公众相信媒体甚于相信政府，而且"许多新闻人士、决策者、学者都不曾真正质疑媒体对外交决策过程的深刻影响"。媒体的作用因此也显得越来越重要。

美国记者马文·卡尔布（Marvin Kalb）断言：至少 1979—1980 年间"卡特总统被新闻媒体如人质般囚禁在白宫达 444 天"的伊朗人质事件开始，美国外交决策者就被迫由过去决策者、公众舆论组成的二维政治进入全新的由决策者、新闻媒体和公众舆论组成的三维政治。卡尔布并称这种新的三维政治过程为"媒体政治"，以反映外交决策与新闻媒体不可割裂的紧密

---

① Linsky, Martin. *Impact: How the Press Affects Federal Policy Making*. New York: W.W. Norton, 1986, p.8.

② 见 Lippmann, Walter. *Public Opinion* and *The Phantom Public*. New York: Harcourt Brace, 1925.

③ 见 Schumpeter, Joseph. *Capitalism, Socialism, and Democracy*. New York: Harper and Row, 1942.

关系。①

　　而冷战的结束为媒体在外交决策中的异军突起创造了重要条件。冷战期间，新闻媒体在外交政策问题上的报道尽管言辞犀利，但批评意见针对的基本上都是外交政策具体执行情况，而不是外交政策剑锋所指的目标，因而可以说新闻报道局限于美国外交政策许可的范畴之内。②学者们谈到这一时期新闻媒体对外交政策的重要影响，几乎不可避免地要谈及古巴导弹危机中约翰·F. 肯尼迪（John F. Kennedy）外交决策的过程。危机的头六天，在外界和媒体对危机全然不知的情况下，肯尼迪及其高参有时间审慎考虑对策。对外保密为其赢得了时间，使其得以不受"公众歇斯底里"③及媒体压力的影响。④但是，1962 年以来，信息技术的迅猛发展使新闻媒体可以 24 小时实时播报消息，因而秘密外交几乎成为不可能。

　　更为关键的是，冷战结束后，"面对依然崭新的后冷战世界，美国外交政策还没有明确的官方框架"⑤。国家利益需要重新界定，导致外交决策议程深受媒体影响。冷战结束以来，美国因失去对手，其阻止共产主义扩张的具有浓重意识形态色彩的国家利益及外交政策有待重新界定。

　　就此，卡特政府助理国务卿、克林顿政府国家情报委员会主席、助理国防部长、哈佛大学教授约瑟夫·奈（Joseph Nye）认为，苏联解体后美国面临重新认识国家利益的挑战，因为"'国家利益'是个含混的概念，既可以用来描述外交政策，又可以用来限制外交政策"⑥。塞缪尔·亨廷顿（Samuel Huntington）更为明确地指出："没有确切的国家认同感，美国人就变得无法界定国家利益，结果，次于国家利益的商业利益以及跨国甚至无国界的种族利益开始主导美国外交政策。"⑦奈进一步提出，冷战后美国国家

---

① Bennett, W. Lance and David L. Paletz eds. *Taken by Storm: The Media, Public Opinion and US Foreign Policy in the Gulf War.* Chicago, IL: University of Chicago Press, 1994, pp. 12-13.

② Hoge, James. "Media Pervasiveness." *Foreign Affairs.* (July/August 1994): p. 137.

③ Livingston, Steven. "Beyond the 'CNN effect': The Media-Foreign Policy Dynamic." In Norris ed., *Politics and the Press.*

④ Srivastava, Shubham. "The Role of Media in Foreing Policy: A Decision Making." In Proceedings and E-journal of the 7th AMSAR Conference on Roles of Media during Political Crisis, Bangkok, Thailand, May 20th 2009: p. 2.

⑤ Hoge, James. "The End of Predictability." *Media Studies Journal.* Vol. 7 (1993): p.2.

⑥ Nye, Joseph. "Redefining the National Interest." *Foreign Affairs* (July/August, 1999): p. 22.

⑦ Huntington, Samuel. "The Erosion of American National Interest," *Foreign Affairs*, Vol. 76, No.5 (September/October, 1997): pp. 30-31.

安全面临着从过去来自苏联的"对美国生死存亡的威胁"和"对美国国家利益的直接威胁"转变为来自科索沃、波斯尼亚和黑塞哥维那（以下简称"波黑"）、索马里、卢旺达和海地等地人权问题形成的"间接影响美国安全但未直接威胁美国国家利益"的威胁。[①]奈认为，如今间接威胁主导着美国外交决策的议事日程。这不仅仅是因为苏联解体消除了其对美国存亡的威胁，还因为间接威胁也恰恰是媒体国际报道所主要关注的领域。美国外交在人权等间接威胁国家利益问题方面进而出现政策不确定、方向不明确的情况，为媒体异军突起、影响外交决策创造了条件。对于 CNN 效应和媒体影响外交议程的作用，奈这样评述："广播讯息在开放社会的自由传播对公众舆论和外交政策的制定一直是有影响的。但是如今讯息传播速度加快，缩短的新闻运转周期减少了思考的时间。通过集中报道某些冲突和人权问题，媒体给政府施压使其对某些特定的国际问题而不是其他问题作出反应。所谓的 CNN 效应使公共议程中某些本来优先程度很低的事务一直高居议程列表中最紧要事务的前几位。现在，随着互联网上激进组织互动活动的增加，西方国家的领导欲求维持一以贯之的优先议程将前所未有地困难。"[②]

新闻媒体对外交决策进程影响加深的结果，是美国外交保密原则因此曾一度处于失控状态。这迫使美国在"9·11"事件之后，对国防战略作出调整，限定了新闻媒体的报道范围。尽管如此，这一特殊阶段媒体在外交政策方面的表现令整个西方学界动容，因而引发学者们对新闻媒体、媒体国际新闻报道与外交决策关系的探讨。[③]

### （三）美国媒体国际新闻报道的特点

较之西方其他国家，美国的新闻媒体实力雄厚，不仅数量众多，而且层次多样；不仅对本国公众影响力大，而且在国际社会也独占鳌头。从长时段考察，美国新闻媒体对于国际新闻的报道，在所有新闻报道中的比重呈现下降的趋势；不仅如此，美国媒体的国际新闻报道的倾向性非常明显，表明美国社会自我中心意识在不断增强。

---

① Nye, Joseph. "Redefining the National Interest." *Foreign Affairs* (July/August, 1999): p. 26.

② Nye, Joseph. "Redefining NATO's Mission in the Information Age." *NATO Review*. Vol. 47, No. 4 (Winter 1999): p. 13.

③ Srivastava, Shubham. "The Role of Media in Foreing Policy: A Decision Making." In Proceedings and E-journal of the 7th AMSAR Conference on Roles of Media during Political Crisis, Bangkok, Thailand, May 20th 2009: p. 2.

**1．新闻媒体实力雄厚**

在美国新闻媒体王国错综复杂的关系网中，也形成了非正式的等级体系。《纽约时报》和其他少数几个媒体高高在上，引领媒体主流，其他媒体则往往随其风向而动。[①]新闻媒体王国由为各大全国性媒体工作的新闻记者、专栏作家、编辑、出版商等组成。这些人与行内的同事以及行外的各种组织经常保持联系。行政机构的首要人物以及华盛顿精英人士与新闻媒体界的高级记者随时保持着联系，在各种招待会、酒会和会议上交流信息。这是新闻界人士与决策精英之间重要的互为依存机制。很难确定这两者之间谁影响谁。除了极少数极具权势的政府官员，少数媒体的资深编辑、通信记者或社评家掌握的信息会比一般人要准确全面得多。[②]

美国新闻媒体在外交政策问题上的立场也复杂多元。据统计，美国2009年全国有20638份杂志[③]，2216份日报和周末报，14420个广播电台以及1782个电视台。[④]如图1-2所示，1980年以来，美国日报的数量呈明显下降趋势。但是，新闻媒体新的发展却极大地弥补了日报数量下降的不足：首先，日报日渐萧条的同时，自由主义政治倾向的《纽约时报》、相对中立的《今日美国》（*USA Today*）和趋于保守的《华尔街日报》（*The Wall Street Journal*）等三大全国性报纸的发行量却屡创新高[⑤]，日报对舆论的影响依然不可小觑；其次，依靠来自《纽约时报》《华盛顿邮报》和《洛杉矶时报》（*Los Angeles Times*）等大报的国际消息，越来越多的日报争相扩充国际新闻和美国外交政策的版面；最后，多数自由主义和激进主义倾向的周报和双周报等类型刊物也不断发展，再加上各种自由主义和保守主义的广播、电视新

① Entman, Robert M. *Projections of Power: Framing News, Public Opinion, and U.S. Foreign Policy*. Chicago: Univ. Chicago Press, 2003, p. 10.

② Entman, Robert M. *Projections of Power: Framing News, Public Opinion, and U.S. Foreign Policy*. Chicago: Univ. Chicago Press, 2003, p.11.

③ Striplin, Deborah. The National Directory of Magazines 2011: Comprehensive Presentation of U.S. and Canadian Magazines. Oxbridge Communications Inc. http://www.magazine.org/ASME/EDITORIAL_TRE NDS/1093.aspx

④ "Table 1135. Daily and Sunday Newspapers—Number and Circulation: 1970 to 2009", "Table 1132. Utilization and Number of Selected Media: 2000 to 2009." In U.S. Census Bureau ed. *Statistical Abstract of the United States: 2012*. http://www.census.gov/prod/2011pubs/12statab/infocomm.pdf

⑤ 《纽约时报》《今日美国》和《华尔街日报》2011年前9个月发行量分别达1,150,589、1,784,242、2,069,169。见 Pew Center for People and Press. *The State of the News Media, 2012*. http://stateoft hemedia.org/

闻栏目、脱口秀节目，以及依托互联网的各种各类新闻、外交类网站、博客，不但弥补了日报数量下降给新闻媒体带来的损失，而且还大大丰富了新闻传播的途径，加快了新闻传播的速度，使新闻媒体对公众和外交决策的影响不降反升。

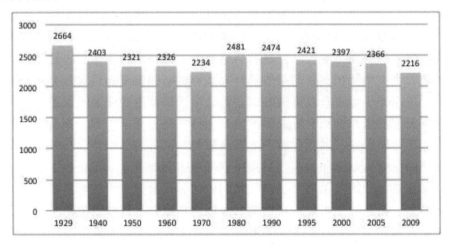

图 1-2　1929—2009 年美国日报数量增减趋势图

注：日报数量是日报（Daily Newspapers，包括晨报和晚报）与周日日报（Sunday Newspapers）的数量总和。

数据来源：U. S. Census Bureau. *Statistical Abstract of the United States*, 1950, 1970, 1990, 2012. http://www.census.gov/prod/www/abs/statab.html

　　此外，美国电视台收视率很高，主要有 CBS（哥伦比亚广播公司）、ABC（美国广播公司）、NBC（国家广播公司）、CNN（有线新闻网）、FOX（福克斯）和 PBS（公共广播公司）。在国际报道方面，最有影响的广播电台则是 NPR（国家公共电台）。美国有影响的报纸除上文提及的日报外，还有《波士顿环球报》《基督教科学箴言报》（*The Christion Science Monitor*）等。

　　发行量极大的新闻类周刊如《时代周刊》（*Time*）、《新闻周刊》（*Newsweek*）、《美国新闻与世界报导》（*U. S. News and Wolld Report*）等，以普通公众为读者，在二战前后始终坚决支持美国政府的反共外交政策，对美国公众反共反华的舆论倾向有过巨大的影响。虽然 20 世纪 60 年代末以来反共意识形态倾向逐渐缓和，但在外交事务上仍不免夸大其词或者简单化、极端化。

美国面对关注型公众的外交事务相关期刊杂志中，主要有自由主义倾向的《新共和》（*New Republic*）和《国家》（*Nation*），保守主义的《国家评论》（*National Review*）和《评论》（*Commentary*），相对中立但在外交事务和外交决策研究方面颇具权威的杂志有美国外交政策委员会主办的《外交季刊》（*Foreign Affairs*）①和塞缪尔·亨廷顿创办的《外交政策》（*Foreign Policy*），再加上外交政策相关的其他学术性和非学术性期刊等。

这些对外政策专业媒体主办的国际关系和对外政策的刊物对美国外交决策具有不容小觑的影响。专业记者、政策分析家、政府官员和学者通过这些刊物发表对当前外交政策问题的看法，提出政策建议。他们的评论和分析较为理性、系统，在更深层次上反映出美国对外政策思想的基础。由于这些刊物的读者大多为政府内外参与决策过程的人士，其影响就更为直接、更为有效，因而受到极大的重视。

美国社会意识结构的复杂性也造成了对非主流媒体的需求。非主流媒体在主流媒体之外向公众提供信息并就信息进行分析。其中包括一些有自由派倾向的，有明显观点倾向的，甚至有以揭露为主的广播电视节目和出版物。这些媒体是社会上思想最活跃的特殊公众的主要信息来源，有时也能在一定程度上影响主流媒体的新闻报道。由于有非同寻常的信息渠道和解读之源，这些"另类"媒体常常能提供一些有价值的信息，弥补主流媒体和专业媒体在世界新闻报道中的不足。比如，在 1990 年的海湾危机中，美国主流媒体的新闻报道反映的是与美国总统乔治·布什（George Bush）和美国政府一致的观点：伊拉克总统萨达姆·侯赛因（Saddam Hussein）是美国利益的重大威胁，美国对伊拉克的耗资巨大的军事行动以及将几千人的武装部队投入该地区是正义的、很必要的行动。萨达姆本人也被美国传媒描述成冷酷无情、不惜孤注一掷的暴君和恶魔。然而，海湾危机实际上有更为复杂的背景。出于种种原因，主流媒体的新闻报道极为有限，而且有着浓厚的模式化框架。所以一些有心的公众开始寻求新的信息途径。广播特别节目《前线》和《新共和》月刊作为非主流媒体便向公众提供了这类信息。②

上述这些主流和非主流媒体绝大多数是私营的，几乎不受政府控制。这样，以美联社与合众国际社（UPI）这些老牌通讯社，若干家著名报纸和电

① 1992 年创刊，亦译为《外交事务》，特别是 1993 年改为双月刊之后，《外交事务》的译法被更为广泛地使用。本书沿用旧译法。

② 刘继南主编：《大众传播与国际关系》，北京：北京广播学院出版社，1999 年版，第 196 页。

视网为骨干构成的美国传媒一直是世界新闻报道的重要来源，佐以上述期刊的评论和研究，使得美国新闻媒体拥有对国际国内舆论的巨大影响力。

### 2. 国际新闻报道比重日趋下降

唐纳德·R. 艾弗利（Donald R. Avery）研究发现，1809 年美国新闻报道中有 30.2% 的国外新闻，1810 年有 10%，1812 年有 6.8%。[①]唐纳德·L. 肖研究了美国内战前的国际新闻报道，发现在 1820 年到 1860 年期间，美国媒体的国际报道由 28% 下降到了 19%。[②]丹尼尔·赖夫（Daniel Riffe）以《纽约时报》为个案试图探索 1969—1990 年间美国对他国报道的特点，结果发现虽然该报在不断扩版，但对国外的报道却呈不断下降的趋势，由 1969 年的平均 48.9 条，下降到 1990 年的平均 23.8 条。[③]史蒂芬·赫斯（Stephen Hess）分析了 1989 年美国 20 份报纸的国际新闻报道，发现每期报纸中平均有 4.5% 的国外新闻报道。[④]

美国媒体的国际新闻报道所占版面的比例与二战前后相比有明显下降趋势。美国皮尤民众与媒体研究中心（Pew Research Center for the People and the Press，以下简称"皮尤研究中心"）的重点项目之一"卓越新闻学"（Excerllence in Journalism）2004 年对发行量大小不同的 16 份报纸头版、都市版和生活时尚版三个版块在 2003 年中四周时间内的新闻报道内容进行了科学系统的研究，并与 1977 年、1987 年和 1997 年的数据进行比对，结果发现生活时尚类的文章在头版出现的频率不断升高，但是 2003 年中"即使加上海湾战争的报道，外交事务的报道文章在头版出现的数量与冷战时期的 70 年代相比少得多，但与六年前持平"。外交事务在头版所占比例为 1977 年和 1987 年的 27%，1997 和 2003 年的 21%。该研究还发现，虽然报纸发行量不断攀升，但是，新闻越来越地方化，国际内容越来越少。2003 年国外新闻占各大报头版的 23%，占发行量小于十万份的小报头版 9%。此外，

① Avery, Donald R. *The Newspaper on the Eve of the War of 1812: Changes in Content.* Ph.D. Dissertation, Southern Illinois University at Carbondale, 1983.

② Shaw, Donald L. "At the Crossroads: Change and Continuity in American Press News, 1820-1860." *Journalism History.* Vol. 8, No. 2 (1981): pp. 38-50.

③ Riffe, Daniel et al. "The Shrinking Foreign Newshole of the New York Times." *Newspaper Research Journal.* Vol. 15, No. 3 (1994): p. 74.

④ Hess, Stephen. *International News and Foreign Correspondents.* Washington: The Brookings Institution, 1996.

17% 的晨间电视新闻和 25% 的晚间电视新闻与国际事务相关。[①]

美国主流媒体的国际新闻所占版面情况也呈现一边倒现象。有学者横向比较了美国四大主流报纸 1974 年同一时间段内国际新闻报道情况，发现《纽约时报》比《洛杉矶时报》报道的国际新闻多 25%，比《迈阿密先驱报》（Miami Herald）多 40%，比《芝加哥论坛报》（Chicago Tribune）多一倍。而且绝大多数国外新闻报道都与"同美国类似的高度工业化的发达国家相关。"[②]

### 3. 具有明显的倾向性

1930 年，康奈尔大学副教授朱利安·伍德沃德首次利用定量内容分析法对美国 1927 年 40 家都市早报的国际新闻报道所占版面情况进行了研究。伍德沃德之所以选择 1927 年开展美国对国外新闻报道的研究，是因为新闻媒体在战争、外交危机等非常时期会明显大量报道国外动态，而非常时期的大量新闻报道会掩盖国际新闻所占报道比例的真实情况。同时，1927 年也是美国国内国际局势相对平稳的时期。伍德沃德的研究表明，这一时期美国媒体中的国外新闻报道占媒体报道的 2.4% 到 9% 不等，总体上平均占5.15%。[③]研究显示，同期欧洲媒体的国外新闻报道占欧洲媒体报道的 23%至 35% 不等。[④]伍德沃德的研究还显示，美国国际新闻报道量最大的五大报纸分别是《纽约时报》、《巴尔的摩太阳报》（Baltimore Sun）、《芝加哥论坛报》、《华盛顿邮报》和《纽约先驱论坛报》（New York Herald Tribune）。国际报道数量最少的五份报纸分别来自印第安纳波利斯、休斯敦、波士顿、克利夫兰和匹兹堡。[⑤]

20 世纪 70 年代以来，美国学界开始注意到，对西方国家而言，新闻媒体的国际新闻报道关键在于把关人，并开始了对第三世界国家或欠发达国家报道的定性和定量研究。在建立国际信息新秩序的呼声下，联合国教科文组

---

① Excellent in Journalism of Pew Research Center for the People and the Press. "2004 Annual Report: Newspaper Content Analysis." http://www.journalism.org/print/782

② Semmel, Andrew K. "Foreign News in Four U.S. Elite Dailies: Some Comparisons." *Journalism Quarterly*. Vol. 53 (Winter 1976): p. 735.

③ Woodward, Julian L. *Foreign News in American Morning Newspapers: A Study in Public Opinion*. New York: Columbia University Press, 1930, p.112.

④ Riis, Roger W. "Are Newspapers Doing Their Duty?" *Independent*. Vol. 112 (1924): pp. 117-118.

⑤ Woodward, Julian L. *Foreign News in American Morning Newspapers: A Study in Public Opinion*. New York: Columbia University Press, 1930, p. 84.

织通过了研究上述课题的决议，结果，一项包括美国在内的跨 29 个国家的媒体重大研究项目在大众传媒研究国际组织（International Association for Mass Communication Research）的主持下于 1979 年展开，其中包括美国最大的六家报纸和哥伦比亚广播公司。研究显示，除南斯拉夫和波兰关注西欧比关注自己所在地区更甚外，各国国际新闻中，30% 到 63% 的国际新闻是与本国所在地区的其他国家相关，明显超过对其他地区国家的关注。因此，各国更关注本地区其他国家的国际新闻，对其他地区国家的关注居次要地位。有趣的是，美国对本国所在地区即北美的其他国家之关注相对较低，只有 26%。美国媒体国际新闻关注的地区在北美之外，对西欧和中东的关注程度一样，对亚洲的关注程度也极高。西欧关注的地区除本国所在地区外，更关注的地区是中东和北美。联邦德国和芬兰是所有国家中对东欧局势最为关注的两个国家，这可能是两国与东欧历史地理关系更为密切所致。苏联对亚洲局势相当关注。具体请见表 1-1。

从国际新闻来源上看，大部分国家媒体的国际新闻来自本国新闻社或国家新闻机构工作人员。本国来源是国际新闻重要来源（超过 20%）的国家有：赞比亚、澳大利亚、印度、印度尼西亚、匈牙利、南斯拉夫、联邦德国和土耳其。以本国新闻机构工作人员为主要国际新闻来源、比例超过 20% 的国家有：美国、澳大利亚、印度、印度尼西亚、波兰、苏联和除希腊外的所有西欧国家。除本国新闻机构或驻外记者外，法国的路透社（Reuters）和法新社（AFP）、美国的美联社和合众国际社等四大新闻通讯社是 29 国新闻媒体国际新闻的主要来源。（见表 1-2）由此可见，西方新闻机构在国际局势问题上在全球扮演着国际新闻把关人的角色，决定什么国际问题应该成为新闻。其本质实际上是决定着国际外交事务的议程。而更应该反省的是，虽然什么是新闻在新闻把关环节十分重要，但有时，在国际新闻报道中什么不能成为新闻的问题实质上更能反映西方媒体的本质。

该研究还发现，在《华盛顿邮报》所有一般性新闻报道中，42% 属于国际报道；《纽约时报》的国际报道比例是 39%，《明尼阿波利斯论坛报》（Minneapolis Tribune）有 30%，《洛杉矶时报》25%，《纽约每日新闻报》（New York Daily News）19%。报告还称，美洲和西欧新闻报道涉及国外消息时，双方相互间的关注更多。①

---

① 详见文后附录。UNESCO. "Foreign News in the Media: International Reporting in 29 Countries." p. 34. http://unesdoc.unesco.org/images/0006/000652/065257eo.pdf

表 1-1　世界 29 国国际新闻报道关注地区分布一览表

| | North America | Latin America | Africa | Middle East | Asia | Eastern Europe | Western Europe | General |
|---|---|---|---|---|---|---|---|---|
| | % | % | % | % | % | % | % | % |
| *North america* | | | | | | | | |
| United States n-1487 | **26** | 7 | 10 | 16 | 14 | 6 | 16 | 5 |
| *Latin america* | | | | | | | | |
| Argentina n-1017 | 13 | **32** | 5 | 20 | 3 | 3 | 18 | 6 |
| Brazil n-630 | 12 | **29** | 5 | 14 | 7 | 6 | 23 | 4 |
| Mexico n-1188 | 23 | **30** | 5 | 10 | 7 | 3 | 16 | 6 |
| *Africa* | | | | | | | | |
| Algeria n-935 | 3 | 3 | **50** | 21 | 3 | 5 | 13 | 3 |
| Ivory Coast n-390 | 3 | 2 | **56** | 11 | 5 | 5 | 11 | 7 |
| Kenya n-501 | 8 | 1 | **46** | 13 | 7 | 4 | 11 | 11 |
| Nigeria n-205 | 8 | 5 | **50** | 11 | 13 | 0 | 8 | 4 |
| Tunisia n-1303 | 7 | 2 | **36** | 24 | 6 | 4 | 16 | 5 |
| Zaire n-419 | 5 | 2 | **53** | 16 | 4 | 3 | 12 | 6 |
| Zambia n-516 | 8 | 1 | **46** | 17 | 6 | 3 | 14 | 6 |
| *Middle East* | | | | | | | | |
| Egypt n-1322 | 13 | 2 | 12 | **48** | 8 | 2 | 13 | 3 |
| Iran n-453 | 10 | 6 | 8 | **49** | 10 | 5 | 12 | 1 |
| Lebanon n-2049 | 7 | 2 | 9 | **54** | 4 | 5 | 15 | 4 |
| *Asia* | | | | | | | | |
| Australia n-1032 | 20 | 2 | 10 | 9 | **32** | 4 | 22 | 2 |
| India n-1649 | 15 | 2 | 8 | 12 | **40** | 4 | 17 | 4 |
| Indonesia n-811 | 9 | 3 | 7 | 15 | **46** | 3 | 13 | 4 |
| Malaysia n-2070 | 7 | 1 | 4 | 11 | **63** | 2 | 11 | 2 |
| Thailand n-500 | 8 | 2 | 7 | 11 | **51** | 4 | 13 | 4 |
| *Eastern europe* | | | | | | | | |
| Hungary n-2931 | 6 | 4 | 5 | 7 | 9 | **47** | 19 | 4 |
| Poland n-713 | 8 | 6 | 8 | 6 | 10 | **27** | 27 | 7 |
| USSR n-997 | 7 | 3 | 4 | 6 | 15 | **34** | 14 | 18 |
| Yugoslavia n-1144 | 9 | 4 | 5 | 16 | 9 | **22** | 26 | 7 |
| *Western europe* | | | | | | | | |
| Federal Republic of Germany n-3068 | 14 | 4 | 8 | 10 | 9 | 11 | **43** | 3 |
| Finland n-881 | 10 | 2 | 9 | 14 | 10 | 14 | **36** | 4 |
| Greece n-205 | 22 | 2 | 3 | 8 | 4 | 9 | **50** | 3 |
| Iceland n-689 | 18 | 3 | 9 | 10 | 6 | 4 | **41** | 9 |
| Netherlands n-991 | 9 | 4 | 10 | 16 | 7 | 6 | **44** | 5 |
| Turkey n-327 | 13 | 3 | 3 | 16 | 6 | 5 | **52** | 3 |

资料来源：UNESCO. "Foreign News in the Media: International Reporting in 29 Countries." p. 41.
http://unesdoc.unesco.org/images/0006/000652/065257eo.pdf

表 1-2　世界 29 国国际新闻报道新闻来源一览表

| | Home country agency | Reuters | UPI | AP | AFP | TASS | Other agency | Own staff | Other medium home | Other medium foreign | Other source | Unidentifiable |
|---|---|---|---|---|---|---|---|---|---|---|---|---|
| **North america** | | | | | | | | | | | | |
| United States n-1430 | 4 | 6 | 9 | 22 | — | — | — | 36 | 1 | 1 | 6 | 11 |
| **Latin america** | | | | | | | | | | | | |
| Argentina n-814 | — | — | 11 | 8 | 14 | — | 20 | 1 | — | 1 | 11 | 40 |
| Brazil n-630 | — | — | 1 | — | — | — | — | 13 | — | 4 | 12 | 70 |
| Mexico n-947 | — | — | 19 | 13 | 22 | — | 30 | 12 | — | 1 | 13 | 8 |
| **Africa** | | | | | | | | | | | | |
| Algeria n-775 | 32 | 4 | — | — | 8 | — | — | 4 | — | 2 | — | 54 |
| Ivory Coast n-262 | — | 2 | — | — | 2 | — | 1 | 13 | — | 1 | — | 84 |
| Kenya n-501 | 2 | 3 | 6 | 6 | 3 | — | — | 11 | — | 1 | 18 | 44 |
| Nigeria n-165 | 2 | 3 | 1 | 2 | 13 | — | — | 9 | 2 | 12 | 5 | 52 |
| Tunisia n-1132 | 2 | — | — | — | 3 | — | — | 3 | — | — | — | 92 |
| Zaire n-197 | 2 | — | — | — | — | — | 1 | 10 | — | — | 1 | 87 |
| Zambia n-516 | 40 | 24 | — | — | 9 | — | 1 | 11 | — | 2 | 10 | 40 |
| **Middle East** | | | | | | | | | | | | |
| Egypt n-1157 | 5 | 4 | 4 | 5 | 9 | — | 3 | 12 | — | 1 | 23 | 35 |
| Iran n-453 | 4 | 12 | 5 | 19 | 17 | 1 | 15 | 2 | 1 | 3 | 4 | 20 |
| Lebanon n-1663 | 1 | 21 | 12 | 4 | 33 | 1 | 18 | 10 | 1 | 13 | 3 | 29 |
| **Asia** | | | | | | | | | | | | |
| Australia n-1059 | 19 | 11 | 7 | 1 | — | 1 | 41 | — | — | 5 | 16 | |
| India n-1793 | 21 | 15 | — | 15 | 9 | 1 | 3 | 21 | — | 11 | 5 | 8 |
| Indonesia n-629 | 26 | 5 | 2 | 13 | 31 | — | 4 | 27 | — | — | 6 | 16 |
| Malaysia n-1387 | 4 | 30 | 11 | 8 | 6 | — | 4 | 23 | — | 2 | 1 | |
| Thailand n-377 | 1 | — | — | 28 | 5 | — | — | 18 | — | 1 | 15 | 34 |
| **Eastern europe** | | | | | | | | | | | | |
| Hungary n-3209 | 16 | 3 | 2 | 2 | 4 | 6 | 3 | 12 | 1 | 6 | 1 | 54 |
| Poland n-557 | 49 | — | — | — | — | — | 2 | 39 | 5 | — | 1 | 5 |
| USSR n-898 | — | — | — | — | — | 55 | — | 23 | — | 1 | 15 | 10 |
| Yugoslavia n-1016 | 24 | 4 | 5 | 3 | 5 | 1 | 4 | 14 | — | 4 | 2 | 37 |
| **Western europe** | | | | | | | | | | | | |
| Federal Republic of Germany n-2897 | 27 | 11 | 1 | 12 | 5 | — | — | 30 | 5 | 5 | 17 | 17 |
| Finland n-817 | 9 | 23 | 11 | 3 | 7 | 5 | 6 | 27 | — | 3 | 2 | 28 |
| Greece n- | 3 | 7 | 7 | 27 | 5 | — | 3 | 11 | — | 6 | 15 | 22 |
| Iceland n- | — | 26 | — | 18 | — | — | 1 | 26 | — | 4 | 2 | 29 |
| Netherlands n- | 6 | 12 | 6 | 9 | 8 | — | 3 | 34 | — | 1 | 5 | 23 |
| Turkey n- | 42 | 3 | — | 14 | 13 | — | 3 | 36 | — | 6 | 1 | 4 |

资料来源：UNESCO. "Foreign News in the Media: International Reporting in 29 Countries." p. 49.
http://unesdoc.unesco.org/images/0006/000652/065257eo.pdf

有学者选取没有重大国际冲突的四个年份，即 1913 年、1933 年、1963 年和 1983 年，以美国八大报纸作为研究对象，对国际新闻在头版所占比例情况开展研究后发现，整体而言，这些报纸头版中大约 43.7% 的新闻关注国外，报道地区分配情况为：72.6% 的国际新闻报道的是西方国家，8% 报道第三世界国家的消息，对亚洲的报道仅占 3%。而且，第三世界国家的报道主要为耸人听闻的消息，而对西方国家的报道则以政府相关信息为主。[1]

赖夫等根据世界银行对国家地区的分级，分析了《纽约时报》1969—1991 年间国际新闻关注的地区。研究发现，该报这一时期各类国际新闻的版面全面缩减，20 世纪 70 年代的报道重心是西方发达国家和日本，但到 20 世纪 80 年代时重心转向第三世界国家。对共产主义或社会主义国家的报道在 1969—1979 年间有所下降，但到 80 年代又有所回升。[2]

随着冷战的结束，世界进入了经济全球化的时代，这使得国际事务的重要性更为突出，但与此同时，向以自由资本主义世界霸主自居的美国因突然失去对手，外交方面出现"政策确定性的缺失"，因而为"媒体提供了难得的机遇"。[3]美国外交决策进入新时代。1991 年的海湾战争、1993 年美军出兵索马里事件等一系列事件凸显媒体左右美国外交决策、迫使政府对其他国家进行人道主义干预甚至出兵的强大影响力。CNN 效应理论声名鹊起。全球化不仅为人类提供了经济发展的机遇，也带来了许多问题："9·11"恐怖袭击事件使散布在也门、阿富汗、苏丹、菲律宾的恐怖主义组织显现出来，这使得决策者、新闻媒体和公众都迫切需要从全球角度了解国际新闻。然而，美国的国际新闻报道却依然如故地局限于几个国家和地区[4]。这种国际新闻报道的失衡会影响美国人对国际事务重要性的判断。

电视新闻是如今美国大众了解国内外时事的重要消息来源。[5]许多研究

---

[1] Potter, W. James. "News from Three Worlds in Prestige U.S. Newspapers." *Journalism Quarterly*. Vol. 64, No. 1 (1987): pp. 78-79.

[2] Riffe, Daniel et al. "International News and Borrowed News in the New York Times: An Update." *Journalism Quarterly*. Vol. 70, No.3 (1993): pp. 638-646.

[3] Shaw, Martin. *Civil Society and Media in Global Crises*. London: St Martin's Press, 1996, p. 181.

[4] Golan, Guy and Wayne Wanta, "International Elections on the U.S. Network News: An Examination of Factors Affecting Newsworthiness." *Gazette*. Vol. 65 (Spring, 2003): pp. 25-39; Wu, Denis W. "Investigating the Determinants of International News Flow: A Meta-analysis." *The International Journal for Communication Studies*. Vol. 60 (June 1998): pp.493-512.

[5] Larson, James F. "International Affairs Coverage on U.S. Evening News Networks News." In William C. Adams ed. *Television Coverage of International Affairs*. Norwood, Nj: Ablex Pub. Co., 1982, pp. 15-39.

表明，美国电视新闻报道当中，国际新闻占相当大的比重。詹姆斯·F. 拉
森（James F. Larson）和安迪·哈迪（Andy Hardy）对三家电视新闻网的新
闻进行的内容分析结果显示，这三家电视台的新闻中，国际新闻占 35%—
39%。[1]拉森的后续研究也表明，1972—1981 年间的一千余条电视新闻报道
中，有 40% 的国际新闻。[2]有研究表明，在 1982—1984 年间美国所有有线
电视新闻中，国际新闻仅占 34%。[3]还有研究发现美国电视新闻中国际新闻
和国内新闻所占比例呈下降趋势。[4]

　　不同国家在美国的国际新闻报道中受重视的程度也因国而异。发达国家
中最强势的几个国家始终在美国国际新闻中占重要地位，而弱小的边缘化国
家却一直被媒体忽视。[5]表 1-3 是利文斯顿针对联合国美国代表团 1996 年
《全球人道主义危机》报告的十三次最为严重的人道主义危机，统计了《纽
约时报》、《华盛顿邮报》、ABC 新闻节目、CNN 新闻节目、NPR《面面俱
到》（All Things Considered）和《晨报》（Morning Edition）栏目 1995 年 1
月到 1996 年 5 月中旬中对这十三次最严重的人道主义危机的报道。[6]结果显
示，美国新闻媒体对大多严重的国际人道主义危机缺乏应有的重视。媒体集
中报道的波斯尼亚，其在电视节目的曝光率更高达 60% 以上。危机最为严
重的苏丹（14%）和阿富汗（14%）没有受到媒体太多的重视，仅分别占
《纽约时报》危机报道的 3.3%、4.7%，《华盛顿邮报》的 3.5% 和 4.8%。相
对而言，仅比波斯尼亚危机少两个危机百分点的埃塞俄比亚，媒体报道几乎
接近于零。同样值得注意的是，媒体重点报道的对象也是政府外交战略中的

① Larson, James F. and Andy Hardy. "International Affairs Coverage on Network Television News: A Study of News Flow." *Gazette*. Vol. 23 (Winter 1977): pp.136-147.

② Larson, James F. "International Affairs Coverage on U.S. Evening News Networks News." In William C. Adams ed. *Television Coverage of International Affairs*. Norwood, N.J.: Ablex Publ. Corp, 1982, pp. 15-39.

③ Whitney, Charles D., Marilyn Fritzler, Steven Jones, Sharon Mazzarella, and Lana Rakow. "Geographic and Source Biases in Network Television News, 1982-1984." *Journal of Broadcasting & Electronic Media*. Vol. 33 (Spring 1989): pp.159-174.

④ Riffe, Daniel and Arianne Budianto. "The Shrinking World of Network News." *International communication Bulletin*. Vol. 36 (Spring 2001): pp.12-35.

⑤ Wanta, Wayne, Guy Golan and Cheolhan Lee. "Agenda Setting and International News: Media Influence on Public Perceptions of Foreign Nations." *Journalism and Mass Communication Quarterly*. Vol.81, No. 2 (Summer 2004): pp. 364-377.

⑥ Livingston, Steven. "Clarifying the CNN Effect: An Examination of CNN Effects According to Type of Military Intervention." Research Paper, C-18. Cambridge, Mass. : Joan Shorenstein Center on the Press, Politics and Public Policy, John F. Kennedy School of Government, Harvard University, 1997: p. 9.

目标，依次为波斯尼亚、伊拉克、海地、卢旺达和索马里。

表 1-3　美国主流媒体对 1995 年 13 次国际人道主义危机报道频次统计表

| Country | Percent at Risk (millions) | Percent of Mentions in Times | Percent of Mentions in Post | Percent of Mentions by ABC | Percent of Mentions by CNN | Percent of Mentions By NPR |
|---|---|---|---|---|---|---|
| Afghanistan | 14 (4) | 4.7 (274) | 4.8 (225) | 1.5 (19) | 1.2 (57) | 2.9 (57) |
| Sudan | 14 (4) | 3.3 (190) | 3.5 (166) | 0.6 (8) | 1.1 (54) | 1.5 (31) |
| Bosnia | 13 (3.7) | 45.8 (2,633) | 43.7 (2,046) | 66 (833) | 66.7 (3,062) | 61.3 (1,204) |
| Ethiopia | 11 (3 - 4) | 0.2 (15) | 0.2 (10) | 0 (0) | 0 (3) | 0.3 (6) |
| Angola | 9 (2.5) | 2.0 (120) | 3.0 (144) | 0.7 (9) | 0.4 (22) | 1.7 (34) |
| Rwanda | 9 (2.5) | 6.9 (401) | 5.9 (277) | 3.9 (49) | 9.8 (150) | 6.0 (118) |
| Sierra Leone | 6 (1.8) | 1.0 (63) | 1.6 (78) | 0.3 (4) | 0.5 (26) | 1.0 (20) |
| Liberia | 5 (1.5) | 2.8 (164) | 3.2 (150) | 2.5 (32) | 1.0 (49) | 2.3 (46) |
| Iraq | 5 (1.3 - <4) | 14.6 (839) | 14.5 (679) | 11.9 (150) | 11.7 (540) | 10.2 (201) |
| Haiti | 3 (0.9 - 1.3) | 11.3 (654) | 11.1 (522) | 7.0 (89) | 6.8 (316) | 6.7 (132) |
| Eritrea | 4 (1) | 0.4 (28) | 0.4 (21) | 0 (0) | 0 (3) | 0.2 (4) |
| Somalia | 14 (4) | 5.4 (312) | 6.6 (309) | 5.5 (69) | 6.4 (294) | 5.1 (102) |
| Tajikistan | 5 (1) | 0.7 (45) | 1.1 (52) | 0 (0) | .2 (13) | 0.4 (9) |
| Totals | 100 (28.2)[**] | 99.1 (5,738) | 99.6 (4,679) | 99.9 (1,262) | 99.2 (4,589) | 99.6 (1,964) |

数据来源：Livingston, Steven. "Clarifying the CNN Effect: An Examination of CNN Effects According to Type of Military Intervention." Research Paper, C-18. Cambridge, Mass. : Joan Shorenstein Center on the Press, Politics and Public Policy, John F. Kennedy School of Government, Harvard University, 1997: p. 9.

由此可知，媒体对危机的报道极不均衡，对波黑一国危机的报道超过了其他 12 个国家地区危机报道的总和。而且，媒体对国际危机大量集中的报道主要受政府决策和军事行动主导。

美国新闻媒体自由而积极的国内和国外新闻报道，虽然覆盖的地区有倾斜，真正重视国际新闻的媒体有限，国际新闻报道所占版面的比例也呈下降趋势，但新闻媒体无论用文字还是影像勾画出的事态局势，有效地促使政府和公众采取对策。电视图像和文字报道过滤、编辑不时挑战决策官员的言辞。[①]因此，美国媒体存在的诸多弊端仍不影响其向关注国际事务的受众迅速传播国际事务的最新消息，传播舆论对外交事务的观点，塑造公众对国际事务的认识的同时，也在反应速度、政策力度、关注持续时间、修订政策等诸多环节上塑造着外交政策的制定。

因此，了解国际新闻报道的取舍标准、内容特征仅仅是了解媒体如何影

---

① Newsom, David D. *The Public Dimension of Foreign Policy.* Bloomington: Indiana University Press, 1996, p.43.

响外交和舆论问题的第一步。正如哈贝马斯所说:"即使我们对大众媒体的内部运作方式和影响,以及对公众和各政治活动参与者之间的角色分配有所了解,即使我们能对哪些人拥有利用媒体、分享媒体权力的特权提出合理的假设,我们对媒体如何干预政治公共领域中纷繁的传播渠道却知之甚少。现在更清楚的是,在对公众施加政治影响的竞争中,媒体占据强有力位置。"①那么,"占据强有力位置"的新闻媒体与外交决策者究竟是什么关系,国际新闻报道对外交决策者有什么样的影响,新闻媒体又是如何影响外交决策的呢?这正是本书下一部分将要解答的问题。

---

① Habermas, Jürgen. *Between Facts and Norms: Contributions to a Discourse Theory of Law and Democracy.* Translated by William Rehg. MA: MIT Press, 1996, pp.377-378.

# 第二章　美国媒体对外交决策者的影响

美国国父们在建国之初，就有意在司法、立法、执法机构之间设置了既需要合作又互为竞争的互为牵制机制。在外交政策的制定和实施问题上，美国政府行政部门内部和国会内部原本就意见纷呈，难以达成一致。以总统为首的行政机构与国会之间的重重矛盾使得外交决策意见更加难以统一。因此，在对外交决策与媒体关系的研究中过于简单地把外交政策作为政府决策来对待，显然有悖于政府机构之间和机构内部复杂关系的本质。分别研究媒体对总统及其他行政机构决策者与国会在外交问题上的影响由此成为必要的选择。

## 一、新闻媒体与决策者

近一百多年来，新闻媒体发生了根本性的变化。新的印刷、通信技术的开发，使媒体的载体不断推陈出新：报纸、新闻杂志、广播、电视、互联网，加之实时通信技术的广泛应用，使媒体的新闻传播无论在速度上还是广度上都达到了空前的高度。这也无疑改变着新闻媒体与决策者和政府机构的关系。决策者、国会和政府机构越来越依赖媒体报道，他们不断调整以适应与媒体关系的新局面。但是，对于决策者与媒体的关系研究，却一直少有详细分析。

### （一）被忽视的重要群体

自 20 世纪初期以来对新闻媒体影响的研究就几乎少有例外地集中在媒体对大众的影响上。因此，研究者们试图选取有代表性的人群来探讨大众利用媒体的目的和受到媒体影响的过程（具体情况下章将作详细介绍）。与之形成鲜明对比的是，新闻报道的对象却从未成为媒体影响研究的焦点。除个别个案研究[①]之外，仅有少数定量研究着眼于新闻报道对报道对象的影响。[②]恩特曼就此感叹地指出，这种研究现状令人吃惊[③]，因为新闻媒体报道的对象大多是社会、政治、经济、文化等领域的精英人物。因此，可以肯定，正是由于这些人的社会地位，媒体对这些人的影响比对于其他人群更为深远。[④]

研究人员在研究新闻媒体对社会、政治、经济、文化及其他领域决策者的影响时，常运用媒体影响四层波浪模式（A four-level cascade model of successive media effects）来解释新闻媒体对政治决策的影响。如图 2-1 所示，第一层包括决策者、政客、商人、利益集团代言人等在内的政治人物。第二层由报道和评述政治人物活动的新闻媒体构成。第三层包括广大读者、听众和观众，即新闻的受众。新闻受众在新闻报道的基础上判定问题的轻重缓急，并形成如何解决问题的观点。而受众的投票和消费新闻的选择正取决于上述观点。因此，通过解释问题或事件，政治机构之间就问题高效地达成妥协。第四层也就是最后一层包括通过上述政治机构以法律和法令的形式使其思想和目的得以实现的政客和商人[⑤]。

上述模式忽视了新闻媒体对政治人物的影响。因为对媒体与公众影响（如议程设置、选举行为等）的过度关注相应地会导致忽视媒体对决策者的影响。因此，对于政治人物受媒体报道影响的研究，实际上就是对政治人物对在媒体影响下形成的大众舆论的反应的研究。媒体在政治过程中的作用因此始终被界定为间接作用。[⑥]

---

① Seymour-Ure, Colin. *The Political Impact of Mass Media.* London: Constable; Beverly Hills, CA: Sage, 1974.

② Linsky, Martin. *Impact: How the Press Affects Federal Policy Making.* New York: W.W. Norton, 1986; Cook, Fay L. et al. "Media Agenda Setting: Effects on the Public, Interest Group Leaders, Policy Makers, and Policy." *Public Opinion Quarterly.* Vol.47, Vol. 1 (1983): pp. 16-35.

③ Entman, Robert M. *Projections of Power: Framing News, Public Opinion, and U.S. Foreign Policy.* Chicago: Univ. Chicago Press, 2003, p.123.

④ Kepplinger, Hans Mathias. "Reciprocal Effects: Toward a Theory of Mass Media Effects on Decision Makers." *The Harvard International Journal of Press/politics.* Vol.12, No.2 (2007): p.3.

⑤ Molotch, Harvey, David L. Protess, and Margaret T. Gordon. "The Media-Policy Connection: Ecology of News." In David L. Paletz ed. *Political Communication Research: Approaches, Studies, Assessments.* Vol. Ⅱ, Norwood, NJ: Ablex, 1996, pp.41-61.

⑥ Kepplinger, Hans Mathias. "Reciprocal Effects: Toward a Theory of Mass Media Effects on Decision Makers." *The Harvard International Journal of Press/Politics.* Vol.12, No.2 (2007): p.4.

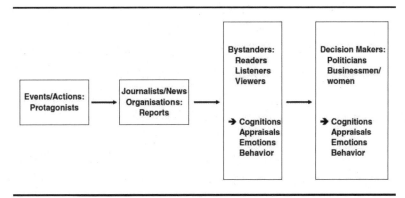

**Figure I**
Indirect Impact of News Reports on Decision Makers

**图 2-1　新闻报道对决策者间接影响示意图**

资料来源：Kepplinger, Hans Mathias. "Reciprocal Effects: Toward a Theory of Mass Media Effects on Decision Makers." *The Harvard International Journal of Press/politics*, Vol.12, No. 2 （2007）: p.8.

　　新闻媒体对决策者影响研究的缺乏有如下现实和理论方面的原因。其一，寻找媒体报道影响对象困难。相比数量众多的普通新闻受众而言，受新闻报道影响的决策者数量极少，其中外交决策者的数量则更少。因此很难对其进行定量研究。其二，与新闻对象特别是决策者取得联系相对困难。这些决策者很少参与问卷调查，即使参与也极可能避实就虚，或尽量否认媒体对其影响。这就使对决策者，特别是外交决策的高层决策者的研究受到局限。其三，对此类课题进行试验研究的可能性也极小。因为在这类研究中，研究人员必须向试验对象展示新闻媒体对其的报道，或媒体对其活动领域的相关报道。而绝大多数人极不习惯被媒体报道，因而会感觉此试验过于造作。而那些习惯于被媒体报道的决策精英则根本不会参与这类试验性研究。[①]其四，对大众媒体影响的量化研究始自大众心理学研究盛行时期，受该学科影响，大众媒体影响研究更侧重媒体对于群体行为的影响，而非研究决策者这类少数特殊群体。

　　不能否认的是，决策层人数相对新闻受众的数量显得微乎其微，而且新

---

　　① Kepplinger, Hans Mathias. "Reciprocal Effects: Toward a Theory of Mass Media Effects on Decision Makers." *The Harvard International Journal of Press/Politics*. Vol.12, No.2 (2007): p.4.

闻媒体对其影响与对广大读者和观众的影响相比小得几乎可以忽略不计。但是，如果将媒体对决策者影响之结果考虑进来的话，可以更清楚地看到，媒体影响，或者更准确地说是新闻媒体的间接影响是不可小觑的。如果决策者的政见受媒体影响，长远看来，决策者政见会影响为数更多、范围更广的人群。

从理论和实证分析可得知，传统媒体影响研究范式没有错误但还不完整，因此具有一定的误导性。它只注意研究媒体对公众群体的影响，而忽视了媒体可能具有的一些影响，限制了媒体理论的进一步研究和范畴，忽视了作为媒体报道对象的决策者所引起的社会变革，因而也忽视了新闻媒体报道对社会变革的间接影响。

大多数研究简单认为，出于政治动机，政府官员或多或少地能够正确体察民意并回应民意。但政府官员究竟如何了解民意？新闻媒体或大众舆论能否对官员的思想和行动产生影响呢？

### （二）新闻媒体对决策者的影响

早在建国之初，美国国父们就认识到，一个具有新闻自由且不受羁绊的媒体是维持民主制度活力和生机必不可少的机制。他们对新闻自由的笃信说明其对平民大众的智慧和判断力的基本信念，而大众智慧则需要基于大众对政府作为的了解。正如托马斯·杰斐逊（Thomas Jefferson）所说："我们的自由有赖于新闻媒体的自由，对新闻自由任何形式的限制都不可能不对自由造成威胁。"[①]

新闻媒体与政府的关系既紧张又复杂。这种关系由来已久，而且会一如既往地存在下去。新闻媒体在外交决策中的作用与行政机构和立法机构的作用交织在一起。这三方各自为战，但又不断与其他两个分支中的一支形成联盟，向另外一支力量发动攻势。美国政府行政立法机构与媒体之间在结构和制度上的不同是造就其相互关系、加剧政策分歧的根源。但是，解决媒体与政府机构间的分歧对整个国家的利益来说不见得是件好事。因为无论媒体给政府决策如何制造麻烦，新闻媒体与政府机构间的竞争是杰斐逊认为必要的外部约束机制，也是"自由的代价"（Price of freedom）。

外交决策者、公众舆论和新闻媒体三者间看似循环往复的关系曾引发学

---

① Kurz, Robert J. "Congress and the Media: Forces in the Struggle over Foreign Policy." In Simon Serfaty ed. *The Media and Foreign Policy*. New York: St. Martin's Press, 1990, p. 77.

者们的疑问："究竟谁主导谁？"大卫·多姆克（David Domke）等对"诉诸公众"（Going Public）在《爱国法案》（*The Patriot Act*）通过过程中所起作用的研究中提出，政治精英操控新闻媒体向公众发布信息的能力在国内发生危机或骚动时最为强大。① 布兰迪斯·凯恩斯－罗恩（Brandice Canes-Wrone）断言，总统往往在公众有可能赞同的问题上求助于公众，而且总统一般这样做的前提是他们自己首先也对该问题持赞同态度。而总统如此行事的目的就是与国会抗衡。总统向公众寻求支援对于决策是有积极意义的，因为至少在总统和公众意愿一致的情况下，公众的利益和总统的政策倾向得以成为法律。②

较之媒体在公众的态度和行为上的影响，其对政治精英的态度和行为影响实际上更加明显。新闻媒体通过提供及时国际时事讯息，为决策层第一时间提供最新动态信息，对白宫和国会外交决策的贡献功不可没。白宫及其下属外交决策相关行政官员密切关注主流报刊，以随时了解其他决策官员和国会成员的言行，掌握哪些决策官员向媒体透露了哪些决策相关的信息，并由此揣测其政治政策目的。此外，他们还对媒体国际报道有浓厚兴趣，因为这可以弥补驻外使馆报告的不足，使其对国际动态有更全面更客观的了解。

媒体的大量报道会给社会特别是决策者造成必须采取行动的需求，因而成为促使对应政策出台的动力和压力。媒体激发国内舆论给外交政策者施加压力的力量极为强大。学者们通过深入采访发现，外交决策者们经常感受到外界的压力，而且在外交决策中也多少受媒体报道的影响。如吉米·卡特（Jimmy Carter）总统的副国务助理霍丁·卡特（Hodding Carter）所说，"媒体全球化为外交决策制造了强大的国内压力，迫使决策者对本来不会理会的问题采取行动。一旦摄像机出现，压力就无时无刻不存在。例如南非问题早就存在，但电视报道使其家喻户晓后，就迫使国会必须采取行动。……电视可以使小问题变成严重的主要问题"③。美国总统身边的工作人员也常表示："媒体在白宫决策过程中……在白宫会议上都具有非常重要的作用。总

---

① Domke, David. et al. "Going public as political strategy: the Bush administration, an echoing press, and passage of the Patriot Act." *Political Communication.* Vol. 23, No. 3 (2006): pp. 291-312.

② Canes-Wrone, Brandice. *Who Leads Whom? Presidents, Policy, and the Public.* Chicago: Univ. Chicago Press, 2006.

③ O'heffernan, Patrick. *Mass Media and American Foreign Policy.* Ablex Publishing House, 1991, p. 63.

体来说，白宫讨论媒体的时间比讨论其他机构的时间都要多，包括国会……所有政策的制定和发布都要考虑到媒体的反应。"[①]

至于新闻媒体报道量达到何种程度才能真正给决策层造成压力，迫使其采取对应行动的问题，有学者指出，至少要每天在报纸头版和晚间新闻最初十分钟以重要新闻的形式，持续三到四天，才可能引起官方的注意。少于这样报道量的新闻，比如只在国际新闻版面出现，或者晚间新闻结尾出现的新闻报道，是不可能影响政府决策的。[②]

决策者对媒体压力的评价各异。高英指出，从总统到其各级决策助理，从各部部长到具体负责的官员，都目标明确地、有意识地抵制来自媒体特别是电视报道的压力，竭力不受媒体影响。[③]少数决策者认为媒体压力是好事，可以帮助制定更合理的政策。但大部分认为媒体压力的影响是消极的，是决策的阻力。如卡特时期国家安全顾问罗伯特·帕斯特（Robert Paster）就持此观点。他认为问题的关键"在于民主，而不在于媒体。媒体使得更多的人参与进来，民主的目的也在于此。我们也举双手欢迎。但是对于决策者来说，特别是国务院的工作人员，媒体和民主就是一种阻力。如鲠在喉，苦不堪言"[④]。

理解媒体于决策者的压力就必须将政治过程的最终目标铭记在心。决策者必须在公共领域正议论纷纷的大背景下谋划出既反映选民意愿和利益，又具有政治可行性的政策。也就是说，如果民主选举的政府想维持政权，那么不受欢迎的政策就基本上是适得其反的。为了获得连任，政府必须对选民关心的问题作出回应。在此过程中，决策者及其他相关官员必须兼顾各方面的公众舆论，而不能仅仅以大众倾向为依据。媒体给决策者带来压力的相关研究至少证明一点：媒体与外交决策之间的影响绝对不是单向的，外交决策者频繁利用媒体传达政策，了解民情，并不能遮蔽媒体对外交决策者施加的压力乃至影响。

---

① 转引自 Cook, Timothy E. *Governing with the News: The News Media as a Political Insitution.* Chicago: University of Chicago Press, 1998, p. 131.

② Robinson, Piers. *The CNN Effect: The Myth of News, Foreign Policy and Intervention.* New York: Routledge, 2002, p.38.

③ Gowing, Nik. "Real Time Television Coverage of Armed Conflicts and Diplomatic Crises: Does it Pressure on Distort Foreign Policy Decisions?" Harvard Working Paper, Cambridge, MA: The Joan Shorenstein Barone Center on the Press, Politics and Public Policy at Harvard University, 1994.

④ O'heffernan, Patrick. *Mass Media and American Foreign Policy.* Ablex Publishing House, 1991, p. 63.

影响公众舆论并不是媒体对外交决策产生影响的必经之路，有时媒体可能对决策者产生直接影响。例如，媒体就曾直接影响老布什总统在索马里问题上的决策。"……布什说，他和妻子芭芭拉在白宫看电视时，看到那些忍饥挨饿的孩子可怜巴巴地乞讨一小碗米饭，他打电话给国防部长迪克·切尼（Dick Cheney）和参谋长联席会议主席科林·鲍威尔（Colin Powell）将军，'请来白宫一趟'，布什回忆这样对两位军事首领说，'我——我们——不能再坐视不管了，你们得做点什么。'"①在读了《纽约时报》上一篇关于索马里人道主义危机的文章后，老布什总统在该文章旁提笔写下如下几个字："这太糟糕了，难道我们就不能做点什么吗？"并把这份报纸连同其批注转给了国防部。此后几个月，总统选举迫使布什无法在索马里问题上轻举妄动。但是，在 1992 年总统选举输给威廉·克林顿（William Clinton）后，布什无所顾忌，马上作出了干涉索马里的决策，在其白宫岁月的最后几天中作出了向索马里派驻两万名美国驻兵的决策。此时，无论是公众还是国会都没有特别关注索马里问题。不但如此，布什决定派兵时美国国会正处于休会期间。②

老布什总统的新闻秘书马林·菲茨沃特（Marlin Fitzwater）也曾直言："我是两三个强烈建议他采取行动的人之一，而这主要出于同情电视画面上那些忍饥挨饿的孩子。"③

此外，媒体是决策者衡量民意的标尺。新闻媒体在公众舆论认知的形成方面具有显著的影响作用。决策者通过评估公众舆论现状来估算批评时政的政治得失，但他们无法了解公众对外交问题考量和感受的全貌，而必须依赖新闻媒体选择性提供的报道和解释。新闻媒体因而在决定舆论解释框架方面占据着主宰地位。④白宫也经常受制于公众舆论。大卫·卡伯特（David

---

① Hines, Craig. "Pity, not US Security, Motivated Use of GIs in Somalia, Bush Says." *The Houston Chronicle.* October 24, 1999, p. A11.

② 见 Cusimano, Maryann K. *Operation Restore Hope: The Bush Administration's Decision to Intervene in Somalia.* Pew Case Studies in International Affairs, Washington D.C., WA: The Institute for the Study of Diplomacy, 1995.

③ "Reliable Sources, How Television Shapes Diplomacy." CNN, 16 October 1994, 转引自 Minear, Larry, Colin Scott and Robert Weiss. *The News Media, Civil Wars and Humanitarian Action.* Boulder, CO and London: Lynne Rienner, 1997, p.55.

④ Entman, Robert M. *Projections of Power: Framing News, Public Opinion, and U.S. Foreign Policy.* Chicago: Univ. Chicago Press, 2003, p.123.

Culbert）记录了林登·约翰逊（Lyndon Jhonson）总统借助媒体衡量民意的
情况："总统法律顾问哈利·麦克福森（Harry McPherson）……觉得沃尔
特·克朗凯特（Walter Cronkite）的特别节目'对约翰逊本人及其公众对战
争的支持摇摇欲坠的感觉影响极大'。麦克福森觉得约翰逊'喜欢也信任'
克朗凯特，……麦克福森认为约翰逊看电视不是为了获取信息，而更多的是
为了'衡量它对公众究竟会有什么影响'。"[1]实际上，公众舆论、决策官员
的言行以及新闻报道三者之间是互为依存的关系。[2]正如李普曼所言，如果
说公众形成政治舆论的大部分信息来自媒体，那么决策者也可以将媒体当作
衡量公众对议程问题轻重缓急程度的标尺。

新闻媒体是决策者了解民意的重要渠道。有研究表明，决策精英常有意
无意地错误地解读公众舆论。[3]原因之一是，除了总统可以有源源不断的各
种复杂民意调查资源的支持，其他决策者除媒体外没有其他可靠的调查数据
可供参考。菲利普·J. 波利克和安德鲁·Z. 卡茨发现，他们"考虑政治问
题时没有当前某一问题上民意的调查材料为基础……大部分官员都没有来自
政府的可靠民意材料"[4]。事实上，"国会和新闻媒体是外交决策官员获取
民意信息最重要的代理"[5]。

而且，即便有相关民意调查公布，决策者们一般并非通过民意调查结果
了解舆情，而是通过询问其他决策者和收看新闻报道来获取信息。根据美国

① Culbert, David. "Johnson and the Media." In Robert A. Divine ed. *The Johnson Years, Volume One: Foreign Policy, the Great Society and the White House.* Lawrence, KS, 1987, p. 227; Culbert, David. "Television's Visual Impact on Decision-Making in the USA, 1968: The Tet Offensive and Chicago's Democratic National Convention." *Journal of Contemporary History.* Vol.33, No.3 (1998): p.432.

② Entman, Robert M. *Projections of Power: Framing News, Public Opinion, and U.S. Foreign Policy.* Chicago: Univ. Chicago Press, 2003, p.123.

③ Kull, Steven and Clay Ramsey. "Elite Misperceptions of U.S. Public Opinion and Foreign Policy." In Brigitte Lebens Nacos, Robert Y. Shapiro, and Pierangelo Isernia eds. *Decisionmaking in a Glass House: Mass Media, Public Opinion, and American and European Foreign Policy in the 21st Century.* Lanham, MD: Rowman and Littlefield, 2000, pp. 95-110; Kull, Steven and Clay Ramsey. "How Policymakers Misperceive U.S. Public Opinion on Foreign Policy." In Jeff Manza, Fay Lomax Cook, and Benjamin I. Page eds. *Navigating Public Opinion: Polls, Policy and the Future of American Democracy.* New York: Oxford University Press, 2002, pp.201-220.

④ Powlick, Philip J. and Andrew Z. Katz. "Defining the American Public Opinion/Foreign Policy Nexus." *International Studies Review.* Vol.42, No.1 (1998): p.45.

⑤ Powlick, Philip J. and Andrew Z. Katz. "Defining the American Public Opinion/Foreign Policy Nexus." *International Studies Review.* Vol.42, No.1 (1998): p.45; Herbst, Susan. *Reading Public Opinion: How Political Actors View the Democratic process.* Chicago: University of Chicago Press, 1998.

皮尤民众与新闻研究中心 1998 年对 81 名国会议员、98 名总统雇员、151 名高级公务员进行的调查显示，媒体报道是行政部门官员体察公众动向最重要的消息来源，民意调查远不如媒体报道重要。该报告指出："决策者们严重依赖媒体。四分之三的总统雇员和 84% 的高级行政人员将媒体列为其了解公众舆论的主要消息来源。国会议员也承认媒体是其主要信息来源，但也会利用个人联系、与选民沟通等方式了解民意。几乎没有政府官员称其会依靠民意调查，但 80% 的官员却能准确说出克林顿总统的支持率。"[1]这说明决策者会关注民意调查结果，但其对民意的了解主要还是依靠媒体报道所反映的情况。

　　新闻媒体也影响决策者对政策本身的思考。无论媒体对于民意调查中的公众反应有无影响，媒体新闻报道的解释框架却影响着决策者在决策过程中对政策利害关系的判断、对政策的基本思考以及其他决策者对政策本质及相关政治问题分析的了解。因此，决策者们则总是积极地试图左右和控制媒体报道的解释框架，鼓励那些能够帮助他们赢得公众支持的报道，控制反对意见，最为重要的是打造公众舆论，使其站在自己这边。

　　富兰克林·罗斯福（Franklin Roosevelt）总统对媒体的干预一直很反感，但却始终极为重视媒体的作用。《新闻周刊》创刊人埃弗里尔·哈里曼（Averell Harriman）和文森特·阿斯特（Vincent Astor）被罗斯福政府录用并任高位，负责直接向总统汇报情况。亨利·R. 鲁斯（Henry R. Luce）麾下《财富》（*Fortune*）杂志前任编辑、鲁斯的同学阿奇博尔德·麦克利什（Archibald MacLeish）在美国参加二战前由罗斯福总统亲自任命为美国国会图书馆馆员，其任务是确保鲁斯麾下新闻期刊支持国策，向民众传达和报道纳粹轴心国对世界的威胁。[2]1939 年 10 月，麦克利什就任国会图书馆官员后，刻不容缓地与《时代周刊》工作人员重新建立联系，并邀请鲁斯夫妇前往华盛顿与其相会。大战迫在眉睫，麦克利什完成使命的目的不言自明。[3]

---

　　① PEW Research Center for the People & the Press. "Washington Leaders Wary about Public Opinion: Public Appetite for Government Misjudged." April 17, 1998. Available at: http://www.people-press.org/1998/04/17/washington-leaders-wary-of-public-opinion/

　　② Donaldson, Scott. *Archibald MacLeish: An American Life*. Boston: Houghton Mifflin Co., 1992, pp. 304-341.

　　③ Carew, Michael G. "The Interaction Among National Newsmagazines and the Formulation of Foreign and Defense Policy in the Roosevelt Adminstration, 1939-1941." Dissertation. New York University, 2002. Proquest Dissertations and Theses. p. 223.

此外，从 1983 年韩国空客被苏联击落事件，到 1988 年伊朗空客被美军击落事件，到美国军事干涉格林纳达、利比亚和巴拿马，以及美国对海地、索马里、巴尔干半岛等国家和地区的军事干涉，再到出兵阿富汗，民意调查显示，民意始终与媒体报道的主调相呼应。①

新闻媒体也是决策者影响其他决策者的途径。正是由于决策者明白媒体以上述方式影响其他决策者，他们自己对此也感同身受，因此决策者竞相干预会影响自己及其他领导人的新闻报道及其解释框架。实际上，决策者不断争夺媒体报道解释框架以便控制新闻框架的斗争不只是为了影响公众舆论，更重要的是意欲影响其他决策者。②

新闻媒体影响民意调查设计的各个环节。尽管民意调查有其众所周知的缺陷③，其客观存在确实对民主政治和外交决策具有重要作用。但是，无论民意调查持续时间长短，其显示的民意在诸多方面都极有可能受媒体报道的影响。首先，调查主题、调查问卷的问题本身、问题措辞等都是由新闻媒体和民意调查机构确定的，这些具有框架性的因素会直接影响调查对象对问题的回答。从调查的用词褒贬、采访经验，到调查对象不假思索、信手拈来地对问题的回答④，以及对问题的一知半解等都会产生框架效应。而新闻媒体影响着民意调查构建解释框架作用的各个环节：民意调查前后的媒体对某些事务的重点报道和对某些事务没有提供深入报道以深化受众的认识，都会影响民意调查从调查主题选定、调查问卷设计到被调查对象对问题的回答等整个过程。⑤

新闻媒体是决策者了解公众立场的主要依据。决策者对大众立场的感性认识与民意调查结果常有出入。例如在国际援助问题上，绝大多数决策者认为美国公众宁愿完全取消国际援助，但民意调查却反复显示大部分人支持大

① Jacobs, Lawrance R. and Robert Y. Shapiro. *Politicians Don't Pander: Political Manipulation and the Loss of Democratic Responsiveness.* Chicago: Univ. Chicago Press, 2000; Justin Lewis. *Constructing Public Opinion.* New York: Columbia University Press, 2001.

② Entman, Robert M. *Projections of Power: Framing News, Public Opinion, and U.S. Foreign Policy.* Chicago: Univ. Chicago Press, 2003, p. 123.

③ Herbst, Susan. *Numbered Voices: How Opinion Polling Has Shaped American Politics.* Chicago: University of Chicago Press, 1993; Lewis, Justin. *Constructing Public Opinion.* New York: Columbia University Press, 2001.

④ Zaller, John R. *The Nature and Origins of Mass Opinion.* New York: Cambridge University Press, 1992.

⑤ Lewis, Justin. *Constructing Public Opinion.* New York: Columbia University Press, 2001, p.166.

幅度增加国际援助。[①]在美国参与联合国维和行动问题上也是如此：多数决策者觉得大多数美国人会反对此举，但民意调查却显示绝大多数国人对此持赞成态度。[②]但是，民意调查常得出自相矛盾的结果，因此人们常常有意忽视不利的调查。[③]也许部分是由于此类原因，同时由于主流媒体被认为会影响公众舆论，决策者很少依据民意调查得出自己对大众立场的感性认识，而更多地依据主流新闻媒体对问题和事件的报道、媒体报道引发公众关注的方式、新闻报道左右公众基本观点的原因以及媒体报道中部分决策者试图说明国民更倾向于己方立场的言行等。[④]恩特曼曾就此指出，新闻媒体和公众舆论在政治决策过程中最主要的作用是确定哪些问题、目标和对策会得到广泛支持。[⑤]

新闻媒体影响公众对人对事的评判标准，因此也是决策者操控公众评判标准的重要手段。例如在总统大选时，在选举、民意调查中，赞同总统还是其他领导人的抉择过程中，在二者必须取其一的情况下，新闻媒体可以通过其报道内容和措辞，影响人们在评判总统候选人时是主要根据候选人的个人性格还是根据候选人的外交经验来评判候选人。学界对新闻报道措辞、报道内容等的研究结果表明，操控公众的评判标准比操控其选择结果要容易得多。[⑥]从政治目的角度来说，这就已经足够了。

实际上，转变公众对某一政策的评判角度和标准以削弱公众对其的重视，与赢得公众对某一政策的支持，可以达到同样的政治效果。学者们研究发现，"即使在公众的政策倾向不变的情况下，提高问题的显性程度也会改

---

① Kull, Steven and Clay Ramsey. "The Myth of the Reactive Public." In Phili P. Everts and Pierangelo Isernia eds. *Public Opinion and the International Use of Force*. London: Routledge, 2001, pp. 208-209.

② Kull, Steven and Clay Ramsey. "The Myth of the Reactive Public." In Philip Everts and Pierangelo Isernia eds. *Public Opinion and the International Use of Force*. London: Routledge, 2016, p. 206.

③ Lewis, Justin. *Constructing Public Opinion*. New York: Columbia University Press, 2001, pp. 200-201; Entman, Robert M. and David L. Paletz, "Media and the Conservative Myth." *Journal of Communication*. Vol.30, No. 4 (1980): pp.154-165.

④ Entman, Robert M. *Projections of Power: Framing News, Public Opinion, and U.S. Foreign Policy*. Chicago: Univ. Chicago Press, 2003, p.127.

⑤ Entman, Robert M. *Projections of Power: Framing News, Public Opinion, and U.S. Foreign Policy*. Chicago: Univ. Chicago Press, 2003, p. 124.

⑥ Tetlock, Phillip E. "Coping with Trade-Offs: Psychological Constraints and Political Implications." In Arthur Lupia, Matthew McCubbins, and Samuel L. Popkin eds. *Elements of Reason: Cognition, Choice, and the Bounds of Rationality*. New York: Cambridge University Press, 2000.

变公众舆论的影响力"①。本杰明·佩奇（Benjamin Page）总结发现，政府对显性程度高的问题的反应比对显性程度低的问题的反应要更为明显。他还指出，舆论与政策一致程度越高，决策精英将公众舆论导引至显性程度更高问题所付出的努力也越多，其努力并非单纯地为了引起更多的反响。②布赖恩·D. 约翰斯（Bryan D. Jones）甚至提出，"比起其对舆论在某问题上意见分布情况所作的反应，民主政府可能更注意应对问题本身的变化"③。

因此，媒体报道对公众评判标准的影响也能够提高总统决策的公众支持率。"这在国会和公众支持特别重要的国家危机时显得格外关键。好在战争新闻往往强调军事行动的胜利而忽视失败。1991 年春海湾战争期间，老布什总统的支持率几乎达到 90%。但这样快速增长的支持率不会持久，因为记忆会很快消退，媒体对战争纪录更仔细的探查会揭示各种失误。因此仅距布什获得超高支持率的九个月后，其支持率就一路下滑到了 50% 以下，而且还在不断地下降。"④

决策者可以主要通过新闻报道的解释框架和公众对其的反响来对某政策在公众中间的支持或反对倾向作出判断。特别是在选举过程中，如果决策者由此发觉公众对某一事件或问题的重视程度有所降低，那么他们就可以不必考虑此因素。⑤以罗纳德·里根（Ronald Reagan）政府第一任期为例，其政治上的成功更主要地来自其对公众政策倾向和公众立场的了解和利用，而并非引导美国大众支持其政策。如果盲目相信民意测验对民众政策倾向的调查结果，那么会发现大众对里根采取的许多国内外政策都一直持反对态度。然而，里根 1984 年的成功连任却证明，大多数选民在选举投票时并未根据军

① Manza, Jeff and Fay Lomax Cook. "The Impact of Public Opinion on Public Policy: The State of Debate." In Jeff Manza, Fay Lomax Cook, and Benjamin I. Page eds. *Navigating Public Opinion: Polls, Policy and the Future of American Democracy.* New York: Oxford University Press, 2002, p. 26.

② Page, Benjamin I. "The Semisovereign Public." In Jeff Manza, Fay Lomax Cook, and Benjamin I. Page eds. *Navigating Public Opinion: Polls, Policy and the Future of American Democracy.* New York: Oxford University Press, 2002, pp. 335-337.

③ Jones, Bryan D. *Reconceiving Decision-Making in Democratic Politics.* Chicago: University of Chicago Press, 1994, p. 128.

④ Graber, Doris A. *Mass Media and American Politics.* Washington, DC: CQ Press, 2002, p. 278.

⑤ Destler, I. M. "The Reasonable Public and the Polarized Policy Process." In Anthony Lake and David Ochmanek eds. *The Real and the Ideal: Essays on International Relations in Honor of Richard H. Ullman,* Lanham, Md.: Rowman and Littlefield, 2001.

控和国防过度开支进行权衡。民意测验结果站不住脚。[1]

即使在无法对内容进行深度诠释的电视实况转播中，媒体也能够利用镜头角度转换和其他摄影摄像技术改变画面的主旋律。例如 1985 年里根总统参观德国比特堡的一个军事墓地以悼念战争中死难的人时，哥伦比亚广播公司（CBS）拍摄里根总统时选用了纳粹突击队员的墓地作为背景，暗示该悼念仪式可以被解释为对希特勒纳粹运动的支持。白宫否认有任何纪念纳粹军士的意图，百般努力之后也没能劝说哥伦比亚广播公司从不同的角度拍摄。[2]又如在旧金山的抗议中，媒体的采访镜头就是对准抗议者，而无视人数更多的中国支持者。因为媒体喜欢打灾难牌，而同情弱者牌确实是"最容易做的新闻"。西方人对中国的偏见，也和媒体这些微妙的处理有关。

参与设定外交议程是新闻媒体发挥其影响的重要环节。媒体经常将某些总统和其他官员希望掩人耳目的问题提上议事日程。"令政府失望的是，媒体强调的大小谣言似乎总是没完没了。"默尔明的研究证实了媒体的一个特性，即美国记者依赖华盛顿提供的信息寻找新闻线索，一旦发现新闻，就独立于华盛顿进行报道，并进而独立地影响议程的设置。美国新闻媒体在外交问题上的这一影响模式并不少见。例如尼克松政府时期美国在古巴"发现"苏联导弹基地一事前后，媒体也发挥了同样的作用。当时美国国家安全顾问基辛格认为苏联导弹基地的发现是对美国重大的安全威胁，需要强烈而快速地反应。理查德·尼克松（Richard Nixon）与基辛格对该问题重要性的认识不同，指示基辛格在此事上保持低调，因为尼克松不想让潜艇问题转变为危机。于是，基辛格开始为自己的顾虑酝酿舆论，其中就包括在与《纽约时报》专栏记者早餐时有意透露消息。不到十天，消息就在《纽约时报》爆出，尼克松也便不得不将局势升级，以迎合基辛格的危机思维。[3]

不过，需要注意的是，华盛顿包括的范围极广，既包括美国政府，又包括国内外各种利益集团，那么到底是谁推动媒体去塑造外交议程的呢？1992 年 7 月，先后都曾任参议员外交关系委员会非洲分会主席的两位重量级参议员，来自堪萨斯州的共和党参议员南希·卡斯鲍姆（Nancy Kassebaum）和

①　Entman, Robert M. *Projections of Power: Framing News, Public Opinion, and U.S. Foreign Policy*. Chicago: Univ. Chicago Press, 2003, p.128.

②　Graber, Doris A. *Mass Media and American Politics*. Washington, DC: CQ Press, 2002, p. 279.

③　Haney, Patrick J. *The Submarines of September: The Nixon Administration and a Soviet Submarine Base in Cuba*. Washington D.C.: Georgetown University School of Public Service, 1996, pp. 3-5.

伊利诺伊州民主党参议员保罗·西蒙（Paul Simon）发动宣传攻势以督促布什政府对索马里恶劣局势进行干预。[①]他们的呼吁得到了众议院饥饿问题委员会的支持。默尔明研究指出，这些重要人物的呼声引起了 ABC 新闻网的注意，因为他们"决定将索马里问题引介到美国，似乎是因为发现政府官员内部出现分歧，而且从职位上看，这次涉及的是高官，参议院非洲问题高级专家"[②]。默尔明因而认为，如果没有政府内部分歧的迹象，ABC 是不会注意索马里问题的。

媒体在政策缺失的情况下作用更大。尼克松政府和福特政府时期任国防部长的詹姆斯·施莱辛格（James Schlesinger）有感于新闻媒体对外交政策的影响，曾愤然直言："如今外交政策可能被此起彼伏的国际事件牵着鼻子走，而不是根据既定方针和周密计划来制定。"正是在既定方针政策缺失的情况下，"我们就会根据直觉和影像来制定（外交）政策。在如今的时代，影像即意味着电视，政策似乎越来越取决于电视上翻动的画面，西方国家尤其如此。用约翰·肯尼迪的话来说，就是一盘录影带胜过万言书。一旦电视播放，那么国家政策就被库尔德人的贫困或索马里的饥荒所左右。如果森林中倒下一棵树，或者一场灾难发生，但没有被摄像头记录下来，就没人看得见。饥荒在苏丹或莫桑比克肆虐，东帝汶或印度镇压民众，苏联部分地区发生部族战争，可唯独索马里或波黑引起公众的关注，因为摄像机在那里"[③]。

前国务卿詹姆斯·贝克（James Baker）对媒体巨大影响反思道："电视常常是决定什么是危机的风向标。电视下结论认为前南斯拉夫的解体和巴尔干的战事是危机，他们就开始一而再，再而三地报道这些。于是，克林顿政府就只剩下想办法解决危机的份了。而卢旺达的情况如果不是更糟至少也是同样糟的时候，他们却没有报道。于是不禁令人发问，难道这意味着外交政策应该任由电视来制定吗？什么是危机难道应该根据新闻报道，根据媒体编

---

[①] Mermin, Jonathan. "Television News and American Intervention in Somalia: The Myth of a Media Driven Foreign Policy." *Political Science Quarterly.* Vol. 112, No. 3 (1997): pp. 392-393.

[②] Mermin, Jonathan. "Television News and American Intervention in Somalia: The Myth of a Media Driven Foreign Policy." *Political Science Quarterly.* Vol. 112, No. 3 (1997): p. 394.

[③] Schlesinger, James. "Quest for a Post-Cold War Foreign Policy." *Foreign Affairs.* Vol. 72, No. 1 (1992-1993): p.18.

辑决定报道的内容来定义吗？"[①]

　　前国防部长詹姆斯·施莱辛格也有同感："常言道'贸易随着国旗转'，现如今更贴切地应该是'制裁或者军队随着摄像头转'。既然现代媒体的力量如此强大，决策就不可避免地需要考虑塑造着公众思想的这些影像。我们必须对什么重要什么不重要保持清醒的认识，确立行动指南，建立相应制度，认识到现实与电视上不断变换的画面存在巨大差异，也错综复杂得多。"[②]

　　对决策者来说，通过新闻媒体对公众立场的认识、对公众评判标准的干预，比民意调查结果要重要得多。决策者们可以不了解民测结果，或错误解读民测结果。如果他们真的在决策中考虑大众舆论，那么也是决策者们了解和预判公众舆论的立场和舆论倾向，以及决策者们认为的其他决策者和领导人了解到的和预判的公众立场和政策倾向。[③]

　　那么，为什么新闻媒体对决策者会有上述方方面面的影响？媒体对决策者的影响力源自何处呢？德里克·B. 米勒（Derek B. Miller）通过分析 18 世纪和 19 世纪有关自由的法案及法律制定指出，新闻媒体的力量在于其损毁其报道对象名声的能力："媒体压力是媒体显然能使行政官员或政策名声扫地的通信传播行为的言语性影响。"[④]也就是说，媒体可以发表言辞"在行政官员赖以行使其职能的人群中诋毁行政官员的名誉"[⑤]。

　　哈贝马斯也分析了新闻媒体权力或影响力的来源，认为新闻工作者"搜集信息，决定'新闻节目'之取舍和公布时机，在一定程度上控制着哪些议题、建议和人物能进入由大众传媒支配的公共领域。随着大众传媒的复杂程度和运作成本越来越高，有实效的传播渠道也越来越集中化。与此同时，大众传媒在供给和需求上面临的选择压力也越来越大。这种选择过程变成一种

---

①　Livingston, Steven. "Clarifying the CNN Effect: An Examination of CNN Effects According to Type of Military Intervention." Research Paper, C-18. Cambridge, Mass. : Joan Shorenstein Center on the Press, Politics and Public Policy, John F. Kennedy School of Government, Harvard University, 1997: p. 6.

②　Schlesinger, James. "Quest for a Post-Cold War Foreign Policy." *Foreign Affairs.* Vol. 72, No. 1 (1992-1993): p.18.

③　Entman, Robert M. *Projections of Power: Framing News, Public Opinion, and U.S. Foreign Policy.* Chicago: Univ. Chicago Press, 2003, p.128.

④　Miller, Derek B. *Media Pressure on Foreign Policy: The Evolving Theoretical Framework.* New York: Palgrave MacMillan, 2007, p. 43.

⑤　Miller, Derek B. *Media Pressure on Foreign Policy: The Evolving Theoretical Framework.* New York: Palgrave MacMillan, 2007,, p. 44.

新型权力的来源"①。这样，媒体选择报道对象的权力也便成为哈贝马斯所称的"传媒权力"。②

### （三）决策者最为关注的媒体

在美国，报纸自 17 世纪初就被视为社会力量的一部分，大众媒体因其影响普通公众的潜在实力而吸引着各层决策者。这也是报纸比面向少数特殊品味读者的杂志受到更多审查的原因所在。那么决策者关注的究竟是哪些新闻媒体呢？

高英研究发现，决策者基本上没有时间看电视新闻，而是更可能受主流报刊的影响，特别是报纸社论的影响。③科恩也指出："在每一个大国，都会有一份报纸鹤立鸡群地成为精英舆论的代表。他们通常具有半官方的性质，一向与政府关系密切，其读者群包括政府官员、新闻工作者、学者和工商界领袖人物。他们的发行量很少特别大，但其影响却非同小可……我们发现，尽管会因地域和个人而有差异，但享有盛名的报纸已经成为重要的备受尊重的机构。政府、政客、商人都依赖它。甚至有人会怀疑，如果《纽约时报》停刊，而且没有其他报纸取代其位置，华盛顿不知会乱成什么样子。美国的政治智商肯定会急剧恶化。"④而《纽约时报》正是美国长久以来一直被认为是最"享有盛名的报纸"。

外交决策官员认为，在美国众多新闻媒体当中，仅少数媒体在外交事务报道方面见长，而其中公认最为重要的便是《纽约时报》。该报向以每日记录历史的"档案记录报"（newspaper of record）闻名，号称是"政治精英的内部刊物"，被西方人誉为"权力机构的圣经"。《纽约时报》历年来共获 110 个普利策新闻奖，2002 年还取得 7 个普利策奖项。可见，《纽约时报》所追求的并非只是市场占有率和利润，更是名誉、公信力和影响力。

《纽约时报》是美国政府中任何或出于个人兴趣或出于工作需要对外交

---

① Habermas, Jürgen. *Between Facts and Norms: Contributions to a Discourse Theory of Law and Democracy.* Translated by William Rehg. MA: MIT Press, 1996, pp.376-377.

② Habermas, Jürgen. *Between Facts and Norms: Contributions to a Discourse Theory of Law and Democracy.* Translated by William Rehg. MA: MIT Press, 1996, p.377.

③ Gowing, Nik. "Real Time Television Coverage of Armed Conflicts and Diplomatic Crises: Does it Pressure on Distort Foreign Policy Decisions?" Harvard Working Paper, Cambridge, MA: The Joan Shorenstein Barone Center on the Press, Politics and Public Policy at Harvard University, 1994.

④ Cohen, Bernard C. *The Press and Foreign Policy.* Princeton, NJ: Princeton University Press, 1963, p. 136.

事务有兴趣的官员每日必读的报纸。国务院的官员对其评论道："阅读《纽约时报》比阅读其他报纸要深入，因为其报道面更广。""我们每天头一件必做的事情就是读报，读那份报，也就是《纽约时报》。在国务院不读《纽约时报》就无法工作。"一位前任助理国务卿称："《纽约时报》具有特殊的重要性。"一位国会成员称其为"每个人的情报圣经"。一位参议员的助理认为《纽约时报》是"每个人身边的中央情报局"。而在国务院之外盛传的说法则是："据说，外交官每天一早赶到办公室去看《纽约时报》，这样就能向上司汇报最新动向。"这个传言很容易不攻自破，因为上司们每天也都早早上班去读《纽约时报》。[①]

《纽约时报》的特殊重要性还可以在具体事例中体现出来。一名新入选的国会成员想要国务院、白宫和国会其他成员了解自己对外交政策的见解的话，会感觉自己低微的地位本身决定了其在华府没有听众也没有施展才华的舞台。于是，他便选择通过给《纽约时报》的编辑写信并发表信件来与外交决策层建立联系，以期通过此渠道为外交决策献计献策。[②]俄克拉何马州参议员阿尔默·史迪威·蒙罗尼（Almer Stiwell Monroney）就曾与《纽约时报》携手，报道其国际发展组织议案，包括支持和反对意见，以争取公众对其议案的支持。[③]而蒙罗尼之所以选择《纽约时报》是因为："第一，他相信《纽约时报》，特别是其周日版是美国乃至全世界最有影响人士的必读。第二，他知道《纽约时报》首次曝光的话题会很快成为其他报纸争相报道的对象。第三，散发《纽约时报》上刊发的文章和编者按会因出自该报而更有分量。"[④]一名参议员认为，国会议员在读到参议院外交关系委员会关于1959—1960 年美国外交政策研究报告之前，已经在《纽约时报》上读到该报道，这本身就是对《纽约时报》重要性最好的说明。[⑤]

---

① Cohen, Bernard C. *The Press and Foreign Policy*. Princeton, NJ: Princeton University Press, 1963, pp.134-135.

② Cohen, Bernard C. *The Press and Foreign Policy*. Princeton, NJ: Princeton University Press, 1963, p. 135.

③ Robinson, James A. *The Monroney Resolution: Congressional Initiative in Foreign Policy Making*, New York: Eagleton Foun-dation Studies in Practical Politics; Henry Holt, 1959, p. 5.

④ Robinson, James A. *The Monroney Resolution: Congressional Initiative in Foreign Policy Making*, New York: Eagleton Foun-dation Studies in Practical Politics; Henry Holt, 1959, p. 3.

⑤ Cohen, Bernard C. *The Press and Foreign Policy*. Princeton, NJ: Princeton University Press, 1963, pp. 135-136.

　　毫无问题，《纽约时报》具有其无可取代的重要性，但很少有官员会把报纸阅读的范围局限于一份抑或是两份报纸。《纽约时报》之外，在外交决策官员的办公桌上还常有可以与《纽约时报》竞争又互补的其他报纸，例如《华盛顿邮报》《纽约先驱论坛报》《华尔街日报》《基督教科学箴言报》《巴尔的摩太阳报》以及《华盛顿明星晚报》（Washington Evening Star）等。

　　整体来说，这些报纸的外交事务报道范围广，有自己的驻外通信记者和外交事务专门记者及分析专家，因而常有自己独有的新闻来源，从而形成了外交政策领域享有盛名的媒体群。显然，他们的重要性因人而异，但在华盛顿，不会有人会忽视《华盛顿邮报》和仅次之的《华盛顿明星晚报》。下述观点非常有代表性。一名参议员称："我当然读《华盛顿邮报》，还有《华盛顿明星晚报》，以及《纽约时报》。"[1]一名国务院官员说："每个在国务院工作的人都看《纽约时报》和《华盛顿邮报》。"[2]按照每日读者人数排列，紧随这几份报纸之后但也属于决策机构密切关注对象的就是上面列举的其他报纸。例如，国务院新闻办公室每天都会为国务院高级官员准备一份两页篇幅的报告，综合这些晨报上的重大外交新闻报道。许多官员很快就能指出这些其他报纸的长处。比如，"从报道广度来说，《纽约时报》是最棒的，但从均衡、客观和深度来讲，《基督教科学箴言报》或者《巴尔的摩太阳报》却可能更高一筹"[3]。

　　需要指出的是，新闻媒体对决策者发挥的影响以间接为主，其影响力度和深度也都是有限的。政治决策，尤其是外交决策，通常是由总统及其贴身幕僚等一小部分内部决策者通盘权衡各种意见、解决方案之后确定下来，[4]其在报纸、电视等媒体上的形象"首先被专业地制作为媒体报道，之后又通过记者招待会、新闻发布会和公关活动等等炒作而成气候的议题和建议所构成的。这些官方的信息制作人员越成功，就越依赖经过专业培训的人员、资

---

①　Matthews, Donald R. *U.S. Senators and Their World.* University of North Carolina Press, 1960, p. 206.

②　Burdette, Franklin L. "Influence of Noncongressional Pressures on Foreign Policy." *Annals of the American Academy of Political and Social Science.* Vol. 289 (Sept. 1953): p. 95.

③　Cohen, Bernard C. *The Press and Foreign Policy.* Princeton, NJ: Princeton University Press, 1963, pp. 135-137.

④　参见 Allison, Graham T. *Essence of Decision: Explaining the Cuban Missile Crisis.* Boston: Little, Brown and Company. 1971; Roger Hilsman. *To Move a Nation.* New York: Doubleday.1967.

金技术资源和整个专业的基础设施的支持"①。而且，作为影响外交决策的外围势力，新闻媒体在发掘政府外交事务和国际关系举措过程中，也要受接触核心人物的交涉条件、交涉技巧、接触范围的局限性、信息机密性等诸多游戏规则的约束。

当然，反过来看，外交决策者不惜代价地竭力影响新闻媒体对新闻的解释，也恰恰使新闻媒体有了影响外交政策制定的特殊砝码。②

## 二、媒体对行政部门外交决策的影响

个人在外交决策中的作用会因各国政治制度机构以及外交决策过程的不同而不同。总统、国务卿、总理、外交部长、革命领袖、独裁者、媒体巨头都会对本国甚至他国外交决策过程产生巨大影响。③

华盛顿的外交决策官员与负责国际新闻报道的记者之间在工作性质和目的上是天生的矛盾体，彼此摩擦相当频繁。具体制定外交政策的行政部门是白宫、国务院和国防部。其中，总统和高级总统顾问掌握着信息传播的时机、具体内容、对象等主动权。

在美国，以总统为首的行政官员的政治命运主要维系在其工作能力和声望的基础上，因此他们在制定和实施外交决策过程前后都竭力维护自己的形象。外交政策制定与其他政策一样需要经过四个阶段：议程设定、确定多种解决方案、最终选择一个权威性方案、实施决策。④一般情况下，对决策者来说，理想的决策过程是这样有序而理性地进行的：与相关行政部门内部商议，必要情况下与国会领导人或其他国家领导人商议过后，达成一致决议，并宣布政策。也就是说，决策者希望控制政策公布及相关外交问题讨论的内容和时机。正如新闻学教授菲利普·M. 塞布（Philip M. Seib）所描述的：

---

① Habermas, Jürgen. *Between Facts and Norms: Contributions to a Discourse Theory of Law and Democracy.* Translated by William Rehg. MA: MIT Press, 1996, p.376.

② Entman, Robert M. *Projections of Power: Framing News, Public Opinion, and U.S. Foreign Policy.* Chicago: Univ. Chicago Press, 2003, p.123.

③ Russet, Bruce and Harvey Starr. *World Politics: The Menu for Choice.* New York: W.H. Freeman and Company, 1992, p. 269.

④ Kingdon, John. *Agendas, Alternatives and Public Policies.* 2d ed. New York: Harper Collins, 1995, pp. 2-3.

"对总统而言，制定外交政策最理想的节奏是他自己设定的节奏。他可能希望依赖少数几个关系密切的顾问秘密进行（正如尼克松和基辛格的关系）。更常见的情况是，他可能希望让许多行政部门都参与进来，以测试政治水深情况，咨询几位国会成员和智者，与国外同盟者协调行动，以不断完善政策，使其尽量不失误。"但是，塞布继而指出，这些都太不实际，因为现实中"事态的节奏决定了总统的节奏，特别是在危机期间。新闻报道能够通过吸引公众兴趣来加快节奏。根据媒体对事件不同侧面的强调，新闻报道通过影响舆论，还能够给总统施加某种政治压力，以迫使其以某种特定方式行事，如更强硬或更友善。最高统帅会很快意识到，有条不紊地筹划政策的理想已经在不知不觉中破灭。取而代之的是，他的一举一动都在预料之中，并时刻处于在舆论监督之下"①。因此，行政部门很清楚，赢得媒体的正面报道对赢得公众和国会的支持至关重要，但总统及其他决策高官也都希望尽量将媒体限制在可控范围之内。

对于媒体来说，除非是在二战或"9·11"事件等国家明显处于紧急状态的情况下②，新闻记者一般视上述"正面报道"和被限制在"可控范围之内"等现象与新闻记者的职业操守以及公众拥有知情权的理念相悖。记者的本职工作是获取新闻并令其尽快见报。鉴于意见不合、争端、冲突、失败等字眼恰恰是构成新闻的主要元素，新闻报道中这些因素越多，就越容易登上报纸的头版和杂志的封面。只要事实确凿，报道内容合理合法，无论是记者还是编辑都认为就应该公之于众，而不会过多考虑该新闻是否会给总统带来麻烦。毕竟，美国宪法赋予他们新闻自由的权利，向公众快速传递信息是他们的职责与使命。因此，在媒体看来，大部分新闻不应该因为行政部门所称的国家安全而被搁浅。而对新闻记者来说，国家安全只是官员遮丑的挡箭牌。

因此，每当媒体报道了决策者认为本该保密的消息，或者媒体透露的消息危害到决策层内部或政府与外国政府敏感的协商时，新闻记者和外交决策者往往会不可避免地发生冲突。

---

① Seib, Philip M. *Headline Diplomacy: How News Coverage Affect Foreign Policy*. Westport CN: Praeger Publishers, 1996, p. 31.
② 紧急状态下新闻媒体与公众和外交决策的关系学界归纳为"团结在国旗下"（Rally Round the Flag）效应。详见本书公众舆论相关部分的详述。

## （一）行政部门的外交决策权及其与媒体的关系

美国行政部门按照严格的行政职务等级行事。总统是行政首脑、总司令。在外交和国家安全政策制定方面，总统虽然受宪法限定的权限制约，需要和国会共同行使外交权，但其权力依然极大。"任命国务卿、国防部长、参谋长联席会议主席，以及驻外大使等重要官员的权力；与外国政府建立或中断外交关系的权力；最后决定各项重大国家安全政策，如，军事战略及原则、军队规模及构成、重要武器研制及采购等的权力；谈判与签署国际公约和协议的权力，如建立军事同盟的条约、贸易协议以及军备控制协议；负责管理和处理国际危机，采取适当措施有效保护美国国家利益的权力；宣布全国或某个地区处于紧急状态，以克服国内暴乱、自然灾害等导致的危害的权力；按照法律向国外或国内某个州派遣军队的权力；平时命令正规部队参加不致引起战争的军事行动的权力；任命地区集团军司令官的权力；战时统率全军，确定作战企图和决定战线展开等的权力。"[1]制定外交政策的权力自然地按照行政等级从白宫逐级向内阁官员、再向下按照行政级别进行分配。

总统具有冻结行政机构和官员或重组行政机构的权力。一般情况下，内阁成员，特别是国务卿和国防部长，如果愿意的话，很大程度上可以在行政机构内部存在分歧的情况下强行执行其意志，或至少可以无视不同意见的存在。但是，在意见分歧大或疑难问题上，或者在行政部门内部争执相持不下的情况下，总统则有最后决定权。正如尼克松的总统助理约翰·埃立希曼（John Ehrlichman）曾直言的："总统说'跳'，他们只会问，'跳多高？'"。[2]

然而，行政部门也绝对不是一部高效运转、高度统一的机器。每一位在美国行政机构任职的官员都会指出：上有政策，下有对策。官僚和军政机构应对上峰命令的本领向来令人侧目。必要时他们会施展曲解、拖延、阻挠等手法以达目的。另外，机构之间和机构内部争斗等内耗情况严重。任何忽视了行政人员利益的政策都很难推行，不同程度地遭受被忽视、搁置或颠覆的命运。

具体到外交政策问题上，即使行政部门有推行其意志并为其造声势的能

---

① 参见朱明权：《美国国家安全政策》，天津：天津人民出版社，1996 年 7 月第 1 版，第一章。转引自：倪峰：《影响国会外交及安全决策的关键因素及冷战后的新特点》，《美国研究》2002 年第 1 期。

② Kurz, Robert J. "Congress and the Media: Forces in the Struggle over Foreign Policy." In Simon Serfaty ed. *The Media and Foreign Policy*. New York: St. Martin's Press, 1990, p. 68.

力，也很难改变外交决策的既有程序，外交决策始终严格按照行政等级进行。特别是在重大问题上，总统是具有最高和最后发言权的人。

白宫通过新闻发布会向媒体和公众通报国内外形势和对策。白宫新闻发布会（Press Conference）由西奥多·罗斯福（Theodore Roosevelt）任总统时开始出现，托马斯·威尔逊（Thomas Wilson）总统在一战期间将新闻发布会制度化。唯一的例外是赫伯特·胡佛（Herbert Hoover）总统，他因与媒体关系恶劣，曾一度废除新闻发布会。富兰克林·罗斯福任总统时，将这一制度发扬光大，并在此间与新闻媒体一直保持较顺畅的合作关系。那时每三天一次的新闻发布会甚至成为华盛顿每周的盛事。这并非罗斯福总统天赋或发布会已成为制度，更主要的是，白宫新闻发布会已经成为民主机构不可或缺的一部分。当然这也和与日俱增的国内外事务及其复杂性密不可分，新闻发布会成为美国和世界舆论发展过程中重要且有效的手段。①

在新闻发布会上，新闻记者的问题常常是经过深思熟虑之后提出的。总统新闻秘书的角色则要复杂得多，因为其职责不仅仅是服务总统，而且还必须有效地为新闻媒体服务。可以说，总统新闻秘书是一仆服侍二主：总统和媒体。当然总统的需求必须放在第一位。但为了更好地为总统服务，新闻秘书也必须有效地为新闻媒体服务。②如今，电视镜头时刻不停地跟踪摄录，媒体为了吸引观众，经常竭力表现得极具挑战性，而新闻秘书也使出浑身解数争取滴水不漏，避免授人以柄。一切记者与新闻秘书间的对话显得更为戏剧化，而不是有实质内容的对话。③

显然，行政部门与新闻媒体在外交决策过程中的相互关系错综复杂，难以讲明白、弄清楚。在这方面，突破性研究当属尼古拉斯·巴里（Nicholas Barry）的理论④。尼古拉斯·巴里指出："认为新闻报道在外交政策决策中无论是积极参与者还是傀儡的观点都站不住脚。本研究对这两种观点的抨击就在于将外交政策制定分为不同阶段来研究。迄今对新闻媒体与外交决策者相互关系的研究中还未见有从新闻媒体与外交决策者的区别入手的。这是造

---

① Pollard, James E. *The Presidents and the Press*. New York: The MacMillan Company, 1947, pp. vi-vii.

② Klein, Woody. *All the Presidents' Spokesmen: Spinning the News—White House Press Secretaries from Franklin D. Rooselvelt to George W. Bush*. Westport, Connecticut: The Praeger Publishers, 2008, p. xii.

③ Klein, Woody. *All the Presidents' Spokesmen: Spinning the News—White House Press Secretaries from Franklin D. Rooselvelt to George W. Bush*. Westport, Connecticut: The Praeger Publishers, 2008, p. xiii.

④ Berry, Nicholas O. *Foreign Policy and the Press*. Westport: Greenwood Press, 1990.

成如上误读的原因。也有大量证据证明媒体或积极或消极参与外交决策的观点。"①

巴里对媒体与外交决策者的研究选取了适当的个案，从外交事件初起时期，分阶段地追踪新闻媒体对事件报道的解释框架的变化。尤其是以《纽约时报》报道为例，分析相关文章出现的频率、篇幅和解释框架，以此为基础分析媒体与总统关系，由此提出的外交决策四阶段理论对具体分析媒体与政府关系提供了有利的分析平台。

巴里认为，外交决策过程第一阶段是政策成形过程。政府确定美国具体外交事务中的角色和作用，并向媒体和公众同时发布政策。在此阶段，新闻媒体的工作是尽量详尽地发掘政策的细节。第二阶段是政策执行阶段。在这前两个阶段期间，新闻媒体的主要任务是揣测政策动机，关注官员举措。巴里写道："有分析能力、有头脑的学者和新闻媒体，会直接接纳外交决策机构的论断。这些论断界定了外部威胁的性质、美国因此面临的机遇、美国在世界政坛上的角色等。接受这些论断，就等于原封不动地接受了官方设定的面对威胁和机遇所应有的特定外交政策。"②

在此期间，"媒体的主要任务，是告知其受众，美国政府希望外国政府做什么或者不做什么，政府准备如何实现此目标，并对此采取了哪些行动。媒体的核心任务是获取相关信息。因此，政府只需要根据外交政策行事，并解释政府所作所为以便自圆其说。在外交政策形成和执行阶段，是没有必要操控新闻媒体的。总统和外交政策官员自然会极力美化其政策以博得支持，并将其举动晓谕公众、国会、利益集团和新闻媒体。但是，在外交政策形成和执行阶段，政府要确保政策可以解决问题。当确信其政策正确无误时，除秘密行动情况外，一般会知无不言地忠实描述其政策"③。

在外交政策形成和执行阶段之后，是外交政策的实施效果阶段。巴里认为，这是为时最长的阶段。因为国家间的冲突复杂多变，某一政策效果的反应远比美国单方采取行动或措施所需要的时间更长。在外交政策实施效果阶段，该政策相关效果评价逐渐展现出来。新闻媒体在此阶段有时间召集专家，对政策进行评议，因此此阶段各种政策评议充斥媒体。巴里认为，除非该外交政策明显是个失误，否则新闻媒体一般不会进行负面报道。而政策失

---

① Berry, Nicholas O. *Foreign Policy and the Press*. Westport: Greenwood Press, 1990, p.143.

② Berry, Nicholas O. *Foreign Policy and the Press*. Westport: Greenwood Press, 1990, p.xiii.

③ Berry, Nicholas O. *Foreign Policy and the Press*. Westport: Greenwood Press, 1990, p.xiii.

误的判断标准是该政策没能实现和完成在政策形成和执行阶段确立的政策目标和任务。政策失误会促使总统操控媒体。但是，值得注意的是，当出现政策失误，媒体很少会为不得人心的所谓政策共识进行任何辩护。①

巴里分析指出，政策实施效果阶段新闻媒体负面报道的存在，否定了认为媒体是白宫延伸机构或傀儡的传统理论。他说："如果媒体编辑坚持在政策实施效果阶段用新闻记者的报道为政府失败政策辩护，那么就会迫使记者成为政策的附庸，成为卷入政策纠纷的一部分。其实，编辑们不会那么做，因为如果那样的话，我们就不会得出五个个案研究得出的结论。"②

学者们对此命题的研究显示，虽然学术界对媒体国际报道对外交决策有无影响各执一词，众说不一，但更多的外交决策者却认为，媒体报道对其外交决策有影响。在行政部门特别是白宫看来，新闻媒体更多时候被看作需要时时提防的对手。③白宫与新闻媒体的关系从本质上讲是对立的："他们（媒体）想知道我们不想告诉他们的事情。他们认为我们太神神秘秘，我们认为他们太爱打听。他们认为我们掩藏坏消息，我们认为他们只报道坏消息，紧张关系始终存在。但是要承认，从很多方面来讲，这是一种健康的氛围。因为如果连媒体都不报道，就没人会报道。而没有自由的新闻媒体，无从谈自由社会。"④

1929 年 4 月 13 日，上任不久的胡佛总统曾不无幽默地描述白宫与媒体的关系，点评媒体的影响和作用：

"我发现在所有新闻记者身上都有一种以最意想不到的方式帮助我们的愿望。例如，每天他们以怀疑一切的精神和锲而不舍的调查工作帮助我在我精心安排的活动中发现令我挖空心思也想不出的新的寓意。我发现我的一个想法已经经过一百多位记者明察秋毫的大脑的过滤，这个想法带着大智大勇和无私为公的脉动，蕴含着隐晦的深意，充满着个人偏见，昭示着理想主义、睿智和进步的精神。当我保持沉默的时候，媒体的绅士们又用他们善于思考的大脑帮助我，使我依然出现在报纸的头版头条。还是一如既往地热心

---

① Berry, Nicholas O. *Foreign Policy and the Press*. Westport: Greenwood Press, 1990, p.142.

② Berry, Nicholas O. *Foreign Policy and the Press*. Westport: Greenwood Press, 1990, p.142.

③ Kurz, Robert J. "Congress and the Media: Forces in the Struggle over Foreign Policy". In Simon Serfaty ed. *The Media and Foreign Policy*. New York: St. Martin's Press, 1990, p. 71.

④ Klein, Woody. *All the Presidents' Spokesmen: Spinning the News—White House Press Secretaries from Franklin D. Roosevelt to George W. Bush*. Westport, Connecticut: The Praeger Publishers, 2008, pp. xii-xiii.

帮助，刻不容缓地赋予我否认的特权……

"每天，我对总统办公室与媒体的关系都有更多的认识。它似乎指望我完成两件彼此毫无关联有时甚至是彼此矛盾的工作。一件是帮助美国人民无风无险地和平而昌盛地生活……另一件是为媒体提供将有大事发生的激动人心的消息。这两件工作很难同时完成。当然，最理想的办法是不让国家在群情激昂的情况下令媒体欣喜若狂。但每天我反复得到的证明是，报纸是用来读的……

"而这才是它应该做的。我们的政府是个人人畅所欲言的政府，而媒体是这一过程中的最关键组成部分。我一直期望与政府的这一大分支——也就是其与媒体的关系——通力合作。我意识到，尽量多地向公众传递快速、准确而权威的信息，对建立政府赖以维持的舆论基础是至关重要的。在与媒体的合作过程中，我也竭力与媒体发展一种使他们受益的关系，在保护政府的同时尽可能地将政府这本大书更大地向公众敞开。白宫新闻特权似乎正是解决总统与两周一次的新闻发布会之间矛盾的关键。"①

## （二）媒体对白宫外交决策的影响

在新闻媒体与总统之间相互影响的研究中，目前基本有两种观点。一种是以马克·赫茨嘉德（Mark Hertsgaard）为代表的绝对优势派，认为总统始终控制并操纵着媒体。赫茨嘉德对里根政府时期总统与媒体关系的研究认为，媒体一直被牵着鼻子按照总统的意愿团团转。里根似乎具有面对批评如潮和媒体负面报道却仍能使公众支持率居高不下的能力。不但如此，里根政府操纵媒体，使其为己所用的技艺也相当高超。②

第二种观点是以李普曼为代表的被动派。该派认为总统是独立而强大媒体的牺牲品，媒体是政府的"第四纵队"。迈克尔·A.莱丁（Michael A. Ledeen）将该派观点总结如下："媒体对我们政府的怀疑，加上他们普遍对世界有限的认识，对我们的外交政策具有毁灭性的影响。新闻媒体对美国意图的怀疑，在法律赋予的发掘、公布所有政府机密权力的保护下，摧毁了我们以他们意想不到的方式制定和执行良策的能力。"③

---

①　Government Printing Office. *Public Papers of the Presidents of the United States: Herbert Hoover, 1929*. Washington: United States Government Printing Office, 1974, p. 35.

②　Hertsgaard, Mark. *On Bended Knee*. New York: Schocken Books, 1989.

③　Ledeen, Michael A. "Public Opinion, Press Opinion, and Foreign Policy." *Public Opinion*. August/September 1984: p. 7.

　　实际上，根据詹姆斯·赖斯顿的研究，新闻媒体对外交政策的影响程度因总统对媒体态度而异。例如，戴怀德·艾森豪威尔（Dwight Eisenhower）总统受媒体困扰，很少认真关注媒体报道。而肯尼迪尽管曾命令禁止白宫订阅《先驱论坛报》，但他每天翻阅各种报纸，以体察政府的执政情况。他会随时请来国务卿或者直接联系具体负责某地区的助理，询问《纽约时报》某版新闻报道的详细情况。无疑，媒体受到总统如此之关注也意味着其对总统和外交决策影响的深入。[①]

　　白宫在处理与媒体的关系上往往投入大量时间、人力与物力。总统在公众当中的形象直接取决于媒体的正面报道。里根任期内白宫将与媒体的公共关系发展成为一门艺术。赢得有利的报道或信息控制是里根时代极为关注的问题。而布什时期对待媒体的策略却截然不同。布什政府没有过于关注控制媒体报道，相反，倒是新闻媒体竞相讨好白宫以求得与高官建立直接联系，以此取得主编的赏识。[②]

　　精英媒体被认为在影响精英观点进而影响外交决策方面较之大众媒体有着更为积极的作用。相关研究指出，新闻媒体中存在精英媒体和大众媒体之分，而他们对影响外交决策的各方势力会作出不同的反应。[③]决策精英和公众舆论就某些问题的看法时常意见迥异[④]，媒体也相应地分为两大阵营。这使得一向将媒体视为游弋于公众与决策精英之间统一体的相关研究显得更加错综复杂。苏珊·E. 蒂夫特（Susan E. Tifft）和亚里克斯·S. 琼斯（Alex S. Jones）研究发现，决策者们经常感到缺乏新闻和消息来源，因此有赖于新闻媒体了解重大事件的进展。[⑤]更有甚者，一些诸如《华盛顿邮报》《纽

　　① Reston, James. *The Artillery of the Press: Its Influence on American Foreign Policy.* New York: Harper & Row, 1966.

　　② Kurz, Robert J. "Congress and the Media: Forces in the Struggle over Foreign Policy." In Simon Serfaty ed. *The Media and Foreign Policy.* New York: St. Martin's Press, 1990, p. 71.

　　③ Paletz, David L. *The Media in American Politics.* New York: Longman, 2002; Baum, Matthew A. *Soft News Goes to War: Public Opinion and American Foreign Policy in the New Media Age.* Princeton, NJ: Princeton Univ. Press, 2003.

　　④ Page, Benjamin I. and Jason Barabas. "Foreign Policy Gaps between Citizens and Leaders. *International Studies Quarterly.*" Vol. 44, No.3 (2000): pp.339-64; Page and Bouton. *The Foreign Policy Disconnect.*

　　⑤ Tifft, Susan E. and Alex S. Jones. *The Trust: The Private and Powerful Family behind the New York Times.* Boston: Little Brown & Co, 1999; Powlick, Philip J. "The Sources of Public Opinion for American Foreign Policy Officials." *International Studies Quarterly.* Vol. 39, No. 4 (1995): pp. 427-451.

约时报》《外交季刊》等精英媒体的社论文章还会影响决策者们对外交问题的思考。决策者们依靠这些精英媒体获取信息，听取颇具远见卓识的观点。[①]

美国总统相关记录中充斥着精英媒体和媒体精英影响总统等决策精英的消息来源和观点的例证。历任总统及其他决策精英的档案中随处可见的剪报及更直接的来往通信都是极好的例证。例如，在 1956 年苏伊士运河危机期间，NBC 记者兼节目主持人梅里尔·穆勒（Merrill Mueller）就曾给艾森豪威尔写信："因本人感觉附件[②]此时此刻对我们的政府极为重要，现谨寄上我个人保留的报道副本，我起草的相关报道现正发往各报……无论何时我再遇到如附件这般重要的讯息，我会立即告知。"[③]

穆勒的信件说明：第一，至少在有些时候，媒体可以直接影响最高决策层的信息来源，并进而影响其的观点；第二，决策精英和媒体精英之间的彼此分别并不像有些理论模式所勾画的那么清晰。穆勒在上述信件中明显暗示自己有意在政府谋一职位，但他并没有采取行动。可是有些媒体精英却最终选择了跳槽。托尼·斯诺（Tony Snow）就是近年来最明显的例证，他辞掉 FOX 电视新闻节目主持人的职位，摇身变为白宫新闻发言人。学术界也注意到这一跨行现象，并称这说明新闻媒体有足够的能力成为"第四权"（The Fourth Estate）[④]。

劳埃德·N. 卡特勒（Lloyd N. Cutler）曾这样评论媒体对白宫和外交决策的影响：大众媒体，特别是电视，实际上已经入侵白宫，成为外交决策的决定性因素之一。"令人惊异的是，电视新闻已经侵入到本应由美国总统来决定的决策时机和决策内容之中。电视新闻对国家决策，特别是外交决策的影响已经是传统媒体望尘莫及，也是那些经验丰富的观察家们所未能预想到

① Ferre, John P. "Denominational Biases in the American Press." *Review of Religious Ressearch*. Vol. 21, No. 3 (1980): pp. 276-283; Malek, Abbas. "*New York Times* Editorial Position and US Foreign Policy: The Case of Iran Revisited." In Abbas Malek ed. *News Media and Foreign Relations*. Norwood, NJ: Ablex, 1996, pp. 224-245.

② 指英国外交部长赛尔温·劳埃德（Selwyn Lloyd）采访笔记。

③ 转引自 Baum, Matthew A. and Philip B. K. Potter. "The Relationships Between Mass Media, Public Opinion, and Foreign Policy: Toward a Theoretical Synthesis。" *Annual Review of Political Science*. Vol. 11, No.1 (2008): p. 53.

④ Holsti, Ole R. and James Rosenau. *American Leadership in World Affairs: Vietnam and the Breakdown of Consensus*. Boston: Allen & Unwin, 1984; Reilly, John E. *American Public Opinion and U.S. Foreign Policy*. Chicago: Chicago Council of Foreign Relations. 1995.

的。这并不是因为电视新闻记者比传统媒体记者的政策意识更强，根本不是这回事，而是因为如决策者们正痛苦地亲历着的，电视新闻受众之广、影响速度之快使得决策者必须将其考虑进来。如果一个画面胜过千言，那么加上声音和图像就胜过万语。"[①]

许多外交决策都是在电视报道影响下作出的，例如第二轮限制战略武器谈判协议的修订、对苏联入侵阿富汗的反应、1983 年入侵格拉纳达等。卡特勒认为，美国政府所以要赶在下一档电视新闻出台前对事件作出反应是为了阻止新闻媒体借题发挥，指责总统举棋不定，或者政府内部意见不一。

卡特勒发现，电视决定了白宫的议程。对白宫来说，外交事务"如果没有上电视，就不重要"[②]。里根的管理与预算办公室主任大卫·斯托克曼（David Stockman）这样描述了里根时期白宫的情形：白宫晚上例行的活动是收看电视新闻，总统及其几个最高顾问同时判定哪个问题最紧要。[③]

电视主要通过三种机制影响美国外交决策：电视增加了外交政策事件的参与者人数；电视加速了决策步伐；电视决定了决策议程。[④]电视报道所增加的参与者往往是非政府性的参与者，如绿色和平组织和恐怖主义组织等。

克林顿时期美国国家安全顾问安东尼·莱克（Anthony Lake）曾这样总结媒体在外交决策中的作用："我每天早上醒来，读到报纸上这些冲突的头条新闻和报道以及电视画面，就想奋力工作以结束所有冲突，想拼命工作来拯救身陷冲突中的每一个儿童。我知道，总统也同我有同样的想法。我知道，美国人民也感同身受。但是无论是我们还是国际社会都没有足够的资源也没有足够的威力做到。"[⑤]

电视新闻报道很少能改变既定的总体外交政策，但当出乎意料的爆料之后，外交决策有时会出现"政策恐慌"（Policy Panic），正如 1993 年波黑塞族拘留营被媒体首次曝光仅一小时后，布什总统就在白宫新闻发布厅谴责拘留营非人道行径，发誓美国"不会善罢甘休，直到国际社会进驻所有拘留

① Culter, Lloyd N. "Foreign Policy on Deadline." *Foreign Policy*. Vol. 56 (Fall 1984): p. 113.

② Culter, Lloyd N. "Foreign Policy on Deadline." *Foreign Policy*. Vol. 56 (Fall 1984): p. 118.

③ O'heffernan, Patrick. *Mass Media and American Foreign Policy*. Ablex Publishing House, 1991, p. 68.

④ O'heffernan, Patrick. *Mass Media and American Foreign Policy*. Ablex Publishing House, 1991, p. 75.

⑤ Gowing, Nik. "Real-time TV Coverage from War: Does it Make or Break Government Policy." In James Gow et al eds. *Bosnia by Television*. London: British Film Institute, 1996, p. 91.

营"①。

通常情况下，总统对媒体议程的影响更为显著。总统是外交决策过程中最具信息优势的一方。总统拥有得天独厚的情报来源渠道，即政府外交决策机构。对外决策机构还包括国际开发署、美国情报局；在经济政策方面还包括财政部、商业部、农业部以及总统的特别贸易代表；在情报领域还包括国务院和国防部的部属情报局和国家安全局等。它们主要负责直接而定期地向总统汇报各类信息，而对国会则只是不定期地通报相关委员会。总统还常常可以利用和行使特权，拒绝国会索取情报的要求，总统及其白宫主要助手还可以以工作为由，拒绝在国会做证。②不仅如此，如里根政府等强势的总统和政府还会经常凌驾于媒体之上，利用多重手段控制媒体，例如控制消息来源，经常来回重复同样的一两条消息，在总统希望强调的问题上保持强硬的口吻，控制信息流通等。③因此，在外交决策问题上无论对于国会还是媒体，总统始终处于主宰地位。

但媒体也时常能够影响总统的议程。相关研究显示，总统的关注范围是有限的。总统很少能按照自己的意愿制定自己的议程，因为他的议程是由所面临问题的棘手程度、国际突发事件、媒体关注并引起公众认为关键的问题等多方面因素共同作用形成的。④其中，美国媒体关注的话题常常影响总统对外交政策问题的关注。媒体为总统提供向公众展示自己及其议程的平台。⑤在媒体的关注下，总统的意旨得以在广大受众中传播。⑥媒体对某问题报道频率的增加能够提高总统对该问题的重视程度。⑦

### （三）其他行政部门与媒体

行政部门中只有总统和副总统是民选官员。所有其他官员，从白宫工作

① Gowing, Nik. "Real-time TV Coverage from War: Does it Make or Break Government Policy." In James Gow et al eds. *Bosnia by Television*. London: British Film Institute, 1996, p. 89.

② 唐晓：《美国外交决策机制概论》，《外交学院学报》1996 年第 1 期。

③ Hertsgaard, Mark. *On Bended Knee*. New York: Schocken Books, 1989, p.20.

④ Wood, Dan B. and Jeffrey S. Peake. "The Dynamics of Foreign Policy Agenda Setting." *American Political Science Review*. Vol. 92, No. 1 (1998): pp. 173-183.

⑤ Graber, Doris. "Introduction: Perspectives on Presidensial Linkage." In Doris Graber ed. *The President and the Public*. Philadelphia: Institute for the Study of Human Issues, 1982, pp. 1-14.

⑥ Denton, Robert E. and Dan F. Hahn. *Presidential Communication: Description and Analysis*. New York: Praeger, 1986.

⑦ Brenner, Carl N. "Modeling the President's Security Agenda." *Congress and the Presidency*. Vol. 26, No. 2 (1999): p.186.

人员到内阁成员乃至其属下都是聘任或终身或任期制官员。许多高官特别是内阁成员都意识到与媒体保持友好关系的重要性及其对其权威的直接影响。但这也并非绝对。此外，深知媒体作用的高官绝不放过在媒体曝光的机会，绝不会将大好机会轻易让与他人。①

实际上，行政部门高官极为珍视媒体的力量。罗斯福政府时期美国财政部长汉斯·摩根索与鲁斯、鲁斯的夫人及其新闻期刊关系就十分密切。摩根索身居决策层要位，负责为美国外交和安全政策提供资金保障。还经常为罗斯福秘密提供重要政治人物的个人金融情况，为总统秘密评估政治人物动向及其动机提供有力依据。

摩根索是《财富》杂志的忠实读者。《财富》杂志的价格相对昂贵，当时每期 1 美元，相当于现在 25 美元。发行量也很少，每月只发行 13 万份。其面向的读者群主要是商务主管和拥有相当经济实力的有钱人。装潢精美、图文并茂、文字隽永，是鲁斯精心打造的。普利策奖获得者阿奇博尔德·麦克利什曾于 1931—1938 年间任《财富》总编。《财富》特色栏目"圆桌"（Round Table），主要发表《财富》"圆桌"编辑与研究团队对时政的看法和评论。《财富》的编辑拉塞尔·达文波特（Russell Davenport）这样评价了《财富》的重要性：圆桌影响了公众舆论，吸引了华尔街、外交关系委员会、参议院和白宫等重要人物的关注。鲁斯喜欢圆桌的创意，因为它将探寻真理与塑造决策的力量结合了起来。

"圆桌"的编辑比尔（R. L. Buell）定期将《财富》准备刊用稿件的初样送交摩根索，摩根索则经常将其在商务部高层官员中传阅。鲁斯也时常与摩根索共进午餐，交换政见。此外，摩根索还有经常阅读《时代周刊》的习惯，其档案中出差或度假时为了能及时收到订阅的《时代周刊》，每每还不厌其烦地更正刊物投递地址。②因此，鲁斯和摩根索相互熟悉彼此的政见。鲁斯与摩根索的来往及其新闻期刊使摩根索与美国外交决策要人了解其立场，而摩根索等政要也向鲁斯及其新闻帝国传达国家外交政策及背景，以得

① Kurz, Robert J. "Congress and the Media: Forces in the Struggle over Foreign Policy." In Simon Serfaty ed. *The Media and Foreign Policy*. New York: St. Martin's Press, 1990, p. 72.

② Carew, Michael G. "The Interaction Among National Newsmagazines and the Formulation of Foreign and Defense Policy in the Roosevelt Adminstration, 1939-1941." Dissertation. New York University, 2002. Proquest Dissertations and Theses. p. 84.

到其有力的配合。①

乔治·马歇尔（Geogre Marshall）将军与鲁斯及《生活》（*Life*）杂志编辑的私人关系也极为密切。"这一期的《生活》杂志深入而智慧地总结了我们的防御努力，其分析之生动透彻是绝无仅有的。我认为，它成功地进一步提醒美国民众：他们的军队是不会打无准备之仗的。"马歇尔与鲁斯的其他通信中也显示，马歇尔视《生活》杂志为重要的宣传征兵、租借法案和各种军事计划的阵地。②

此外，罗斯福总统的商务部长哈里·劳埃德·霍普金斯（Harry Lloyd Hopkins）也经常看《时代周刊》和《生活》杂志，与新闻媒体和鲁斯的关系密切。③

但是，对于行政部门的官员来说，与媒体公开接触有时也会带来高昂的代价。官僚机构会以冷眼相对、搁置、解雇等各种形式惩罚那些将内部争议泄露给媒体的人。当然，持不同意见的人往往是在不透露姓名的情况下冒险与媒体接触的。这也是媒体常常使用的"官方消息"。因此，即使行政当局对媒体此类报道的反应是坚决惩罚揭露敏感消息的任何个人，但这并没能在决策层形成滴水不漏的铜墙铁壁。正如尼克松时期"水门事件"中存在的"内鬼"，行政当局在自身难保的情况下，更无从控制媒体，而这也注定了行政部门对媒体的态度。④

国务院作为美国联邦政府最高的外交决策机构，负责参与美国外交政策的制定、修改和执行。国务院管辖的大批驻外使领馆负责收集和翻译外国情报，协助总统制定和修改外交政策。为执行外交政策，国务院还负责与外国和国际组织谈判，协调政府在海外的活动，保护和促进美国在外国的利益等。国务卿是国务院之首，是总统首席外交顾问和总统外交政策的"代理

① 转引自 Carew, Michael G. "The Interaction Among National Newsmagazines and the Formulation of Foreign and Defense Policy in the Roosevelt Adminstration, 1939-1941." Dissertation. New York University, 2002. Proquest Dissertations and Theses. p. 103.

② Carew, Michael G. "The Interaction Among National Newsmagazines and the Formulation of Foreign and Defense Policy in the Roosevelt Adminstration, 1939-1941." Dissertation. New York University, 2002. Proquest Dissertations and Theses. p. 214.

③ Carew, Michael G. "The Interaction Among National Newsmagazines and the Formulation of Foreign and Defense Policy in the Roosevelt Adminstration, 1939-1941." Dissertation. New York University, 2002. Proquest Dissertations and Theses. p. 84.

④ Kurz, Robert J. "Congress and the Media: Forces in the Struggle over Foreign Policy." In Simon Serfaty ed. *The Media and Foreign Policy*. New York: St. Martin's Press, 1990, pp. 72-73.

人"和"主要负责人"。然而，由于国务院自我保护意识十足，对新闻媒体向来有"控制、保密、冷处理"（Control、Confidentiality、Coolness）的原则[①]，因此是媒体影响在行政部门中最为薄弱的环节。

国家安全委员会是白宫总统办事机构，由总统任委员会主席，其成员有副总统、国务卿、国防部部长、财政部部长、紧急准备局局长、中央情报局局长、参谋长联席会议主席及总统国家安全事务助理。日常事务由总统国家安全事务助理主管。总统国家安全事务助理亦称总统国家安全事务顾问，是对总统负责的顾问，因此直接由总统任命。

国家安全委员会负责协调统一政府外交决策机构和部门之间的外交、国防等国家安全政策，为总统出谋划策。然而，随着时间的推移，其中的总统国家安全顾问和助手们的作用发生了根本性变化。他们经常围绕总统转，和总统在一起，对总统的政治利益和考虑比国务院了解得更清楚；且他们离政治中心越近，对政治老板就越忠诚，没有各部门官僚的门阀之见，对总统在政治舞台上的表演更加关心。这些因素导致"自肯尼迪以来，历任总统似乎都更信任他的白宫助手而不是内阁成员"。[②]他们甚至"已经打入了国务卿的领地，有时还篡夺了他作为外交政策主要设计师和经理人甚至首要外交家的职能"。[③]基辛格的秘密外交到里根悄悄推出的星球大战计划和"伊朗门事件"，均表现了他们在政策制定、秘密外交、暗中活动和躲开国会等方面的能力。"这种现实改变了制定外交政策的方式，已经削弱了，有时甚至威胁到国务院的主要作用和使命"。[④]

新闻记者在国家安全问题上因缺乏专业知识的支撑，相关报道常不得要领，缺乏深度，因而得不到国家安全委员会高官的重视。虽然常有离职的安全和军控专家受聘于某新闻媒体，专门负责安全与军控方面的报道，但实际情况是绝大部分负责报道安全或军控消息的记者都没有相关背景，因此其报道缺乏说服力和权威性。由于新闻记者缺乏对必要的基本概念和历史背景的

---

① Harmon, Matthew T. "The Media, Technology and United States Foreign Policy: A Re-Examin of 'CNN Effect'." *Swords and Ploughshares: A Journal of International Relations.* Vol. 8, No. 2 (1999): p. 3.

② （美）赫德里克·史密斯：《权力游戏——华盛顿是如何工作的》，北京：中国人民大学出版社，1991 年版，第 339 页。

③ （美）赫德里克·史密斯：《权力游戏——华盛顿是如何工作的》，北京：中国人民大学出版社，1991 年版，第 338 页。

④ 转引自唐晓：《美国外交决策机制概论》，《外交学院学报》1996 年第 1 期。

了解，因此无法全面了解事件本身的意义，时常无法正确评价其意义。①

以北约为例，每当北约内部有争议，新闻记者都会大惊小怪地冠之以"危机"，并认为是对欧美关系的威胁。因此，1986年美国空袭利比亚引起欧洲国家纷纷表示不满时，美国和欧洲新闻媒体就多次报道称这是"北约史上最糟糕的危机"。如今，不仅这起当时引起众怒的事件已被人们淡忘，而且在欧美对第三世界动用武力的纷争史上，当时欧美新闻界耸人听闻的报道也早已无人问津了。新闻媒体缺乏了解的是，这些突发事件引起的分歧虽重要，但必须将其放到北约内部长期达成共识的背景下来理解才能正确认识其意义。这一共识是：北约的核心任务或策略是震慑对欧洲的威胁。②

媒体对"中子弹"事件的报道也是如此。媒体对此事的争论没有集中在部署这样更具杀伤力核武器会否有利于增强北约灵活反应的策略。甚至可以说，媒体从未就此进行任何讨论。相反，新闻媒体错误地将焦点集中在了该武器只杀人、不伤物的特性上，故而称其为"终极杀人武器"。对"中子弹"最激烈的警示可能要算《华盛顿邮报》的一篇题为《能源研究与开发署预算中的中子杀人弹头》的编者按。③该文不谈杀伤力危害性更大的核弹头而只强调中子弹的独特杀人方式，引起当时舆论的一片哗然。

中央情报局（Central Intelligence Agency，CIA）是独立于政府各部的情报机构，负责采集、分析、评估和发送与国家安全利益相关的情报，并协调政府各部门的情报收集和处理工作。由于它"使美国政府对国外事态的分析客观而具有高水平"，且"远远超过了各部门情报机关的狭隘观点"，因此，"为使美国政府成为世界上消息最灵通的国家，中央情报局发挥了重大作用"。④但是，中情局也难逃新闻媒体的影响。前总统新闻秘书马林·菲茨沃特曾表示："现在在大多数类似国际危机情况下，我们实际上跳过国务院和新闻主管……他们的报告依然重要，但他们不能及时赶到以帮助作出基本对策。"情报机构如今也必须与新闻机构竞争，加快评估事态的速度，一旦电视或者其他实时媒体，如互联网或手机电话等呈现的证据与其评估相

① Burt, Richard R. "The News Media and National Security." In Simon Serfaty ed. *The Media and Foreign Policy*. New York: St. Martin's Press, 1990, p. 140.

② Burt, Richard R. "The News Media and National Security." In Simon Serfaty ed. *The Media and Foreign Policy*. New York: St. Martin's Press, 1990, pp. 140-141.

③ Pincus, Walter. "Neutron Killer Warhead Buried in ERDA Budget." *Washingtong Post*. June 6, 1977.

④ Hilsman, Roger. To Govern America. New York: Harpers & Row, 1979, p.212.

悖，还要随时准备为自己的评估辩护。[①]

因此，绝大多数国家安全方面的官员，如军职官员、情报官员和外交政策专家等都对媒体避之不及，而这未必是由于对媒体的恐惧，而更多的是来自行政部门内部的压力。这样，记者在他们眼中就意味着麻烦，因为一旦引起媒体的注意，事情只会变得更复杂，而对相关行政人员的事业与前途是有百害而无一利。只有具有相当地位的高官才需要面对媒体记者，而即使在这种情况下，着意与媒体接近的国家安全官员也属于极少数。[②]

但是，从总统、国务卿到国家安全官员却都明白媒体对其决策及政策实施的重要性，甚至对媒体极为反感的胡佛总统也曾指出，政策欲求成功的话，仅仅是政府部门间的合作是远远不够的，"还需要有媒体的合作，工商界的合作，以及全社会的合作"[③]。

# 三、媒体对国会外交决策的影响

早在一百多年前，亚伯拉罕·林肯（Abraham Lincoln）就曾断言："我们的政府倚重公众舆论。只有能改变公众舆论的人才能改变政府。"[④]国会成员同样了解媒体的力量。宪法规定国会参与国策制定是以与行政机构制衡的角色行事，这就注定了行政立法形成了争夺媒体注意力的形势。而且，在争取通过媒体向公众传达讯息的过程中，公众舆论压力等因素还迫使行政国会双方通过新闻媒体对对方的态度及时作出反应。[⑤]

分析新闻媒体对国会外交政策的影响则必须讨论第四纵队在美国行政机构和立法机构外交问题上的特殊关系中扮演的特殊角色：时而在其间斡旋，时而落井下石，时而利用二者之间的矛盾。

---

① Stech, Frank J. "Winning CNN Wars." *Parameters*. Vol. 24, No. 3 (Autumn 1994): p. 38.

② Kurz, Robert J. "Congress and the Media: Forces in the Struggle over Foreign Policy." In Simon Serfaty ed. *The Media and Foreign Policy*. New York: St. Martin's Press, 1990, p. 73.

③ Government Printing Office. *Public Papers of the Presidents of the United States: Herbert Hoover, 1929*. Washington, D.C.: Government Pringting Office, p. 36.

④ Lincoln, Abraham. Speech at Chicago, Illinois, December 10, 1856. In Library of Congress ed. *Lincoln: Speeches and Writings 1832-1858*. New York: Rutgers University Press, 1989, p. 385.

⑤ Kurz, Robert J. "Congress and the Media: Forces in the Struggle over Foreign Policy." In Simon Serfaty ed. *The Media and Foreign Policy*. New York: St. Martin's Press, 1990, p. 67.

### （一）国会的外交决策权力：与总统抗衡

美国政治体制的设计就是为了限制政府权力，甚至以牺牲办事效率为代价也在所不惜。正如麦迪逊在《联邦党人文集》第五十一篇中所说：宪法的目的是首先"使政府能管理被统治者，然后再使政府管理自身"[①]。

美国政治体制的优越性和局限性在外交政策问题上表现得最为明显。美国宪法赋予立法机构条约批准权、认可或否决行政机构所有重要人事任免权，其中包括所有军事人员和民事机构首脑的任免，以及最为有力的拨款权。因此，国会有权力，也经常会操控外交政策，这就是有些人所说的"微观操控"。通过拒绝批准主要行政机构的人事任免、限制外援用途、修改或否决对外条约、强迫部队改变作战部署，或仅仅威胁采取上述举措，以迫使行政当局权衡利弊，改变其外交政策。所有这些都在直接操控外交政策方面赋予国会以巨大的影响力。从国会由直接反映民意的参众议员组成的层面来看，国会在外交政策方面的影响力也从一方面保证人民的呼声得以在外交政策决策中得到反映，并从某种程度上保证行政权力不会肆意而为，牺牲公众利益。[②]

国会在外交决策方面是否发挥作用，在多大程度上发挥作用，又如何发挥作用，这是一个问题的不同方面。对这些问题的回答，会随公众对当局政策支持程度的消长而有所不同。国会参与外交决策的积极程度常常被夸大。即使拥有对外交政策进行辩论、反对、否决、拖延和阻挠的权力，但从根本上来说，国会也不能制定外交政策，而是将酝酿和执行与国家安全密切相关的外交政策的主要职责让渡给行政机构。但是，与一般国内民主社团相比，作为美国立法机构的国会在外交政策上的影响当然是不同一般的。

具体来说，美国总统是陆海空三军总司令，但宣战权却掌握在国会手中；总统具体部署执行外交政策，但其行动经费却要由国会审批；总统有权对外缔结条约，但须征询参议院的同意和批准等。诸如此类总统与国会的相互牵制，正是国父们在制宪会议上精心设计的结果。实际上，宪法关于国会权力的十八条规定中，涉及外交权的规定就有六条之多。而相互牵制的权衡机制还不是美国外交决策存在问题的唯一根源。有学者曾这样给国会的外交

---

① （美）汉密尔顿、杰伊、麦迪逊著，程逢如译：《联邦党人文集》，北京：商务印书馆，1980 年版，第 264 页。

② Kurz, Robert J. "Congress and the Media: Forces in the Struggle over Foreign Policy." In Simon Serfaty ed. *The Media and Foreign Policy*. New York: St. Martin's Press, 1990, pp. 65-66.

作用定性：国会作为总统外交决策伙伴的机制，面对现代世界对快速外交反应的需求，"显然极不适应对外交政策进行英明控制"的现实需要。更糟糕的是，无论是参议员还是众议员，在竞选过程中几乎都是围绕其选区和所代表州的地方事务进行竞选的。①

而且，国会权力极为分散。众议院有 26 个委员会，140 个分会；参议院有 21 个委员会，87 个分会；还有 4 个参众议院联合委员会。在外交政策领域，参众议院共有 8 个具有审议权的委员会，14 个参议院分会、18 个众议院分会直接参与外交事务。由于各委员会涉及领域和侧重不同，上述众多委员会一般不会同时参与同一事务的审理。具体到哪个委员会和分会参与某一事务的处理，要具体根据委员会的政治权力和相关事务的性质来定。

这种格局的结果就是权力的分散。即使没有异议的问题也要涉及至少四个分会。因此，某一问题陷入各种委员会和分会间的辖权之争是常事。而委员会与分会之间竞争对立也是常事。当然，有专门的管理机构负责维持秩序，推动解决方案的生成。委员会分会的立法权力并不平等，而且议员在立法问题上的权力也不平等，参众议院的领袖能够强行施压。某一问题在参议院或众议院投票通过，意味着其内部纷争至少得到暂时的平息。

这种纷繁复杂的权力分配在美国二百年国会历史演进中也变得更加多样。在这二百年间，国会形成了自己独特的语言风格和行为准则。权力分配很大程度上取决于议员个人之间的较量协商，因此权力分布随时都在发生变化。但所有这些并不是说国会难以达成协议，因为这个高度发达的权力分配机制就是专门为在竞争协调中达成协议而精心设计的。而本书此处要说明的是，国会外交决策的相关运作与行政机构截然不同。

国会决策史上也曾有过委员会主席置若罔闻、我行我素、凭资历进行铁拳统治的时期。其间总统国家安全决策与国会间反而能迅速而平静地进行协调。但"水门事件"后国会进行了大幅度制度调整，彻底瓦解了资历制度，少数几个人说了算的时期因此一去不返。此后，资历制度或者说是参众议院领袖协商定夺的决策制度让位于两党集体投票否决或通过的集体决策制。

这次改革不仅向前辈的资历决策发起挑战，摈弃了该决策制度，也改变了之前的国家安全和外交决策的观念。实际上，要求决策理念改革的呼声推

---

① Small, Melvin. *Democracy & Diplomacy: The Impact of Domestic Politics on U.S. Foreign Policy, 1789-1994*. Baltimore, Maryland: Johns Hopkins University Press. 1996, p. xiv.

动了资历决策制度的终结。其结果是各委员会下设分会更为细化，并将决策权进一步分散到委员会分会中去。而当新生力量成为分会会长，他们就会推行自己的政策，培养自己的势力。

国会权力的分散使很多人特别是时事评论家认为在外交政策上国会决策行事的方式犹如有 535 个国务卿在行动。这种观点显然有些夸张。实际情况是，国会委员会主席人数大约有 20 人。他们将自己外交决策的职责等同于副国务卿来看待。当委员会的权力范围涉及存在地区争议的领域时，该主席则更会看重自己的重要性。而委员会主席权力的大小取决于诸多因素，其中最主要地要取决于其对某事务的兴趣和知识储备。如果愿意，委员会主席可以获得源自所有美国政府部门及情报部门的情报。他们有权造访相关国家地区，对相关事务进行全面调查。这些委员会主席的政治生命往往超过其国务院的对手，因为副国务卿的任职时间可以短到两年。

上述国会权力结构的变化也改变了新闻媒体对外交事务的报道。首先，国会外交事务决策重心的调整意味着国会关键决策人物敢于与行政部门抗衡。其次，国会决策结构的调整意味着国会内部存在竞争，在竞争过程中，与媒体合作以取得优势，使新闻媒体在此博弈过程中的作用不容忽视。最后，国会中的少壮派，特别是委员会主席往往会主动接触媒体，利用媒体争取公众舆论对其提案的支持，以对抗来自国会内部元老派和行政机构的反对意见。少壮派议员往往更咄咄逼人，更注意经营，步步为营地攻克一个个政治高地。他们更懂得也更善于利用媒体，而其结果则是权力多元化和信息来源多元化使得国会议员得以与总统在外交问题上分庭抗礼，而媒体则因此获得更多的报道机会。可以预见，这势必造成政府行政与立法部门之间逐步加深的冲突，也进一步加深媒体与行政部门之间彼此的成见。

国会在外交政策问题上对执政府所起的抗衡作用，也使得新闻媒体在执政府与被统治者间因时因势发挥着不同的作用。"外交政策上公众舆论的变化是 20 世纪 60 年代以来总统领导地位不断削弱和行政机构与立法机构间不断冲突的根源。不仅如此，公众舆论还将继续作为总统与国会间合作程度和冲突程度的主要决定因素。迎着公众舆论逆流而上的行政当局会招致国会更积极地参与；而一位能够调和外交政策与公众舆论关系的总统，无论他是通过调整政策还是改变公众舆论，都会在驱散国会山反对势力方面取得节节胜利"①。

## （二）国会、行政部门与媒体的关系

关于国会、行政部门与媒体的关系，罗伯特·库尔茨（Robert Kruz）曾指出其不同的根本所在："国会和行政部门的组织形式不同，前者权力相当分散，各个委员会及下属委员会各司其职；后者权力集中，呈等级制；这导致前者信息流通是平面的、相对公开的，媒体容易通达，后者的信息流通是垂直的、相对秘密的，不容易通达；结果是，媒体与国会更易合作，而与行政当局则易冲突。不仅如此，议员也常常寻求与媒体结盟反对行政部门。"②

除极少数涉及军事情报细节等需要秘密处理的事务外，国会绝大部分事务一般都是以公开激烈的辩论形式进行。行政部门则与之相反，一般情况下，白宫、国务院、国防部、中央情报局和其他情报部门的工作都是秘密进行的。"政务公开"对行政部门来说是少有的例外。

当然，国会也处理秘密事务并保守秘密，而白宫也相对重视媒体的正面报道。根据规定，除非公开表决同意秘密进行，所有参众议院会议、委员会及其分会都对公众和媒体开放。相比之下，行政部门的媒体政策则迥异。行政内阁或国家安全委员会的重要会议仅向媒体提供短暂的摆拍时间，此外，便是由专门负责对外宣传的官员针对媒体精心准备的工作简报，即媒体所称的信息"供应"。

与行政部门官员相比，媒体更易接近参众议员。新闻记者可以不需预约随时造访议员办公室，自由出入国会山，随时毫无顾虑地接近任何可以提供信息的国会议员。而媒体接近行政部门官员却是严格受限的。

国会和行政部门官员与媒体接触的意愿也相差甚远。在国会山，甚至职位低微的行政人员也会经常与媒体对话，以透露幕后消息。而在行政部门，除非上峰明示，高官通常都会有意识地避免与记者接触。

需要指出的是，国会对媒体近乎透明的公开意味着其并不顾及总统的态度，在公开辩论、审议对外事务过程中，公开几乎所有外交决策内容。但这并不意味着国会因此能超出白宫控制或主宰新闻报道。新闻媒体对总统决策

---

① Mann, Thomas E. "Making Foreign Policy: President and Congress." In Thomas E. Mann ed. *A Question of Balance: The President, the Congress and Foreign Policy*. Washington, D.C.: The Brookings Institution, 1990, p. 11.

② 转引自范士明：《CNN 现象与美国外交》，《美国研究》1999 年第 3 期，第 36-37 页。

的运筹、政策实施的具体方式和时机等都更为敏感。不过，不可否认的是，上述国会外交决策过程的公开性却的确为新闻媒体报道提供了有利的渠道。

有时，国会公开审议和审议时机的选择会抢尽行政部门的风光，或者至少打乱行政部门的媒体策略部署。例如国会听证会上，敏感的政治话题常常成为热点新闻或新闻线索。而所有这些都是公开进行的，也是总统及其行政班子无法控制的，但这也恰恰为新闻媒体提供了制造新闻、塑造新闻并影响外交政策的绝好机会。因此，新闻媒体在国会议事过程中所扮演的角色是同盟军形象。

国会535名议员全部通过选举产生，而选举成功与否几乎无一例外地需要依靠媒体的宣传。因此，与媒体处好关系是每一个国会议员参加选举前后的必修课。不仅如此，当选之后的议员则更注意用心搞好与媒体的关系。正如赫德里克·史密斯（Hedrick Smith）所言：在现代政治中，无论是争取连任还是升迁的选举，竞选在职业政客的生涯中从未停止过。因此，他们不惜一切代价地争取媒体报道、玩转新闻媒体这张牌。①

蒂莫西·库克（Timothy Cook）则进一步揭示了媒体在国会日益重要的作用。他指出，媒体在不断渗入国会的决策过程："媒体策略是重要的活动，连任如此，在华府达到政策目标更是这样。而立法过程中欢迎媒体的介入则是至关重要的前提。"②

国会中的立法者之所以能与媒体结盟，是因为他们往往会在对抗行政部门上找到共同点。国会与媒体的联合战线往往在面对来自总统的压力时更为牢固。国会和媒体常协同作战，发现行政当局的真正意图，昭示其不法行为，或揭示政策与具体实施间的内在矛盾等。在此冲突过程中，国会与媒体双方都达到了争取公众注意力的目的。因此，以往认为国会众议员和参议员随时愿意与媒体合作提供内幕消息的认识是确有其事的。作为立法者的参众议员使出全部解数尽量争取在本州报纸和电视新闻中频繁露面，能在华府新闻上露面则更好，而他们则极为享受其后来自其他议员的关注。

但是，新闻记者收集或猎取的新闻也常常是不为国会议员所知，或是行政部门千方百计掩盖的消息。在外交方面，新闻记者不时从行政部门打探到消息，而这些行政部门是国会接触不到，或者是不愿公开与官方政策相悖的

---

① Smith, Hedrick. *The Power Game*. New York: Random House, 1988, pp.118-159.

② Cook, Timothy. *Making Laws and Making News*. Washington, DC: The Brookings Institution, 1989, p. 12.

消息来源。而且，新闻记者还常常在华府与外交政策热点地区之间来回周旋。这样，新闻记者就有可能接触到甚至连行政情报部门都不得而知的消息。

新闻媒体与国会成员之间经常形成互为依存的默契关系。新闻媒体发现新闻热点之后，国会往往会围绕相关问题展开调查，召集听证会、组织安排将相关问题纳入议会议事日程，这也是国会直接回应媒体关注问题的主要方式。国会听证会常因新闻报道而起，而国会活动也是新闻媒体锁定的报道对象。有时，通过听证会或公开声明，国会会给新闻记者提供新闻线索，使其得以绕过编辑而直接将最新消息提供给公众。这种默契关系可能最初只是为了相互行个方便，但此类关系往往会发展形成长久的友谊。与各种信息源交易信息是华盛顿信息传播的重要方式。

不仅如此，国会和新闻媒体还会在揭示行政部门，特别是总统执政错误行为过程中形成统一战线。任何议员或记者都会在"太岁"头上动土时胆战心惊。因为行政部门包括总统自己会运用强大的行政手段和权力，对对某问题刨根问底的个人进行人身攻击或政治迫害。实际上，劝阻某发行人或媒体编辑进行对总统不利的报道，一直是白宫媒体公关部的主要任务之一。但国会和新闻媒体在挑战总统时恰恰可以起到互为支持的作用。国会就某问题展开的调查在某种程度上保护着新闻界的调查权，为记者提供继续跟踪调查的机会。

罗斯福总统对外交政策上国会与媒体联手与白宫作对深恶痛绝，他说："首先，美国外交政策已经全部囊括在我的国会演讲之中，完全、彻底、毫无保留地包括在其中。其次，再没有新消息。再次，许多人，包括一些众议员，一些参议员，还有为数众多的报纸老总，处心积虑地向美国公众传递编造的假象。"罗斯福对国会与媒体联手干预外交决策极为不满："我一直以为，也仍然认为，美国外交政策不应该让立法、党派或报业政治卷入……而你只要读读报道和头条，就会意识到一味的猜测被包装后却摇身变成了事实声明。"[①]

当然，再有影响、有权势的国会议员通常也不会找总统的麻烦，即使他们手中掌握了确凿的证据。在媒体报道出台并引起公众注意之前，他们也很少单独采取行动。

---

① Roosevelt, Franklin D. Roosevelt. "Excerpts from the Press Conference," February 3, 1939. Online by Gerhard Peters and John T. Woolley, The American Presidency Project. Available at: http://www.presidency.ucsb.edu/ index.php

**（三）国会成员的国际事务消息来源：媒体报道与官方情报**

在国会、行政部门与新闻媒体的互动关系中，信息是其中最能反映权力框架的度量尺度。信息，亦即行政部门所称的情报，是控制外交政策的关键。公众获取并传播信息手段的不断进步，在很大程度上削弱了行政部门垄断控制信息的能力，进而影响到国会在外交政策问题上与总统之间的权衡关系。

美国政府收集、分析和分发情报的工作属于行政机构的职责。其中包括对海外事件的分析和秘密收集的情报。情报收集具体如何操作、谁来负责处理情报等是直接涉及谁来参与以及谁来制定外交决策的重要问题。在美国历史上，行政部门独立进行情报的收集和分析工作。美国政府每年投入大笔资金维持广大的情报收集网。过去，政府机构在获取、传递和发布海外信息方面一直具有垄断性优势，因而在外交决策和行动上具有自身的垄断优势。过去，美国总统具有决定什么时候、与国会分享哪些情报的绝对权力，而且，由行政人员决定什么时候由哪位国会议员接受立法咨询。这样的话，其间出现的问题甚至危机都可以提前预知并做好应对准备。例如，古巴导弹危机期间，肯尼迪总统在将危机公之于众之前，就有整整一个星期的时间整理分析情报，与幕僚密谈、交换意见。

如今，总统对情报的控制能力大为削弱。一度由政府行政部门独掌的信息技术被新闻媒体利用，从根本上改变了信息由谁在什么时候获取的局面，也因而改变了外交决策过程。互联网和卫星传输技术使媒体得以在事件发生几乎同步的时间内将信息传播出去。危机发生后的实时新闻播报意味着国会、公众和总统在同一时间了解到事情的最新进展。众所周知，在美国政府的诸多危机观察中心和国会议员办公室中，现在都随时将电视锁定 CNN 频道，密切关注其头条新闻。

新闻媒体是国会成员的最为重要的情报消息来源。一位议员的助手说："国会首先研究的问题有 90% 是来自《纽约时报》和《华盛顿时报》的头版。"[1]凯文·克德罗夫斯基（Karen Kedrowski）专门研究了国会议员的消息来源。他对国会成员的问卷调查结果显示，国会成员的新闻消息来源可根据阅读人数多少分为三大类，每类中都兼有广播、纸质媒体和电子媒体等媒

---

[1] Dull, James. *The Politics of American Foreign Policy*. Englewood Cliffs, NJ: Prentice-Hall, 1985, p. 125.

体形式。第一大类媒体也是国会最重要的新闻消息来源，包括《国会季刊周报》（*Congressional Quarterly Weekly Report*）、《华盛顿邮报》和美国有线CNN。

《国会季刊周报》和《华盛顿邮报》的重要性毋庸置疑。据国会工作人员反映，"邮报对我们所有人都至关重要"，"每个人都看《邮报》，而且此报也唾手可得"①。《华盛顿邮报》和《国会季刊周报》的记者也深知自己所服务的报纸在华盛顿官方决策中的独特作用："我们（《华盛顿邮报》）是政府的备忘簿。我们具有这种作用是因为每天早晨（我们的报纸）静候在门口。实际上，长久以来，从参议员乔治·米盖尔（George Mitchell）（缅因州民主党参议员、参议院多数派领导人）到白宫，我们都一直是其备忘簿。它已成为国会唤得白宫注意的方式，从某种意义上讲，当无法通过电话方式与白宫沟通的时候，这是一种有效的引起注意的方式，因为你知道《华盛顿邮报》会在清早准时恭候在门口。"②前任多数党督导威廉·格雷（William Gray）的新闻秘书玛丽·海格尔（Mary Hager）同样认为《华盛顿邮报》的角色特殊，她指出："我主要通过《邮报》来观察当局的感受。当然，我不会把报纸上的文字当作绝对真理，但他们大部分是准确的。"③

《国会季刊周报》名声显赫主要出于两个原因：其一，其报道对象是国会，为国会内外关注国会的特殊读者提供了重要的信息来源；其二，该报向以及时、公正、不偏不倚地报道所有国会活动而闻名。虽然国会通讯员必须从成百上千的潜在话题中挑选报道对象，《国会季刊周报》专门报道国会活动，使其得以事无巨细地报道各种国会事务，这对其他报刊媒体的记者来说，无论从篇幅还是花费的时间气力上都望尘莫及。一位《国会季刊周报》的记者查克·奥尔斯顿（Chuck Alston）这样总结自己的报纸："我们提供这样三重服务：首先，我们为国会山上的人们从各色提案中筛选并为其作简短的总结；其次，我们为他们提供解决该问题的思路。我们会沉静下来问：'怎样来看待这个问题呢？'最后，我们要较深入地分析在下期国会将如何

---

① Kedrowski, Karen M. *Media Entrepreneurs and the Media Enterprise in the U.S. Congress.* Cresskill, New Jersey: Hampton Press, Inc. 1996, p.146.

② Kedrowski, Karen M. *Media Entrepreneurs and the Media Enterprise in the U.S. Congress.* Cresskill, New Jersey: Hampton Press, Inc. 1996, p.147.

③ 转引自：Kedrowski, Karen M. *Media Entrepreneurs and the Media Enterprise in the U.S. Congress.* Cresskill, New Jersey: Hampton Press, Inc. 1996, p.147.

处置该问题。"①

因此，一位国会工作人员感慨道："《国会季刊周报》在提供国会所作所为的信息方面的确出类拔萃。对普通国会工作人员来说，它就是圣经。"②

《国会季刊周报》几乎从不发布社论，其也因而被冠以"记录性出版物"之名，因此其报道中很少会有解释性文字出现。正因为如此，很少会有国会成员或国会成员的新闻秘书会在辩论中引用它。但是，因为它"更多地基于事实"而不是基于对事实的诠释，它在国会成员在某一事务领域树立自己已成为参与者的形象具有至关重要的作用。③

CNN 的作用也非常独特，其即时报道世界范围内军政外交局势所提供的即时情报日益显得重要，这已使其在国会山的工作人员中广受欢迎。国会成员及其工作人员的办公室几乎锁定 CNN 或者有线卫星公共事务网（Cable Satellite Public Affours Network，C-SPAN）。遇有危机时，则更是全天候收看 CNN。而部分工作人员的主要工作就是及时捕捉和收看突发事件的即时报道，以便国会相关成员作出适时恰当的回应。例如，"海湾战争期间，CNN 就尤为重要……他们即时报道战况。许多国会成员觉得参加五角大楼为他们准备的战况通报会不如看 CNN 受用。"④"国会成员们开始抱怨他们的通报远不如 CNN 的最新新闻报道提供的信息全、含金量高。"⑤

CNN 成为重要消息来源的另外一个原因是其 24 小时滚动播出的播报形式。新闻迷、日理万机的国会成员及其工作人员无论是白天还是夜晚任何时间都可打开电视从 CNN 收看到最新新闻。虽然新闻联播、"夜线"和 PBS 60 分钟新闻节目《麦克尼尔—莱尔新闻一小时》（MacNeil-Lehrer News Hour）每天通过国会图书馆闭路频道为国会山的每个办公室重播，国会成员及其工作人员却很少有时间按时收看。更重要的是，国会工作人员大多认

---

① Kedrowski, Karen M. *Media Entrepreneurs and the Media Enterprise in the U.S. Congress.* Cresskill, New Jersey: Hampton Press, Inc. 1996, pp.147-148.

② Kedrowski, Karen M. *Media Entrepreneurs and the Media Enterprise in the U.S. Congress.* Cresskill, New Jersey: Hampton Press, Inc. 1996,p.148.

③ Kedrowski, Karen M. *Media Entrepreneurs and the Media Enterprise in the U.S. Congress.* Cresskill, New Jersey: Hampton Press, Inc. 1996, p.148.

④ 转引自 Kedrowski, Karen M. *Media Entrepreneurs and the Media Enterprise in the U.S. Congress.* Cresskill, New Jersey: Hampton Press, Inc. 1996, p.149.

⑤ 转引自 Kedrowski, Karen M. *Media Entrepreneurs and the Media Enterprise in the U.S. Congress.* Cresskill, New Jersey: Hampton Press, Inc. 1996, p.149.

为新闻联播的新闻报道太过肤浅，对观察华盛顿的动向没有什么用处。一位国会议员的工作人员说："我们不看布罗考①是为了了解国会山中发生的一切。国会工作人员唯一收看晚间新闻节目的时候是老板上镜的时候，或是为了了解世界范围的情况。"②

记者和媒体评论人当然也深知 CNN 的独到之处。正如国会通讯员鲍勃·弗兰肯（Bob Franken）所言："CNN 已经成为信息的象征。我们塑造着议事日程，而这是因为舆论制造者收看我们的节目。例如，上周四中午我做的一期直播节目中，报道了民主党批评托马斯·福利（Thomas Foley）③对众议院银行处置不力的言辞。结果，福利举办了一次媒体见面会，表明他一定会严厉打击特权歪风。我们没有实权，但在公众形象的保护战中，媒体是塑造形象的平台。CNN 的独到之处就在于我们新闻报道的主要渠道。"④

一位共和党领袖的新闻秘书认为，当有事件发生时，CNN 还有另外一种影响："在突发事件中，它（CNN）特别受用。参与到节目中就可以更快地影响新闻走势，影响人们对事件的解释。相比之下，新闻网参与到事态辩论的时间要晚很多。他们为事件提供解释框架，但他们对事件发展的过程没有影响。"⑤

第二大类新闻媒体在国会当中的读者数量较前一类稍逊，但也是国会大部分成员经常浏览参考的资源。报纸包括与《华盛顿邮报》并列被称为三大精英报纸的《华尔街日报》和《纽约时报》。还包括全国性电视节目的全国新闻联播（National Network News）、PBS 新闻 60 分钟节目《麦克尼尔—莱尔新闻一小时》等。此外，第二类新闻媒体还包括以华盛顿为核心的新闻来源，例如新闻周刊类的《国家周刊》（*National Journal*），专门报道美国国会事务的双周刊报纸《点名》（*Roll Call*），以及 C-SPAN 等。

---

① 汤姆·布罗考（Tom Brokaw），NBC 晚间新闻（NBC Nightly News）节目主持人。这里代指布罗考主持的晚间新闻节目。

② Kedrowski, Karen M. *Media Entrepreneurs and the Media Enterprise in the U.S. Congress*. Cresskill, New Jersey: Hampton Press, Inc. 1996, pp.149-150.

③ 托马斯·福利（Thomas Foley），美国众议院第 57 任发言人，1992 年众议院银行丑闻事件中被责成调查丑闻。

④ Kedrowski, Karen M. *Media Entrepreneurs and the Media Enterprise in the U.S. Congress*. Cresskill, New Jersey: Hampton Press, Inc. 1996, p.150.

⑤ Kedrowski, Karen M. *Media Entrepreneurs and the Media Enterprise in the U.S. Congress*. Cresskill, New Jersey: Hampton Press, Inc. 1996, p.150.

如上两类新闻媒体对国会山的工作也具有相当重要的影响。尽管国会成员及其工作人员很少收看晚间新闻联播这类节目，但这类节目的意义却在于能否在节目露面以及露面的频繁程度，这无疑已经成为判断国会议员声望的无形标准。《纽约时报》和《华尔街日报》则通常与《华盛顿邮报》一道被冠以"重要报纸""最重要的消息来源"的名号。国会山上的人们通常认为"国会山上最好的消息来源是《华盛顿邮报》《纽约时报》《华尔街日报》《国会季刊周报》以及《国家周刊》"。一名共和党议员的工作人员这样描述这些新闻媒体的意义："在这里'消息灵通'具体的含义是每天阅读《华尔街日报》《华盛顿邮报》和《纽约时报》。"[1]

在国会山，《华盛顿邮报》或者《国会季刊周报》相对于《国家周刊》《华尔街日报》以及《纽约时报》的最大区别在于关于国会报道的水平。《华盛顿邮报》和《国会季刊周报》无疑提供了最全面的国会报道，而其他报刊的报道范围则要宽泛得多。《国会季刊周报》的奥尔斯顿这样描述《国家季刊周报》的特点："尽管《国会季刊周报》和《国家季刊周报》面对的是同样的读者群，二者根本不存在竞争。《国家季刊周报》更多地致力于另外一种新闻，那种报道某某人在想些什么的新闻。"[2]

从许多方面看，C-SPAN 就是《国会季刊周报》的电视版。C-SPAN 主要转播参议院和众议院的国会辩论。如果没有国会辩论，C-SPAN 就会报道某个委员会的听证会。这样，C-SPAN 就顺理成章地成为对国会工作人员和媒体同样重要的消息来源。它使这些人在办公室就能随时关注国会辩论情况，或者在委员会工作议程现场挤满新闻记者、院外利益集团说客和工作人员的情况下，观察委员会工作进展情况。因此，它是闻国会之风而动的国会成员及工作人员重要的消息来源。[3]

对国会议员来说，C-SPAN 还为其提供另外一项重要的服务。C-SPAN 的报道经常被 CNN 和其他商业电台和电视台转播，因此大大增加了国会在华盛顿内外的听众和观众。国会议员因此能够扩大自己及所持议案的影响。

① Kedrowski, Karen M. *Media Entrepreneurs and the Media Enterprise in the U.S. Congress.* Cresskill, New Jersey: Hampton Press, Inc. 1996, pp.150-151.

② Kedrowski, Karen M. *Media Entrepreneurs and the Media Enterprise in the U.S. Congress.* Cresskill, New Jersey: Hampton Press, Inc. 1996, p.151.

③ Kedrowski, Karen M. *Media Entrepreneurs and the Media Enterprise in the U.S. Congress.* Cresskill, New Jersey: Hampton Press, Inc. 1996, p.151.

以前众议员詹姆士·特拉菲肯特（James Traficant）为例，他每天在国会标志性的一分钟发言在 C-SPAN 播出后，给他带来了意想不到的影响和收获。他说："我的意外收获是受到许多全国性媒体特别是电子媒体的关注。他们大大超过了地方媒体对我的关注，而我的同事们对此一无所知，因为他们根本不看电视……我甚至曾一度在一家主要新闻台的新闻中连续出现了十四周。"[①]C-SPAN 定期播出的观众连线节目还经常邀请国会成员做客，而这又为国会议员们向民众传达讯息、宣传自己提供了绝佳的机会。

第三类媒体的参阅人数较之前两类都少。其中国会读者人数是第一大类的一半，但国会仍有过半的人数会经常翻看或收看。此类媒体包括：NPR、专业商务出版物（Specialized Trade Publications）、新闻杂志节目《夜线》（Nightline）、美国广播公司（ABC）的政论类访谈节目《这一周》（This Week）、《时代周刊》、《新闻周刊》、《美国新闻与世界报道》、NBC 周日早间脱口秀节目《与媒体见面》（Meet the Press）、《华盛顿时报》（*Washington Times*）、《基督教科学箴言报》《洛杉矶时报》等。[②]

如今，新闻媒体的报道能够与国务院和情报部门得到的绝密情报同步。计算机、互联网等高科技产品的普及使人们可以随时随地获取新闻。如今，新闻记者和国会议员可以坐在办公桌前利用计算机、互联网、数据库等获取消息，与行政情报部门在信息战中一较高下。基本上所有国会办公室都订购了美联社的新闻通信服务，这样，国会议员及其下属工作人员就能及时获知最新消息，而不必等着从电视晚间新闻或转天的报纸上了解新闻。

信息传播从速度到传播方式的改变加大了国际事件的影响力。过去，总统在对事件作出反应或采取对策之前一般有几天甚至几个星期的时间进行政策考量和咨询。如今，CIA 的雇员经常会充满怀旧心理地怀念那些曾经只有情报部门可以卫星获取情报的日子。这种日子一去不返了。现如今，国会议员足不出户就能获得和总统同样大量的信息。

科技的进步迫使人们重新界定"绝密"信息的含义。世界某一地区的新闻报道在几秒钟内就可以传遍世界。美国政府为解救黎巴嫩人质与伊朗进行武器交易的新闻，既不是《华盛顿邮报》也不是《纽约时报》，而是一家名

---

① Kedrowski, Karen M. *Media Entrepreneurs and the Media Enterprise in the U.S. Congress*. Cresskill, New Jersey: Hampton Press, Inc. 1996, p.151.

② Kedrowski, Karen M. *Media Entrepreneurs and the Media Enterprise in the U.S. Congress*. Cresskill, New Jersey: Hampton Press, Inc. 1996, p.147.

不见经传的黎巴嫩报纸首先报道的。①

信息技术的发展使得任何一家有卫星信号的广播电视网甚至地方电视台都能在事发时进行实况转播。而电视节目制作人则会找一些与政府雇用的专业人员具有同样观察问题、分析问题能力的专家，让其在电视节目中发表观点。这就为国会和美国大众提供了官方解释之外的有力分析。

### （四）媒体对国会外交决策的影响

从某种意义上说，国会议员与媒体有着彼此呼应和共生的关系。对美国媒体来说，就影响对外政策而言，在白宫之外，国会山是最值得关注的地方。基于国会对政府的影响力，通过报道国会议员的外交主张，进而影响政府的外交决策，是媒体影响对外政策的重要途径。对国会议员们来说，这也是广泛宣传自己外交主张的重要机会，有助于提高自身的声望。

媒体首先是国会议员的重要信息来源。这点在前文已有涉及，在此不再赘述。

其次，新闻媒体是外交问题上维持行政部门与立法部门间制衡关系的关键所在。国会议员及其身边工作人员都迫切需要了解行政部门的最新动向，以尽早选择是支持还是反对相关外交政策。特别是 20 世纪 60 年代以来，许多国会议员竭力限制行政部门的外交权力，提高自己对在外交问题上的影响。与总统所属党派不同的议员尤甚。而为了达到此目的，最有效的办法就是与新闻媒体密切合作。前国会立法助理、学者罗伯特·库尔茨在分析媒体、国会、行政部门关系时写道：国会议员"与媒体联手是因为他们拥有共同的利益，有共同的对手：行政部门"。他说："这种联手在有争议问题时和与总统关系紧张时更加牢固。国会和媒体一起打探行政部门动向、揭露政误、发现现行政策本身和实施中存在的问题等情况并不少见。他们也分享类似冲突所带来的恶名远扬和公众关注的效果。"②因此，新闻媒体的一个重要作用是维持行政部门和国会在外交问题上微妙的权力制衡关系，因为"媒体自身就是外交决策过程中最善言辞、消息最灵通的外部参与者之一，故而

---

① Kurz, Robert J. "Congress and the Media: Forces in the Struggle over Foreign Policy". In Simon Serfaty ed. *The Media and Foreign Policy*. New York: St. Martin's Press, 1990, p. 77.

② Kurz, Robert J. "Congress and the Media: Forces in the Struggle over Foreign Policy." In Simon Serfaty ed. *The Media and Foreign Policy*. New York: St. Martin's Press, 1990,pp.73-74.

媒体不可避免地影响着‘内部参与者’决策的外部环境”①。而库尔茨提及的国会议员与媒体的联手，也正是媒体以联手方式参与外交决策的具体写照。

再次，也是最为重要的一点，媒体报道不但能够影响国会议程设置，而且媒体对议题、法案或听证会关注与否能直接影响立法结果。美国媒体与其他政治力量为解决某些特定问题而争取的行动，能够影响国会议题轻重缓急的排序。而且，媒体对国会事务进行参与和报道，首先受益的是议员们。由于国会议员会不断提出新的议案，在诸多问题上表态，他们就难免要与媒体频繁接触。在这一过程中，媒体的报道不仅会帮助他们传播和宣传自己的主张，而且也会在事实上提高他们的知名度，从而为今后重新当选打下基础。不但如此，在某些关键问题上，媒体甚至还可以利用自身的优势影响立法结果。例如，《华盛顿邮报》就经常在某问题委员会投票表决的当天，发表对该问题的编者按，而这常常足以影响那些举棋不定的委员的立场。②

新闻报道还能够突出国会某机构组织或个人的重要性。就此，迈克尔·J. 罗宾森（Michael J. Robinson）曾解释说：“电视对某机构或个人的报道频率和曝光度改变着该机构或个人的重要性和影响力：被报道得越多，该机构及其成员就越发显得重要。”③而在赢得媒体关注方面，国会领导人比普通议员享有更多的自主权和影响力。当然，在如今的网络时代，要进入这个华盛顿信息网并不一定需要进驻华盛顿。互联网、电子邮件、长途电话、传真使得各路人马可以随时与华盛顿保持联系。但若真正成为该关系网的核心成员，在政府或某智囊团任职、经常参加各种鸡尾酒会和招待会等却是必要的。

新闻媒体还能够影响公众对国会具体机构的印象。公众心目中国会机构运行情况的好坏和效率高低主要取决于媒体报道。亚瑟·H. 米勒（Arthur H. Miller）等研究显示，媒体负面报道与公众对政府机构的看法直接相关：“显然，公众对政府工作表现的评价直接来自主流媒体中政治过程形象的报

---

① Cohen, Bernard C. *Democracies and Foreign Policy: Public Participation in the United States and the Netherlands.* Madison: University of Wisconsin Press, 1995, p. 100.

② Mayhew, David R. *Congress: The Electorial Connection.* New Heaven, Conn.: Yale University Press, 1974, p. 177.

③ Robinson, Michael J. "A Twentieth-Century Medium in a Nineteenth=Century Legislature: the Effects of Television on the American Congress." In Norman Orstein, ed., *Congress in Change.* New York: Praeger, 1975, p.252.

道。" ①

　　媒体关注与否直接影响国会议案商讨进展的过程。媒体可以通过报道国会议员的观点和立法活动来间接影响国会的外交决策活动。一般来说，国会影响外交政策，是通过授权和拨款，而宪法赋予的权利则使得国会在影响外交政策方面与政府保持了相对平衡。在国会与政府的这种平衡中，美国媒体起到了特殊的作用。它的报道，对其中一方占据上风，或者促成双方妥协与合作，都有着重要影响。这也正是为什么党首或白宫官员常迫使国会成员将问题公开化，以进一步坚定其立场，扩大影响以赢得先机。

　　媒体还能够帮助议员扩大影响。国会有些议员常竭力吸引媒体的注意以扩大影响。有学者因此指出，国会因此越来越成为少数几个议员表演的舞台："国会山上的英雄不是电波中的英雄。国会中备受同仁尊敬的是穿梭在各种新闻发布会、鸡尾酒会之间，有时甚至出现在婚礼上以求为其立法'作业'投入时间的孤独的土地神。" ②因此，国会成员在利用媒体方面花费的心思和时间也越来越多了。为了得到更多的媒体报道，许多国会议事过程向媒体开放，委员会会议室、参众议院等会议允许 C-SPAN 等媒体摄录转播。也正是由于媒体宣传作用，国会中媒体报道频率更多的委员会会成为某些想通过媒体赢得声望的国会成员争相进入的宝地。"显然，有些国会议员想方设法地跻身于任何处理最紧急、最有争议问题的委员会。" ③而外交事务正是"委员们引人注目地谈论战争与和平，并因此提高知名度、捞取政治资本、扩大政治影响范围的最佳平台" ④。而其他负责一般性议题的委员会因很难引起媒体兴趣，其成员工作积极性也不高。而可见度高的委员会成员也往往将其所在委员会作为自己的宣传工具，相应地对委员会所要解决的问题关注不够。曾任参议院外交关系委员会会长时间达十五年之久（1959—1974年）的詹姆斯·威廉·富布赖特（James William Fulbright）对此感慨道："这是参议员们乐于加入的委员会，但他们却不愿做任何事情。" ⑤

---

　　① Miller, Arthur H., Edie N. Goldenberg, and Lutz Erbring. "Type-Set Politics: Impact of Newspapers on Public Confidence." *American Political Science Review*. Vol. 73, No. 1 (1979): p. 81.

　　② Mayhew, David R. *Congress: The Electoral Connection*. New Heaven, Conn.: Yale University Press, 1974, p.147.

　　③ Fenno, Richard F. Jr. *Congressmen in Committees*. Boston: Little, Brown, 1973, p. 10.

　　④ Fenno, Richard F. Jr. *Congressmen in Committees*. Boston: Little, Brown, 1973, p. 13.

　　⑤ Mayhew, David R. *Congress: The Electoral Connection*. New Heaven, Conn.: Yale University Press, 1974, p. 123.

国会不但向媒体公开自己的言行，其言行也受媒体影响。有研究发现，电视新闻主要集中报道的是调查听证会，这使得希望得到媒体更多关注的国会改变"其鼓励立法或立法听证会的机制，而越来越转向媒体主导的调查性听证会"①。为了吸引媒体的关注，国会议员和委员会也在转变："引起媒体关注和报道的唯一方法是成为媒体关注议题的最佳也是最全面的信息源，或者选择一个比总统推行的议题更具有新闻价值议题（如负面、出人意料、精英或模棱两可等性质的议题）。"②

最后，遇有热点问题或突发事件，第一时间被媒体采访的国会议员不得不在信息有限又少有人评论过的问题上发表评论或表明立场。而随着时间的推移和相关信息的不断丰富，这些议员却发现很难改变当初的过早论断。

值得注意的是，在外交决策过程中，公众舆论也始终以自己的被动但却可能一触即发的方式影响着决策者，并通过媒体向决策者传达信息，在外交决策中也扮演着重要的角色。因此，研究新闻媒体对公众舆论之于外交决策的影响也极为重要，这也正是本书下面要考察的问题。

---

① Robinson, Michael J. and Kevin R. Appel. "Network News Coverage of Congress." *Political Science Quarterly*. Vol. 94, No.3 (1979): pp. 416-417.

② Miller, Susan H. "News Coverage of Congress: The Search for the Ultimate Spokesma." *Journalism Quarterly*. Vol. 54, No. 3 (1975): p. 464.

# 第三章　美国媒体国际报道对公众舆论的影响

公众舆论是民众对国家政治、政府政策、公共问题和负责处理这些政策和问题的人所公开表示的意见。因为公众舆论多种多样且常常相互矛盾、变化无常、模糊不清，所以实际上"很难估计公众舆论在多大程度上是影响决策者的原因，以及有多大的作用"①。因此，要了解具有"构建性意义"的公众舆论对外交决策看不见、摸不着、变幻不定但却时刻存在的影响是极其困难的。早在 1961 年就有学者指出："由于公众舆论在不同情形下对不同政策会有不同影响的复杂性，要精确界定公众舆论的作用着实是异常困难的问题。"而且，外交决策高层所做的决策都是多重压力、多重因素共同作用的结果，如国外事端的具体信息，行政机构和国会内部对事件的解释，各种来自利益集团、媒体和大众的信号，等等。甚至总统或国务卿本人都无法解释究竟是哪些因素促成某一政策的形成。举例来说，古巴导弹危机期间肯尼迪总统的决策是根据总统对苏联企图的揣测得出的？还是得益于与其高参的紧急会议中的集体智慧？抑或是在距离国会中期选举仅剩两周的形势下根据公众要求对古巴采取强硬政策的压力下做出的？尽管近些年来出现许多关于肯尼迪决策的研究和材料，但仍很难令人信服地分析出不同因素在其决策过程中究竟如何又起到什么作用。而要分析每位总统数以千计远不如古巴导弹危机戏剧化的外交政策中各种因素的作用，问题就更为复杂了。②因此，探讨美国媒体国际报道对公众舆论的影响，势必要根据日常状态与危机或冲突状态等情况分别进行考察，进而得出结论。

---

① Peele, Gillian, Christopher J. Bailey, and Bruce T. Cain eds. *Developments in American Politics*. London: Macmillan, 1992, p. 272.

② Key, Valdimer O. Jr. *Public Opinion and American Democracy*. New York: Knopf, 1961, p.7.

# 一、常态下公众舆论在外交决策中的作用

在常态下，公众舆论在美国外交决策中的作用，主要受美国社会文化与政治体制影响，具有较强的稳定性特征。首先，公众舆论影响外交决策的渠道是相对稳定的，公众对外交事务的态度是相对理性的，决策者对公众舆论的重视也是一以贯之的。

## （一）公众舆论影响外交决策的渠道

公众舆论在对外政策上的表达方式主要可以分为"直接表达"和"间接表达"两类。直接表达主要是通过游说、请愿、申诉、联署、示威、抗议与游行等主动表达或者通过座谈会、听证会、民意调查与公民投票等被动途径来表达。间接表达指民众通过他人或机构来表达其对对外事务的意见。这又可分为正式渠道（例如选举总统与国会议员）与非正式渠道（例如政党、利益集团、大众传媒）两种方式。[①]

但是一般情况下，公众在外交政策问题上的意见主要通过以下三种渠道传达给决策者：民意调查、利益集团和选举。但这些渠道都存在重大缺陷。

外交政策方面的民意调查往往要求调查对象就一组相关问题简单地回答"是""不是"或者"没有意见"。这些问题虽经精心设计，但所问及的内容无法反映调查对象对该问题的真正看法。很多民意测验也无法揭示调查对象对问题肯定或否定的程度。民意调查最能准确反映民意的情况有两种：一是围绕某一问题进行系统深入的问卷调查；二是就同一个问题反复做相当长一段时间的调查。这样，学者得以比较民意前后变化，以发现民意变化倾向，得出有学术价值的结论。[②]

利益集团也是反映外交政策民意的重要渠道。但是，这些组织在某些问题上的观点往往是其领导人物的观点，其代表性和可靠性都值得怀疑。美国最具影响力的利益集团例如美国劳联-产联（AFL-CIO）、美国退伍军人协会（American Legion）、美国商会（United States Chamber of Commerce）等就

---

① 韩召颖：《美国政治与对外政策》，天津：天津人民出版社，2008 年版，第 374 页。

② Mueller, John E. *War, Presidents and Public Opinion*. New York: Wiley, 1973, pp. 1-19; Wheeler, Michael. *Lies, Damn Lies, and Statistics: The Manipulation of Public Opinion in America*. New York: Norton, 1976, p. 293.

常常声称在某些外交政策问题上代表千百万会员的声音。但实际上，这些大型利益集团组织内部常常存在尖锐的意见分歧。而在更基本的问题上，作为某个利益集团组织成员的身份对于公众个人到底有多大意义？该组织能够真正代表个人的利益吗？而利益集团本身对公众个人意见又有怎样的影响呢？更何况许多公众同时隶属多个利益集团组织：工会、教会、族裔组织等等。这就使决策者衡量利益集团组织重要性更增加了难度。①

尽管有关选举的研究可谓汗牛充栋，但关于外交政策问题究竟如何影响选举结果，却恐怕很难得出结论性的答案。传统观点认为：对于选民来说，国内问题的重要性远远超出外交政策问题，但是，在罗斯福四次连任总统这个实例中，二战无疑是其连任的重要因素。而 1960 年和 1968 年的大选中，民众对现行外交政策的不满也很明显成为影响选举结果的砝码。总统和国会议员们一般很难判断外交政策问题在其成功获选过程中的意义，他们更无法预知其外交决策活动会怎样影响其连任。

那么，民意调查结果、利益集团提案和其他反映民意的线索所反映的民意信息能否传达给外交决策者呢？答案也因人而异。有证据表明，20 世纪 30 年代以来的美国总统，大都更加关注民意调查，而国会成员和国务院官员则更主要依赖各大报纸编辑和利益集团的说客来了解民情。有些官员极其重视民调报告和选民来信的信息价值，而有些人却对此不以为意；有些要员会高估某些利益集团的势力，而有些却忽视了这些势力。总之，在公众舆论对外交政策态度的问题上，决策者们更多地仰赖自己的直觉而非理性、科学的判断。②

### （二）公众对美国外交决策的态度

一个地域广博、族裔和利益多元化的移民国家，在外交政策方面能够不受兼顾多重利益的使命羁绊而裹足不前的另外一个原因，是历来每届政府都会在外交政策上有所侧重。例如，罗斯福总统第一任期内的外交工作重点是互惠贸易和中立；卡特总统当选后第一年的工作重点是搞好与苏联、中东、南美国家和地区的关系。这些工作重心之外的问题则往往不受重视。

---

① Levering, Ralph B. *The Public and American Foreign Policy, 1918-1978.* New York: Morrow,1978, pp.33-34.

② Cohen, Bernard C. *The Public's Impact on Foreign Policy.* Boston: Little, Brown, 1973, p. 195; Bauer, Raymond A., Ithiel de Sola Pool, and Lewis A. Dexter. *American Business and Public Policy: The Politics of Foreign Trade.* New York: Atherton Press, 1967, p. 398.

新闻媒体也面临与政府决策同样的问题。在外交政策问题上，媒体为国际问题和外交事务问题留出的版面一般最多也不能超过 10%。因此，在报道什么国家地区，报道哪些外交决策等问题上，媒体报道的内容也必须具有高度选择性。而政府官员强调的外交问题以及国会辩论围绕的外交问题都会成为媒体外交报道的焦点。①

因此，专门从事外交事务的组织对公众舆论和政府决策的影响会时强时弱。外交关系协会（Council on Foreign Relations）②和外交政策协会（Foreign Policy Association）③一向强调集体安全的主张在 1940 年比在 1935 年的影响要大得多。而院外"援华集团"在 20 世纪四五十年代对美国对华政策决策的重大影响与其在 20 世纪 70 年代初尼克松访华前后收效甚微的局面形成了鲜明的对比。④

值得注意的是，近年来公众舆论与外交决策关系中一个显著变化是公众开始对打着"国家安全"旗号掩盖外交政策信息的行径越来越持怀疑态度。二战期间，为了阻止德日窃取军事情报，美国建立了严密的防范系统。冷战期间，这一整套防范系统进一步升级，以防范苏联及其他共产主义阵营国家。但是，到了 20 世纪 60 年代初，就有人开始怀疑这套国家安全机构在防范苏联等国窃取美国国家机密的同时，更有掩盖错误、蒙蔽公众之目的。冷战期间，许多美国人认为保密是战胜共产主义的关键。但是，越战以及一系列中央情报局内部揭秘活动之后，到 70 年代末，保密是出于外交行为需要的观念逐渐让位于人民有权了解真相的信念。⑤

---

① Cohen, Bernard C. "Mass Communication and Foreign Policy." In James N. Rosenau, ed., *Domestic Sources of Foreign Policy.* New York: Free Press, 1967, p. 196.

② 美国外交关系协会（Council on Foreign Relations）是美国政府重要智囊团，成立于 1921 年，总部分设在纽约和华盛顿。由精英学者、舆论领袖、政府要员和对外交关系有特殊兴趣的人组成。是美国对政府最有影响力又无明显党派倾向的思想库之一。成立以来一直致力于为美国政府提供政策理念和具体策略，对美国外交决策影响颇大。它的任务主要是广泛宣传美国的外交政策，并根据权势集团的意图，对重大国际问题组织公众进行讨论，搜集"民意"，发表研究报告，以影响政策的制定。美国许多政要包括多任总统都曾是该协会成员。主办有最权威的外交政策学术研究性杂志《外交季刊》（*Foreign Affairs*）。

③ 外交政策协会是成立于 1918 年的非政府性研究组织，关注范围包括新兴大国、战乱地区、能源、美国经济、世界粮食危机、人权等内容，既有研究深度，又有传播国际局势知识的内容，还有关于世界各地的博客专题。

④ Detzer, Dorothy. *Appointment on the Hill.* New York: Holt, 1948, pp. 59-60.

⑤ Levering, Ralph B. *The Public and American Foreign Policy, 1918-1978.* New York: Morrow,1978, p.157.

　　越战是 20 世纪五六十年代以来公众围绕是否应该放手任由外交专家处理外交事务之争的分水岭。如果专家只能制定使美军在中南半岛伤亡惨重和使美国社会分裂的政策，那么公众或者至少是关注型公众也许应该参与外交政策的辩论。

　　过去数十年，关注外交事务的公众数量显著增加。根据 2010 年美国芝加哥对外关系委员会（Chicago Council on Foreign Relations，2006 年更名为 Chicago Council on Global Affairs）的调查，美国民众对政府对外关系新闻的关心程度如表 3-1 所示。1974 年始，芝加哥对外关系委员会每四年就公共舆论与对外关系之间关系进行一次民意调查。2002 年以后改为两年一次调查，2014 年后更增加为每年一次调查。

表 3-1　美国民众对政府对外关系新闻关心程度统计结果

| | (N=2596) | | | | | |
| --- | --- | --- | --- | --- | --- | --- |
| | Very interested (%) | Somewhat interested (%) | Hardly interested (%) | Don't follow the news (%) | Not sure/ Decline (%) | Total (%) |
| Year | | | | | | |
| 1974 | 50 | 34 | 13 | 3 | -- | 100 |
| 1978 | 44 | 36 | 15 | 4 | 1 | 100 |
| 1982 | 45 | 36 | 13 | 4 | 2 | 100 |
| 1986 | 49 | 34 | 11 | 5 | 1 | 100 |
| 1990 | 53 | 33 | 9 | 5 | -- | 100 |
| 1994 | 50 | 38 | 10 | 1 | 1 | 100 |
| 1998 | 45 | 38 | 14 | 1 | 2 | 100 |
| 2002 (telephone) | 62 | 30 | 7 | 0 | 1 | 100 |
| 2004 (telephone) | 53 | 34 | 7 | 7 | 0 | 100 |
| 2004 (internet) | 34 | 49 | 10 | 7 | 0 | 100 |
| 2006 (internet) | 38 | 46 | 10 | 6 | 0 | 100 |
| 2008 (internet) | 31 | 47 | 14 | 8 | 0 | 100 |
| 2010 (internet) | 32 | 49 | 13 | 6 | 0 | 100 |
| Change in % points 2008-2010 | +1 | +2 | -1 | -2 | 0 | 0 |

　　资料来源：The Chicago Council on Global Affairs. U.S. Public Topline Report: Global Views 2010. September 22, 2010. p.1. Available at: http://www.thechicagocouncil.org

　　这种变化的原因主要有：更多更好的受教育机会、与其他国家和外国民众直接接触机会的增多，通过电视、网络等更多地了解和接触其他国家，更积极加入并参与外交政策组织活动，以及越战、海湾战争、伊拉克战争等过程中公众不断积累的参与外交决策的经验，等等。

但是，20 世纪 70 年代以来公众参与外交决策的经验表明，公众对外交事务的了解与国际商贸的快速发展相差甚远。大多数拥有本科以上学历的美国人对国际经贸的了解有限。实际上，跨国公司、国际贸易为某些人制造就业机会的同时却造成另外一些人失业，同时产生环保、能源等问题，这促进了日益紧密的国家间相互依赖与国际合作。对于这些问题，在国际危机出现时虽然会见于报端，但只是单纯报道相关消息而并未以教育公众为目的。因此，国际经济、金融危机爆发时，美国公众还不具备参与相关外交政策制定的能力，就如同他们在 1965 年越战逐步升级期间缺乏判断战争危机的相关能力一样。

随着 20 世纪 70 年代以来国际经贸、文化等活动的不断增加，美国公众日益倾向于将美国在国际事务中的困境归咎于发展中国家和国际组织。尤其是在美国经济出现问题时，许多美国人很自然地将其归咎于其他国家，如美国走出金融危机的步伐缓慢是因为中国快速有效的对应危机政策而不是因为美国危机对策及实施不力，国际石油价格不断攀升和钢材市场存在不公平竞争是石油和钢材出产国哄抬价格而不是美国对能源的过度需求和饱和的钢材制造市场造成的，等等，都是最好的证明。美国公众很容易忽视许多联合国机构和世界银行、国际货币基金组织等其他国际组织取得的成绩，更容易将美国自己的经济问题归咎于其他国家，而忽视本国存在的问题。但是，在 20 世纪末以来相互依赖、相互依存日益显著的世界大环境下，美国势必需要避免民族主义的误区，而应该建设性地继续推动国际合作。

教育公众认识国际经济金融形势的变化、国际组织在国际事务中的重要性以及其他外交政策问题的任务一直属于如下四个机构：联邦政府、外交政策相关组织、教育系统和大众媒体。

美国公众对联邦政府的信任在越战到"水门事件"期间彻底动摇，虽然此后政府在外交政策方面的公信力有所回升，但美国公众对华盛顿对外发布的信息往往仍持谨慎态度。在政府和民众之间相互信任度真正提高之前，美国政府在具体外交政策问题上说服公众的能力和有效性将大大降低。

有研究显示，20 世纪 70 年代美国民众参加外交政策组织的人数较之 20 世纪 50 年代大大下降。特别是越战结束后，20 世纪 50 年代一度活跃于政坛的一些外交政策相关组织或逐渐衰败，或销声匿迹。虽然还有一些组织仍在进行全国范围的活动，却仍急需振兴其地方分支机构。没有活跃的地方团体的积极支持，没有明确具体的行动目标，许多人甚至是教育程度高的部分民众也会逐渐失去参与外交政策问题讨论的兴趣。[①]

由于政府缺乏说服力，民众参与外交政策相关组织的热情又大大下降，教育公众以使其对外交问题不再陌生的责任自然落到了教育系统和大众媒体的肩上。两者都可以使看似遥不可及的外交事务变得不那么遥远。各级教育机构向在校学生教授北美、欧洲以及其他地区的历史、文化及其所在地区的当代主要问题等相关知识。而对媒体来说，报纸可以对当代热点问题提供深度的背景解释，杂志可以经常针对某些国家地区出专刊，而广播电视的新闻节目不仅报道外交政策等充满争议和冲突的问题，而且对公众了解较少的国家和地区的社会状况和当地民众所关心的问题等进行适度的介绍，如同 NPR 的晚间新闻栏目《面面俱到》那样，经常就国际热点问题进行深度分析。

### （三）常态下公众舆论对外交政策的影响机制

要探讨公众舆论对外交决策的影响首先要回答如下两个基本问题：什么是影响？公众舆论对决策又具有怎样的影响？塔尔科特·帕森斯（Talcott Parsons）将"影响"作为交往过程的一种普遍符号引入，其作用是以信念或者说服来促进互动。[②]就此问题哈贝马斯研究认为："比方说，一些个人或一些组织可以享有这样的声望，使他们所说的话能够在不具体证明权威或提供说明的情况下对他人信念产生影响。'影响'赖以为生的是相互理解的资源，但它的基础是预支的对未经检验之信服可能性的信赖。在这种意义上，公众舆论代表的是这样的政治影响潜力，它可以被用来影响公民的选举行为或者议会团体、政府或法院的意志形成过程。当然，舆论界的由公众信念所支持的政治影响要变成政治权力——变成有约束决策的潜力——它就必须能影响政治系统中获得授权之成员的信念，并影响选民、议员、官员的行为。舆论界的政治影响——就像社会权力一样——只有通过建制化程序才能转变成政治权力。"[③]

① Levering, Ralph B. *The Public and American Foreign Policy, 1918-1978.* New York: Morrow,1978, p.161.

② Parsons, Talcott. "On the Concept of Influence." *The Public Opinion Quarterly.* Vol. 27, No. 1 (1963): pp. 37-62.

③ 哈贝马斯著，童世骏译：《在事实与规范之间：关于法律和民主法制的商谈理论》，北京：生活·读书·新知三联书店，2003 年版，第 449 页。

　　公众舆论对外交决策的主要影响或者说是约束首先不是来自公众主动施加的压力，而是来自美国政治体制中公众舆论既定作用的影响。大多数美国总统显然相信，他们有权也有职责为其政策争取公众的支持，不应该制定过于背离公众意愿的外交政策。哈佛大学著名历史学家厄尼斯特·R. 梅（Ernest R. May）曾这样总结道："回顾美国历史，美国政要制定背离公众意愿的重大政策的情况几乎屈指可数。"[①]一个政府在制定或改变政策时，都不能不考虑舆论，否则，政策会因得不到公众的支持而难以执行和继续。例如美军最终撤出越南，实际上是舆论迫使政府改变对越南政策的结果。又如在中国加入联合国问题上，舆论也是尼克松政府决定与中国恢复外交关系的主要推手。据统计，1964 年 1 月至 1971 年 5 月，美国公众支持中国入联的比率上升了 33 个百分点，此上升比率在 1966 年还是 13 个百分点。如果公众态度没有转变，尼克松政府很可能不会改变其对华政策。[②]

　　决策者决策前后都会顾及公众的反应。决策者在考虑其他行动或政策方案时往往会对公众反应作出预判。某行动中引起大众或大多数选民强烈反对的预判会对决策产生巨大影响。毕竟，决策者无法预知其所有举动的政治代价。公众舆论的不可知性和潜在威慑是决策者必须顾及并约束其行事的因素。例如，1993 年克林顿在摩加迪沙一战后立即撤军就是由于预判到大众会反对在索马里继续投入兵力和损伤。[③]但是，这并不意味着决策者会一味被动地规避可能引起公愤的政策。相反，他们常常制造争议，以造成积极的宣传效果。[④]有时其目的根本不是宣传，而是抵消可能引起的反对。而如果公众一直不明真相，那么连公众立场都无从形成。[⑤]决策确定之后对公众会如何反应的掌控主要以媒体为依托进行了解。

---

　　① May, Earnest R. "An American Tradition in Foreign Policy: The Role of Public Opinion." In William H. Nelson, ed. *Theory and Practice in American Politics.* Chicago: University of Chicago Press, 1966, p.117.

　　② Kusnitz, Leonard. *Public Opinion and Foreign Policy: America's China Policy, 1949-1979.* Westport, Conn: Greenwood Press, 1984, p.127.

　　③ Kull, Steven, and Clay Ramsay. "How Policymakers Misperceive U.S. Public Opinion on Foreign Policy." In Jeff Manza, Fay Lomax Cook, and Benjamin I. Page eds. *Navigating Public Opinion: Polls, Policy and the Future of American Democracy.* New York: Oxford University Press, 2002, p. 208.

　　④ Jacobs, Lawrence and Robert Y. Shapiro. *Politicians Don't Pander: Political Manipulation and the Loss of Democratic Responsiveness.* Chicago: Univ. Chicago Press, 2000.

　　⑤ 参见 Manheim, Jarol B. *Strategic Public Diplomacy and American Foreign Policy: The Evolution of Influence.* New York: Oxford University Press, 1997; Powlick, Philip J. and Andrew Z. Katz. "Defining the American Public Opinion/Foreign Policy Nexus." *International Studies Review.* Vol.42, No.1, 1998: pp. 29-61.

若要影响外交政策，公众不必依赖政府对民意测验或其他公众舆论征兆的感知。对于普通大众来说，对外交政策最大的影响可能在于投票选举，而在非选举年期间，为数相对较少的关注型公众则会通过各种组织对某项政策施加影响。投票选举的重要性不仅在于其通过投票更换国家领导人，还在于当选官员若要连任就必须不断揣测哪些政策议案可能赢得公众支持，从而赢得选票。

公众舆论对外交决策上较为熟悉的问题表现积极，支持政府决策。在公众和决策层都熟悉也都可以明智评判的外交政策问题上，公众参与外交政策的效果最好。美国决策层决策及其政策执行最有效的地区是西欧，公众对针对这一地区的政策如"租借法案""马歇尔计划"等都普遍持支持态度。这主要是由于大多数美国人乃西欧国家移民及其后裔，大多数人在中学和大学学习过西欧历史和文化课程，许多人更游历过许多西欧国家。另外，新闻媒体如电台、电视台、报社、杂志社等在西欧都设有大量特派驻外记者，关于西欧的国际报道也多于其他地区。[①]

美国与世界其他主要地区的文化联系相对少得多。到过南美、非洲或印度的美国人为数甚少，懂中文、日文、阿拉伯文或非洲语言如斯瓦希里语的人很少。美国在中南半岛作战时，举国仅有几百名这一地区历史文化方面的专家。即使现在，很少有人能弄清巴拉圭和乌拉圭，或者伊朗和伊拉克等国间的区别。20 世纪四五十年代的研究表明，当时美国高中课本关于苏联和中东等地区的内容极为粗略，有些地方甚至错误百出。而当时报刊对苏联和中南半岛的报道或歪曲事实，或有意忽略，即使《纽约时报》这样声望高的报纸也是如此。[②]

公众舆论对公众不熟悉地区的外交政策的影响会因时因势而不同。与关注型公众具有同样文化背景、阅读同样报刊的外交决策官员在制定东南亚、拉美和中东等公众较为陌生地区的政策时往往会作出公众熟悉地区不可能作

---

① 见 UNESCO. "Foreign News in the Media: International Reporting in 29 Countries." p. 41. http://unesdoc.unesco.org/images/0006/000652/065257eo.pdf

② Griswold, William J. et al. *The Image of the Middle East in Secondary School Textbooks*. New York: Middle East Association of North America, 1976, pp. 22-27; Burkhardt, Richard W. "The Soviet Union in American School Textbooks," *Public Opinion Quarterly* 11 (Winter 1947-1948): pp. 569-571; Kriesberg, Martin. "Soviet News in the 'New York Times'," *Public Opinion Quarterly* 10 (Winter 1946-1947): pp. 540-564; Turnbull, George Stanley, Jr. "Reporting of the War in Indochina: A Critique," *Journalism Quarterly* 34 (Winter 1957): pp. 87-89.

出的决策。在这些地区，美国都曾协助推翻当政政府，或给或卖地为这些政局不稳的地区提供过数额巨大的高端武器，还支持古巴等流亡政府重返故土夺取政权。由于对这些地区知之甚少，公众对针对这些地区的外交政策往往会寻找信息捷径，"团结在国旗下"（Rally round the flag），对政府决策听之任之，少有公开大辩论，因而表现为对决策没有影响。直至外交危机或冲突不断持续，民众逐渐对局势有深入了解，或有严重事端发生，如美军伤亡惨重，公众才会发起讨论，逐渐意识到政府的投入过大、代价太高等问题。此时，也就是某外交问题成为公众关注的焦点，或公众的意见具有高度一致性时，舆论对政府决策形成强大约束力，公众舆论得以发挥其影响外交决策的作用。越战后期，尼克松政府通过谈判寻求越南问题的和平解决的举措，就是"为了平息国内舆论不满而不得不采取的办法"。[①]

当然，需要指出的是，在美国外交决策问题上，美国政府、媒体和公众这三者是主要参与者。但三者在决策中作用明显不同，外交政策是决策者制定的，公众通常是对其作出反应，决策者和事件本身形成了决策的议事日程。正如恩特曼所言，公众极少在外交决策上对美国政府或美国新闻媒体产生直接影响，[②]通常是政府和新闻媒体影响公众对其他国家的认识和看法。

## 二、危机或冲突状态下公众舆论与外交决策的关系

学者们通常把一般情况下的公众舆论与外交决策的关系，以及危机或冲突情况下公众舆论对于外交的作用，明确区分开来进行研究。虽然公众并不能时刻关注国际政治的变化，但冲突或危机却常常能够吸引公众的注意力。这便促使学者们进一步探究公众舆论在美国外交冲突或外交危机中实际发挥的作用。例如，有学者研究了公众舆论在美国对尼加拉瓜[③]、索马里[④]和伊

---

① 资中筠主编：《战后美国外交史》（下册），北京：世界知识出版社，1994 年版，第 620 页。

② Entman, Robert M. *Projections of Power: Framing News, Public Opinion, and U.S. Foreign Policy.* Chicago: Univ. Chicago Press, 2003, p.15.

③ Sobel, Richard. *The Impact of Public Opinion on U.S. Foreign Policy Since Vietnam.* New York: Oxford Univ. Press, 2001.

④ Klarevas, Louis. "The Essential Domino of Military Operations: American Public Opinion and the Use of Force." *International Studies Perspectives.* Vol. 3, No. 4 (2002): pp. 417-437.

拉克[①]等国外交政策决策中的作用。

公众舆论对外交决策的影响研究，因短期出现的冲突和长期存在的冲突而有极大的不同。在短期冲突中，公众与外交决策者的信息掌控相差悬殊，舆论倾向于追随总统提出的外交政策，致使总统在左右公众的外交舆论方面具有巨大的影响，舆论因而难以对外交决策形成实质性影响。[②]但相当一批学者认为，公众舆论在持续时间较长的冲突中对外交政策的制定具有极大的牵制作用。[③]

## （一）短期冲突中公众舆论的表现：团结现象

学者们早已发现，在短期出现的冲突中或者在冲突初期，公众舆论常积极支持向海外派军的政策。决策者，特别是西方国家的决策者深知自己在冲突初期的信息优势，因而经常利用甚至制造冲突以掌控舆论。"团结在国旗下"现象（下文简称"团结"现象）便是显著的例证。

大量学术研究对"团结"现象进行了探讨。琼·R. 李（Jong R. Lee）指出："一般百姓（对海外派军）的反应会掺杂有支持总统行动的爱国主义激情。"[④]美国社会文化中根深蒂固的爱国主义情结，是美国政府得以在原则上赋予每个公众言论自由、参与政治的权利的同时，在理论上众口难调的窘境下依然能够制定出公众信任的国内外决策的重要原因。美国人的爱国主义不但是对祖国的热爱，更是对美国民主体制的热爱。正因为大多数美国人对自己的政府体制引以为豪，所以他们容忍此体制的臃肿庞大且问题重重。可以说，他们的热爱带有盲目性。对他们来说，美国是世界上最好的国家。这种民族自豪感、优越感对一个国家形成强大的凝聚力至关重要，但同时也产生了负面影响：认为其他国家不如美国，因而会自觉或不自觉地轻视其他国家。这种爱国主义和民族优越感不仅仅限于 20 世纪 20 年代和 30 年代的

---

① Larson, Eric V. and Bogdan Savych. *American Public Support for US Military Operations from Mogadishu to Baghdad: Technical Appendixes.* Santa Monica, CA: RAND, 2005.

② Mueller, John E. *War, Presidents and Public Opinion.* New York: Wiley, 1973；Brody, Richard A. *Assessing the President: The Media, Elite Opinion, and Public Support.* Stanford, CA: Stanford Univ. Press, 1991.

③ 如 Sobel, Richard. *The Impact of Public Opinion on U.S. Foreign Policy Since Vietnam.* New York: Oxford Univ. Press, 2001；Baum, Matthew A. "Going Private: Presidential Rhetoric, Public Opinion, and the Domestic Politics of Audience Costs in U.S. Foreign Policy Crises." *Journal of Conflict Resolution.* Vol. 48 (2004): pp. 603-631; Canes-Wrone, Brandice. *Who Leads Whom? Presidents, Policy, and the Public.* Chicago: Univ. Chicago Press, 2006.

④ Lee, Jong R. "Rallying around the flag." *Presidential. Studies Quarterly.* 2(1977): p. 253.

赫斯特报系（Hearst Newspapers）和米高梅报团（McCormick Newspaper Group），而是随处可见。正是这种根深蒂固的爱国主义情结使得美国人不但在诸如"珍珠港事件"、"9·11"事件等国家直接遭受袭击时毫不犹豫地支持政府的一切反击行动，而且在诸如 1917 年的参加一战、1950 年的朝鲜战争、1965 年的越南战争和 1991 年海湾战争等国家没有受到直接威胁的情况下依然支持政府参战决策。尽管政府在越战和"水门事件"中的欺诈行为被公之于世，进而在公众中产生强烈的怀疑倾向，但在诸如古巴导弹危机等紧急情况下和短期冲突中，公众还是义无反顾地团结在以总统为首的执政府周围和国旗下。

许多研究也或多或少地肯定了在特定情况下这种短期"团结"现象的存在。[1]也有学者反对如此提法，认为"团结"现象的偶发性和短期性决定了这种现象无法产生深远的政治影响。[2]例如，威廉·D. 贝克（William D. Baker）和约翰·R. 奥尼尔（John R. Oneal）研究了 1933—1992 年 60 年间美国 193 次跨国军事争端，没有发现持续的"团结"现象。但是，该研究却发现，每当由美国发起争端，或对某一国际争端公开质疑时，"团结"现象却时有发生。该研究还发现，"团结"现象在战争全面爆发和《纽约时报》着力报道跨国军事争端的情况下表现得极为显著。该研究认为，这一"团结"现象的规模大小取决于媒体报道的力度、两党支持的情况以及白宫的措辞。[3]

特伦斯·L. 查普曼（Terrence L. Chapman）和丹·赖特（Dan Reiter）进一步探讨了"团结"现象是否仅仅是公众对海外派军的反应。[4]其研究发现，1945—2001 年间的跨国军事争端中，"团结"现象出现与否绝大程度上

---

① James, Patrick and John R. Oneal. "The Influence of Domestic and International Politics on the President's Use of Force." *Journal of Conflict Resolution*. Vol. 35, No. 2 (1991): pp. 307-332; Oneal, John R. and Anna L. Bryan. "The Rally Round the Flag Effect in U.S. Foreign Policy Crises, 1950-1985." *Political Behavior*. Vol. 17, No. 4 (1995): pp. 379-401.

② Stoll, Richard J. "The Guns of November: Presidential Reelections and the Use of Force, 1947-1982." *Journal of Conflict Resolution*. Vol. 28, No. 2 (1984): pp. 231-246; Oneal, John R., Brad Lian, and James H. Joyner. "Are the American People 'Pretty Prudent'? Public Responses to US Uses of Force, 1950-1988." *International Studies Quarterly*. Vol. 40, No. 2 (1996): pp. 261-279.

③ Baker, William D. and John R. Oneal. "Patriotism or Opinion Leadership?: The Nature and Origins of the Rally Round the Flag Effect." *Journal of Conflict Resolution*. Vol. 44, No.5 (2001): pp. 661-687.

④ Chapman, Terrence L. and Dan Reiter. "The United Nations Security Council and the Rally Round the Flag Effect." *Journal of Conflict Resolution*. Vol. 48 (2004): pp. 886-909.

取决于联合国是否支持派军。这一发现表明，公众能够保持长期的政策倾向，包括多边主义倾向。该研究还证明，公众能够利用信息捷径来估量某一外交政策明智与否，而公众利用的信息捷径之一就包括此文提及的一向行事谨慎的安全委员会。该委员会签署军事行动命令这一举动所发出的信号就足以成为公众的信息捷径。有趣的是，布赖恩·赖（Brian Lai）和赖特使用同样方法对英国公众进行的研究却没有发现如此倾向。[①]

马修·鲍姆对 1953—1998 年间美国用兵情况的研究进一步说明，个人对使用武力的反应主要取决于其认同的共同利益。该研究发现公民所属政党及该党在政府所处地位会使公民对"团结"现象的反应截然不同。鲍姆发现，"团结"群体大都局限于反对党和非党人士。原因是与总统同属一党的成员一般在"团结"现象出现之前就已赞成总统的举措。就如同"9·11"之后美国出现的"团结"现象中所表现出的情况：布什选举记录中新赢得的选票主要来自民主党和独立党，而这些人在"9·11"之前对布什的表现是持反对态度的。[②]

那么，"团结"现象是否与公众舆论大体上是理性和一致的观点矛盾呢？这一问题的答案可以从众多相关研究中找到："团结"与否可能正是公众的理性反应，是其对之前所获信息产生的不同倾向之间相互作用的结果。例如，迈克尔·科拉莱西（Michael Colaresi）的研究就表明，信息最终会得到证实以及不当决策会失去选民支持等可能性确保了决策者决策的可行度，也促使决策者适时适度地向公众公布对外交行动有裨益的信息。[③]同时，长久以来学者们也认为，"团结"现象会因当局的说辞自相矛盾或舆论精英在政策上的争论不休而偃旗息鼓。[④]

一般情况下，公民在决定是否支持总统举措时会特别依赖其最信任的舆

---

① Lai, Brian and Dan Reiter. "Rally 'round the Union Jack? Public opinion and the use of force in the United Kingdom, 1948-2001." *International Studies Quarterly.* 49(2) 2005: 255-272.

② Baum, Matthew A. "The Constituent Foundations of the Rally-Round-the-Flag Phenomenon." *International Studies Quarterly.* Vol. 46, No. 2 (2002): pp. 263-298.

③ Colaresi, Michael. "The Benefit of the Doubt: Testing an Informational Theory of the Rally-Effect" *International Organization.* Vol. 61, No. 1 (2007): pp. 99-143.

④ 例如 Mueller, John E. *War, Presidents and Public Opinion.* New York: Wiley, 1973；Lee, Jong R. "Rallying around the Flag." *Presidential Studies Quarterly.* Vol. 7 (1977): pp. 252-256；Brody, Richard A. *Assessing the President: The Media, Elite Opinion, and Public Support.* Stanford, CA: Stanford Univ. Press, 1991.

论精英。[1]公众在信息极为不灵通的情况下，会以舆论精英特别是党内领袖的观点作为重要的信息来源或捷径。但是，他们只会在完全信赖如上精英的情况下才会选择如此捷径。而"团结"现象正是掌握大量信息的决策者与信息极为缺乏的公众之间取得某种均衡之后的结果。

　　有研究发现，为转移公众对国内问题的注意力，或为提高竞选资质而蓄意挑起危机输出性冲突，只会对那些认为可以在大选中因此产生"团结"现象的决策者有吸引力。[2]如果决策者逐步谋划上述预期效果，就极有可能颠覆公众舆论与外交决策之间的因果关系。学界对于危机输出的内在逻辑进行了深入的理论研究。格雷戈里·赫斯（Gregory Hess）和阿萨纳西亚斯·奥芬奈得斯（Athanasias Orphanides）利用主因模式进行的理论研究表明，有利于总统的信息不对称现象会产生使用武力输出危机的巨大动力。[3]但相关实证研究结果却没有如此确定。[4]有研究显示，美国在用兵上明显存在出于政治目的的现象[5]，但有的研究认为没有发现如此动机。[6]还有研究发现，

　　① Rahn, Wendy M. "The Role of Partisan Stereotypes in Information Processing about Political Candidates." *American Journal of Political Science*. Vol. 37, No. 1 (1993): pp. 472-496; Lupia, Arthur and Matthew D. McCubbins. *The Democratic Dilemma: Can Citizens Learn What They Need to Know?* Cambridge, UK: Cambridge Univ. Press, 1998.; Baum, Matthew A. and Tim Groeling. *"Crossing the Water's Edge: Elite Rhetoric, Media Coverage and the Rally-Round-The-Flag Phenomenon."* *Journal of Politics*. Vol.70, No.4 (2008): pp. 1065-1085.

　　② Baum, Matthew A. "Going Private: Presidential Rhetoric, Public Opinion, and the Domestic Politics of Audience Costs in U.S. Foreign Policy Crises." *Journal of Conflict Resolution* Vol.48, No.5 (2004) : pp. 603-631.

　　③ Hess, Gregory D. and Athanasios Orphanides. "War Politics—An Economic, Rational-Voter Framework." *American Economic Review*. Vol.85, No.4 (1995): pp. 828-846.

　　④ Levy, Jack S. "The Diversionary Theory of War: A Critique." In Manua I. Midlarsky ed. *Handbook of War Studies*. New York: Unwin-Hyman, 1989, pp. 259-288.

　　⑤ James, Patrick and John R. Oneal. "The Influence of Domestic and International Politics on the President's Use of Force." *Journal of Conflict Resolution*. Vol. 35, No.2 (1991): pp.307-332; Clark, David H. "Can Strategic Interaction Divert Diversionary Behavior? A Model of U.S. Conflict Propensity." *Journal of Politics*. Vol. 65, No.4 (2003): pp.1013-1039; Howell, William G. and Jon C. Pevehouse. "Presidents, Congress, and the Use of Force." *International Organization*. Vol.59, No.1 (2005): pp. 209-232.

　　⑥ Moore, Will H. and David J. Lanoue. "Domestic Politics and US Foreign Policy: A Study of Cold War Conflict Behavior." *Journal of Politics*. Vol. 65, No. 2 (2003): pp. 376-396; Meernik, James D. *The Political Use of Military Force in US Foreign Policy*. Aldershot, UK: Ashgate, 2004; Potter, Philip B. K. "Does Experience Matter? American Presidential Experience, Age, and International Conflict." *Journal of Conflict Resolution*. Vol.53, No.3 (2007): pp. 351-378.

美国总统在其支持率下降的情况下，通常更容易向海外用兵。[①]其他研究则认为，海外用兵的确能够转移公众对国内恶劣经济状况的注意力。[②]T. 克利弗顿·摩根（T. Clifton Morgan）和肯尼思·N. 比克斯（Kenneth N. Bickers）提出，总统有时会因本党选民反对其国内政策而作出向海外派兵的反应。[③]而本杰明·福德姆（Benjamin Fordham）则发现，当美国国内局势有可能促使决策者选择海外用兵以转移国内公众注意力的时候，其他国家会有意缓和与美国的冲突。[④]

但是，对其他国家领导人利用向海外用兵以转移国内公众注意力的研究所得出的结论却有些模棱两可。大部分学者，特别是利用大规模跨国比较研究方法对其他国家领导人利用海外用兵左右公众舆论的研究没有发现明显的证据。例如，虽然奥尼尔和布鲁斯·拉西特（Bruce Russett）在早期的研究报告中说经济发展过缓会使所有国家和地区利用海外用兵方法输出危机的可能性增大[⑤]，但其补充更多国家数据的后续研究却没能发现类似结论。[⑥]

美国与其他国家在海外用兵上存在的差异有可能由于两个原因：前文提到的短期冲突或冲突初期的"团结"现象及各国在国际体系中强弱不均的行为能力。除美国之外，很少有国家能够利用海外用兵造成"团结"现象而又不陷入战争或遭到报复。

然而，有研究认为，公众对经济增长的期望可促使国家决策者避免启用

① Ostrom, Charles W. and Brian L. Job. "The President and the Political Use of Force." *American Political Science Review.* Vol. 80, No. 2 (1986): pp. 541-566; Fordham, Benjamin O. "The Politics of Threat Perception and the Use of Force: A Political Economy Model Of U.S. Uses of Force, 1949-1994." *International Studies Quarterly.* Vol. 42 (1998): pp. 567-590.

② DeRouen, Karl and Jeffrey Peake. "The Dynamics of Diversion: The Domestic Implications of Presidential Use of Force." *International Interactions.* Vol. 28 (2002): pp. 191-211.

③ Morgan, T. Clifton and Kenneth N. Bickers. "Domestic Discontent and the Use of Force." *Journal of Conflict Resolution.* Vol. 36, No. 1 (1992): pp. 25-52.

④ Fordham, Benjamin O. "Strategic Conflict Avoidance and the Diversionary Use of Force." *Journal of Politics.* Vol. 67, No. 1 (2005): pp. 132-153.

⑤ Oneal, John R. and Bruce M. Russett. "The Classical Liberals Were Right: Democracy, Interdependence, and Conflict, 1950-1985." *International Studies Quarterly.* Vol. 41, No. 2 (1997): pp. 267-293.

⑥ Bussett, Bruce M. and John R. Oneal. *Triangulating Peace: Democracy, Interdependence, and International Organizations.* New York: W. W. Norton, 2001.

会阻碍经济发展的军事行动。[①]还有学者利用数据分析和变量分析方法研究发现，对再次当选不抱太大希望的决策者实际上不太可能挑起冲突。他们认为，此前发现海外用兵的研究在理论上和方法上都存在重大缺陷。[②]

即使决策者偶尔利用海外用兵来转移国人视线，但海外用兵到底会否对民主或稳定造成威胁呢？有学者就此问题进行了研究。通过一系列对公众舆论影响外交决策的个案进行研究，理查德·索贝尔（Richard Sobel）认为舆论可以限制外交决策，但却不能左右决策。[③]约翰·奥尼尔和雅罗斯洛夫·蒂尔（Jaroslav Tir）则进一步研究了海外用兵能否对民主与和平造成威胁。[④]他们发现，经济发展过缓等经济因素的确会增加西方国家发动包括针对其他西方国家的海外战争的可能性。

在外交决策过程中，海外用兵实际上是"团结"现象的映照。短期战争的前景会时而诱使决策者对外用兵以转移国内压力，并期望冲突比"团结"现象的持续时间短。但以往事实证明，冲突往往会连绵不断，致使向海外用兵越发危机四伏。其部分原因是公众会对用兵带来的伤亡作出负面反应。

海外用兵的相关研究反映了外交决策各方面因素相互作用的机制。冲突除非在短期内结束（通常这是决策者梦寐以求的结果，但往往事与愿违），否则公众与决策者之间的信息不对称现象必将逐渐扭转，决策者以转移公众注意力为目的发动的侵略性或单边军事行动，极有可能反而促使公众发现决策端倪（如党派精英的意见不一）转而反对海外军事行动，使决策者陷入危机。

对"团结在国旗下"现象的研究显示，短期冲突对决策者极为有利。危机时期，特别是牵扯美国利益的非常时期，新闻媒体自然会密切关注事态发展，相关国际报道因此会激增。如克里斯汀·奥根（Christin Ogan）等人以1900—1970 年间《纽约时报》为个案进行的研究发现，相对其他时期，二

---

① Gelpi, Christopher and Joseph Grieco. "Democracy, Interdependence and the Sources of the Liberal Peace." *Jouranl of Peace Research*. Vol. 45, No. 1 (2008): pp. 17-36.

② Chiozza, Giacomo and Hein E. Goemans. "International Conflict and the Tenure of Leaders: Is War Still Expost Inefficient?" *American Journal of Political Science*. Vol. 48, No. 3 (2004): pp. 604-619.

③ 见 Sobel, Richard. *The Impact of Public Opinion on U.S. Foreign Policy Since Vietnam*. New York: Oxford Univ. Press, 2001.

④ Oneal, John R. and Jaroslav Tir. "Does the Diversionary Use of Force Threaten the Democratic Peace? Assessing the Effect of Economic Growth on Interstate Conflict, 1921-2001." *International Studies Quarterly*. Vol.50, No.4 (2006): pp.755-779.

战期间该报对国际事务的报道数量显著增加：1900 年《纽约时报》头版中，国际报道占 19%，1940—1945 年间国际报道占 52%，1970 年则占 23%。[1]此外，非常时期，新闻媒体和新闻记者乃至公众在国家利益因素[2]的作用下，爱国主义和民族主义情绪会自觉或不自觉地高涨，因而产生"团结在国旗下"效应。[3]

### （二）长期冲突中公众舆论对外交决策的显著影响：伤亡反应现象

在长期持续的冲突中，公众对外交政策可以起到塑造或者至少是牵制的作用。公众对外交行动中伤亡情况的反应就是长期冲突中公众舆论对外交决策影响的表现。

与"团结"现象的研究成果不同，对公众舆论与外交政策长期关系的研究主要集中在冲突本身的特点，特别是冲突产生的伤亡问题的特点，[4]或者公众对冲突成功解决的感知[5]。但围绕这些关系究竟如何运行的问题，学术界存在不少争议。一种观点认为，大多数情况下公众对伤亡的反应是消极的，这阻碍了外交政策的前后一致性和稳定性。[6]另外一种观点认为，一旦有证据表明公众代表的外交决策责任与决策精英不协调时，公众就会转而反对冲突。[7]

---

① Ogan, Christine et al. "The Changing Front Page of the New York Times, 1900-1970". *Journalism Quarterly*, Vol.52 (1975): 340-44.

② Yang, Jin. "Framing the NATO Air Strikes on Kosovo across Countries". *Gazette: The International Journal for Communication Studies*, 65.3(2003): 231-249.

③ Henry, William A. Ⅲ. "News as Entertainment: the Search for Dramatic Unity." In Elie Abel ed., *What's News: The Media in American Society*. San Francisco: Institute for Contemporary Studies, 1981.

④ Mueller, John E. *War, Presidents and Public Opinion*. New York: Wiley, 1973；Gartner, Scott and Gary M. Segura. "War, Casualties and Public Opinion." *Journal of Conflict Resolution*. Vol. 42, No. 3 (2000): pp. 278-300.

⑤ Feaver, Peter D. and Christopher Gelpi. *Choosing Your Battles: American Civil-Military Relations and the Use of Force*. Princeton, NJ: Princeton Univ. Press, 2004; Gelpi, Christopher, Peter D. Feaver and Jason Reifler. "Success Matters—Casualty Sensitivity and the War in Iraq." *International Security*. Vol. 30, No. 3 (2005): pp. 7-46; Eichenberg, Richard C. "Victory Has Many Friends: U.S. Public Opinion and the Use of Military Force." *International Security*. Vol. 30, No. 1 (2005): pp. 140-177.

⑥ Mueller, John E. *War, Presidents and Public Opinion*. New York: Wiley, 1973.

⑦ Larson, Eric V. "Putting Theory to Work: Diagnosing Public Opinion on the US Intervention in Bosnia." In Miroslav Nincic and Joseph Lepgold eds. *Being Useful: Policy Relevance and International Relations Theory*. Ann Arbor: Univ. Mich. Press, 2000, pp. 174-233; Kull, Steven and Clay Ramsey. "The Myth of the Reactive Public." In Philip Everts and Peirangelo Isernia, eds. *Public Opinion and the International Use of Force*, London: Routledge, 2001, pp. 205-228.

约翰·马勒（John Muller）的著名论断是：公众对于伤亡情况的忍耐程度基本上遵循对数函数的规律：冲突早期的少数伤亡会造成民众对冲突支持的急剧下降，而随着冲突的持续，民众反而能够承受更大数目的伤亡。[①]近来有人对马勒的论断提出异议，认为决定伤亡对公众影响的主要因素不是伤亡人数本身，而是伤亡比率[②]或伤亡趋势。[③]

从某种程度上说，马勒的伤亡反感论断为近年来对民主国家和专制国家在战争中不同表现的研究奠定了基础。例如，有些研究认为，民众对战争代价，特别是伤亡的负面反应的敏感，使民主国家的领袖比专制国家的领袖在主动发起军事冲突上更为谨慎，这也使他们在紧张局势下使用武力的威胁不再可信。[④]而其实际效果似乎是民主国家比专制国家更可能赢得战争，至少在短期冲突中情况如此。[⑤]但是，这一结果到底是因为民主国家只选择参加胜算大的冲突[⑥]，还是因为甘冒极大风险的对手选择与民主国家发生冲突的原因，相关研究成果还未得出结论。[⑦]

同样需要注意的是，学者们纷纷对马勒的伤亡反感论断提出异议。亚当·贝林斯基（Adam Berinsky）认为，即使在战争状态下，普通百姓对外交政策相关事务也知之甚少。因此，他们很少将伤亡人数等事实加入其对某一事件的总体判断中去。他提出，公众主要会关注自己信赖的精英对某外交行动英明与否的论断，并就此提供的线索作出反应。[⑧]伤亡人数、比率和趋势不一定会显著影响精英的言辞。

布鲁斯·W. 詹特尔森（Bruce W. Jentleson）则提出了不同意见，他认为，决定因素不在于人员或财力的损失，而在于任务的性质，即其提出的

[①] Mueller, John E. *War, Presidents and Public Opinion*. New York: Wiley, 1973.

[②] Slantchev, Branislav L. "How Initiators End Their Wars: The Duration of Warfare and the Terms of Peace." *American Journal of Political Science*. Vol. 48, No. 4 (2004): pp. 813-829.

[③] Gartner, Scott. "Casualties and Public Support: An Experimental Analysis." Presented at Annual Meeting of American Political Science Assocociation, Philadelphia, PA, 2006.

[④] Filson, Darren and Suzanne Werner. "Bargaining and Fighting: The Impact of Regime Type on War Onset, Duration, and Outcomes." *Amerian Journal of Political Science*. Vol. 48, No. 2 (2004): pp. 296-313.

[⑤] Bennett, D. Scott and Allan C. Stam Ⅲ. "The Declining Advantage of Democracy: A Combined Model of War Outcomes and Duration." *Journal of Conflict Resolution* Vol. 42, No. 3 (1998): pp. 344-366.

[⑥] Reiter, Dan and Allan C. Stam Ⅲ. *Democracies at War*. Princeton, NJ: Princeton Univ. Press. 2002.

[⑦] Filson, Darren and Suzanne Werner. "Bargaining and Fighting: The Impact of Regime Type on War Onset, Duration, and Outcomes." *American Journal of Political Science*. Vol. 48, No. 2 (2004): pp. 296-313.

[⑧] Berinsky, Adam J. "Assuming the Costs of War: Events, Elites, and American Public Support for Military Conflict." *Journal of Politics*. Vol. 69, No. 4 (2007): pp. 975-997.

"主要政策目标"。詹特尔森指出，执行传统军事任务的冲突（如武力对付与美方或美方联盟为敌的敌方），即使代价惨重，公众也会予以支持。但对于更为具有攻击性或不太传统的军事行动（如废黜他国领袖或人道主义干涉等），只有在没有代价或代价不大的情况下，公众才会支持。[①]拉森对詹特尔森的主要观点表示赞成，认为公众对伤亡情况的反应是要看具体情况的。但是，与理查德·A. 布罗迪（Richarc A. Brody）对舆论短期"团结"现象的"精英争论"的解释相类似，[②]拉森主张公众对某外交决策支持与否要依精英在该问题上的意见分歧情况而定。如果精英一致支持该政策，那么即使代价惨重，公众也会支持这一政策；若精英意见不一，那么哪怕是少数伤亡也可能引起公众的喧嚷反对。[③]

史蒂夫·库尔（Steven Kull）和克莱·拉姆齐（Clay Ramsey）提出，如果公众发现其他国家也支持某一政策时，即使伤亡惨重，公众也会支持该政策。[④]彼得·D. 费福尔（Peter D. Feaver）和克里斯托弗·盖尔皮（Christopher Gelpi）则断言，公众对伤亡人数的承受能力取决于预期中的成功可能性。[⑤]其他无论从伊拉克战争的个案研究[⑥]，还是从更宽泛角度的研究也都证实了这一结论。[⑦]

有学者指出，上述研究将所有或者至少是大部分公众舆论看作意见一致

---

① Jentleson, Bruce W. "The Pretty Prudent Public—Post Post-Vietnam American Opinion on the Use of Military Force." *International Studies Quarterly.* Vol. 36, No. 1 (1992): pp. 49-74; Jentleson, Bruce W. and Rebecca L. Britton. "Still Pretty Prudent: Post-Coldwar American Public Opinion on the Use of Military Force." *Journal of Conflict Resolution* Vol. 42, No. 4 (1998): pp. 395-417.

② Brody, Richard A. *Assessing the President: The Media, Elite Opinion, and Public Support.* Stanford, CA: Stanford Univ. Press, 1991.

③ Larson, Eric V. "Putting Theory to Work: Diagnosing Public Opinion on the US Intervention in Bosnia." In Miroslav Nincic and Joseph Lepgold eds. *Being Useful: Policy Relevance and International Relations Theory.* Ann Arbor: Univ. Mich. Press, 2000, pp. 174-233.

④ Kull, Steven and Clay Ramsey. "The Myth of the Reactive Public." In Philip Everts and Peirangelo Isernia, eds. *Public Opinion and the International Use of Force*, London: Routledge, 2001, pp. 205-228.

⑤ Feaver, Peter D. and Christopher Gelpi. *Choosing Your Battles: American Civil-Military Relations and the Use of Force.* Princeton, NJ: Princeton Univ. Press, 2004.

⑥ Gelpi, Christopher, Peter D. Feaver and Jason Reifler. "Success Matters—Casualty Sensitivity and the War in Iraq." *International Security.* Vol. 30, No. 3 (2005): pp. 7-46.

⑦ Eichenberg, Richard C. "Victory Has Many Friends: U.S. Public Opinion and the Use of Military Force." *International Security.* Vol. 30, No. 1 (2005): pp. 140-177.

的一个大众整体。[①]当我们意识到公众舆论并非一个声音时，就会与上述论断有重大分歧。例如，斯科特·加特纳（Scott Gartner）和加里·M. 塞古拉（Gary M. Segura）在其对越南战争中的伤亡人数与公众舆论关系的考察中就介入了对种族因素的探讨。他们发现，公众对自己家乡伤亡人数的反应不同程度地影响其对战争的态度。但是，尽管美国黑人比白人对战争的支持率下降得快，但是该文作者却没有发现伤亡名单中族裔比率影响公众态度的明显证据。[②]

近些年来对公众舆论"框架效应"的研究，进一步探讨了公众舆论的差异性。詹姆斯·N. 德鲁克曼（James N. Druckman）在研究中指出，政治上较成熟的公众与政治上较天真的公众相比，对精英蓄意编造的信息更有判断力。[③]另外又有学者考察了公众舆论的差异性是否随时间的变化而不同的问题。例如加里·C. 雅格布森（Gary C. Jacobson）森就探讨了小布什政府期间公众舆论的碎化问题[④]，认为布什在选民中制造了史无前例的两极分化，在伊拉克问题上尤为如此。总之，上述研究普遍认为，不同教育、文化、种族背景的公众获取外交决策相关信息的程度也有不同，因而对主要通过新闻媒体传播信息的判断力也有所不同。虽然大多数研究将公众作为一个整体来研究，但上述研究成果却充分表明，这种研究模式只是为了澄清概念而进行的刻意简化的研究方法，而不能代表社会现实。

民众对于伤亡情况的反应说明，当精英意见一致、多国支持和属于传统军事行动等各种信息都证实某政策的可行性时，民众对于伤亡情况的承受能力就较强。由此也可推断出，当公众对某外交决策或军事行动不甚熟悉，需要进一步获取大量相关信息的情况下，公众的支持则极为脆弱。在这种情况下，在公众会对家乡士兵伤亡情况极为敏感的同时，精英意见不合的蛛丝马

---

① Berinsky, Adam J. "Assuming the Costs of War: Events, Elites, and American Public Support for Military Conflict." *Journal of Politics*. Vol. 69, No. 4 (2007): pp. 975-997; Baum, Matthew A and Groeling, Tim. "Crossing the Water's Edge: Elite Rhetoric, Media Coverage and the Rally-round-the-flag Phenomenon." *Journal of Politics*. Vol.70, No.4, 2008: pp.1065-1085.

② Gartner, Scott and Gary M. Segura. "Race, Casualties, and Opinion in the Vietnam War." *Journal of Politics*. Vol. 62, No. 1 (1998): pp. 115-146；Scott Gartner and Gary M. Segura. "War, Casualties and Public Opinion." *Journal of Conflict Resolution*. Vol. 42, No.3 (2000): pp. 278-300.

③ Druckman, James N. "The Implications of Framing Effects for Citizen Competence." *Political Behaviour*. Vol. 23, No. 3 (2001): pp. 225-256.

④ Jacobson, Gary C. *A Divider, Not a Uniter: George W. Bush and the American People*. New York: Longman, 2006.

迹都会使公众快速作出反对该政策的反应。

美国前任国防部长施莱辛格曾对公众在外交问题上的出尔反尔表示费解："公众情绪是出了名的变幻无常。一旦代价增长，就会迅速从热情万丈变成尖锐批评。解救被困少数群体或饥民的政策至少在起初会得到公众的支持。这不由令人想起越南战争和朝鲜战争初期民众对政府决策的大力支持。但是，一旦一次行动失败，特别是当伤亡代价与所得不成比例，民众的支持便会迅速消退。"[①] "团结"现象和伤亡反应现象的研究正是对公众舆论变幻不定现象的诠释。

同时，"团结"现象和伤亡反应现象的研究还反映出一个问题，即影响外交决策的不同因素或人群在收集信息的方式上有所不同，其收集信息速度上的差别则更大。如前所述，公众在信息上的劣势使他们对精英提供信息的可信度产生怀疑。但是，一旦这种信息不对称现象消失，如在时间拖延较长的危机中的情况，公众对精英所偏向的解释框架的忍耐就开始瓦解，进而在外交决策中争得独占一面的话语权。

综合上述学界对公众舆论在外交决策中所起作用的研究可以看出，在危机爆发初期，即公众没有太多相关信息的情况下，其对外交决策的影响极小；但在持续时间较长的危机中，随着公众与决策精英之间信息差距的逐渐缩小，公众对外交决策的影响力也便逐渐增大。真正确定公众舆论如何影响外交决策是非常困难的，但可以肯定的是，美国外交决策者虽然比美国公众更具有国际视野，但其外交决策却要时时顾及公众的容忍度，其决策因而会受禁锢和约束。决策者认为在国际问题上，特别是涉及国际合作或向国外派驻美军部队的政策上，公众是很难被说服的。而没有公众的支持，任何行动都会陷入险境。[②]因此，公众舆论与外交决策的制定没有直接的联系，但是，外交决策者的公众舆论意识无论现在还是将来都会限制其外交决策行为。

---

[①] Schlesinger, James. "Quest for a Post-Cold War Foreign Policy." *Foreign Affairs*. Vol. 72, No. 1 (1992-1993): p.19.

[②] Holsti, Ole R. *Public Opinion and American Foreign Policy,* Ann Arbor University of Michigan Press, 1996, p. 110.

# 三、新闻媒体国际报道与公众舆论

大部分美国公众对外交事务缺乏兴趣，对外交事务也不甚了解，因此一般情况下在外交政策问题上依赖总统和相关决策人的引导。正常情况下，尽管无法完全避免来自公众个人和利益集团的压力，但还是由政府根据问题轻重缓急来具体设定基本的外交政策议程，并利用新闻媒体将外交政策议程一步步传达给公众。但是，在政府内部发生重大意见分歧的非常情况下，比如一战后关于是否加入国联问题，或者越战问题，公众就会竞相加入外交政策的大辩论中来。而这也正是媒体得以突显其影响的时期。

## （一）公众对外交政策和国际新闻的关注程度

从理论上讲，在西方国家，政府和新闻媒体应该大力提倡公众舆论参加讨论。而政府领导人也能够顺畅地了解民意，因而在决策过程中能够在体察民意的基础上勾画顺应大众意愿的蓝图。而现实是，政府与公众之间上情下达和下情上达两个方向的信息沟通渠道都存在重大障碍。而且问题是，就算不存在信息沟通渠道的障碍，官民间本身就存在缺乏沟通了解、党派等意识形态影响等问题。

对于大部分普通公众来说，一般日常最关心的问题是个人生活和事业，其次是亲友和社区，再次是当地、所在州乃至国内问题，而对外交事务的关注排在最后。只有在外交政策问题牵扯个人利益时，例如 20 世纪 30 年代末法西斯势力侵蚀全球，又如 20 世纪 60 年代末美国陷入越战泥潭，如不予以制止势必殃及家人和亲友时，公众对外交政策问题尤为关心。但是，即使在二战进行得如火如荼之时，有学者发现，公众对国内事务的关注度是对外交事务关注度的两倍。[1]缺乏兴趣就导致信息的缺乏。1942 年，当受美国援助的中国军队与日军鏖战五年之后，也是英国在印度殖民统治出现深度危机之时，美国进行的一项抽样调查却显示，60% 的美国人对中国或印度在地球什么位置还一无所知。[2]

在多数外交政策问题上形成有见地的观点单凭平均每天两分钟阅读和收

---

① *Opinion News*, Vol. 3, No. 10 (Novermber 7, 1944), p. 6.

② Cantril, Hadley and Mildred Strunk, *Public Opinion, 1935-1946*. Princeton: Princeton University Press, 1951, p. 265.

听收看国际新闻是远远不够的。但这却是美国人均了解国际事务投入的时间。[①]有学者对 20 世纪 50 年代美国成年人跟踪新闻时事的研究结果表明，不到 1% 的美国人 "坚持或经常跟踪国际时事，阅读诸如《纽约时报》周日版、《基督教科学箴言报》、《哈珀斯》（*Harper's*）、《大西洋月刊》（*The Atlantic*）、《新共和》、《当代历史》（*Current History*）、《外交季刊》、《头条新闻栏目》（由外交政策协会定期出版）等分析较透彻、观点较深刻的半娱乐性报刊"[②]。

除了缺乏对国际时事应有的了解，公众还任由自己的个人偏见影响其在外交政策问题上的观点。家庭背景、朋友特别是老师的观点、在大众读物或小说上读到的对某一国家或地区的偏激言辞、因其在国内问题上观点客观独到而倍加青睐的节目主持人或名人在国际问题上偏颇的观点等等，都会使公众个人在外交问题上形成偏见。这种将外交政策问题与因各种因素形成的偏见融合交织，任由偏颇的主观臆断评判客观问题的现象在心理学上被描述为扭曲来源信息以贴合先入为主的意象，这也正是李普曼一针见血指出的人类共性："多数情况下，我们并不是先观察再判断，而是判断在先，观察在后。"[③]

美国公众对外交事务的了解绝大部分来自新闻媒体或来自比自己更关注新闻报道的亲友，所以了解公众对新闻媒体不同程度的关注，也是理解舆论与外交政策关系的关键。那么到底谁对此类消息感兴趣？他们又是怎样获取消息的呢？

**1. 外交事务问题上公众的不同类型**

20 世纪 40 年代末正值冷战初期，苏联在国际上的每一个举动都会令美国公众侧目。美国历史学家拉尔夫·利弗林（Ralph Levering）根据当时美国公众在外交政策问题上的关注程度、信息来源和参与程度，将公众分为如

---

[①] Cohen, Bernard C. *The Press and Foreign Policy*. Princeton, NJ: Princeton University Press, 1963, p.251.

[②] Hero, Alfred O. and Jr. *The Southerner and World Affairs*. Baton Rouge: Louisiana State University Press, 1965, p.45.

[③] Smith, Brewster M., Jerome S. Bruner, and Robert W. White. *Opinions and Personality*. New York: Wiley, 1956. p. 64; Deutsch, Karl W. and Richard L. Merritt. "Effect of Events on National and International Images." In Herbert C. Kelman, ed., *International Behavior*. New York: Holt, Rinehart, and Winston, 1965, p. 146; Lippmann, Walter. *Public Opinion*. New York: Macmillan Publishing, 1922, pp. 54-55.

下五组人群：①

第一组是各大报刊的编辑，主要负责报刊国际事务的报道。他们一般都具有名牌大学国际关系专业的硕士文凭，有时间广泛阅读诸如《外交季刊》等国际问题研究方面的书报杂志，经常参加诸如波士顿世界问题研究委员会等专业组织的各种会议和活动。对于苏联在捷克煽动叛乱，这群人很气愤，但对此并不惊奇。他们不相信斯大林会对西欧或美国发动侵略行动。

第二组也是大学生。这群人工作极为努力，也同样努力跟踪国际事务的最新进展。他们在二战期间参与地方各种组织，支持美国加入联合国，但现在对联合国面对核武器这样的重大问题无所作为相当失望。他们是一个新兴但迅速发展的世界性组织"世界联邦党人联合会"的活跃分子，该组织的最终目的是建立一个有效的世界性政府。

第三组的人群在二战应征入伍前上过大学。他们在 20 世纪 30 年代末40 年代初美国关于孤立主义还是国际主义的大辩论中对外交政策问题产生了兴趣，而且一直尽量关注外交政策的动向。但二战结束以来，这些人在百货公司低级管理人员的工作消耗了他们大部分的时间和精力。他们没有参加任何国际事务相关组织，但他们还坚持阅读主流报刊（如《纽约时报》《时代周刊》等）上相对广泛的国际问题报道。他们相信，苏联威胁着他们为之奋斗的目标—和平，杜鲁门总统应该对苏联更强硬一些。

第四组人群一般在高中毕业后结婚生子，二战期间是普通职员，而二战结束后其工作也随着大批复员军人的回归而丢掉了。这些人有的属于波兰裔美国人，即使在战争期间美苏高度合作时期对苏联也保持着高度的戒备心理。他们从不关注一般性的外交政策问题，只关注与波兰相关的言论和政策。

第五组人受过四年小学教育，在同一个农场帮工，一干就是 30 年。他们很少阅读报纸，对美国乃至本州政治从来没有兴趣，对外交政策问题就更没有任何兴趣。他们周围交往的人对了解或谈论国际问题没有任何兴趣。

第一、二、三组的人群就是阿尔蒙德所说的"关注型公众"，这部分人大约在美国公众中占 10%—20%。他们对国际事务充满兴趣，极为关注，因此对美国外交政策问题及其相关讯息了然于胸。在这些密切关注国内外新闻

① Levering, Ralph B. *The Public and American Foreign Policy, 1918-1978.* New York: Morrow,1978, pp. 19-21.

和时事的人群当中，真正能够参与游说、写申诉信及其他致力于影响外交决策活动的人少之又少。除非某一族群或某种经济利益或和平受到威胁，战争迫在眉睫，一般情况下，85%的公众都将外交决策的大权全权交由总统、国会和其他行政机构，直至下一届总统大选来临时再将外交政策问题放到竞选的时候来讨论。①但此类公众的观点只有在通过利益集团表达出来才会对外交政策有影响，因为利益集团的影响力比无形的公众大得多。

更进一步观察会发现，在这三组人中，第一组人群属于公众中为数极少的群体，他们是精英，是公众中真正对外交政策有研究、有兴趣、可影响舆论的少数人。他们能够直接利用媒体宣传，适时适度地对外交政策施加影响。第二组人群大约占 5%，他们属于那些旨在影响外交决策的无党派组织。第三组人虽然熟悉外交政策问题，但可能在政见上不如第四组人群偏激。

第四、第五组人群则属于普通大众，也就是占绝大多数的对外交政策没有兴趣的民众，除非事情非常重要，否则很少或从不关心外交事务。他们在外交问题上或者一无所知，或者知之甚少，因此对外交决策没有影响。

上述分析一方面改变了过去过于笼统地对公众舆论进行分析的局面，明确了如下事实：在非危机情况下，美国公众舆论由三部分组成：其中 3/4 是普通群众，除非事情非常重要，其中这类群体对外交事务知之甚少；第二部分是热心的公众，占 15%—20%，对外交政策保持浓厚的兴趣；第三部分是舆论制造者，也是最小一部分，他们传播信息，对外交事务作出评判，并在其他两部分公众中寻求支持者。②

另一方面，也印证了社会心理学家们反复强调的论点：和在其他问题上一样，公众舆论在外交问题上的观点根源于公众的个性和价值观。社会学家和政治学家指出，公众的观点常常受社会环境以及所属团体或组织所持观点的影响。

### 2. 公众关注国际事务和国际新闻的影响因素

美国公众舆论对外交政策的态度主要取决于教育程度（时间长短、学校水平等）、文化价值观（使用新闻媒体的模式）、党派和所属族裔的影响，而

---

① Levering, Ralph B. *The Public and American Foreign Policy, 1918-1978.* New York: Morrow, 1978, p. 29.

② Burns, James MacGregor, Jack Walter Peltason and Thomas E. Cronin. *Government by the People.* 13th Alternative Edition. Englewood Cliffs, NJ: Printice Hall, 1989, p. 451.

受宗教、地域、社会经济地位等因素的影响不甚显著。①

　　公众受教育程度直接影响其对国际事务的关注程度。由于大部分外交政策问题都相当复杂，需要对相关国家有一定背景知识的储备才能够理解，因此，不难想见，大学生，特别是受过广泛人文学科训练的大学生一直是对外交政策保持高度兴趣、积极了解相关讯息、也愿意采取相应行动的人群。20世纪 40 年代末的民意测验显示，只有 3% 的大学毕业生对马歇尔计划一无所知，而仅受过文法学校训练或受教育程度更低的人群中，有 29% 的人不了解马歇尔计划。如果在外交政策问题的态度上只能知道公众一方面的信息的话，最有用的信息就是其受教育程度。②

　　同时需要指出，虽然受教育程度与对外交事务了解情况直接相关，但是，受过高等教育却不一定意味着会与政府外交决策唱对台戏。相反，支持美国战后对外政策诸如马歇尔计划、北约等政策的人群中，受过高等教育的人群占绝大多数。具有大学文凭的人也是支持朝鲜战争和越南战争的主要人群。约翰·穆勒的研究也发现，受过良好教育的人更具有认同国家、认同国家领导人以及认同国家使命的倾向，理解和同情国家及其决策者必须处理与众多国家外交关系的艰难，更愿意响应决策者在外交政策方面的倡议。③

　　此外，在世界格局发生重大变化时，受教育程度高的人群适应局势变化的能力更强，调整自己观点的速度更快、更彻底。1942 年和 1943 年，受教育程度更高的人群对苏联的态度比一般人要友好。但是，当 1945 年和 1946年美苏关系出现问题时，这些受教育程度高的人对此问题认识得更清楚，对苏联态度转变得也更快。而到了 20 世纪 70 年代初，当美国对华政策明显趋于缓和时，52% 受过高等教育的民众认为，应该接受中国加入联合国；而只有 32% 受过中等教育的人群和 26% 受过初等教育的人群愿意接受中国加入联合国。④

　　但是，影响公众国际事务态度及其媒体利用模式的主要因素却并不是教育程度，而是民众个人对不同信息反映的不同价值观念的影响。如果人们认

---

　　① Levering, Ralph B. *The Public and American Foreign Policy, 1918-1978.* New York: Morrow,1978, p. 28.

　　② Hero, Alfred O., Jr. *Americans and World Affairs.* Boston: World Peace Foundation, 1959, pp. 21-32; Kreisberg, Martin. "Dark Areas of Ignorance," In Lester Markel, ed. *Public Opinion and Foreign Policy.* New York: Harper and Bros., 1949, p. 56.

　　③ Mueller, John E. *War, Presidents and Public Opinion.* New York: Wiley, 1973, pp. 122-125.

　　④ *Gallup Opinion Index*, no. 57, March 1970, p. 15.

为他们能够在自己的社区之外有影响，如果他们的视野并不仅仅局限于自己的社区而且具有更广博的世界视野，如果他们的交际圈或所属的社团组织积极参与讨论外交政策问题，那么他们就更有可能努力了解外交政策方面的新闻，而那些缺乏个人和社会激励来源的人群就不会有此种积极性。这也许就是为什么大都市和大学一直高度关注国际事务和外交政策的原因所在。[①]

影响公众对外交政策态度的第三大因素是党派。对于大部分美国人来说，其党派多源自父母的影响。民主党和共和党在外交政策问题上一般分歧不大，但有时也会出现水火不容的局面。例如在珍珠港事件前罗斯福政府采取的国际干涉主义政策上，又如朝鲜战争期间在杜鲁门总统的外交政策上，都曾发生尖锐的党派大辩论。1951 年当民意测验问及"对美国与其他国家交往方式满意不满意"时，48% 的民主党表示满意，而只有 24% 的共和党人表示满意。当被问及在美国对朝战争问题上是支持杜鲁门总统还是麦克阿瑟将军时，民主党中有 47% 的人支持杜鲁门，42% 支持麦克阿瑟，但共和党中只有 7% 的人支持杜鲁门，却有 82% 的人支持麦克阿瑟。越战期间，民主党比共和党更倾向于支持约翰逊政府的对越政策，而到尼克松政府时期，情况正好相反，共和党更支持战争。[②]

"关注型公众"关注局势，更了解国内外局势，因而往往不会像普通公众那样对政府外交政策不满。同样的，这些"关注型公众"没有普通民众在外交政策的党派倾向上表现得明显。例如，朝鲜战争期间，关注局势的民主党人一般会坚决支持杜鲁门政府的政策，特别在杜鲁门与麦克阿瑟将军的朝鲜作战计划之争中坚决支持杜鲁门。而关注时事的共和党人则对杜鲁门的外交政策及其与麦克阿瑟之争中的立场提出了尖锐的批评。对时局缺乏了解或不了解的共和党人和民主党人在这些问题上的分歧就没有如此明显。实际上，这些"普通公众"的共和党人和民主党人之间的意见分歧较之与其本党内的关注型人士之间的意见分歧要小得多。究其原因，在党派间发生意见分歧的时候，关注时事的这些人士更了解党派之间究竟出现了什么样的分歧，因此他们会认同诸如国务卿迪安·艾奇逊（Dean Acheso）和参议员罗伯

① Merton, Robert K. *Social Theory and Social Structure*, 3rd ed. New York: Free Press, 1968, pp. 451-452; Hero, *Americans and World Affairs*, pp. 107-109.

② Belknap, George and Angus Campbell. "Political Party Identification and Attitudes Toward Foreign Policy," *Public Opinion Quarterly*, Vol.15 (Winter, 1951-1952), pp. 605-608; Mueller, John E. *War, Presidents and Public Opinion*. New York: Wiley, 1973, pp. 270-271.

特·A. 塔夫脱（Robert A. Taft）这样能够明辨两党分歧的人物。①

公众在对外政策态度上第四个决定因素是族裔。作为移民国家，虽然目前移民数量较之 20 世纪初大大减少，但美国许多少数族裔都保持了强大的族裔意识。移民往往与母国保持紧密联系，由于这些联系，也由于母国想利用移民筹资，影响美国对本国政策，因此移民们常争取迫使美国作出对母国有利的外交决策。一战以来对美国外交政策产生过强大影响的族群有：19 世纪移民潮产生的爱尔兰裔、德裔美国人，20 世纪初的犹太裔、意大利裔、波兰裔、希腊裔美国人。②

族裔群体往往在如下情况下能够在外交政策上产生影响：一是族群内部形成凝聚力，团结一致；二是组织游说机构，向政府官员和媒体表明自己的观点和立场；三是决策者相关政策遇到对该族群有利的阻力。比如，20 世纪四五十年代，在美国国内没有形成对苏联友好的态度之前，来自东欧的美国人就积极帮助酝酿并确定了美国政府的反苏政策。又如，精心组织下的犹太裔美国人利用广大公众对犹太问题漠不关心的局势，在建立以色列、获得杜鲁门政府支持方面连连得手。相反，两次世界大战中德裔美国人竭力维持美国中立的努力却在数量上占绝对优势的英裔、苏格兰裔、爱尔兰裔美国人的强大反对势力中败下阵来。③

宗教因素对公众外交政策态度的影响，较之对国内政策（如堕胎合法化问题）上的影响显得微乎其微。对天主教教徒来说，族裔因素可能在外交政策问题上的影响远远大于其天主教信仰的影响。而基督教新教因其派别繁多，本身就没有在外交政策问题上形成影响的潜质。虽然宗教信仰及所属教会对少数美国人在外交政策问题上的态度产生影响，但有研究却发现，没有证据表明宗教因素无法在外交政策态度上像前述四个因素那样对公众产生持续的影响。④

社会经济水平的差异在公众对外交政策态度上的影响也不甚显著。经济

---

① Belknap, George and Angus Campbell. "Political Party Identification and Attitudes Toward Foreign Policy," *Public Opinion Quarterly*. Vol. 15 (Winter, 1951-1952): pp.614-615; p. 621.

② Levering, Ralph B. *The Public and American Foreign Policy, 1918-1978*. New York: Morrow,1978, p. 25.

③ Levering, Ralph B. *The Public and American Foreign Policy, 1918-1978*. New York: Morrow,1978, p. 25.

④ 参见 Hero, Alfred O., Jr. *American Religious Groups View Foreign Policy, 1937-1969*. Durham: Duke University Press, 1973.

收入的高低往往与所受教育程度直接相关。虽然在外交政策上，美国社会上层、中产阶级和低收入阶层的反应不同，但分析民意测验的结果显示，这些不同更多地是出于教育背景、对新闻媒体的利用以及政治倾向等原因。虽然不同职业的人群会在关税等国际经济问题上态度不同，但信息获取水平、政治倾向和族裔等因素远远超过职业本身对其中外交政策问题的影响。[①]

根源于上述各种因素而产生的公众对于外交决策的态度，理论上会产生众多异议，要根据如此众多的意志形成能够服众的外交政策的确难于登天。但实际情况是，一般公众对绝大多数外交事务毫无兴趣，很少参与外交政策的制定，因而赋予执政府游刃有余的空间进行政策的酝酿和制定。

### （二）新闻媒体对舆论精英、舆论领袖的影响

在影响美国外交决策的诸多因素中，公众舆论特别是舆论领袖的作用不容忽视。1950 年阿尔蒙德指出，公众舆论的影响主要来自非政府部门的一群精英，这就是他所称的"关注型公众"，即关注时事、具有国际视野的公众。[②]哈贝马斯认为公众舆论的"影响是在公共领域形成并成为较量对象的。这种斗争不仅涉及已经获得政治影响的个人和组织（比如久经考验的官员、根基牢固的政党或者像绿色和平组织、国际大赦组织这样的著名组织），也包括那些在特定公共领域获得影响的人士和专家的声望（比方说教会人士的权威、文学家和艺术家的名声、科学家的威望、体育界和演艺界的明星的公众人缘等等）"[③]。科恩则认为公众舆论主要来自两部分人：决策者的"亲友"（intimates），以及"专家"，也就是舆论精英。[④]舆论精英是一群知识广博、善于言辞、集思广益、时刻关注舆论同时又影响着舆论的一群人。通过其与决策者各种形式的联系、通过某些发表精英言论的渠道（如报纸编者按，外交政策研究期刊杂志等），舆论精英对外交决策起着沟通或者代表民意的作用。[⑤]

---

① Almond, Gabrial A. *The American People and Foreign Policy*. New York: Harcourt Brace and Jonanovick, 1950, pp. 122-127; Levering, Ralph B. *The Public and American Foreign Policy, 1918-1978*. New York: Morrow,1978, pp. 128-129.

② Almond, Gabrial A. *The American People and Foreign Policy*. New York: Harcourt Brace and Jonanovick, 1950, p. 138.

③（德）哈贝马斯著，童世骏译：《在事实与规范之间：关于法律和民主法治国的商谈理论》，北京：生活・读书・新知三联书店，2003 年版，第 450 页。

④ Cohen, Bernard C. *The Public's Impact on Foreign Policy*. Boston: Little, Brown, 1973.

⑤ Powlick, Philip J. "The Sources of Public Opinion for American Foreign Policy Officers", *International Studies Quarterly*. Vol. 39, No. 4 (Dec. 1995): p. 428.

根据美国皮尤民众与新闻研究中心的调查，舆论领袖一般可指如下人群：新闻媒体高层，外交事务专家，国家安全专家，州长、市长为代表的州及地方政府，学者（学术智囊团），宗教领袖，科学家（科学工程技术人员），参与或参与过外交事务委员会的军事专家和公众舆论等。

智囊团、专家学者及其他具有文化、政治或经济资本的人员或集团是最具有思维自主性的人群。一旦有事件发生，他们不受个人政治利益或政治策略等因素的限制，可以随时向自己熟知或可接触的人群传播信息，是可能直接影响外交政策的决策精英。他们虽然不在行政部门任职，但有时一样会对决策有影响。不过，值得注意的是，有研究显示，这些最具思维自主性的人群在新闻报道中却是最不具有影响力的人群。[①]

就公众舆论的具体主张如何通过舆论精英进入决策者议事日程或考虑范畴的基本范式，哈贝马斯认为："公共领域的信息传播结构与个人生活领域之间的联系方式使得公民-社会边缘人群相对政治中心具有更敏感的感受和辨认新问题新形势的优势。过去几十年的重大问题为此提供了证据。例如日益加剧的核军备竞赛，又如和平利用原子能或像基因工程这样大规模技术项目和科学实验所包含的风险；过度开发的自然环境中的生态危机（酸雨、水质污染、物种灭绝等等）；第三世界的急剧贫困化和世界经济秩序的种种问题，以及女性主义、日益增加的移民等问题，以及与此相关的多元文化主义带来的种种问题。这些问题几乎没有一个首先是由国家机构、大型组织或社会职能部门提出来的。相反，把这些问题挑出来讨论的是知识分子、关心这些问题的公民、激进的教授、自称的'倡导者'等等。由这个最边缘化的人群提出，上述问题冲破阻力进入报纸和关心这些问题的社团、俱乐部、职业组织、学术团体、大学，他们利用论坛、公民倡议活动和其他平台，加速社会运动和新的亚文化发展。后者又给这些提议造更大的声势，对其做如此效果强烈的展示，以至于引起大众传媒关注。只有通过传媒中的有争议的展示，这样一些问题才得以为大范围公众所知，并因而在'公共议程'中获得一席之地。有时候，还需要有场面壮观的行动、大规模的抗议、持续不断的公共活动，才能使这些问题通过边缘化候选人或激进党惊人的选举成果、通过'传统'政党纲领的延伸、重要的法院判决等等，而进入政治体系的核

---

① Mermin, Jonathan. *Debating War and Peace: Media Coverage of U.S. Intervention in the Post-Vietnam Era*. Princeton: Princeton University Press, 1999.

心，并在那里正式得到考虑。"[①]

保罗·F. 拉扎斯菲尔德（Paul F. Lazasfeld）和约瑟夫·T. 克莱珀（Joseph T. Klapper）都曾在其突破性研究中关注过究竟是媒体还是舆论领袖更重要的问题[②]，但并未能提出也未能回答如下问题：舆论领袖对公众有影响的政见之中有多少是来自其参考的新闻媒体，又有多少源自其知识储备、个人意见和人生观。

遗憾的是，到目前为止，还没有关于新闻媒体与其受众之间以及新闻受众与更多更广泛听众之间信息往来的具体分析。因此，围绕新闻媒体和舆论精英的最重要的问题还悬而未决：舆论领袖究竟是新闻媒体的过滤器呢？还是新闻媒体影响的放大器？更确切地说，在何种情况下舆论领袖会对新闻媒体提供的信息进行剔除或补充？有些研究已指出，舆论精英有选择地浏览新闻报道不一定就是不看、不处理[③]和拒绝传播不同的声音[④]。此外，即使有选择地浏览反映主流观点的新闻报道，也会对新闻受众热点问题的讨论有影响。因为浏览主流新闻本身就增加了人们参与公开讨论的可能性，因而也扩大了媒体对那些本不会主动了解不同观点的人群的影响力。[⑤]从以上研究可以得出如下结论：舆论领袖有两种作用。第一，当他们传播一方观点时，他们所起到是过滤器作用。第二，当舆论精英传播一方观点的同时也传播反方观点时，他们起到的实际上是媒体影响的放大器作用。

### （三）利益集团在外交决策中的作用及媒体对其影响

美国外交决策是一个复杂的系统工程，在决策过程中，除依法享有外交权的决策者总统及其领导的行政部门和国会之外，利益集团和公众舆论等其他角色也都参与其中。总统及其政府决策机构虽然在宪法和法律上与国会分

---

① Habermas, Jürgen. *Between Facts and Norms: Contributions to a Discourse Theory of Law and Democracy.* Translated by William Rehg. MA: MIT Press, 1996, p.381.

② Lazarsfeld, Paul F., Bernard Berelson, and Hazel Gaudet. *The People's Choice: How the Voter Makes Up His Mind in a Presidential Campaign.* New York: Columbia University Press, 1944, Reprint, 1965; Klapper, Joseph T. *The Effects of Mass Communication.* New York: Free Press, 1960. Reprint, 1965.

③ Kepplinger, Hans Mathias and Gregor Daschmann. "Today's News—Tomorrow's Context: A Dynamic Model of News Processing." *Journal of Broadcasting & Electronic Media.* Vol.41 (1997): pp. 548-565.

④ Eveland, William P. Jr. and Tiffany Thomson. "Is It Talking, Thinking, or Both? A Lagged Dependant Variable Model of Discussion Effects on Political Knowledge." *Journal of Political Communication.* Vol.56 (2006): pp. 523-542.

⑤ 参见 Noelle-Neumann, Elisabeth. *The Spiral of Silence: Public Opinion—Our Social Skin.* 2nd Edition. Chicago: University of Chicago Press, 1993.

享外交权，但实际上拥有更优越的决策情报系统、庞大而集中的决策机器和多种多样的决策手段，是美国外交政策的首要决策者。国会除了通过立法直接制定某些外交政策外，更多的是通过运用财政拨款权、条约批准权、批准任命权和宣战权等，对总统及其行政部门的外交决策及其执行予以监督和约束，是外交政策的重要决策者。公众舆论既是外交决策的依据，又是对决策者的约束力，是决策者力图赢得支持的主要对象，因而是影响美国外交决策的重要因素。美国对外政策涉及的范围很广，越来越多的利益集团因其利益关联而竭力对外交决策过程施加影响，因此也是探讨美国外交决策影响因素中必不可少的部分。

利益集团，广义而言是指以集团利益为基础而组成的社会组织或团体，狭义而言是指那些积极设法对议会、政府机关及其成员施加影响，提出政治权利和要求以影响政府决策的利益集团，又称"政治性利益集团""院外集团"或"压力集团"。

利益集团有国外利益集团和国内利益集团两大类。国外利益集团指受美国对外政策影响的外国政府及其非政府性团体，他们常常采用与美国国内利益集团相似的手段和方式，影响美国对外政策的制定。国内利益集团按其关心的事务则可分为综合性团体和单一问题团体。国内综合性利益集团长期存在，成员一般限于一种职业，集团的利益不仅限于对外政策。这种团体有企业集团（美国商会、美国圆桌会议等）、行业协会（全国制造商协会等）、工会组织（劳联—产联）、农业集团（全国农场主联盟等）、种族集团（有色人种协进会等）、退伍军人组织（美国军团、海外战争退伍军人协会）等。单一问题利益集团仅仅为影响对外政策的某一问题而建立，一般在问题解决或决策作出后即消失，但有些却长期存在，例如美国-以色列公共事务委员会、华盛顿非洲事务处、美国希腊人大会等。按利益关系划分，国内利益集团又可分为经济性和非经济性两类。前者指那些因政府的对外政策而在经济上有所得失的集团，如企业集团、行业协会、工会组织和农业集团等。后者指出于非经济因素考虑（如种族关系、意识形态和环境保护等）而对政府对外政策施加影响的集团。这类集团既有综合性的也有单一问题的。外国利益团指受到美国对外政策影响的外国政府及其非政府团体，他们常常采用与美国国内利益集团相似的手段和方式，影响美国对外政策的制定。①

①唐晓：《美国外交决策机制概论》，《外交学院学报》1996 年第 1 期。

　　院外集团力图塑造人们对国际事件的看法。他们通常通过国会、各政府部门、媒体以及学术圈展开活动。作为媒体和外交政策最清晰可见的层面，利益集团的院外活动倾向性强、效果显著，引人注目。相关研究显示，外国政府经常雇佣公关公司绕过或增援传统外交渠道影响外交决策。[①] 贾罗尔·B. 曼海姆（Jarol B. Manheim）也指出，公众舆论的公关技巧不但会促使国内利益集团，而且也促使国外政府直接干涉并塑造新闻报道和舆论。[②]

　　二战以来，特别是苏联解体、冷战结束以来，随着美国作为世界强国地位的确立和巩固，代表外国利益的特殊利益集团变得极其重要了。1994年，741 个个人和公司按照"外国代理机构注册法"注册，定期为其政治主张在华盛顿司法部备案。[③] 据目前在弗吉尼亚大学任教的前任美国大使，代理国务卿大卫·纽瑟姆（David D. Newsom）的研究，在族裔利益集团中，"没有哪个集团比美籍犹太人集团在影响政策上更为成功。"院外援华集团、希腊院外集团、台湾院外集团等集团的邮件不但几乎淹没国会，而且还试图利用媒体，特别是利用电视和舆论杂志来宣传其主张。[④] 纽瑟姆提供了大量院外集团和压力集团如何通过媒体和国会制造极具煽动性舆论的例证。[⑤]

　　有学者称，"与以往相比，现在美国的外交政策受到更多利益集团的影响。"[⑥] 也有研究发现，在国内利益集团的压力下和国内政治新闻报道的影响下，美国外交决策议程的实质内容已与国内决策议程越来越类似，越来越受"目光短浅的院外集团和压力集团而不是深明大义的公民牵制……更糟糕的是，这些院外集团和压力集团并未代表某个群体的呼声，他们代表的仅仅是他们自己几个人的私利。曾经一方净土的美国外交决策领域，如今已经成为争夺私利的小贩的天下。"[⑦]

　　① 见 Bennett, W. Lance and David L. Paletz eds. *Taken by Storm: The Media, Public Opinion and US Foreign Policy in the Gulf War.* Chicago, IL: University of Chicago Press, 1994 第六章。

　　② Manheim, Jarol B. and Robert B. Albritton. "Changing National Images: International Public Relations and Media Agenda Setting." American Political Science Review. Vol.78, No.3 (1984): pp. 641-654.

　　③ Malek, Abbas ed. *News Media and Foreign Relations.* Norwood, NJ: Ablex, 1996, p.33.

　　④ Newsom, David D. "Foreign Policy Follies and Their Influence." *Cosmos: A Journal of Emerging Times.* Vol. 5 (1995): pp. 48-53.

　　⑤ Newsom, David D. *The Public Dimension of Foreign Policy.* Bloomington: Indiana University Press, 1996.

　　⑥ Peele, Gillian, Christopher J. Bailey, and Bruce T. Cain eds. *Developments in American Politics.* London: Macmillan, 1992, p. 267.

　　⑦ John B. Judis. "Twilight of the Gods." *Wilson Quarterly.* Autumn 1991: p. 55.

实际上，确定利益集团对外交决策是否有影响、有多大影响是比较困难的。这是因为：第一，利益集团常常与公众和大众传媒混合在一起对外交决策施加影响；第二，立场对立的利益集团之间会互相抵消各自的力量；第三，很多利益集团影响决策是不公开的，传媒也未能予以报导。

利益集团和公众舆论一样对决策的影响是间接的。正如哈贝马斯所言："社会运动、公民倡议和公民论坛、政治联盟和其他社团——一句话，市民社会的各种组合——虽然具有对于问题的敏感性，但他们所发出的信号、所提供的推动，总的来说过于微弱，不足以马上在政治系统中启动学习过程或改变决策过程。"[1]

新闻媒体和公众舆论是利益集团影响外交决策的平台。哈贝马斯明确指出："那些大型的、组织良好的、在社会功能系统中根基很深的利益团体，它们通过公共领域对政治系统发生影响。但是，它们在受公开调节的谈判中或者在非公开的施加压力过程中所依赖的那种进行制裁的潜力，他们是不能在公共领域公开使用的。"[2]因此，利益集团与新闻媒体的关系也与一般公众不同。代表各种族裔、各行业、商贸服务业、宗教和教育等院外组织的利益集团作为外交政策领域中重要的沟通者，不仅受媒体影响，而且也更主要地利用媒体来宣传自己的主张。他们通过在广播电视上频频露面，反复申明其主张，通过充当向国会传递信息的渠道来在外交政策审议过程中产生相当大的影响。[3]在这种情况下，媒体不仅直接受利益集团和院外组织的影响，媒体报道还会体现出各利益集团认为重要和不重要的问题。在利益集团、公众舆论和新闻媒体共同参与的国内政治力量冲击下，过去曾按部就班进行的外交决策，因此增加了不稳定性。就业、爱国主义等国内问题也越来越多地影响到新闻媒体国际新闻报道的话题。这种变化会在贸易、环境、军控、国防等方面使外交决策更加复杂化。[4]因此，利益集团对外交决策发挥影响的主要渠道是媒体，而媒体对外交政策主要影响来源之一也是代表各种国家、政府甚至个人的，试图宣传其主张的利益集团和压力集团所进行的院外活

---

[1]（德）哈贝马斯著，童世骏译：《在事实与规范之间：关于法律和民主法治国的商谈理论》，北京：生活·读书·新知三联书店，2003 年版，第 461 页。

[2]（德）哈贝马斯著，童世骏译：《在事实与规范之间：关于法律和民主法治国的商谈理论》，北京：生活·读书·新知三联书店，2003 年版，第 451 页。

[3] Malek, Abbas ed. *News Media and Foreign Relations*. Norwood, NJ: Ablex, 1996, p.32.

[4] Bennett, W. Lance and David L. Paletz eds. *Taken by Storm: The Media, Public Opinion and US Foreign Policy in the Gulf War*. Chicago, IL: University of Chicago Press, 1994, p. 14.

动。但正如哈贝马斯所指出的："在政治体系或大型组织之外运作的集体行动者，通常很少有机会影响媒体报道的内容和态度。"①

需要注意的是，在探讨公众舆论对美国外交决策影响的过程中，人们经常会把利益集团的声音与公众舆论相混淆。托马斯·贝雷曾就此明确指出："将压力集团的意见与公众舆论混为一谈是个常见的误区。"②这首先是因为利益集团的主张与公众舆论有着本质区别：如前所述，公众舆论总体特征是只在重大冲突或危机发生的情况下才会关注外交政策，一般情况下对外交决策听之任之，漠不关心；而利益集团则目标一致且明确、一以贯之地试图对外交决策形成影响。

其次，利益集团高分贝表达诉求的本领远大于其他公众，精明的操盘手能轻松地给国会议员乃至执政府制造棘手的麻烦。20 世纪早期，利益集团最常用的手段是雇佣请愿团、假造信件、用电话簿中人名的名义发电报等。③此后利益集团影响美国外交决策的方式不断多样化，但总体来说主要有直接游说和间接游说两种。直接游说指利益集团直接向国会议员、政府官员陈述其立场和观点，努力同观点相近的议员及其助手、政府相关部门及其要员建立和保持密切联系，并向决策者提供有利于本集团的政策方案等活动。间接游说指利益集团通过向候选人提供捐款、志愿者和其他组织资源，以及号召本集团的选民把选票投给或不投给某些候选人等方式介入选举；通过发动选民给议员写信、打电话或拍电报，利用大众传媒刊登广告、发表谈话和演说、向新闻界发布消息和评论，向公职候选人捐助竞选经费以求得事后加报，向法院提出诉讼以利用最高法院的裁决影响政策等手段来影响政府决策。④如今，互联网、博客、推特等现代媒体和通信工具进一步增加了各种利益集团向国会议员施加压力和影响的能力。例如，在一个事件爆发后，各利益集团可以利用电子邮件，迅速地将自己的反应通知国会议员，以督促议员迅速作出表态。利益集团对决策日益专业化、系统化的影响方式也使其脱离公众而成为独具影响的舆论势力。

---

① Habermas, Jürgen. *Between Facts and Norms: Contributions to a Discourse Theory of Law and Democracy.* Translated by William Rehg. MA: MIT Press, 1996, p.377.

② Bailey, Thomas. *The Man in the Street: The Impact of American Public Opinion on Foreign Policy.* New York: The MacMillan Company, 1948, p. 291.

③ Bailey, Thomas. *The Man in the Street: The Impact of American Public Opinion on Foreign Policy.* New York: The MacMillan Company, 1948, p. 291.

④ 唐晓：《美国外交决策机制概论》，《外交学院学报》1996 年第 1 期。

最后，利益集团的外交政策主张存在隐患。某些利益集团如某些与母国有密切经济往来的族裔可能将本族裔集团或母国的利益放在美国国家利益之上。美国外交决策人员经常因此面临窘境：究竟是应该冒着失去某一族群选票的风险来维护国家利益？还是应该不顾美国国家利益受损的危险，向这些族裔集团的压力低头？从这一点上来讲，20世纪60年代早期少数族裔对外交政策的参与不能不说是导致美国与苏联对峙，与核战擦肩而过的危机的根源之一。例如，美国对古巴反卡斯特罗美籍难民的援助是导致美古关系紧张、最终导致古巴导弹危机的主要原因。[①]

### （四）新闻媒体在外交问题上对公众舆论的影响

美国新闻自由的根基是扎根于追求民主的传统理念。政府统治和决策的权力来自大众。政府是民有、民治、民享的实体。在共和国酝酿、形成过程中形成的百姓在理性的争辩过程中发现共同利益的理念深入人心，也深深扎根于美国文化。

在这一民有、民治、民享的民主理念中，新闻媒体扮演着重要角色，即在政府和民众之间起"中间人"的作用，是公众的眼睛和耳朵。美国国父们大都赞同麦迪逊的观点："一个民治政府如果没有广泛的信息，或者获得这种信息的办法，不过就是一场闹剧或悲剧或者二者兼而有之的序幕。有知识的人永远会统治无知的人。想要自己当家做主的百姓必须用知识赋予的力量把自己武装起来。"[②]类似对媒体重要性的描述也不绝于耳："如果美国人民不了解政府的所作所为，美国民主便无从谈起。"[③]理论上讲，媒体、公众与政府间的理想关系是媒体晓之公众以其应知的消息，人民大众决定要什么，媒体帮助将此信息反馈给决策者。[④]而现实中媒体对决策者和公众舆论的影响，实际上远远超过了单纯意义上沟通桥梁的作用。具体如下：

1. 新闻媒体是公众了解外交事务的重要渠道。美国民众对外交事务的了解绝大部分来自新闻媒体或关注新闻媒体报道的亲友。因此，了解民众对

---

① Kennan, George F. *The Cloud of Danger: Current Realities of American Foreign Policy*. Boston: Little, Brown, 1977, pp. 6-7.

② Madison, James. *Letters and Other Writings of James Madison, Fouth President of the United States*. Philadelphia: Lippincott & Co., 1865, vol. 3, 1816-1828, p. 276.

③ Bartley, Robert L. "The Press: Adversary, Surrogate Sovereign, or Both?" In George will, ed. *Press, Politics and Popular Government*. Washinton, American Enterprise Institute, 1972, p. 24.

④ Linsky, Martin. *Impact: How the Press Affects Federal Policy Making*. New York: W.W. Norton, 1986, p.8.

新闻报道关注的具体状况是理解公众舆论在外交决策中作用的关键。对于美国公众来说，新闻媒体是少数几个可以了解外国新闻和国际大事的渠道之一。通过向公众提供所不熟悉国家的相关信息，媒体影响公众对他国舆论的潜力极大。[①]但是，美国新闻媒体中的国外新闻报道量因危机和国际事件的不同而不同。[②]美联社和合众社国外新闻报道与美国中小型报纸国际报道比较研究显示，美国中小报纸报道仅部分选用从新闻通讯社收到的国际新闻。可资利用的国际新闻总是比报纸刊载的数量多很多。[③]而且，与地方政府、总统、联邦政府、行政部门、国会相比，美国公众也更信任新闻媒体。如下图 3-1 所示。

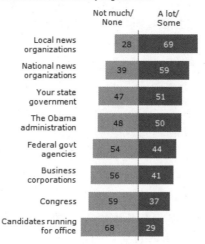

**Press More Trusted than Government, Business**

*Trust in the information you get from ...*

图 3-1　美国公众对消息来源信任程度调查结果示意图

资料来源：美国皮尤公众与媒体研究中心，2011 年 9 月 22 日报告。网址为：http://www.people-press.org/2011/09/22/press-widely-criticized-but-trusted-more-than-other-institutions/

---

① Iyengar, Shanto and Donald R. Kinder. *News That Matters: Television and American Opinion.* Chicago: The University of Chicago Press, 1987, p. 29.

② Graber, Doris A. *Mass Media and American Politics.* Washington, DC: CQ Press, 2002, p. 344.

③ Wilhoit, G. Cleveland and David Weaver. "Foreign News Coverage in Two Wire Services: An Update." *Journal of Communication.* Vol. 33, No. 2 (Spring 1983): pp. 132-148.

　　在 20 世纪初期，普通公众获取新闻的渠道几乎完全来自报纸。但是，报纸对外交政策问题报道的水平参差不齐。例如，阅读《纽约时报》和《纽约日报》同一天对国际新闻的报道就能发现很明显的差异。报纸所不同于广播、电视报道的长处，在于它能够更深入详细地解释外交政策。不过，在这方面，期刊杂志就更具有优势，可以就某一问题或新闻提供更深入的分析与解读。因此，"关注型公众"在阅读报纸之余，还阅读诸如《新共和》《大西洋月刊》和《文学文摘》（*Literary Digest*）等类的期刊杂志。

　　有研究发现，虽然收音机自 20 世纪 20 年代以来迅速普及，但 20 世纪 30 年代美国大多数城镇最主要的新闻媒体依旧是报纸。二战以来，普通民众了解新闻的渠道不断拓展，广播、电视等电子媒体，逐渐成为主流渠道。但是，即便如此，"关注型公众"更侧重于新闻类期刊杂志和报纸。如 20 世纪 40 年代中期，62% 受过初等教育的人群主要从收音机中了解新闻，而只有 39% 受高等教育的人士靠收听广播获取新闻。20 世纪 60 年代末的研究表明，40% 的大学毕业生和 50% 受过一些大学教育的人士靠新闻类期刊杂志了解新闻，而那些只受过初等教育或更低等教育的人群则靠收听收音机或收看电视获取新闻，只有 2% 受过初等教育的人群靠看期刊杂志了解新闻。[①]

　　不过，电视机普及以后，通过电视获取新闻是美国公众了解国内外局势的主要手段。根据皮尤研究中心的调查，2008 年美国公众获取新闻的主要渠道（由主及次）是：地方电视台新闻节目、有线新闻电视网、晚间新闻网、日报、互联网、电视新闻杂志、早间电视新闻、NPR、电台脱口秀、有线政论节目、周日政论电视、公共电视脱口秀、新闻杂志、深夜脱口秀、宗教电台、C-SPAN、电视搞笑栏目等（见表 3-2）。

　　美国主要电视媒体按照综合分类由主及次的顺序包括：地方电视台新闻、有线电视新闻、晚间电视新闻网、电视新闻杂志、早间电视新闻等；有线电视网依次包括：Fox 新闻台、CNN、MSNBC、CNBC 和 C-SPAN。晚间新闻主要包括：NBC 晚间新闻、ABC 今晚世界新闻、CBS 晚间新闻和新闻

① Lynd, Robert S. and Helen Merrell Lynd. *Middletown in Transition: A Study in Cultural Conflicts*. New York: Harcourt, Brace & Co, 1937, p. 386; Lazarsfeld, Paul F. and Harry Field, *The People Look at Radio*, Chapel Hill: University of North Carolina Press, 1946, p. 43; American Institute for Political Communication. *Media and Non-Media Effects on the Formation of Public Opinion*. Washington, D. C.: American Institute for Political Communication, 1969, p. 44.

一小时等。（详见表 3-3）

表 3-2　美国公众总统选举信息来源统计表

| Where the Public Learns About the Presidential Campaign | Campaign year | | |
|---|---|---|---|
| Regularly learn something from... | 2000 % | 2004 % | 2008 % |
| Local TV news | 48 | 42 | 40 |
| Cable news networks | 34 | 38 | 38 |
| Nightly network news | 45 | 35 | 32 |
| Daily newspaper | 40 | 31 | 31 |
| **Internet** | 9 | 13 | 24 |
| TV news magazines | 29 | 25 | 22 |
| Morning TV shows | 18 | 20 | 22 |
| National Public Radio | 12 | 14 | 18 |
| Talk radio | 15 | 17 | 16 |
| Cable political talk | 14 | 14 | 15 |
| Sunday political TV | 15 | 13 | 14 |
| Public TV shows | 12 | 11 | 12 |
| News magazines | 15 | 10 | 11 |
| Late-night talk shows | 9 | 9 | 9 |
| Religious radio | 7 | 5 | 9 |
| C-SPAN | 9 | 8 | 8 |
| Comedy TV shows | 6 | 8 | 8 |
| Lou Dobbs Tonight | -- | -- | 7 |

资料来源: "Internet's Broader Role in Campaign 2008", Survey Report of Pew Research Center for the People and the Press January 11, 2008 . Available at: http://people-press.org/report/384/。

表 3-3　美国公众新闻消费趋势一览表：电视新闻

| Trend in Regular News Consumption: Television Sources | May 1993 % | April 1996 % | April 1998 % | April 2000 % | April 2002 % | April 2004 % |
|---|---|---|---|---|---|---|
| *General categories* | | | | | | |
| Local TV news | 77 | 65 | 64 | 56 | 57 | 59 |
| Cable TV news | – | – | – | – | 33 | 38 |
| Nightly network news | 60 | 42 | 38 | 30 | 32 | 34 |
| Network TV magazines | 52 | 36 | 37 | 31 | 24 | 22 |
| Network morning news | – | – | 23 | 20 | 22 | 22 |
| *Cable Networks* | | | | | | |
| Fox News Channel | – | – | 17 | 17 | 22 | 25 |
| CNN | 35 | 26 | 23 | 21 | 25 | 22 |
| MSNBC | – | – | 8 | 11 | 15 | 11 |
| CNBC | – | – | 12 | 13 | 13 | 10 |
| C-SPAN | 11 | 6 | 4 | 4 | 5 | 5 |
| *Evening News Programs* | | | | | | |
| NBC Nightly News | – | – | – | – | 20 | 17 |
| ABC World News Tonight | – | – | – | – | 18 | 16 |
| CBS Evening News | – | – | – | – | 18 | 16 |
| NewsHour | 10 | 4 | 4 | 5 | 5 | 5 |

资料来源：PEW Research Center, "News Audiences Increasingly Politicized", June 8, 2004, p.5. Available at: http://people-press.org/reports/pdf/215.pdf。

　　在纸质媒体中,《华尔街日报》在读者中可信度最高, 其后报纸分别为: 当地日报、《时代周刊》、《美国新闻报》、《纽约时报》、《新闻周刊》、美联社新闻、《今日美国》、《人物杂志》(People) 和《国家问询报》(National Enquirer), 详见表 3-4。

　　公众对广播电视媒体的信任度高于政府机构和官员, 其中, CNN 在公众当中的信任度最高, 30% 的调查对象认为其大部分内容可信。其后媒体按照可信度由高到低的顺序分别为:《新闻 60 分》、地方电视新闻、NPR、C-SPAN、NBC、ABC、MSNBC、FOX 新闻台、《新闻一小时》、CBS 新闻和 BBC (见表 3-5)。

　　近年来, 互联网的普及使其逐渐代替报纸, 成为美国年轻一代获取新闻的主要渠道。民调结果显示, 因特网已凌驾报纸, 成为美国人获取国内和国际新闻的主要来源。但调查也显示, 电视依然是美国人偏爱的媒体。皮尤研究中心访问了 1489 位民众, 结果有 70% 表示, 他们取得国内和国际新闻的主要管道是电视。40% 受访者表示, 他们从因特网取得绝大部分新闻信息, 较 2007 年 9 月调查时的 24% 显著增加, 超过表示主要新闻来源是报纸的 35% 受访者。皮尤研究中心表示, 30 岁以下年轻人仅 59% 偏爱电视, 较 2007 年 9 月调查时的 68% 减少 (详见表 3-6)。

### 表 3-4　美国纸质媒体公众信任度一览表

**Print Media Believability**

| | Believe all or most 4 | 3 | 2 | Believe almost nothing 1 | N | Can't Rate |
|---|---|---|---|---|---|---|
| | % | % | % | % | | % |
| Wall Street Journal | 25 | 43 | 22 | 10=100 | 799 | 21 |
| Your daily newspaper | 22 | 43 | 26 | 9=100 | 909 | 9 |
| Time | 21 | 44 | 24 | 11=100 | 828 | 18 |
| U.S. News | 20 | 46 | 24 | 10=100 | 800 | 20 |
| New York Times | 18 | 40 | 25 | 17=100 | 821 | 21 |
| Newsweek | 16 | 45 | 29 | 10=100 | 809 | 19 |
| Associated Press | 16 | 43 | 31 | 10=100 | 863 | 14 |
| USA Today | 16 | 42 | 32 | 10=100 | 797 | 18 |
| People | 8 | 20 | 39 | 33=100 | 792 | 18 |
| National Enquirer | 5 | 9 | 13 | 73=100 | 855 | 16 |

Asked May 21-25, 2008. Respondents (N=1,505) each were asked about 15 randomly selected news organizations. Results based on those who could rate.

资料来源: Project for Excellence in Journalism: "Public Attitudes", *The State of the News Media: An Annual Report on American Journalism, 2009*. Available at: http://www.stateofthenewsmedia.com/2009/narrative_overview_publicattitudes.php? cat=3&media=1#6internet.

表 3-5　美国广播电视公众信任度一览表

**Broadcast & Cable Believability**

| | Believe all or most | | | Believe almost nothing | | | |
|---|---|---|---|---|---|---|---|
| | 4 % | 3 % | 2 % | 1 % | N | Can't rate % |
| CNN | 30 | 40 | 20 | 10=100 | 928 | 9 |
| 60 Minutes | 29 | 40 | 23 | 8=100 | 947 | 9 |
| Local TV news | 28 | 42 | 22 | 8=100 | 965 | 4 |
| NPR | 27 | 33 | 26 | 14=100 | 713 | 31 |
| | | | | | | |
| C-SPAN | 26 | 42 | 22 | 10=100 | 732 | 29 |
| NBC News | 24 | 42 | 22 | 12=100 | 956 | 6 |
| ABC News | 24 | 40 | 27 | 9=100 | 966 | 7 |
| MSNBC | 24 | 39 | 25 | 12=100 | 859 | 13 |
| | | | | | | |
| Fox News channel | 23 | 36 | 24 | 17=100 | 889 | 11 |
| NewsHour | 23 | 34 | 30 | 13=100 | 669 | 37 |
| CBS News | 22 | 39 | 28 | 11=100 | 925 | 8 |
| BBC | 21 | 38 | 24 | 17=100 | 648 | 3 |

Asked May 21-25, 2008. Believability ratings based on those who could rate each source, with the percent not able to offer a rating shown separately to the right.

资料来源: Project for Excellence in Journalism: "Public Attitudes", *The State of the News Media: An Annual Report on American Journalism, 2009*. Available at: http://www.stateofthenewsmedia.com/2009/narrative_overview_publicattitudes.php？cat=3&media=1#6internet。

表 3-6　美国青年人新闻来源一览表

**Internet Rivals TV as Main News Source for Young People***

| Main source of news | Aug 2006 % | Sept 2007 % | Dec 2008 % | 07-08 Change |
|---|---|---|---|---|
| Television | 62 | 68 | 59 | -11 |
| Internet | 32 | 34 | 59 | +25 |
| Newspapers | 25 | 23 | 28 | +5 |
| Radio | 16 | 13 | 18 | +5 |
| Magazines | 1 | * | 4 | +4 |
| Other (Vol.) | 3 | 5 | 6 | +1 |

* Ages 18 to 29.
Figures add to more than 100% because multiple responses were allowed.

资料来源: "Internet Overtakes Newspapers As News Outlet," Survey Report of Pew Research Center for the People and the Press, December 23, 2008. Available at http://people-press.org/report/479/internet-overtakes-newspapers-as-news-source。

　　另据皮尤研究中心 2004 年的调查显示，关心新闻的人士始终对如下媒体极为关注：NPR，NewsHour，C-SPAN，和诸如《纽约人》（*The New*

*Yorker*)《大西洋月刊》和《哈珀斯》等杂志，[①]详见表 3-7。

图 3-7　美国公众国内外新闻主要来源示意图

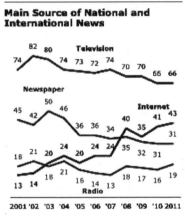

材料来源：Pew Research Center for the People and Press. View's of the News Media, 1984-2011: "Press Widely Criticized, But Trusted More than Other Information Sources."September 22, 2011. http://www.people-press.org/。

　　实际上，广大新闻受众需要的是有关当地百姓利益的报道，也就是被称为"软新闻"的政治新闻[②]，相应地并没有太多对外交政策报道的需求。但是，如前所述，长期以来学者们坚持认为，美国新闻媒体与国俱来地具有一种强烈的使命感，意在自愿完成由宪法明文赋予的晓谕天下的使命。[③]当这一使命与经销能力有机地结合，媒体就有可能利用有卖点的新闻作为完成使命同时获取利益的支点。但是，晓谕天下与赢利经销二者能在多大程度上互利互惠，则主要取决于新闻媒体能否将新闻按照符合公众需求的方式予以诠释。

　　2. 新闻媒体是向公众传达政府决策的主要载体。政府向公众发布相关

---

　　① PEW, "News Audiences Increasingly Politicized", June 8, 2004, p.5. Available at: http://people-press.org/reports/pdf/215.pdf

　　② Baum, Matthew A. *Soft News Goes to War*; James T. Hamilton. *All the News That's Fit to Sell: How the Market Transforms Information into News*. Princeton, NJ: Princeton Univ. Press, 2003.

　　③ 如 Patterson, Thomas E. "The United States: News in a Free-Market Society." In Richard Gunther and Anthony Mughan eds. *Democracy and the Media: A Comparative Perspective*. Cambridge, UK: Cambridge Univ. Press, 2000, pp. 241-265.

政策和信息主要通过大众媒体，其次通过利益集团、政府出版物以及官员与公民个人之间往来通信进行的。报纸和电子媒体使现代总统能够将其主要政策传达给公众，也使得反对党发言人能够申诉自己的立场。一些私人组织机构常组织论坛，邀请决策官员参加会议、发表讲话和文章。1941 年以来，美国政府制作出版了大量国际问题方面的影像带、录音带和宣传资料，中国白皮书就是其中一例。此外，虽然可以在电视上频频露面，总统和其他决策官员仍经常周游全国争取国民的理解和支持。[①]

当然，新闻媒体一直是反映公众舆论和传达政府决策最主要的载体。但对于媒体来说，电子媒体更重视内容的娱乐性，大部分大众杂志也是如此。而报纸的版面也大块大块地充斥着广告、体育新闻、漫画、时尚和名人轶事，因此，外交政策仅仅是众多需要报道的问题中的一个。

虽然各种报纸、杂志、广播和电视报道水平参差不齐，但媒体对重大问题娱乐化的价值观念和报道取向，是理解为什么多数公众在外交政策问题几近无知的关键所在。媒体新闻报道的取向基本是首选报道暴力和自然灾害，紧随其后的是名人间的矛盾、国际争端和危机，再者是奇闻逸事。由于这种报道取向，加之版面有限，大多数国际新闻都是有关暴力或与暴力相关的报道，而大多数来自华盛顿的外交决策的新闻也多为政治领袖间的明争暗斗，此外还有总统和其他官员讲话的文字报道。总之，正如新闻自由委员会在1947 年所指出的："媒体强调的是特例而非代表性，是耸人听闻而非意义重大。"[②]

3. 新闻媒体是决策者和公众了解民意的重要渠道。了解公众舆论一般有四种方法：民意测验结果、媒体报道、专家分析以及与他人相关交谈留下的印象。系统科学地进行公众舆论调查的研究可追溯到 1936 年盖洛普民意调查的开始和两年后《公众舆论季刊》（*Public Opinion Quarterly*）的创刊。而罗斯福总统则是首位决策时参考公众舆论专家哈德利·坎特里尔（Hadley Cantril）意见的总统。[③]新闻媒体也向来重视对民意测验和对民意的掌控。

---

① Levering, Ralph B. *The Public and American Foreign Policy, 1918-1978*. New York: Morrow,1978, pp.34-35.

② The Commission on Freedom of the Press. *A Free and Responsible Press*. Chicago: University of Chicago Press, 1947, p. 55; Adnan Almaney. "International and Foreign Affairs on Network Television News," *Journal of Broadcasting,* Vol.14 (Fall, 1970): pp. 499-509; Benjamin D. Singer. "Violence, Protest, and War in TV News," *Public Opinion Quarterly,* Vol. 34 (Winter, 1970-1971): pp. 613-616.

③ Holsti, Ole R. *Making American Foreign Policy.* New York: Routledge, 2006, p.57.

《瞭望》新闻杂志创始人加德纳·考尔斯（Gardner Cowles）雇用盖洛普民意测验首创者、当时还是爱荷华州立大学硕士研究生的乔治·盖洛普（George Gallup）为他的《德美因纪事报》（*Des Moines Register*）做舆论调查。《财富》杂志也曾雇佣日后与盖洛普民意测验平起平坐的罗珀民意测验创始人埃尔莫·罗珀（Elmo Roper）专门负责跟踪《财富》专栏"圆桌会议"在美国公众和政治舆论中的反响。①但是，不是所有的人都能及时看到民测结果，民测本身也还有不少令人质疑之处，而且遇有突发事件，也不可能马上通过民测了解民意。况且，公众舆论也不完全等同于民意调查结果。对此哈贝马斯指出："公众舆论并不是某种在统计学意义上具有代表性的东西。它并不是单个地被问、单个地回答的个人意见的总和；就此而言，切不可把它与民意调查研究的结果混为一谈。政治民意调查如果要提供'公众舆论'的某种反映的话，在调查之前就必须先有一个在动员起来的公共领域中就特定议题进行的意见形成过程。"②

因此，关于公众舆论的信息大多主要来自媒体的新闻报道、新闻访谈和编者按中透露的点滴迹象。对民意测验抱怀疑态度的人、无法及时看到民测结果的人群以及危机或冲突初期的绝大多数民众和官员都在很大程度上依赖新闻媒体的报道了解民意。③

4. 媒体对他国报道的频繁程度直接影响公众对该国的态度。"人们更有可能接受媒体中关于他们缺乏的直接经验或没有强烈倾向的问题等进行的报道。对于大多数北美受众来说，这种情况更多地出现在国际事务上。"④而这是由于外交政策问题是公众无法通过个人观察和社会交往所能获取信息的领域，因此媒体影响大。⑤有学者进一步研究证实，他国在新闻中的可见性与美国公众舆论对该国的看法有密切关系，该国在新闻报道出现得越频繁，

---

① Carew, Michael G. "The Interaction Among National Newsmagazines and the Formulation of Foreign and Defense Policy in the Roosevelt Adminstration, 1939-1941." Dissertation. New York University, 2002. Proquest Dissertations and Theses. pp. 19-20.

②（德）哈贝马斯著，童世骏译：《在事实与规范之间：关于法律和民主法治国的商谈理论》，北京：生活·读书·新知三联书店，2003 年版，第 448 页。

③ Herbst, Susan. *Reading Public Opinion: How Political Actors View the Democratic Process.* Chicago: University of Chicago Press, 1998.

④ Hackett, Robert. *News and Dissent: The Press and the Politics of Peace in Canada.* Norwood, N.J.: Ablex Publishing, 1991, p. 98.

⑤ Palmgreen, Philip and Peter Clarke. "Agenda Setting with Local and National Issues." *Communication Research.* Vol. 4, No. 4 (1977): p. 437.

也随着公众对某国家知识的积累，公众对该国的态度就越积极。[①]而且，电视比报纸对他国舆论的影响更重要，这是因为有线和无线电视观众数量众多。[②]沿着这个逻辑推断的话，如果媒体对他国报道以正面报道为主的话，那么报道的数量越多，公众对该国的看法就会越积极。大卫·派瑞（David Perry）对有关其他国家相关新闻的阅读、知识积累和态度的研究恰恰证实了这一点。他发现，对一国相关新闻阅读得越多，一般会导致读者对该国知识的丰富和积累，也导致对该国更友好的态度。[③]电视实际上大大增加了国际新闻的受众，因为"没有电视的话，如果在报纸上看到有关国际新闻的内容，大部分人会直接跳过"[④]。

5. 新闻媒体对设定公共议程具有显著影响。新闻媒体首先具有设定解释框架的无法避免的作用。就此阿尔蒙德曾指出："美国人民作为整体从未直接制定关系生死存亡的外交决策。美国公众在外交政策上兴趣和声音呈显著阶梯状；无论作为信息的接受者还是制造者，人们与消息的关系绝大部分取决于其在决策结构中的位置。"[⑤]换一个角度说，公众舆论，即公众对某一问题的看法或观点，实际上并非来自其对外交事务直接参与得到的信息，而是来自被决策者及其他相关领导人、新闻媒体或其他渠道或个人加工和解释过的信息，特别是来自新闻媒体对事件、争端、问题等进行精心挑选和预先设定了评判标准之后的报道。[⑥]尽管每个人头脑中对事物的认识和解释来自其信念、人际交流和媒体提供的文字和影像，其认识却无法躲避媒体解释框架的影响。就外交事务而言，极少有人能获取一手信息，大多数信息来自媒体报道，即使是新闻事件当事人与他人有选择性的言谈过程中，定位也是无法避免的。例如，在媒体关于美国国防开支过高的警示下，大众回答美国

---

① McNelly, John T. and Fausto Izcaray. "International News Exposure and Images of Nations." *Journalism Quarterly*. Vol. 63, No. 3 (1986): pp. 546-553.

② Semetko, Holli A., Joanne Bay Brzinski, David Weaver and Lars Willnat. "TV News and US Public Opinion about Foreign Countries: The Impact of Exposure and Attention." *International Journal of Public Opinion Research*. Vol. 4, No. 1 (1992): pp. 18-36.

③ Perry, David K. "News Reading, Knowledge about, and Attitudes toward Foreign Countries." *Journalism Quarterly*. Vol. 67, No. 2 (1990): pp.353-358.

④ Graber, Doris A. *Mass Media and American Politics*. Washington, DC: CQ Press, 2002, p. 329.

⑤ 转引自 Cohen, Bernard C. *The Press and Foreign Policy*. Princeton, NJ: Princeton University Press, 1963, pp. 5-6.

⑥ Entman, Robert M. *Projections of Power: Framing News, Public Opinion, and U.S. Foreign Policy*. Chicago: Univ. Chicago Press, 2003, p.123.

国防开支究竟应该有多少的问题时，除了新闻媒体的报道，极少能有其他渠道了解敌方军事意图和军事实力。当然，这并不是否认个人意识形态、价值取向的重要作用。无论媒体怎样报道，大多数美国人，无论是领导人、政府官员还是百姓对恐怖分子或其他敌人都有强烈的敌意。至少在外交政策上，公众舆论几乎没有直接来自现实外交世界的。这并不意味着每个人对媒体报道会有同样的反应，但这至少意味着大多数人的观点和反应受新闻报道的影响。

但新闻媒体最显著的影响却不在于解释政策背景和国际事务的意义，而在于引起公众对冲突和特定事件的关注，即设定公共议程。议程设定（Agenda setting）是要通过排序、选择等方法，让人选择性地看到某些画面和局部。国际事务、外交活动和对外政策等远离普通公众生活的信息，人们只能通过媒体接收、获知。这样的信息传播结构，树立了新闻媒体在传播过程中的绝对权威，使公众不仅接收媒体传递的信息，而且也接受媒体传递的观点、认识、态度。例如罗伯特·赫茨斯坦在研究亨利·R. 鲁斯（Henry R. Luce）及其媒体帝国的政治影响时就发现："白宫对时代公司与日俱增的影响的迷恋已深。的确，盖洛普和罗珀民意调查开始显出一种显著的模式。每当鲁斯的出版物和电影口径一致地明确提出一种讯息，通常在其展开宣传攻势的 4 到 5 个星期之后，民意调查就能反映出公众态度随之变化。"[1]

正如科恩所言："新闻媒体的角色大大超出了信息和观点的征集者。在多数时候，它可能不能成功地告诉人们怎么想，但却在告诉读者思考什么上惊人地成功。由此看来，世界在不同的人看来是不同的，这不仅取决于个人兴趣，而且取决于他们所阅读的报纸上作家、编辑和发行人为他们绘制的地图。也许地图这个观念太有局限性，因为它不能指出新闻媒体传达的政治现象的全部内涵。更准确地说，它是地名、人物、局势、事件地图，从新闻媒体甚至讨论处理问题当事人的思想这个角度来说，它是政策实行可能性、选择性和取向地图。编辑可能以为他只是印出了人们想读的内容，但他因此引起读者的注意，因而极大地决定读者思考的内容和谈论的话题，直到下一波话题到来。"[2]麦克斯韦尔·E. 麦库姆斯和唐纳德·L. 肖也曾经写道："大

---

[1] Herzstein, Robert E. *Henry R. Luce: A Political Portrait of the Man Who Created the American Century.* New York: Macmillan Publishing Company, 1994, p. 147.

[2] Cohen, Bernard C. *The Press and Foreign Policy.* Princeton, NJ: Princeton University Press, 1963, p.13.

众媒体能够促成个人的认知改变，能够对其思维重新排序。……它能够为我们世界的重新排序、组织。简而言之，媒体未必能够直接告诉我们怎么想，但是可以决定让我们想什么。"①

为了研究议程设置的具体影响，尚托·艾杨格（Shanto Iyengar）和唐纳德·金德（Donald Kinder）②从受众受教育程度、党派倾向和参政热情等三个角度利用调查分析的手段，具体研究了议程设置是否对教育程度高的人群影响小、对教育程度低的人群影响大，是否对有强烈党派意识的人群影响小，对无党派人群的影响大，是否对深度参与政治的人群影响小，对不参与政治的人群影响大等问题。

研究教育程度与议程设置的关系是因为无论是研究政治理论、时事、和评论水平等认知问题，还是对政治的关注程度以及对政治问题的感情投入程度等动机问题，抑或从参与党务工作到参加投票等各种实际政治活动问题，教育程度都是普遍认为最有效的试剂，而且其与任何检测对象之间往往都是正比关系。"受过教育的公民关心天下、知书达理、积极参与各种活动，而未受教育的公民则相反。"③艾杨格等将调查对象分为"高中以下"和"大学及大学以上"两种文化程度的人群。研究结果表明，教育程度不高的受众受媒体影响的程度大大高于受过良好教育的人群。

在党派归属感方面，新闻媒体也至关重要。大多数美国人在成年前后都会在民主党和共和党中选择一个党，并从此相当坚定地跟随该党。④而"对于普通人来说，政治是遥远而复杂的，然而普通人又时不时地被问及对政治问题的看法。最起码要面对的问题是必须在选谁不选谁的问题上自己做决定，在宣传不同的政治纲领和对时事不同看法的候选人中进行选择。在这一困境中，候选人所属党派、该党在某些问题上的立场、对时政的解释等对普

---

① McCombs, Maxwell E. and Donald L. Shaw. "The Agenda-setting Function of the Mass Media." *Public Opinion Quarterly,* Vol. 36 (1972): p.176.

② Iyengar, Shanto and Donald R. Kinder. *News That Matters: Television and American Opinion.* Chicago: The University of Chicago Press, 1987, pp. 54-62.

③ Converse, Philip E. "Change in the American Electorate." In Angus Campbell and Philip E. Converse eds. *The Human Meaning of Social Change.* New York: Russell Sage Foundation, 1972, p.324.

④ Kinder, Donald R. "Public Opinion and Political Behavior." Vol. 2, in Gardner Lindzey and Elliot Aronson eds. *Handbook of Social Psychology*, 3rd edition. New York: Random House, 1985.

通人来说都是最大的心理依靠。"①因此，相对而言，无党派路线可遵循的无党派人群就有可能受新闻媒体报道的影响。而调查结果表明，正如所预料的，无党派归属的独立派人群比民主党和共和党人受媒体影响更深。

在政治热情方面，美国人参与政治的热情程度差异较大。有些人对政治极有兴趣，他们广泛阅读和收看报纸、杂志、电视上与公共事务相关的内容，经常与朋友议论政治问题，不惜投入大量时间、精力和金钱作为志愿者参与各种活动，对政治几乎无所不知。而更多的人则很少参与政治。为了研究这两个政治热情程度差异极大的人群面对新闻媒体影响的差别，艾杨格等从政治兴趣（多大程度关注媒体上的政治新闻）、接触媒体程度（是否看日报、看电视新闻）、谈论政治的非正规渠道（与亲友、邻居、同事谈论政治的频繁程度）、政治活跃程度（最近是否参与过竞选活动、发动邻里影响市政、给官员施压等政治活动）等方面进行问卷调查。结果显示，不关心政治的人群比热心政治的人群受媒体议程设置的影响更明显。②

艾杨格等在研究中意外发现，有些因素不受议程设置效应的影响：电视新闻报道对坚持阅读日报的人群和对不定期阅读报纸的人群产生的影响一样；对经常与亲友谈论时政的人群和不常与他人谈论政治的人群产生的影响一样；对那些熟悉所及问题的人群和对该问题不甚了解的人群影响一样；对经常收看电视报道的人群和对很少看电视的人群造成的影响一样。最后一点意义尤其不凡，因为它说明议程设置影响一般不仅仅局限于不看电视的人群。

总之，该研究结果表明：越不关心政治、远离政治的人受新闻媒体议程设置影响越大；热心政治活动的人在所有研究对象中是受媒体议程设置影响最小的人群。但是，研究也发现，正是这群热心政治的人对媒体议程的变化反应也最大。③

新闻媒体"设置公共议程的能力随政治局势变化而跌宕起伏。弱化党派之争、公众兴趣和政治参与热情的事件也减少了公众可获取的信息资源。而在平时，这些信息资源的获取可以大大增强公众抵抗电视新闻影响的能力。

---

① Strokes, Donald E. "Party Loyalty and the Likelihood of Deviating Elections." In Angus Campbell, Philip E. Converse, Warren E. Miller, and Donald E. Strokes eds. *Elections and the Political Order.* New York: Wiley, 1966, pp. 126-127.

② Iyengar, Shanto and Donald R. Kinder. *News That Matters: Television and American Opinion.* Chicago: The University of Chicago Press, 1987, p.59.

③ MacKuen, Michael B. "Exposure to Information, Belief Integration, and Individual responsiveness to Agenda Change". *American Political Science Review.* Vol. 78, No. 2 (1984): pp. 372-391.

同样地，那些激化党派分歧、引起公众兴趣并激起其政治热情的事件可以营造更心明眼亮的公众，使其较少地被每晚晚间新闻上对国家局势的描述牵着鼻子走。"①

6. 媒体是"团结在国旗下"现象的制造者。有研究表明，"在危机时期，电视联播不可能允许缺少国内支持的外国政府向总统发起有力的挑战。"② "9·11"恐怖袭击可能如当时盛行的一句口头禅所说"改变了一切"，但至少有一点没有改变，即新闻媒体制造"团结在国旗下"现象的传统角色。由于对事件缺乏深入了解，或出于对国家的热爱和忠诚，新闻记者常自觉不自觉地成为官方代言人，按照官方的意图报道。特别是在美国遭受袭击时，新闻媒体最大限度地激发了民众的爱国热情，将其团结在总统周围。在对愤怒和爱国主义激情的感召中，新闻媒体未给官方口径外的任何其他口径留下解释空间。即使是温和的不同意见也立即遭到谴责。③

7. 媒体是公众心目中世界地图的制造者。新闻媒体在政治环境的描述上，以及为驾驭政治环境提供最佳政策建议方面对现行外交政策起到重要作用。许多年前李普曼就曾谈到过"心中蓝图"重要性："为了游历世界，人类须得掌握世界地图。不断的困难是确保自己的需求或他人的需求不得超越波希米亚人的海岸线。"④无论如何定义国际事务的领域，无人能直接参与所有国际事务。如果有人有幸参与或目睹了重大事件，可能会了解其少数内容。但对绝大多数人来说，一般情况下对外部世界特别是对外交政策涉及的国家或地区的了解主要是通过新闻媒体得知，或者是通过对该国际地区感兴趣和关注的人得知的。对于大多数外交政策受众而言，真正有效的世界政治地图，或者说是世界行政地图是由记者和编辑，而不是地图绘制人员勾画的。（例如拉丁美洲在绘图人员的地图上占据大量的空间，而在美国大多数报纸勾画的政治地图中却很少出现。）对于普通公众来说，如果没有在报纸上读到，没在收音机上听到，没在电视、电脑上看到，那么对他们来说，那

---

① Iyengar, Shanto and Donald R. Kinder. *News That Matters: Television and American Opinion.* Chicago: The University of Chicago Press, 1987, p.62.

② Newsom, David D. "Foreign Policy Follies and Their Influence." *Cosmos: A Journal of Emerging Times,* No. 5, 1995: pp. 48-53.

③ Entman, Robert M. *Projections of Power: Framing News, Public Opinion, and U.S. Foreign Policy.* Chicago: Univ. Chicago Press, 2003, p.2.

④ Lippmann, Walter. *Public Opinion.* New York: Macmillan Publishing, 1922, p.12.

些真实发生过的事务实际上就等同于没有发生过。①而事件发生所在国家和地区在公众的心目中的世界行政地图中也就没有印记。

在国家国土安全、国防开支、海外驻军等日益为世人关注的情况下，外交方面的政策选择问题也显得越来越重要，而公众对政策选择范围究竟有多大的理解也显得愈为重要。但媒体的"地图制造"的功能很容易被忽略。一来因为报纸、广播、电视等媒体已成为人们日常生活不可分割部分，媒体的潜在功能容易被人们熟视无睹；二来因为普通公众普遍倾向于认为新闻是客观的，或是认为新闻就是事实，而人们一般认为媒体潜在的影响主要来自编者按对时事的解释，因此许多人会对媒体的新闻诠释保持警醒头脑。实际情况是，新闻媒体报道具有在公众不知不觉中影响其外交观念的功能。这是媒体在外交政策上真正的影响所在。

8. 此外，新闻媒体还经常具有将公众本不关心的外交事务转变为公众关注焦点的特殊作用。国际传播学界的研究显示，公众对于新闻报道的喜好问题有如下双重意蕴：一方面，展现了公众为何有时对某一外交政策问题极为关注，而新闻媒体又为什么会时不时地报道该问题；另一方面也表现出媒体的独特作用。哈林指出，媒体既不会报道没有任何争议的问题，也不会报道远远超出常规争议所允许的范畴的问题。②其他学者则指出，如果大多数公众察觉到某一问题对他们的影响，该问题就有可能在公众中引起共鸣。纽曼等研究发现，远在天边的国际事务与近在眼前的日常事务在感受上的明显差异是造成选民对外交事务相对缺乏兴趣的原因。③而媒体的影响恰恰在于能够将对于公众来说本来远在天边的国际事务巧妙地转变为近在身边的事情。例如，伤亡情况会引起公众对外交政策的关注，也会导致公众对该政策群起而攻之。这一现象的运行机制目前还不很清楚，但若将新闻媒体作为参与外交决策的一分子，有些问题就可以得到解答。比如，媒体常以各地伤亡统计、国旗掩盖尸棺、死难家属悲痛欲绝等角度报道伤亡情况。简言之，媒体笔下的伤亡报道将海外军事行动转变为国内问题，使他国危机显得与公众

---

① Cohen, Bernard C. *The Press and Foreign Policy*. Princeton, NJ: Princeton University Press, 1963, pp.12-13.

② Hallin, Daniel C. *The "Uncensored War"*. Berkeley: University of California Press, 1986.

③ Neuman, W. Russell, Marlon R. Just, and Ann N. Cragler. *Common Knowledge: News and the Construction of Political Meaning*. Chicago: University of Chicago Press, 1992.

自己的家园和社区近在咫尺。[①]这些关注就成为新闻媒体进一步提供一般性报道的支点，以便为公众进一步提供信息，使其得以评价之前还显得远在天边的海外危机是否值得美国的涉入。

当然，舆论的公共领域属性决定了其特性，即"公众舆论可以操纵，但不可以公开收买，也不可以公开勒索。"[②]公众在与媒体的关系中也绝对不是完全被动的。正如哈贝马斯所指出的："前人研究在媒体机构框架和结构，以及工作、制作节目和被利用的方式上提供了相当可靠的信息。但是，即使经过保罗·拉扎斯菲尔德之后一代人的努力，关于媒体影响的种种命题仍然充满争议。对媒体影响及其受众的研究至少消除了新闻受众被动地被媒体控制的形象。这些研究使我们注意到彼此相互交流的观众所应用的解释策略，实际上，观众可以被激发去批评甚至是反对节目内容，或者与自己的判断价值相印证。"[③]

如上关于新闻媒体对公众及公众舆论影响的探讨仅仅是初步总结，更为深入的研究还有待进一步展开。媒体报道传播的对象，也就是新闻受众不仅向未接触报道的人群传播信息，而且对这些人还具有多重影响。例如，人们看到或读到关于某种食物不健康的报道，就会警告亲友不去购买此类产品。又如，政治决策中当政客得知多数媒体强烈反对某计划，原因是某些人群会因此受益或利益受损时，他们就可能选择修改或放弃该计划。显然，新闻媒体传播的这种复杂性以及其他间接影响还需要步步深入地进行研究。继续深入考察，首先需要更深入地研究媒体报道对受众的影响；其次，要研究受众在媒体影响下的行为可能对他人造成的影响，而这种影响也应该属于媒体报道影响的一种；再次，要研究他人的行为反过来对受众行为的影响（反馈）。这一系列研究的深化不仅会对深入了解媒体报道对受众的影响，而且会对媒体受众对国内外决策意见反馈的模式、新闻媒体事业的发展乃至政策或机构制度的变化都造成影响深远的连锁反应。

---

① Aldrich, John H. et al. "Foreign Affairs and Issue Voting: Do Presidential Candidates Waltz Before a Blind Audience'?" *American Political Science Review*. Vol. 83, No. 1 (1989): pp. 123-141.

②（德）哈贝马斯著，童世骏译：《在事实与规范之间：关于法律和民主法治国的商谈理论》，北京：生活·读书·新知三联书店，2003 年版，第 451 页。

③ Habermas, Jürgen. *Between Facts and Norms: Contributions to a Discourse Theory of Law and Democracy.* Translated by William Rehg. MA: MIT Press, 1996, p.377.

# 第四章　综合理论分析与个案考察

对于新闻媒体、外交决策者及公众舆论相互关系的综合互动考察，国际学界已进行了系统的理论阐述。在比较分析现有相关理论模式并进行理论思考的基础上，为了对媒体在外交政策不同阶段对公众和决策者分别可能产生的影响做深入剖析，笔者在此部分选取了国联问题和 CNN 效应得以闻名的美军事干预索马里事件，以期发现媒体影响的具体作用机制。

## 一、综合理论分析

新闻媒体、外交决策及公众舆论互动关系复杂多变，一百多年来与之相关的理论也因此形态多样。在细致考察各种相关理论的基础上，笔者选取对当前本领域研究最具影响力的七种理论模式进行考察和比较分析，进而提出具有新意的理论思考。笔者认为，外交政策的目的、目标、实际和潜在的代价以及行动要求不尽相同，媒体对外交决策关注的程度高低不等，其报道深度也相应深浅不一，使其对外交决策及其不同阶段的影响也极为不同。因此，应以政策是否确定为切入点，就新闻媒体在外交政策问题上对公众和决策者影响的机制进行考察。

### （一）现有媒体、外交决策层与公众关系理论模式

近些年来，国外学界从综合角度将新闻媒体、外交决策层和公众之间互动关系进行了较系统的研究并形成了如下几种基本理论模式。

至今对媒体、决策层和公众舆论互动关系最全面的研究当属恩特曼的力作《权力的映射：构造新闻、公众舆论和美国外交政策》（*Projections of*

*Power: Framing News, Public Opinion, and U.S. Foreign Policy*）。[①]恩特曼在书中构建了媒体、公众舆论以及外交决策之间影响机制的框架：当外交政策问题出现，有人就会试图解释问题并提出解决方案。这个人可能是决策者，或者是恩特曼所称的施政精英，抑或是持反对意见利益集团的精英，或者甚至是媒体。而这种对问题的解释和提出解决方案的行为就是"解释框架"。有时施政精英会抢先出面设定解释框架，不给其他解释框架出台的机会。如果这种情况发生，持反对意见的精英和媒体往往会强化该解释框架，而此单一解释框架便"瀑布式"（Cascade）地撒向公众。公众从各种渠道听闻该外交问题可以有这样唯一的一种解释，因其"认知吝啬鬼"（cognitve miser）[②]的本性，公众对此唯一解释欣然照单全收，并全力支持。[③]

恩特曼的理论模式是以菲利普·J. 波利克和安德鲁·Z. 卡茨的公众舆论与外交决策关系"触发（Activation）"理论模式为蓝本的。波利克和卡茨认为，公众舆论一般是潜在的、不活跃的，这为决策层提供了在大多情况下实行他们认为适时适度的政策的宽松空间。但是，在有些情况下，外交政策问题会触发公众的注意力，即一般由决策层出现争议所驱动，而媒体报道主张应以符合大众利益为标准解释框架的过程。这也就是恩特曼所指的"文化背景"解释框架。

波利克和卡茨还指出，专家评议与政府政策立场有出入是触发过程的起点。这就迫使政府引出公众的参与，以争取更多的支持。如果分歧扩大到卷入更多德高望重的决策精英，那么政府就有可能失去操控公众舆论的能力。[④]

马修·A. 鲍姆和菲利普·B. K. 波特则将"市场"经济学引入到媒体与外交关系研究领域。他们认为，在外交决策过程中相互作用的决策人、公众舆论和媒体间的关系可以形象地比作市场经济学中的生产与需求、生产厂

---

① Entman, *Projections of Power: Framing News, Public Opinion, and U.S. Foreign Policy*. Chicago: Univ. Chicago Press, 2003.

② "认知吝啬鬼"是社会认知学家苏珊·菲斯克（Susan T. Fiske）和谢利·泰勒（Shelley E. Taylor）1984 年提出的概念，指人们总是竭力节省认知能量，依靠直觉或极少量的信息来判断问题的认知惰性。

③ Entman, Robert M. *Projections of Power: Framing News, Public Opinion, and U.S. Foreign Policy*. Chicago: Univ. Chicago Press, 2003, p. 13.

④ Powlick, Philip J. and Katz, Andrew Z. "Defining the American public opinion/foreign policy nexus." *International Studies Review*. Vol.42, No.1, 1998: pp.29-61.

家与消费者之间的关系。而决策者、舆论和媒体三者关系中起决定作用的因素是信息。决策者在信息占有上具有绝对优势，但公众却可利用自身的特性克服信息占有上的弱势，而保持某种短期和长期的均势。而新闻媒体在此间的作用是尽量缩小决策者和公众在占有信息上的差距。①

在外交决策市场的三大角色中，公众和决策层对制定合乎其利益和喜好的政策感兴趣，但时常会出现相持不下的状况。当二者相持不下时，影响决策的能力就会因双方相对掌握的信息量不同而不同。而信息正是这一市场的主要产品。在西方国家，选民掌控着根本权力。但是在国际事务中决策层一般具有相当大的信息优势。在许多情况下，这就使决策层得以有效地操控外交政策。②

作为外交决策市场的第三方，新闻媒体扮演的是信息商的角色。在商品供应方面，新闻媒体仰赖决策层提供大部分新闻（其产品），因此承受着维持符合决策层解释框架偏好的信息的压力。但是在需求方面，新闻媒体同样仰仗公众来做信息的消费者，而公众的兴趣常常在于超越官方的框架来消费信息。于是新闻媒体便游刃于二者之间：对决策层的框架保持足够的顺从以维持进货渠道，与此同时以尽量不同的口吻报道新闻以引起和维持公众对外交政策相关新闻的兴趣。外交政策的决策正是几方竞争势力出现微妙均衡导致的结果。理论上讲，与分析传统经济市场中的供求均势一样，通过观察信息在决策市场三大角色中的分配情况，应该能够理解和科学地分析上述外交决策均势。③

"决策市场"研究方法在借鉴相关研究成果④的基础上，特别是汲取了波利克和卡茨"触发"模式的养分，重点利用了前人关于决策精英需时刻顾及公众反应，进而提出了自己的独到观点：公众舆论表面上似乎没有什么影

---

① Baum, Matthew A. and Philip B. K. Potter. "The Relationships Between Mass Media, Public Opinion, and Foreign Policy: Toward a Theoretical Synthesis", *Annual Review of Political Science*. Vol. 11, 2008: pp. 42-43.

② Baum, Matthew A. and Philip B. K. Potter. "The Relationships Between Mass Media, Public Opinion, and Foreign Policy: Toward a Theoretical Synthesis", *Annual Review of Political Science*. Vol. 11, 2008: p. 56.

③ Baum, Matthew A. and Philip B. K. Potter. "The Relationships Between Mass Media, Public Opinion, and Foreign Policy: Toward a Theoretical Synthesis", *Annual Review of Political Science*. Vol. 11, 2008: p. 56.

④ 如 Key, V. O. Jr. *Public Opinion and American Democracy*. New York: Knopf, 1961; Rosenau, James N. *Public Opinion and Foreign Policy*. New York: Random House, 1961; Zaller, John . "Positive Constructs of Public Opinion." *Critical Studies in Mass Communication*. Vol. 11, No. 3 (1994): pp. 276-87.

响，但实际上对外交决策具有持续的影响力。关于西方国家领导层时刻关注的公众对其外交政策如何反应的问题，鲍姆和波特认为，"蓄势薄发"（Big club behind the door）[①]的公众舆论几乎从始至终地影响着外交决策的制定，尽管其影响程度大小不同，且常常是间接影响。更为重要的是，他们将外交政策看作市场过程的均衡结果。[②]

鲍姆和波特认为，缺乏市场框架或其他具有统合性的框架就很难理清新闻媒体、决策层及公众这三者之间的关系。若对外交政策决策过程有深入研究，就要改变过去将决策过程割裂开分而治之的方式，取而代之以将新闻媒体始终作为决策一分子的理论框架。[③]媒体是决策者及其支持者和反对者等竞相兜售信息以获取政治影响力的市场，媒体在报道争论各方意见过程中偏向于一方的解释框架的能力，使其政治影响力相应增加。

雅格布森另辟蹊径，详细研究了国际暴力事件发生时，新闻媒体在不同阶段的相关报道对本国外交对策的影响。他将新闻媒体对危机的报道分为三个阶段：危机前期报道，危机期间报道，以及危机后报道。雅格布森的研究发现，危机前期的报道不足以引起公众关注，因为这期间暴力冲突仅仅是一种可能。危机后期报道则多负面报道，如贪污腐败、管理不当等问题。因此，大部分危机报道集中于危机期间的情况。但是，决定是否进行报道的因素众多，而其中"大部分因素与人道主义救援无关，如：与西方国家的地缘关系、所造成损失情况、补给、法律纠纷、记者安全情况、与本国利益关系，以及新闻关注周期等。"[④]

他的结论是：新闻媒体在暴力事件前期和后期对外交决策的影响微乎其微，而对暴力事件期间的报对外交决策具有有限的影响。[⑤]他认为，CNN 效应是美国外交决策者决定干预的必要条件，但是媒体报道本身并不足以引起

① Weingast, Barry R. "The Congressional-Bureaucratic System: A Principal Agent Perspective (With Applications to the SEC)." *Public Choice*. Vol.44, No.1, 1984: pp.147-191.

② Baum, Matthew A. and Philip B. K. Potter. "The Relationships Between Mass Media, Public Opinion, and Foreign Policy: Toward a Theoretical Synthesis", *Annual Review of Political Science*. Vol. 11, 2008: pp. 55-56.

③ Baum, Matthew A. and Philip B. K. Potter. "The Relationships Between Mass Media, Public Opinion, and Foreign Policy: Toward a Theoretical Synthesis", *Annual Review of Political Science*. Vol. 11, 2008: p. 54.

④ Jacobson, Peter Viggo. "Focus on the CNN Effect Misses the Point: The Real Media Impact on Conflict Mangaement is Invisible and Indirect." *Journal of Peace Research*. Vol. 37, No. 2, 2000: p.133.

⑤ Jacobsen, Peter Viggo. "National Interest, Humanitarianism or CNN: What Triggers UN Peace Enforcement After the Cold War?" *Journal of Peace Research*. Vol. 33 (1996): p. 206.

干预，因为最终干预的外交决策的是快速有效的行动方案、极低的伤亡风险、干脆利索的撤退方案等其他因素。媒体对国际冲突管理的影响实际上小到可以忽略不计的程度。因为暴力冲突期间，新闻报道实际影响的范围极为有限，仅涉及为数不多的暴力冲突。后来的援助资金"从低投入高产出的长期资助方式向导致效益低下的短期资源分配救济方式转变"是新闻媒体对外交决策"隐性而间接"影响的结果。雅格布森认为，这种看不见摸不着的间接影响反倒"超出了由 CNN 效应产生的直接影响，因为后者仅仅影响了少数几次暴力冲突"①。

利文斯顿与雅格布森的研究视角不同，他提出应对 CNN 效应在不同外交危机下的影响做深入具体的分析。根据理查德·哈斯（Richard Haass）在《干涉：后冷战世界中美国军事力量的运用》②一书中对外交干涉种类的研究，利文斯顿将外交干涉分为常规战争（Conventional Warfare）、战略威慑（Strategic Deterrence）、战术威慑（Tactical Deterrence）、特别行动／低强度冲突（SOLIC, Special Operations / Low Intensity Conflict）、和调（Peace Making）、维和（Peace Keeping）、强制性人道主义行动（Imposed Humanatarian Operations）和两相情愿的人道主义行动（Consentual Humanatarian Operations）等八种，针对八种干涉的不同性质，对新闻媒体在各种干涉中的表现，以及媒体于八种外交干涉政策的决策和公众舆论的影响等进行了分析。具体如表4-1 所示③。

表 4-1　新闻媒体对八种外交干涉中外交决策和公众舆论影响一览表

| 类型 | 外交政策目的和目标 | 媒体兴趣程度 | 政府媒体政策 | 媒体影响 | 公众舆论 |
|---|---|---|---|---|---|
| 常规战争 | 摧毁敌军及其战斗力 | 兴趣极高，实时追踪报道 | 高度控制、新闻审查 | 加速决策、削弱行动成功率、变向为敌方提供情报 | 兴趣强烈，密切关注 |

① Jacobson, Peter Viggo. "Focus on the CNN Effect Misses the Point: The Real Media Impact on Conflict Mangaement is Invisible and Indirect." *Journal of Peace Research*. Vol. 37, No. 2, 2000: p. 133.

② Hass, Richard. *Intervention: The Use of American Military Force in the Post-Cold War World* Carnegie Endowment Book, 1994.

③ 该表见于 Livingston, Steven. "Clarifying the CNN Effect: An Examination of CNN Effects According to Type of Military Intervention." Research Paper, C-18. Cambridge, Mass. : Joan Shorenstein Center on the Press, Politics and Public Policy, John F. Kennedy School of Government, Harvard University, 1997: p.11.

续表

| 类型 | 外交政策目的和目标 | 媒体兴趣程度 | 政府媒体政策 | 媒体影响 | 公众舆论 |
|---|---|---|---|---|---|
| 战略威慑 | 维持现状（如冷战、朝鲜半岛问题） | 兴趣从中度到高度不等，常规性报道 | 常规新闻互动：白宫、国防部、国务院新闻发布等 | 政策稳定期间，影响几乎不可见。不稳定期间有加速决策作用 | 仅关注型公众保持关注度。政策不稳定期间关注人群扩大 |
| 战术威慑 | 应对挑战以维持现状，如海湾战争的沙漠盾牌行动、1996年台海危机 | 兴趣从中度到高度不等，但多非持续性报道 | 控制与合作 | 加速决策、议程设置、泄露情报三种影响，但未必造成损失 | 关注型公众持续关注。决策者忌惮潜在的公众舆论 |
| SOLIC | 反恐、解救人质、特别行动 | 高度关注，尤其关注人质和某些恐怖主义事件 | 绝密。全面封锁消息 | 阻碍行动（威胁行动安全） | 多数情况下公众知之甚少或浑然不知 |
| 和调 | 第三方强制武力解决政治问题，如索马里、南斯拉夫事件 | 行动初期高度关注。后期因局势稳定程度兴趣高低不等 | 情况多变。报道风险大 | 阻碍行动（削减成功概率、泄露机密） | 关注型公众持续关注。决策者忌惮潜在的公众舆论 |
| 维和 | 以第三方参与的方式保证已签订政治协议的顺利执行 | 兴趣中等，除非和议被打破 | 一般不限制媒体接触行动部队 | 阻碍行动（主要在情绪抑制如越战症候群方面阻碍行动） | 关注型公众持续关注。决策者忌惮潜在的公众舆论 |
| 强制性人道主义干涉 | 武力的，非政治性援助 | 兴趣低或中等除非暴力冲突升级 | 情况多样，报道风险大 | 阻碍行动（主要在情绪抑制方面） | 关注型公众持续关注。决策者忌惮潜在的公众舆论 |
| 自愿人道主义干涉 | 自愿基础上的人道主义援助 | 行动初期兴趣由中等到低不等 | 无限制，甚至鼓励媒体报道 | 媒体不可能有影响 | 关注型公众持续关注 |

利文斯顿认为应根据外交干预的八种类型具体地将 CNN 效应分为以下

三种效应来具体进行考察：第一种是媒体的加速器作用。在该模式下，媒体被假设具有缩短外交决策反应时间的作用。但在此过程中媒体相应地也会具有积极的"实力放大器"的宣传作用。《外交季刊》编辑霍格也认为，媒体具有加速器的作用，迫使决策者"对新闻报道作出迅速回应"。但他同时也指出，媒体的加速作用也为外交决策带来了负面影响，因为媒体报道"其自身的应急性特点，因而常常是不全面的、断章取义的甚至是错误的"①。媒体的加速器作用极有可能出现在常规战争、战略威慑和战术威慑等情况下。②特种部队小规模作战（SOLIC）特殊行动等秘密行动中虽然因其行动绝密性质一般在媒体和公众全然不知情的情况下进行，但此类行动本身往往是媒体对他国形势或举动报道的反应。因此，从这个层面上来看，媒体也是许多秘密军事行动的始作俑者。

第二种效应是媒体的制动作用，并以两种形式进行制动：一是情绪抑制作用，二是对军事行动安全的威胁。情绪抑制作用最好的例证是"越战症候群"（Vietnam Syndrom）③，也就是越战初期公众对政府外交决策的支持被媒体伤亡情况的报道所瓦解的现象。而媒体对军事外交行动安全威胁显而易见。媒体对外交行动的大肆报道向敌方透露了战略情报，因而使外交和军事行动的效果大打折扣，甚至阻碍了行动的成功。在八种外交干涉中，媒体的制动作用可能出现在常规战争、战术威慑、SOLIC、调解和维护和平等外交行动中。

针对"越战症候群"问题，已有学者否认这是媒体影响的结果。劳伦斯·弗里德曼（Lowrence Freedman）的"裹尸袋效应"（Body Bag Effect）研究显示，即使没有媒体的因素，越战症候群也会在裹尸袋效应的重要影响下产生。④而雅格布森也指出人道主义干涉的重要前提之一是低程度的伤亡

---

① Hoge, James. "Media Pervasiveness." *Foreign Affairs.* July/August 1994: p. 137.

② Livingston, Steven. "Clarifying the CNN Effect: An Examination of CNN Effects According to Type of Military Intervention." Research Paper, C-18. Cambridge, Mass.: Joan Shorenstein Center on the Press, Politics and Public Policy, John F. Kennedy School of Government, Harvard University, 1997: pp. 11-12.

③ Livingston, Steven. "Clarifying the CNN Effect: An Examination of CNN Effects According to Type of Military Intervention." Research Paper, C-18. Cambridge, Mass. : Joan Shorenstein Center on the Press, Politics and Public Policy, John F. Kennedy School of Government, Harvard University, 1997: p. 4.

④ Freedman, Lawrence. "Victims and Victors: Reflections on the Kosovo War." *Review of International Studies*. Vol. 26, No.3 (2000): pp. 335-358.

风险。[①]因此，与其说媒体报道引起了越战症候群不如说是美军大量伤亡的事实对外交决策产生了影响[②]，因为"无谓的牺牲是不可容忍的"[③]。

针对媒体对外交行动安全的威胁，也有学者提出异议，认为在冲突或危机期间，媒体报道虽然提高了敌方的情报效率，但也仅仅局限于某种营造气氛的程度，之后敌方的效率就会因为信息超载而开始下降。因此，美国军方应该重塑与媒体的关系，利用信息超载战略削弱敌方效率。[④]

第三种效应是媒体对外交决策的议程设置作用。媒体对人道主义危机的报道将问题放到了外交决策的议事日程之中，并促使决策者制定干预政策。不过，这种议程设置效应同样受到了学界的挑战。利文斯顿认为 CNN 效应被夸大了，事实上"大部分人道主义行动是在未被媒体关注的情况下进行的……而且，媒体报道本身也是官方行动引起的结果"[⑤]。在索马里事件中，媒体被强势精英利用，对其他官员施加压力，而且相关新闻报道也是在外交决策者确定行动政策后才见诸报端的。

史蒂文·利文斯顿（Steven Livingston）和托德·伊卡斯（Todd Eachus）以索马里事件为个案，就媒体报道是否迫使政府采取援助行动进行了研究，认为："关于新闻报道趋势研究的成果，并不支持媒体对索马里的关注导致了布什政府做出干涉决策的论断"，实际上"干涉决策是外交和官方运作的结果，新闻报道是对官方决策的反应"。[⑥]

此外，罗杰·科布（Roger Cobb）等曾构建了一个外交决策进程三步模式，描述具有重大意义的新议题如何从最初的提出直到在具有决定权的体制

---

① Jacobson, Peter V. "National Interest, Humanitarianism or CNN: What Triggers UN Peace Enforcement After the Cold War? " *Journal of Peace Research*. Vol. 33, No. 2 (1996): pp. 205-215.

② Hoge, James. "Media Pervasiveness." *Foreign Affairs*. July/August 1994: p. 143.

③ Freedman, Lawrence. "Victims and Victors: Reflections on the Kosovo War." *Review of International Studies*. Vol. 26, No.3 (2000): p. 351.

④ Lafferty, Brad.; Strednansky, Susan E.; Haywood, James E.; Monteith, Clada A.; Klincar, Thomas D. "The Impact of Media Information on Enemy Effectiveness: A Model for Conflict." *Proteus, A Journal of Ideas*, 1994: pp. 1-41.

⑤ Livingston, Steven. "Clarifying the CNN Effect: An Examination of CNN Effects According to Type of Military Intervention." Research Paper, C-18. Cambridge, Mass. : Joan Shorenstein Center on the Press, Politics and Public Policy, John F. Kennedy School of Government, Harvard University, 1997: p. 7.

⑥ Livingston, Steven and Todd Eachus. "Humanitarian Crises and U.S. Foreign Policy: Somalia and the CNN Effect Reconsidered." *Political Communication*. Vol. 12, No. 4 (1995): p. 428.

内进入正式议程的发展过程。[①]该三步模式分别为：内部进入模式、动员模式和外部提议模式。哈贝马斯认为，如果从民主理论角度来理解这三个模式，其诠释的正是新闻媒体、公众和政治体制之间相互影响的基本模式。

在内部进入模式的情况下，各级当权者或者政治领袖提出决策提议，提议将持续在政治体制内部循环，直到正式得到处理。在此过程中，广大公众或者媒体被排除在政治进程之外，或者对提议没有任何影响。[②]在"动员"模式情况下，提议仍然来自政治体制内部，但提议的支持者必须发动主要由新闻媒体和公众舆论构成的公共领域，因为无论是为了谋得问题的正式解决，还是为了成功地实施已被接纳的提案，他们都需要某些群体和组织的支持。只有在第三种即外部提议模式下，提议才由政治体制外的边缘性力量提出。在被决策者发动起来的公共领域的帮助下，即在媒体和公众舆论的压力下，这些提议的推动力量敦促着提案相关问题的正式解决。科布等认为，"外部提议模式适用于某一政府结构外的群体的如下情况：1. 陈述苦衷；2. 设法使人群当中足够数量的其他群体对该问题产生兴趣，从而使它能在公共议程上取得一席之地；3. 对决策者造成足够压力，迫使他们把该问题放入他们会真正认真考虑的正式议程中去。这种议程建构模式在更平等的社会可能会占主流。……但是，取得正式议程地位，却并不意味着权威的最终决策或政策的具体实施是诉求群体最初所诉求的"[③]。

哈贝马斯指出："通常情况下，历史上的议题和建议过程中更多地符合第一种和第二种模式，而不是第三种模式。只要权力的非正式循环在政治体制内占主导地位，提议以及将问题放入议程并使其得到解决的权力就会更多地掌握在政府和行政部门的手中，而不是在议会组织手中。只要在公共领域中大众媒体宁愿——与其常规性自我理解背道而驰地——从强权的组织良好

---

① Cobb, Roger, Jennie Keith Ross, and Marc Howard Ross. "Agenda Building as a Comparative Political Process." *American Political Science Review*, Vol. 70 (1976): pp. 126-138; Cobb, Roger, Ch. Elder. "The Politics of Agenda-Building." *Journal of Politics*, 1971: pp. 892-915. 转引自 Habermas, Jürgen. *Between Facts and Norms: Contributions to a Discourse Theory of Law and Democracy.* Translated by William Rehg. MA: MIT Press, 1996, p.379.

② Habermas, Jürgen. *Between Facts and Norms: Contributions to a Discourse Theory of Law and Democracy.* Translated by William Rehg. MA: MIT Press, 1996, p.379.

③ Cobb, Roger, Jennie Keith Ross, and Marc Howard Ross. "Agenda Building as a Comparative Political Process." *American Political Science Review*, Vol. 70 (1976): p. 132. 转引自 Habermas, Jürgen. *Between Facts and Norms: Contributions to a Discourse Theory of Law and Democracy.* Translated by William Rehg. MA: MIT Press, 1996, pp. 379-380.

的信息制造者那里获取信息，只要他们宁可选择降低而不是提高大众传媒的论述水平的媒体策略，议题就将趋向于从权力中心提出、在权力中心加以处理，而不是遵循由社会边缘人士发起的自发过程……当然，这里还谈不上对政治和公众之间相互影响做结论性实证性的评估。对于我们来说，只要说明在感受到的危机情形下，一直被忽视的公民社会的政治活动参与者有可能具有惊人活跃而重要的作用就足够了。尽管组织的复杂性较低，行动能力较弱，尽管组织结构也存在之前提到过的不利条件，在加速发展的历史的关键时刻，这些社会行动的参与者还是有机会扭转政治体系和公共领域的常规信息传播循环，并由此改变整个体系解决问题的模式。"[1]

虽然哈贝马斯从未专门研究过媒体、公众和决策者之间的关系，但政治、公众和媒体三者关系研究的核心其实正是哈贝马斯提出的"公共领域"理论。该理论描述了公民社会的个人利益与国家权力之间的制度与实践的关系。而公共领域讨论解决公共事务的地理空间或者象征性空间，是"由大众媒体和大通讯社所支配，被市场研究机构和舆论研究机构所观察、淹没于公关、宣传和政治党派竞争之中的"[2]，"一个关于内容、观点、也就是意见的交往网络；在那里，交往之流被以一种特定方式加以过滤和综合，从而成为根据特定议题集束而成的公众意见或舆论"[3]。具体来说，从历史上看，公共领域空间曾经是酒吧、咖啡馆、会议大厅。新闻媒体则是后来形成的讨论政治、各等大小问题因而成形的重要空间。

哈贝马斯指出了新闻媒体在各种影响势力分化中的关键作用，他说："一旦公共空间扩展到超越简单互动之外，一种分化就出现在组织者、演讲者和听讲者中间；出现在论坛和看台中间；出现在舞台和表演场所中间。而参与者的角色所能发挥影响的机会随着组织复杂性的提高和媒体覆盖面越来越大、专业化、多重化而不同。"[4]

在哈贝马斯看来，只有公共领域引导的政治决定才是正当的。他说：

---

① Habermas, Jürgen. *Between Facts and Norms: Contributions to a Discourse Theory of Law and Democracy.* Translated by William Rehg. MA: MIT Press, 1996, pp. 380-381.

② （德）哈贝马斯著，童世骏译：《在事实与规范之间：关于法律和民主法治国的商谈理论》，北京：生活·读书·新知三联书店，2003 年版，第 451 页。

③ （德）哈贝马斯著，童世骏译：《在事实与规范之间：关于法律和民主法治国的商谈理论》，北京：生活·读书·新知三联书店，2003 年版，第 446 页。

④ （德）哈贝马斯著，童世骏译：《在事实与规范之间：关于法律和民主法治国的商谈理论》，北京：生活·读书·新知三联书店，2003 年版，第 450 页。

"从民主理论角度来看，公共领域还必须把问题压力放大，也就是说不仅仅察觉和辨认出问题，而且令人信服地、富有影响地使问题成为讨论议题、提供解决问题的建议，并且造成一定声势，使得议会组织接过这些问题并加以处理。"①

## （二）现有理论模式比较分析

媒体和外交决策者之间的相互关系是极其多样的，也是充满争议的。早期对新闻媒体于舆论和外交政策影响的研究，主要尝试在大的理论框架内勾画出诸多因素之间，尤其是两两之间的因果关系。但实际上，外交政策的出台是诸多因素相互作用、相互影响、此消彼长互动作用的结果。

阿尔蒙德将公众舆论、新闻媒体和外交决策之间的关系进行了如下具体分析：在外交决策过程中，媒体精英（包括新闻媒体的发行人等媒体拥有者、编辑等媒体控制者和新闻记者等媒体积极参与者）与政府精英（包括国务院成员、国会外交委员会成员、行政机构精英人物、和利益集团领导人）之间进行互动，以反映美国大众在经济、种族、宗教和意识形态等方面的复杂利益。②

多丽丝·格雷伯则分析塑造了媒体国际报道内容行为的性质，以及国际报道对外交决策机制的影响。其研究重点集中在媒体作为旁观者的作用上，考察了媒体报道外交新闻前无声的新闻搜索的特点和作用。同时，将媒体作为外交决策参与者，考察外交政策报道对外交决策的辅助作用或塑造作用。该研究还进一步探讨了媒体作为催化剂所起的作用，阐释了公众如何以媒体为渠道表达其在外交事务中的利益需求，及其对外交政策报道的影响。

格雷伯认为，媒体这三种角色并不矛盾，三者结合恰恰可以说明媒体在外交决策过程中的作用，即在外交政策制定过程中，连续并系统地关注决策前后的政府行为。例如，在旁观者的角色中，媒体一方面为决策者提供相关信息，有助于酝酿合理的外交决策，另一方面为公众提供外交决策前因后果的分析。因此从这个意义上讲，新闻媒体对决策过程来说，起到了情报部门的作用。但是，在此过程中，势必要求新闻媒体不仅提供基本事实和情报，而且要提供该事实或情报的相关结论，如理论前提，前因后果等的分析。媒

①（德）哈贝马斯著，童世骏译：《在事实与规范之间：关于法律和民主法治国的商谈理论》，北京：生活·读书·新知三联书店，2003 年版，第 445 页。

② Almond, Gabrial A. *The American People and Foreign Policy*. New York: Harcourt Brace and Jonanovick, 1950.

体因而间接地还具有制造舆论、传播舆论和鼓励舆论的作用。[①]

迈克尔·格维奇（Michael Gurevitch）[②]和杰伊·布鲁勒（Jay Blumler）也曾将新闻媒体在民主政体中应该履行的职责进行了系统考察并概括如下："第一，社会政治环境的监督者，报道可能积极或消极地影响公民福利的情况。第二，有意义的议程设置作用，确定每天的主要问题，包括形成这些问题的因素和解决这些问题的因素。第三，为政治家和其他事业以及利益集团的代表提供平台，使其得以有效地宣扬自己的观点。第四，促进不同观点之间的广泛对话，包括（在任的和将来的）掌权者与大众之间的对话。第五，担负起责成当权官员对其所行使的权力负责的机制。第六，激励公民学习、选择和参与政治进程，而不仅仅是盲从和信口开河。第七，有原则地抵制媒体以外试图破坏新闻独立、正直和为读者服务能力的势力。第八，尊重读者，将其视为潜在的关心政治环境、并能够理解政治环境的人。"[③]

哈贝马斯则这样界定了新闻媒体在公众和决策者之间的社会角色："大众媒体应该把自己理解为开明公众的委托人，随时预测、提出并加强这些公众学习的愿望以及批评的能力。他们应该像司法部门一样，保持对于政治压力和社会压力的独立。他们应该接受公众的关切和建议，不偏不倚地对待这些问题及贡献，积蓄批评，以清晰的立法诉求面对政治进程。媒体的力量因此得以中立，悄然发生的行政或社会力量对政治的影响力也因此得到阻止。根据这一思想，政治或社会活动的参加者只有对公众感受到的问题或者因公众共识而被提上公共议事日程的问题做出令人信服的解决方案，才能被允许'使用'公共领域。同样地，政党也必须从公众自己的视角参与公众舆论和意志的形成，而不是从维护其政治权力的视角出发，对待公众，从公共领域攫取大众的忠诚。"[④]

恩特曼的"瀑布式"模式侧重利用解释框架理论来分析媒体、公众和外交决策者三者间信息流动的规律，对于澄清决策精英如何向媒体并继而向公

---

① Graber, Doris A. *Mass Media and American Politics*. Washington, DC: CQ Press, 2002.

② Gurevitch, Michael 著有 *Culture, Society and the Media*. New York : Methuen, 1982.

③ Gurevitch, Michael and Jay Blumler. "Political Communication Systems and Democratic Values." In Judith Lichtenberg ed. *Democracy and the Mass Media,* Cambridge, MA.: Cambridge University Press, 1990, p. 270. 转引自 Habermas, Jürgen. *Between Facts and Norms: Contributions to a Discourse Theory of Law and Democracy.* Translated by William Rehg. MA: MIT Press, 1996, p.378.

④ Habermas, Jürgen. *Between Facts and Norms: Contributions to a Discourse Theory of Law and Democracy.* Translated by William Rehg. MA: MIT Press, 1996, pp.378-379.

众传达讯息，以及在决策过程中不可避免的信息反馈等现象大有裨益，但仍未能探清新闻媒体在三者间的能动影响机制。正如恩特曼观察到的，大多数相关研究都暗含着如下几条规律：第一，政府与新闻媒体相互作用，相互影响；第二，新闻媒体告诉公众该相信什么；第三，公众向新闻媒体提供为数极少的反馈信息。但是，现实却与上述程式化的假设格格不入。现实中媒体通常是执政府服帖的"乖乖狗"，安静地向公众传达外交决策，可有时却代表公众充当监督政府的"看门狗"，抨击时政，积极提出不同的可行性对策，媒体、公众和决策者之间关系显得更加复杂和飘忽不定。因此，恩特曼的"瀑布式"模式最终只是将新闻媒体在其中的作用定位为时有时无的角色。

波利克和卡茨的模式没有提出任何因果关系理论，而是提供了一个有助于理解媒体在公众舆论和外交决策之间触发作用的解释框架，即：决策层内部发生分歧往往是触发新闻媒体和公众超出常态影响状态、更为显性地影响决策的起点。下文即将提出的解释中，决策层分歧的触发作用将起到关键作用。

鲍姆和波特的"市场"模式由于将信息纳入影响决策诸因素之中，将其视为决定决策市场均势的砝码之一，因此捕捉到并突出了新闻媒体在决策过程中的特性，即无论是"乖乖狗"还是"看门狗"，无论影响小到难以为人察觉的程度还是影响大到可以"撼动"决策的程度，其实其影响是无处不在的。正由于介入了市场机制来研究影响决策的机制，使得此前学者发现的决策层精英、公众及媒体之间作用冲突的问题得到了合理的解释。[①]这也是本书将要着力借鉴之处。

雅格布森关于危机前后新闻媒体对外交决策影响的研究有如下两点认识至关重要：第一，新闻媒体对外交决策长期存在的"隐性而间接"的影响常常超出 CNN 效应等媒体对外交决策短期的直接影响；第二，雅格布森虽然未对危机进行分类研究，因而也未对媒体在不同危机中的作用进行深入探讨，但其研究却说明一点，即 CNN 效应是危机期间政府外交决策必要但不充分的条件。

与以上观念明显不同的是，利文斯顿关于八种外交干涉中新闻媒体角色

---

① Baum, Matthew A. and Philip B. K. Potter. "The Relationships Between Mass Media, Public Opinion, and Foreign Policy: Toward a Theoretical Synthesis", *Annual Review of Political Science*. Vol. 11, 2008: p. 55.

的研究首度将新闻媒体的影响与外交政策类型相结合，更为深入地研究了媒体在不同外交情形下的影响，肯定了新闻媒体在常规战争等公开外交干涉行动中加速决策的作用。不过，他同时否定了 CNN 效应亦即媒体设定外交议程的作用和越战症候群等媒体对外交军事行动的抑制作用，认为是伤亡情况本身而不是媒体报道造成了越战症候群现象。该研究存在两个问题：第一，未根据新闻媒体发挥作用与否的情况对八种外交干涉进行决策性质予以进一步归类。例如，在战略威慑和自愿人道主义干涉等政府外交政策战略意图明确的情况下，新闻媒体对外交决策没有明显的影响；在常规战争和战术威慑等危机期间，且外交政策目标和战术意图明确的情况下，媒体对决策内容本身没有影响，但却能发挥加速决策进程的作用。第二，利文斯顿的研究仅就新闻媒体的三种影响模式进行了探讨，没有涉及本书探讨的新闻媒体宏观和微观层面更详尽的影响模式。

科布等的决策三步模式研究的学术价值一方面在于指出"外部提议模式"也就是决策层内部有分歧转而需要外部渠道共同参与决策的模式下，经常被忽视的公众和新闻媒体具有"活跃"的影响，另一方面在于其强调了公众和新闻媒体对外交议程设置影响的一个容易为人忽视但确是不争的事实：成功地影响了外交议程的设置，并不意味着外交决策者会按照议程提议者的倾向进行决策，无论议程如何设置，外交决策者都会根据对各方因素的判断具体制定和实施政策。

政治、公众和媒体三者关系复杂，同时涉及政治活动各层次参与者之间合作关系和对抗关系。三者之间不存在简单的线性因果关系。这些参与者相互关系交织而成的网也正是诸多媒体影响模式所必须解决的各种可能性和复杂问题的症结所在。

众所周知，美国外交政策是作为决策中心的华盛顿，由以美国总统为首的联邦行政分支机构和国会制定的，偶尔美国最高法院也会参与其中。但是，外交政策方面的提案多数由总统及其领导的行政部门动议。行政部门是外交决策的核心，只有少数精英参与决策。[①]每项外交政策决策层的人员构成都会不同，实际包括"总统合法启用的任何行政部门的个人和组织"[②]。外交政策常常是在总统的国会或全国讲话中宣布。而大部分外交政策的动议

---

① Chang, Tsa Kuo. *The Press and China Policy: The Illusion of Sino-American Relations, 1950-1984.* Norwood, NJ: Ablex, 1993, p. 15.

② Plischke, Elmer. *Conduct of American Diplomacy.* Princeton, NJ: D. Van Nostrand, 1967, p. 67.

和最终形成是在国务院内部完成的。不过，每项外交政策的提出"都必须经由总统许可。"[1]国会在外交决策上最主要的权力在于其掌控的"财权"[2]，国会通过拒绝或有条件地拨款对外交政策进行限制。

外交政策在实际制定和运行过程中，利益集团和新闻媒体也会积极参与到冗长且充满政治博弈的外交决策过程中，是极为活跃的影响因子。大多数选民通过媒体了解外交决策的酝酿、制定和实施情况。约四分之三的美国公民每天通过网络、电视、收音机、报纸等媒介关注新闻，还有人看外交事务相关的报刊。[3]因此，新闻媒体是华盛顿决策人员之间以及华盛顿外交决策者与公众之间信息沟通的关键所在。

然而，无论是新闻机构还是新闻记者实际上都无实权参与美国外交政策的制定。传播信息与制定、实施外交政策是根本不同的两件事。与总统对外交决策的掌控或国会就某一外交问题投票表决不同，媒体对某外交问题的影响是无法精确量化的，更何况新闻媒体日复一日的报道对外交决策者和公众的影响会因人、因事、因时而不同。因此，研究新闻媒体对外交决策者和公众的影响则必须更加审慎。

### （三）理论思考

美国新闻媒体在与外交决策 200 多年来的关系史中，在不同阶段和情形下对外交决策的影响时强时弱，要对其影响作贴合实际的解释，就要将媒体发生作用以及不发生作用的客观条件作具体分析。本着审慎的研究初衷，有必要在系统梳理新闻媒体对外交决策和公众舆论诸种影响的基础上，结合上述外交决策者、公众舆论和新闻媒体三者关系现有理论模式，利用政策确定性理论，就三者关系提出一套外交政策确定时期和不确定时期媒体不同影响机制的理论模式。笔者拟利用"政策确定性"理论，将目前纷繁多样的媒体与外交决策关系理论进行梳理，提出政策确定性范式下新闻媒体在外交政策问题上对公众和决策者影响的机制和解释。

在研究 CNN 效应的过程中，美国学界提出"政策确定性"（Policy Certainty）对于媒体发挥影响具有重要作用，认为这是左右媒体在外交决策中是否发挥作用，发挥多大作用的关键。尼克·高英明确指出，"当政府政

---

① Plischke, Elmer. *Conduct of American Diplomacy*. Princeton, NJ: D. Van Nostrand, 1967, pp. 67-69.

② Plischke, Elmer. *Conduct of American Diplomacy*. Princeton, NJ: D. Van Nostrand, 1967, p. 81.

③ 见 PEW Research Center for the People and the Press. "Newspapers Face a Challenging Calculus." Feburary 26, 2009. http://pewresearch.org/pubs/1133/decline-print-newspapers-increased-online-news

策明确，……电视报道就没有什么影响，……每当出现问题，政府还没有想出对策或政策还没有确定下来时，……他们就得做些什么或者面对公关的惨败。"①马丁·肖（Martin Shaw）认为，冷战结束后"政策确定性的缺失"为新闻"媒体提供了难得的机会"②。还有学者指出，"实时电视报道的影响效果与现行政策的……连贯性……直接相关"③。

实际上，肯尼迪政府时期国务院官员、政治学家罗杰·希尔斯曼（Roger Hilsman）的研究曾细化了政策确定性与不确定性的理论含义。他勾画了决策过程模型，"以展现决策过程中的各类不同个人和组织，他们都有影响力。有些组织和个人影响力会大些。而其具体影响力依具体事宜而各异"④。在具体政策形成过程中，各权力中心"试图与思路相近的权力中心形成同盟，……有时会如愿以偿，提议被全部采纳，有时提议被采纳了一半，即使这样，他们也明白这是他们能够得到最理想的结果了"⑤。他在此基础上进一步提出，有时政策协商的结果是形成"权力中心都不满意的妥协方案"，而这种方案也常存在逻辑上或政策一致性等问题。⑥就此，亚历山大·乔治（Alexander George）更明确地指出："理性的政策考量发生在三个决策体系中互为关联的层面或子部门之间。个人层面（如总统、国务卿）、数目相对较小的政策顾问介入进行面对面商讨的小团体层面以及各行政部门机构按照等级参与决策的组织层面。"⑦而政策不确定往往也正是如上三者间出现意见不合、职责不清或利益冲突所造成的。

乔治将可能出现政策不确定性的情况具体分为三种：一是遇突发事件，政府暂时没有形成政策时，属于完全没有政策的情况；二是妥协性政策，政

① Gowing, Nik. "Real-time Television Coverage of Armed Conflicts and Diplomatic Crises: Does it Pressure or Distort Foreign Policy Decisions?", Harvard Working Paper. Cambridge, MA: The Joan Shorenstein Barone Center on the Press, Politics and Public Policy, Harvard University, 1994, pp. 85-86.

② Shaw, Martin. *Civil Society and Media in Global Crises*. London: St Martin's Press, 1996, p. 181.

③ Strobel, Warren P. *Late Breaking Foreign Policy: The News Media's Influence on Peace Operations*. Washington D.C., WA: United States Institute of Peace, 1997, p. 219.

④ Hilsman, Roger. *The Politics of Policy Making in Defense and Foreign Affairs*. Englewood Cliffs, NJ: Prentice-Hall, 1987, p. 82.

⑤ Hilsman, Roger. *The Politics of Policy Making in Defense and Foreign Affairs*. Englewood Cliffs, NJ: Prentice-Hall, 1987, pp. 82-83.

⑥ Hilsman, Roger. *The Politics of Policy Making in Defense and Foreign Affairs*. Englewood Cliffs, NJ: Prentice-Hall, 1987, pp. 82-83.

⑦ George, Alexander. *Presidential Decision Making in Foreign Policy: The Effective Use of Information*. Boulder, CO: Westview Press, 1980, p.11.

策的具体框架不明确，或者政策目标已明确，但具体实施方案有待细化和具体化；三是盲目或来回摇摆的政策，这是决策层内部分歧未得到解决的结果。①

由上述分析可看出，当遇有突发事件，政府暂时还没有形成政策，或者决策层内部产生分歧，或行政部门间在某模棱两可的政策问题上出现利益冲突或职责不确定等问题，也就可以说是出现了政策不确定性情况。反之，政策确定性是指行政部门间分工合作顺利进行，目标明确，意见一致的政策状态。②

在政策未形成或完全没有政策的情况下，对媒体报道作出回应本身会给决策者们造成无形的压力，使其积极谋求对策，否则将会招致一片讨伐声。可以想见政策的初步形成可能就始于对媒体报道的回应。自然地，在回应媒体质疑的过程中，如果政府短期内还没有形成明确的政策，将会更深地陷入媒体的围困之中。③

相反，当政府政策清晰、意见一致时，就会动用所有资源宣传其政策，影响新闻媒体，以争取支持。同时，正因为政策明确，政府得以轻松自如地应对媒体负面报道。此时新闻媒体表面上表现出的作用常常是传统学派所描绘的政府喉舌、传声筒的角色。

国内外研究虽然将政策确定性理论较为频繁地应用在政治学、国际关系等领域特别是政策研究领域，但还没有将这一理论应用到新闻媒体对外交决策及公众舆论影响上。虽然皮尔斯·罗宾逊等学者提出政策确定性分析理论有助于认识媒体对外交决策的影响，但并未系统阐述媒体在政策确定性框架下如何发挥影响，又具体有哪些影响。在前文系统分析媒体如何影响决策者和公众的基础上，笔者将利用政策确定性理论，就新闻媒体对公众舆论和外交决策所发挥的影响放在政策确定时期④与政策不确定时期（如紧急事件、经济危机、军事危机初期和战时等）分别进行系统梳理，力图发现媒体在不

---

① George, Alexander. *Presidential Decision Making in Foreign Policy: The Effective Use of Information*. Boulder, CO: Westview Press, 1980, p.114.

② Robinson, Piers. "Theorizing the Influence of Media on World Politics: Models of Media Influence on Foreign Policy". *European Journal of Communication*，Vol.16, No.4, 2001: pp.534-535.

③ Robinson, Piers. "Theorizing the Influence of Media on World Politics: Models of Media Influence on Foreign Policy". *European Journal of Communication*，Vol.16, No.4, 2001: p.525.

④ Allen, Cleo Joffrion. "Foreign News Coverage in Selected U.S. Newspapers 1927-1997: A Content Analysis." Dissertation. Louisiana State University, 2005.

同情况下对决策者和公众具体发挥影响的机制。

## 二、典型个案之一：新闻媒体与美国退出国际联盟

选取第一次世界大战后威尔逊总统（Woodrow Wilson，1913—1921）时期比较重要的外交政治事件——国联问题作为个案研究对象，主要原因有二。一是在这一时期，虽然广播电台、电影等新的媒体手段在美国人生活中所占比例开始逐渐提升，但报刊作为传统媒体手段已经发展得比较成熟。与朝夕瞬变的电视广播报道相比，报刊的内容更具有长时可靠、覆盖面广、获取方便的特点，因此依旧是美国人了解时事的一个极为重要的途径。二是美国加入国联问题具有戏剧性与典型性。一方面，其过程由最初威尔逊总统心意确定、全民支持，到国会内部发生意见分歧，再到后来的搁浅，可谓一波三折；另一方面，在这一过程中，新闻媒体、决策者及公众均扮演着不同的角色，对这一个案进行考察，可以充分反映媒体在外交政策不同阶段所体现的作用。

### （一）美国与国际联盟问题的形成

在第一次世界大战的洗礼下，人们感受到战争的残酷，迫切要求和平。人们希望通过建立一个联合统一的国际组织来永远地避免战争。这不仅仅是美国，也是全世界人们的一致要求。为此，建立国联的思想在战后的世界相当流行，英、法、美等国都提出过类似的思想主张。其中最为著名的是威尔逊在"十四点原则"中提出的建立统一的国际组织，"十四点原则"也成为战后召开巴黎和会，建立国际新秩序的基本规划。然而，颇为吊诡的，美国作为首倡者，却以拒绝加入国际联盟而收场。在这一过程中，新闻媒体一直参与其中。

### 1. 巴黎和会召开前威尔逊与媒体的互动

国联问题的最早提出是在 1918 年 1 月 8 日威尔逊总统在致国会的国情咨文中。当时威尔逊的用词不是国际联盟，而是国际联合会（A general association of nations）。7 月 17 日，他的特别顾问爱德华·豪斯（Edward House，人称"豪斯上校"）同法律顾问大卫·亨特·米勒（David Hunter Miller）合作制定了一个正式方案。但是，威尔逊并没有将这个方案公开甚至连他的国务卿也没有告诉。直到 9 月 27 日，威尔逊发表演说，才着重讲

了国际联盟（The League of Natons）。由于威尔逊一直对国联盟约的起草活动保密，所以外界以及媒体对于其具体的国联计划并不知情。

1918 年 11 月，协约国与同盟国停战，威尔逊希望亲自到巴黎参加和会推动和平进程。在启程之前，威尔逊委托其白宫政治秘书约瑟夫·P. 图马尔蒂（Joseph P. Tumulty）关注美国的舆论动态，要求其及时汇报："我依靠你得知海洋这边的消息。我知道我可以相信你会恰如其分地告诉我这里的情况。记住，我会离开得很远，我需要的是你对大洋这边公众舆论的诚实的评估。这是我最为需要的东西。当你认为我涉入太深时，请诚挚地告诉我。我恐怕我无法依靠我从其他渠道得到的意见和建议"①。图马尔蒂在给威尔逊的电报中，多次引用报纸报道来给威尔逊提出建议。图马尔蒂和威尔逊之间的通信表明，在很多关键时刻，威尔逊都根据图马尔蒂对美国公众舆论的解释作出了相应的行动。

1918 年 12 月 13 日威尔逊总统搭乘乔治华盛顿号轮船到达欧洲，他带了大量的专业人员和书籍资料。同时，也有不少记者随行远跨大西洋来到巴黎报道即将召开的会议状况。美国三大通讯社——美国通讯社（United Press）、国际新闻通讯社（Universal News Service）、美联社记者以及几十家报刊的记者代表乘坐另一军舰以及其他几艘轮船追随威尔逊踏上了欧洲之旅。当时巴黎已经有三四十名美国记者，加上另从美国赶来的记者代表，巴黎和会期间，大约有 150 名美国记者参与了报道。

针对与媒体记者的交流问题，威尔逊曾与豪斯上校和克里尔进行了一番商谈。最后，他决定给代表们写信，大体阐述了他的计划。该计划包括两方面，一个是开通媒体接触代表们的直接渠道，"每天开一个简短的会议，邀请媒体代表参加，以促进必要的信息和意见的交流"②；第二个是成立一个由其秘书雷·S. 贝克（Ray S. Baker）领导的公布信息的机构，尽可能地为记者们提供方便。③ 在巴黎的机构组织包括办公人员（特别是专家）；设有专门的通信员和邮政系统；设有专门的电话和电报装置，并且对其严格保护以防他国窃取信息；此外还设有一个印刷机构，印发《信息摘要》报刊。④

---

① Tumulty, Joseph. *Woodrow Wilson as I Know Him*. New York: Doubleday and Company, 1921. p. 341.

② "Woodrow Wilson's Steel Box", *The New York Times*, Jan 1, 1922.

③ "Publicity at Paris", *The New York Times*, Apr 2, 1922.

④ Bell, Herbert C. F., Woodrow Wilson, and K. C. Fang. *Woodrow Wilson and the people*. Taipei: China Culture Publishing Foundation, 1960, p.284.

由此可见，威尔逊对媒体和新闻信息还是非常重视的，并且尽力保持与国内媒体交流畅通。在这种情况下，1919 年 1 月巴黎和会正式召开。

**2. 巴黎和会对国联问题的讨论及媒体评论**

1919 年 1 月 18 日巴黎和会正式召开。和会以威尔逊返美为界划分三个阶段：第一阶段，从 1919 年 1 月 12 日至 2 月 14 日；2 月 14 日至 3 月 4 日为第二阶段；3 月 4 日至 6 月 28 日为第三阶段。1919 年 6 月 28 日，《凡尔赛和约》正式签字。

在第一阶段中，1 月 25 日，巴黎和会第二次全体会议通过决议，决定：

（1）为了维持参战国目前会议所要达到的世界安定，必须建立一个国际联盟来促进国际合作，保证公认的国际义务的实施和提供防止战争的保证。

（2）这个联盟的建立应该作为总的和平条约的不可分割的一部分，凡相信可以促进它的目标的文明国家都可以参加。

（3）国联会员在会议休会期间处理国联的事务。①

1 月 30 日，威尔逊与英方代表罗伯特·赛西尔（Robert Cecil）勋爵任命威尔逊总统顾问大卫·亨特·米勒和英方的赛西尔·赫斯特（Cecil Hurst）起草国际联盟方案，以调和英美双方的意见。随即出台的赫斯特–米勒草案成为起草委员会讨论的根据。2 月 14 日，威尔逊以盟约起草委员会主席身份，将国际联盟盟约草案提交巴黎和会全体大会讨论，再就各国所提的修正意见斟酌增损。

这一时期，美国媒体对国联持"大体赞同"态度。许多"著名人士计划向和会表明美国支持国联"②。"美国大众观点明显倾向于支持国联"，尽管同时也应注意到"民众还没有深入研究这个问题"。敌对势力尽了最大努力强调"美国主权有受到侵害的危险"，"所有这些强大的力量都诉诸美国爱国主义来反对国联，这可能会让人觉得反对国联的情绪可能会产生……但是仍旧应该看到，长期来看，美国人希望和平的真诚愿望会促使国联得以实现"。③

这之后 2 月 15 日，威尔逊启程暂时返美。在美国停留 10 天后，于 3 月

---

① （英）华尔脱斯著，汉敖、宁京译：《国际联盟史》（上卷），北京：商务印书馆，1964 年版，第 39 页。

② "Call on America to Indorse League", *The New York Times*, Feb 5, 1919.

③ Floto, Inga. *Colonel House in Paris: A Study of American Policy at the Paris Peace Conference 1919*. Princeton, NJ: University Press, 1980, p.135.

5 日再次乘船赴巴黎。在美的十天当中，威尔逊当众发表演说两次。一次是于 2 月 25 日在波士顿的演讲，另一次演说是在威尔逊回国之前，应纽约州州长之请，威尔逊和前总统威廉·霍华德·塔夫脱（William Howard Taft）在大都会歌剧院同台发表演说。对于这两次演说，美国民众表现了很大的热情，媒体也都给予了充分报道，以至于威尔逊对国联前景非常自信，满怀热忱地称："我要告诉大洋对面的人们……美国大部分人都赞同国联。"①

驻华盛顿英国大使劳德·雷丁（Lord Reading）评论说，威尔逊的到达演说（在波士顿）有很大影响，但是他的告别演说（在纽约）并没有达到相同的效果，人们"想要更确实的东西"。他进一步强调，总统与外交委员会成员的午餐明显对共和党参议员没有起到任何效果。同时，他认为"参议院现在的观点还不能作为最后的观点"。然而，考虑到广大民众的总体情绪，他勉强表示支持威尔逊。他说："总统自信地表明他有国民在背后支持，有理由相信他可能是对的，如果将国联进行公投，威尔逊很可能会胜出。"他的观点基于《纽约太阳报》（New York Sun）（威尔逊的一个积极的反对者）做的一个调查。该报对所有 48 个州长对地区情绪的观点进行了询问调查，尽管有 26 个人是共和党，"结果却是极大地赞同国联，以至于反对国联的《纽约太阳报》被迫以希望这是一首失败之歌的笔触将其印刷出版了出来"。最终，雷丁说现在总体的观点似乎是威尔逊"会带回一个囊括了反对势力的建议的新的草案，这样他就会反击敌对势力"②。

第三阶段，3 月 7 日，在威尔逊启程返欧之后，"突然在华盛顿涌起一股新闻潮流，暗示总统应考虑美国人修订现行草约的要求"。媒体的报道在参议院权威的支持下扩大了影响。《每日电讯》报很现实地分析美国的现状："威尔逊现在正驶向欧洲，但是他留在身后的现状与 12 月份很不一样……很难否认，国联问题危机四伏"。3 月 7 日，《泰晤士报》刊发了一篇由驻华盛顿记者写就的对现状的分析报道，认为总统"没能成功实现他回到华盛顿的首要目的"，而且"国联条约现在的样子与能够吸引美国加入的样子相距甚远"。然而，他同时指出，如果威尔逊决定同意作出修改，形势发生回转的可能性很大。三天之后，该记者又发文指出，"很难怀疑不仅仅是参议院而

① Powell, Lyman P. and Fred B. Hodgins. *America and The League of Nations: Addresses in Europe.* Chicago: Rand McNally and Company, 1919, p. 181.

② Floto, Inga. *Colonel House in Paris: A Study of American Policy at the Paris Peace Conference 1919.* Princeton, NJ: University Press, 1980, p.147.

且公众的舆论都反对接受现在的国联条约，巴黎如果忽视这个事实，可能会导致美国拒绝加入国联"。他基于全国除太平洋沿岸各个地区的 50 份报纸做了一份民意调查，他发现"敌对的大多数都宣称相信国联，但是建议修改条约内容"①。

当总统重新踏上布雷斯特时，很明显"事实上整个媒体都得出结论，出于对国联条约批评者的尊重并为了减少许多人自然出现的怀疑情绪，对条约进行一定的修订是很必要的"②。也正是因为巴黎的代表们也感受到了美国参议院以及民众的情绪，所以其对国联条约进行了一些修改。一位美国代表就说，"恐怕除非采取行动满足异议，那些反对它（国联）的人将会掌控公众情绪反对总统"③。

威尔逊接到图马尔蒂的电报，内称："国家受到巴黎和各地报道的影响，称国联将不会囊括在和平条约内。"④对此，威尔逊很快给他回电，"全体大会已经决定国联是和平条约的一部分。相反的报道绝对不是真实的"⑤。不过，国务卿罗伯特·兰辛（Robert Lansing）表示，他"怀疑这个声明是否能消除公众这种普遍的观点"⑥。

威尔逊从美国返欧两个星期后，公众舆论又普遍指责国联条约的起草延迟了恢复和平的步伐。图马尔蒂也提醒威尔逊说"有迹象表明，我们国内外的敌人试图制造你要对和平解决的拖延负责的印象"⑦。威尔逊立即作出反应，在 3 月 27 日发表了一份公开声明，称他对国联问题延迟了和平的构建这一观点"相当惊讶"，断然否定了这一观点的可信性。⑧

---

① Floto, Inga. *Colonel House in Paris: A Study of American Policy at the Paris Peace Conference 1919*. Princeton, NJ: University Press, 1980, p.135.

② Fleming, Denna Frank. *The United States and the League of Nations 1918-1920*. New York: G. P. Putnams' Sons, 1932, p.173.

③ Floto, Inga. *Colonel House in Paris: A Study of American Policy at the Paris Peace Conference 1919*. Princeton, NJ: University Press, 1980, p.136.

④ Tumulty to Wilson 13.3.19, Wilson, Woodrow and Arthur S. Link. *The Papers of Woodrow Wilson, Vol. 53-67*. Ser. 5A. Princeton, NJ: Princeton University Press, 1996.

⑤ Tumulty, Joseph P. *Woodrow Wilson as I Know Him*. La Vergne, TN: Lighting Source Inc., 2004, p.520.

⑥ Lansing, Robert. *Peace Negotiations: A Personal Narrative*. London: Constable and Company LTD, 1921, p.156

⑦ Tumulty, Joseph P. *Woodrow Wilson as I Know Him*. La Vergne, TN: Lighting Source Inc., 2004, p.524.

⑧ Ammission to Compub 27.3.19, Link, Arthur S. *The Papers of Woodrow Wilson, Vol. 53-67*. Ser. 5A. Princeton, NJ: Princeton University Press, 1996.

到 3 月底，舆论倾向已经发生很大变化，"几个星期前西蒙兹（Simonds）和其他人的报道都还很乐观，但现在已经转为了深深地悲观情绪。西蒙兹在周六的一篇文章中称：'委员会没有共同的目标、没有主导的影响，以至于产生错误的印象'"①。

然而，对国联条约的讨论却飞速进行。1919 年 4 月 28 日，威尔逊在全体会议上宣读了盟约的最后定稿。《国联盟约》全文二十六条，随《凡尔赛和约》于 1920 年 1 月 10 日生效。人们还没有弄清是怎么回事，盟约便戏剧性地被通过了。

**3. 参议院否决巴黎条约**

1919 年 6 月 29 日，在和约签字的第二天，威尔逊启程返美了。7 月 10 日，威尔逊把和约呈送至参议院，请求迅速予以批准。11 月 9 日，参议院对和约进行了投票，未获三分之二多数票通过。1920 年 3 月 19 日又进行了一次投票，同样未获通过。包含国联内容的《巴黎和约》被最终否决。1921 年 8 月 25 日，美国与德国单独签订了最后的和平条约。

这一时期，参议院也一如既往地采取敌对态度，公众舆论的潮流很明显地对国联表示反对。对此，威尔逊通过报纸报道，表明了自己的决心。1919 年 7 月 24 日，他声称如果对和约加以变动，小国家会反对条约，因此坚持条约完整不变②；9 月 5 日，威尔逊"宣称整个世界在等待美国，坚信条约将会得到批准"③。他始终对美国人民抱有信心，"在他的整个职业生涯中，他把公众视为他主要政见的最终诉求的审判所。当参议院反对负载着国联条约的凡尔赛条约时，他希望直接向公众诉求可以迫使参议院接受条约，而无需经过洛奇和其他共和党建议的改动"④。因此，威尔逊踏上辛苦的西部演说之行。但是他的健康状况不断恶化，1919 年 9 月 25 日，当威尔逊在科罗拉多州的普韦布洛发表完提倡国联的演讲后，他终于昏倒在地。10 月 2 日，他又患了中风。西部演说之行草草结束，而威尔逊的健康状况也使得他很难在为国联条约作进一步的努力。

同时，9 月 10 日，外交委员会将和约转交到参议院，并提出了许多修

---

① "Wilson's Cablegrams From Paris", *The New York Times*, Nov 27, 1921.

② "Wilson Continues Firm", *The New York Times*, Jul. 24, 1919.

③ "Wilson Calls His Tour a Report to People", *The New York Times*, Sept. 5, 1919.

④ Holsti, Ole R. *Public Opinion and American Foreign Policy,* Ann Arbor, MI: University of Michigan Press, 1996, p.7.

正案和保留意见。一份是由参议员亨利·C. 洛奇（Henty C. Lodge）起草，赞成者占多数；另一份由吉尔伯特·M. 希契科克（Gilbert M. Hitchcock）起草，赞成者占少数。希奇·可克建议毫无保留或修改批准和约；而洛奇的报告书则提出四条主要修正案。几周后，参议院否决了各项修正案，因为修正案一经通过，条约必须重新与协约国和德国谈判。于是，外委会便决定以保留案代替修正案。11 月 6 日，参议员洛奇就批准条约问题提出了一项附有十四点保留意见的决议案。

据统计，围绕和约总共投票 5 次，始终无法获得 2/3 的赞成票。因此，翌日该约退还给总统。美国没有批准和约，而于 1921 年 8 月 25 日，与德国单独签订和平条约。

**（二）媒体在巴黎和会期间的报道**

有学者认为："这（国联）是一个严酷而富有戏剧性的故事；也许现代历史事件中还没有一件比这件事更带有埃斯库罗斯戏剧的悲惨色彩。"最初，基本上全美国人民都支持国联，人们认为，必须要有一个国联来维护长久的和平，并且美国必须参加。大学、牧师、教员、作家、劳工发言人的意见几乎是一致的，共和党著名人物塔夫脱、鲁特、胡佛等都曾发表支持言论，然而几年之后，美国舆论却改变了风向，参议院几次投票都没有达到三分之一，国联盟约最终没有获得通过。其中一个很重要的原因就在于媒体报道以及公众舆论的变化。下面我们就从媒体报道的密度和内容、信息来源以及倾向性几方面来看一下媒体对国联问题报道的特点。

**1. 媒体报道具体内容及密度变化**

总的来说，媒体对国联报道的密度并不大。以以国际报道著称的《纽约时报》为例，笔者搜集到的关于国联问题的文章从 1918 年到 1922 年这 5 年时间，只有 240 多篇，其他报纸登载的就更少。相比国内问题来说，报纸对外交问题的关注很少。由此可见，在国联问题上媒体对国联的密度较小。

究其原因，主要在于美国公众对外交问题的不重视。媒体报道的内容反映了公众的关注方向。只有公众关注，报刊才能保证销量，记者才愿意去报道。一般来说，外交政策并不是公众主要的兴趣领域。在战争时期，公众可能会对外交投入更多的热情，但是当战争结束，人们往往把视线投向其他方向。

此外，由于国际报道的技术条件限制，也给大密度报道外交问题带来了困难。巴黎和会召开时美洲大陆和欧洲大陆之间有十七条电缆，不过其中只有八条运转正常。除了巴黎和会上新闻报道的内容外，这八条电缆还要负担传输所有紧急的政府政策和军事事务以及巨量的商业报道信息。由于战争影响，三条与亚洲联系的邮递线路中有两条处于瘫痪状态，所以这些原本输往日本和远东的交通负担也要由西向的大西洋线路承载。信息负荷很大，据估算，美国记者每天通过无线电或电报要发送 7 万或 8 万字。如此巨大的信息传输量仅靠几条堵塞的线路传载，造成了很多信息延误。在公共信息委员会罗杰斯（Walter S. Rogers）的努力下，法国政府同意通过利用无线电塔每天为美国传输 9000 字的新闻材料。即由美国设在凡尔赛的出版局（Press Bureau）选择每天的重要新闻材料，交送到罗杰斯的办公室，然后交给无线电操作员传往美国，在美国分配给各个新闻机构。美国通讯社、国际新闻通讯社、美联社各自可以得到 1000 多字的份额，剩下有三千多字按影响力分配给十几个全国性大报刊，但是分配量少的报刊每天可能只有 100 字左右。[①]所以媒体规模、影响力越大，其所能得到的外交方面的一手信息会更多一些，其他小报刊难以望其项背。但是总的来说，由于地理因素、技术因素限制，巴黎和会上，美国媒体通过电报无线电得到的信息量是有限的，而且信息传递可能有所延迟。信息源少和交流不畅造成外交事务报道密度较低。

分阶段来看，第一阶段是从 1918 年 1 月到 1918 年 11 月，即从国联问题在美国提出到一战结束，这一时期媒体对国联问题的报道很少，依旧以《纽约时报》为例，这一时期关于国联的报刊文章只有 20 篇左右。由于这一时期，战争还没有结束，人们的关注点主要在于战争进程。尽管建立国际组织这一概念提出得很早，但是由于没有切实的需要，媒体也并没有给予特别的关注。

这一时期的国联报道主要体现了人们对国联抽象原则和意义的理解，因为除少数几篇外并没有体现出当时舆论对国联政策进行深入思考。正如刚刚从英国战争部退休的爱德华·卡尔森（Edward Carson）爵士所指出的，"每个人都赞同国联，但是许多人在提到它的时候对于它可以有哪些作为，又如何实现那些作为没有一点观念。一些人想象当国联建立之后，就可以解决所有的战争问题。但是他们不知道它怎么样可以阻止战争"[②]。他也指出，就

---

① "Publicity at Paris", *The New York Times*, Apr 2, 1922.

② "Carson Fears Trap in League of Peace", *The New York Times*, Feb 18, 1918.

国联来说，还有很多实际的问题，例如是否所有的国家，不论大小都享有同样的发言权和表决权等等。他进一步指出，国联对那些热爱和平的人来说，有可能会成为一个陷阱。"直到你清楚地发展了国联的机构之后，直到你创建了稳固的、有效运作以至战争是不可能的组织机器之后，你必须极为小心国联思想不会仅仅成为热爱和平的国家的陷阱和更有野心、更具侵略性、更肆无忌惮的国家为扩张自己进行统治的方法。"[①]

　　第二阶段从 1918 年 11 月到 1919 年 7 月，是媒体对国联报道的最密集阶段。从笔者搜集到的报刊资料分析，这一时期《纽约时报》关于国联的报刊文章有 110 篇左右。这一时期是巴黎和会制定国联条约的时期，是正在进行中的历史事件，因此媒体对其给予了充分报道。特别是由于世界大战刚刚结束，国联作为解决战争问题，防止战争爆发的重要手段，对于期盼和平的美国民众来说，自然是引人关注的话题。

　　这一时期，媒体报道对国联问题进行了深入的分析和思考，报道了"建立国联的几点理由"[②]，分析了"是否需要国联"[③]，也对建立国联的很多实际问题质疑：国联是否应该拥有武装力量，国联精神是否与门罗宣言相悖？[④] "由谁来构成国联？那些新成立的从没经历过独立政府而且自身内部又有很多问题的国家都是国联的一员吗？大国和小国在国联的发言权相同吗？"[⑤]

　　第三阶段从 1919 年 7 月 1920 年 3 月，媒体对国联的关注度极具下降。虽然这一时期是参议院审核讨论是否批准国联条约的重要时期，但《纽约时报》的国联报道只有 40 篇左右。人们关注度下降的原因也是很明显的，毕竟大战已经结束，"美国人民心目中最重要的问题，不是是否国际联盟，而是禁酒和生活费用上涨"[⑥]，"农民不愿听到谷物价格下降的消息；种植园主想要为他们的棉花卖个更高价。当威尔逊宣称国会有权削减中间商和股票经理的利益时，他们被激怒了……劳工这一整年都很不安定，他们发动了好几次严重的罢工。I.W.W.和一些鼓动家并没有制止犯罪行为，他们的活动造

---

① "Carson Fears Trap in League of Peace", *The New York Times*, Feb 18, 1918.

② "Pope Hopes for Foundation of League of Nations; Invokes Divine Help for Wilson in Peace Mission", *The New York Times*, Jan 12, 1919.

③ "The Demand for a League of Nations", *The New York Times*, Mar 9, 1919.

④ "Borah Ridicules League of Nations", *The New York Times*, Dec 7, 1918.

⑤ "Wickersham Raises Issue", *The New York Times*, Nov 27, 1918.

⑥ 邓蜀生：《伍德罗威尔逊》，上海：上海人民出版社，1982 年版，第 190 页。

成了一种氛围：和平解决有时是很困难。1919 年夏天，利他主义的价值在美国下降得很迅速。总统和他的政策的受欢迎度也是如此"①。在这种状况下，人们对国联的热情急速下降，除了一些对于外交政策很熟悉、很关注的社会精英以外，大部分的美国平民已经逐渐对国联失去了兴趣。正因如此，威尔逊才坚持把国联纳入和平条约，因为只有趁人们的注意力被媒体报道的国联问题所吸引，公众对国联问题表现出极大热情的时候，才能一鼓作气，靠公众舆论给国会施加压力，推动国联组织的建立。

第四阶段，从 1920 年 3 月到 1922 年底，这一时期媒体对国联报道密度又有所回升。《纽约时报》对国联问题有 60 多篇报道。在国联政策落下序幕一段时间之后，媒体的评论更为大胆，并开始分析国联政策失利的原因。例如，1920 年 4 月一篇报道以大篇幅比对了针对和约失败的两方观点。一方认为"共和党控制参议院委员会组成的能力是条约失败的最主要原因。迅速继承了上次选举的外交委员会被认为由对条约最直言不讳、最执拗的敌人组成。委员会主席参议员洛奇，大家都知道他在任何地方都是威尔逊倡议的或者推荐的所说所做的任何事的毫不保留的批评者"。另一方认为，和约失败的原因在于威尔逊个人。"总统的许多朋友承认这是一个战术性的错误。没有挑选像鲁特或者塔夫脱或者休斯这样的众人皆知支持国联而且其个人影响能够中和参议员洛奇的嫉妒和恨意的共和党人。共和党多数认为条约有一些好的部分，如果关于保护美国权利和美国原则的保留意见可以被采纳，他们很乐意支持。这些保留意见被参议院采纳，（但总统不愿妥协），条约失败的责任直接归为威尔逊总统。……总统强迫参议院接受国联，不顾及参议院对国联条约的价值判断。"②

此外，大批巴黎和会亲历者对事件的回忆文章也相继出炉，发表在报刊上。1923、1924 年左右，许多巴黎和会的亲历者撰文对当时事件进行回忆，如克里尔的"战争、世界和威尔逊"③，亨利洛奇的"参议院和国联"④，兰辛的"和平协商"⑤等等。《纽约时报》等报刊也长篇连载图马尔

　　① Bell, Herbert C. F., Woodrow Wilson, and K. C. Fang. *Woodrow Wilson and the people*. Taipei: China Culture Publishing Foundation, 1960, p.325-326.

　　② "Placing the Responsibility for Defeat of the Treaty", *The New York Times*, Apr 4, 1920.

　　③ Creel, George. *The War, the World and Wilson*, New York: Harper & Brother Publishers, 1920.

　　④ Lodge, Henry Cabot. *The Senate and the League of Nations*. Charles Scribner's Sons, 1925.

　　⑤ Lansing, Robert. *Peace Negotiations: A Personal Narrative*. London: Constable and Company LTD, 1921.

蒂以及贝克等人的书目章节。同时，这些资料的出版也让人更得以深入了解巴黎和会国联问题讨论的内幕。

但是就国联问题本身来说，已经无法再激起公众舆论广泛的讨论热情。媒体明确地撰文指出，国际法庭和国联不会作为一个国家话题吸引人们的关注。人们不会再以很多触及他们日常生活和习惯的国内问题为代价被带入外交问题的领域当中。"给我们些葡萄酒，给我们啤酒，给我们几个州的地区选择权。照书本的说法，这是美国主义。国联、法庭、移民、关税、国内税和其他一些东西，都是与人们的需求不太相关的边远话题。"[1]显然，国联已经从人们的视线中淡出了。

**2. 媒体信息来源**

大体来说，报道一个外交事件的信息来源可以分为国际和美国国内两部分。具体在巴黎和会问题上，在外国，新闻报道的来源主要有和会的正式会议、美国代表、外国代表；而在美国本地，信息主要来自参议院、舆论领袖以及普通民众。

（1）会议代表

就美国政府的对外政策来说，媒体的最佳新闻来源就是总统，但由于种种原因，媒体和总统却无法很好地互动。"总统是唯一一个拒绝和他自己国家定期单独会面的国家首脑……因此由于（国家计划）不是从他的观点来解释的，他的事业在国内受到打击。"[2]媒体只能通过贝克等人探知威尔逊的个人意见。除威尔逊外，美国代表们曾坚持定期和记者交流，每天早晨二十至五十名记者会聚在国务卿兰辛的房间里交流，兰辛也会很好地接待这些记者。其他的代表，例如豪斯上校、怀特（White）、布里斯（Bliss）也会经常参加。但是逐渐地，由于和平会议讨论事务繁重，布里斯将军和豪斯上校逐渐不再参加这个记者会，而只有兰辛或者怀特来接待，而且他们能够透露给记者的内容也十分有限。尽管如此，媒体报道中有很多内容都是直接来自美国代表。例如《纽约时报》1918年12月19日报道，"威尔逊对国联问题的看法，美国代表相信复杂情势很快就会改变"[3]；12月21日又报道"威尔逊理念胜利了。总统在法国大受欢迎表明他会终结战争。相信国联会在英国

[1] "Light Wines, Beer and Local Option", *The Pittsburgh Courier*, Jun 23, 1923.

[2] Pollard, James E. *The Presidents and the Press*. New York: The MacMillan Company, 1947, p.684.

[3] "Wilson's Views on League", *The New York Times*, Dec 19, 1918.

赢得各方强有力支持"①。

（2）驻外记者

美国三大通讯社以及《纽约时报》和《纽约世界报》（*New York World*）等大报刊都在各国派有记者，他们深处各国，得以了解当地的舆论状况，向美国发回当地的舆论报道。例如，1919 年 1 月 5 日《纽约时报》驻中国记者报道，"中国允诺支持威尔逊。徐世昌想要国联维持和平，服务于正义。威尔逊计划对远东意义重大。中国会支持威尔逊总统的国联计划。徐世昌总统电报巴黎的威尔逊总统说中国政府全力支持美国的倡议。中国不仅仅是全心支持，同时也希望所有的强国能联合起来解决远东的问题"②。4 月 26 日记者从伦敦发来报道，称"不列颠在威尔逊的举动上产生分歧。他的声明受到一些报纸的表扬和另一些媒体的攻击。公众倾向意大利。怀疑结果——国联计划不令人满意"③。

当然更多的是从巴黎发来的报道，但是临时派驻到巴黎的记者们也不是没有遇到问题。"大部分美国记者最初遇到的难题之一就是急需基本的国际关系方面的背景知识。他们来自传统上实行孤立主义的国家。大部分只会说英语；一些人从来没出过国，然而他们却不得不赌上他们的名声，撰写最复杂最困难的课题。有几名美国记者已经在欧洲待了很长一段时间，他们像其他的英国和法国作者一样熟悉国际事务，但是一开始很大一部分美国人——尽管他们学得很快——对于状况、问题、个性、心理以及语言都很陌生，这个障碍是很大的。"④

（3）舆论领袖

舆论领袖主要包括外交决策的相关制定者，例如参议员、党派领袖等人，此外还包括学术界人士。前法新社社长莫伊赛（Claude Moisy）总结说，"不管喜欢与否，有那么一个领导阶层，包括政客、官员、教育家、记者和作家等，他们在某些问题上影响公众，引导或误导公众支持政策决定。即使在大众传播的时代，日常国家对外关系在相对冷漠的公众的默许下，仍然是一小批知情的权势阶层的领地"⑤。

---

① "Wilson Ideas Win", *The New York Times*, Dec 21, 1918.

② "China Sends Wilson Pledge of Support", *The New York Times*, Jan 5, 1919.1919.1.5.

③ "British Divided on Wilson's Move", *The New York Times*, Apr. 26, 1919.

④ "Publicity at Paris", *The New York Times*, Apr 2, 1922.

⑤ 范士明：《美国新闻媒体的国际报道及其舆论影响》，《当代世界与社会主义》2000 年第 4 期。

媒体报道的来源很大一部分都是这些舆论精英。例如参议员洛奇、菲兰德·C. 诺克斯（Philander C. Knox）、威廉·E. 波拉（William E. Borah）等人是经常见诸媒体的名字，此外前总统塔夫脱以及弗兰克林·D. 罗斯福（Franklin D. Roosevelt）也是媒体报道的目标。通过《纽约时报》对《罗斯福定义国联：罗斯福死前对国联问题的阐述》①、《塔夫脱说和平依赖于联合》②、《瑞德（Reed）攻击国联计划》③的一系列报道可见，著名政治人士的观点一直是媒体报道的对象。

学界人士也表述了对国联问题的看法，爱德华·卡森爵士是近二十年来国际法方面最伟大的英国权威之一，在美联社的访问下，他表示，"实现某种国联组织还有很多实际的困难"。但是如果不能建立的话对我们所有人来说会是一场灾难。"这场战争不是已经显示了那种科学，它在文明和人性方面已经发挥了很多建设性的作用，如果转以毁灭结束，很快会诅咒所有文明和人性的完全毁灭"④。

（4）普通民众

民众通过向报刊栏目组写信的方式来表达自己的意见。很多报刊都会单独设一版块来刊载公众来信，例如《芝加哥每日论坛》（*Chicago Daily Tribune*）就专门设有一块版面名为"公众之声"（VOICE OF THE PEOPLE）。不过它对公众来信有字数要求，字数必须限制在 200 或者 300 字以内，并要求来信者署名，写清寄信地点。只要满足了这些条件，读者来信就有可能在报刊上登载。因此，有了媒体这一平台，不仅仅社会精英，普通平民也有了一个表述自己声音并为大家所知的机会。1919 年 4 月 19 日，《哈福德新闻报》（*Harford Courant*）就刊发了一篇公众来信，提到在其所在的城镇中，人们对国联抱有很大的兴趣。"自从我们夜里，而且是华氏四十度的夜里在杂货店里对国联进行讨论以后……杂货店卖的花生和口嚼烟草都卖得更多了。"他在信中表达了自己的看法，"我希望贵报能促使总统下次乘船短暂回来时，能够在康涅狄格州的某个地方停留"，在该地对国联问题进行演说，并"感谢亨利·洛奇"提出门罗原则的问题，它在"全国引起广泛

---

① "Roosevelt Defined a League of Nations", *The New York Times*, Jan. 14, 1919.

② "Taft Says Peace Depends on League", *The New York Times*, Feb. 6, 1919.

③ "Reed Assails Plan for League of Nations", *The New York Times*, Nov. 22, 1918.

④ "Carson Fears Trap in League of Peace", *The New York Times*, Feb. 18, 1918.

的讨论",从而"将门罗原则引入国联之中"。①1919 年 5 月 13 日,一名读者则在题名为"我们该怎么办!"的信件中表达了他孤立主义的外交认识以及对国联的隐忧。1919 年 9 月 13 日,威尔逊正在旅途中进行巡回演说,而参议院正在反复协商是否通过条约。那时,公众舆论的走向已经对国联不利了。《芝加哥每日论坛》刊载的公众来信说:"请把我的意见尽可能强烈地刊载在民众之声这个版块中。威尔逊总统把人们的钱浪费在 10000 里长的旅行上,竟是为了倡导一个奴役许多小国的条约。"②

《纽约时报》的工作更为细致深入,它会定期将读者来信加以筛选,编辑,将同一主题的信件归类刊载。展现不同人对同一问题的不同看法,反映公众不同的舆论声音。例如《纽约时报》刊登读者来信"他们应该交由新成立的国联管辖吗?"③来信者就德国殖民地的接管问题表达了自己的看法。1919 年 3 月 9 日刊登的一篇文章又以"是否需要国联"为主题,综合了政界、学界多方的观点。④

### 3. 媒体报道倾向性的变化

1918 年媒体对威尔逊提出的国联计划几乎是一边倒的赞同声音。1918 年 1 月 8 日,威尔逊在国会演说中明确提出十四点原则,"必须根据旨在保证不论大小国家的政治独立和领土完整的特殊盟约,组织一个普遍的国家联合体。"⑤这场战争是为了结束以后可能的战争,成立国际组织是为了保证永远的世界和平!他的演说逐渐得到协约国和中立国的赞同,十四点原则后来也被同盟国所接受,作为巴黎和会谈判的基础。《纽约论坛报》(New York Tribune)评价说:"他(威尔逊总统)只用一篇演说就改变了美国政策的全部性质,破坏了它的一切传统。今天随着总统前进,既信赖这位领袖又信赖这个事业,这是前所未闻的。"⑥

威尔逊的声望极高,被人们看作给世界带来和平的救世主。在威尔逊的大力倡导下,在 1918 年上半年还未太受人关注的组建国际组织的问题到了

---

① "Letters From the People: the League of Nations", *The Harford Courant*, Apr 19, 1919.

② "Episcopals, oyt", *Chicago Daily Tribune*, Sep30, 1919.

③ "Letters to the Times on War Subjects", *The New York Times*, Oct. 27, 1918.

④ "The Demand for a League of Nations", *The New York Times*, Mar. 9, 1919.

⑤ (英)华尔脱斯著,汉敦、宁京译:《国际联盟史》(上卷),北京:商务印书馆,1964 年版,第 26 页。

⑥ Seymour, Charles ed., *The Intimate Papers of Colonel House* arranged as a narrative. New York: Houghton Mifflin, 1926-1928. Vol. III. p.354.

下半年，已经得到媒体热烈的讨论。《华盛顿邮报》说，"由威尔逊总统提出的战后创立国联以维护世界和平的问题现今已经在战后问题的讨论中占据了相当重要的位置"[①]。《曼彻斯特卫报》(The Manchester Guardian)认为国联的作用"不仅仅在于维护和平，也在于在世界常规国家的政府中建立一个明确的地位"来帮助解决剥削劳工和侵略领土的问题。[②]9 月 27 日，威尔逊总统发表演说，着重演讲了国际联盟。《纽约时报》称"它是一个高深思想的非凡体现，更是道德勇气的极大展示"[③]。《华盛顿邮报》称"美国健在的演说家没有一个人会不拥护威尔逊总统关于'政府的责任的解释'的演说，这个演说的重要性不仅在于它告诉世界美国将会如何行动，更在于它告诉世界美国希望他国如何行动"[④]。

　　1918 年底，总统声望高涨，国际联盟问题受到全国人民的热烈支持。威尔逊 1918 年 12 月 13 日到达欧洲，欧洲国家的人民对威尔逊的到来表示了极大的欢迎。到法国参加会议的美国人表示，他"被铁路货车车厢和乘客车厢上的粉笔标语'威尔逊万岁'惊呆了……把纽约的游行放大十倍就可以想象支持总统的令人震惊的热烈掌声。我估计大不列颠也有同样的感情"[⑤]。另一篇报道说，"没有任何反对国联的人会在英国近期的国会选举中入选，法国人甚至并不确信为什么就清楚地表示出他们支持国联的意愿。欧洲人站在巴黎的门前，他们想要国联。如果巴黎和会不采纳国联，人们就会在会议的成果边哭泣"[⑥]。

　　当然，对国联质疑的声音并不是不存在。国内舆论指出建立国联的诸多实际问题，例如国联是否应该拥有武装力量，国联精神是否与门罗宣言相悖？[⑦]有人认为，"把美国绑进国联会意味着美国就必须把自己的人民送进日后国联成员间的战斗中。……美国已经成为最先进国家，不需要踏入欧洲泥淖即可保持独立富强"[⑧]。反对声音不仅体现了这种孤立主义的思考，同时也体现了对希望和平快速到来的企望。他们认为把国联组织"带入和平会

---

① "A League of Nations", *The Washington Post.* Jun 23, 1918.

② "A Function for the League of Nations", *The Manchester Guardian*, Sep 11, 1918.

③ "League of nations Believed Nearer", *The New York Times*, Sep 29, 1918.

④ "League of nations Believed Nearer", *The New York Times*, Sep 29, 1918.

⑤ "Wilson Ideal Wins", *The New York Times*, Dec 21, 1918.

⑥ "Wilson Winning by Earnestness", *The New York Times*, Feb 3, 1919.

⑦ "Borah Ridicules League of Nations", *The New York Times*, Dec 7, 1918.

⑧ "Reed Assails Plan for League of Nations", *The New York Times*, Nov. 22, 1918.

议不仅仅会导致长久的拖延",而且可能会"导致对抗德国的国家之间产生分裂"。连美国代表都不得不承认,"社论经常让人反思美国民众到底是否希望组建一个实际联合组织"[①]。

就总体而言,在 1919 年初以前,美国媒体舆论对国联是"大体赞同"的。"1919 年春天,甚至连洛奇都认为,如果立刻进行全民调查是否赞同国联代表权,那它将会迅速赢得全国性的胜利。"[②]驻华盛顿英国大使劳德·瑞丁(Lord Reading)认为,考虑到广大民众的总体情绪,他被迫同意威尔逊,"总统自信地表明他有国民在背后支持,有理由相信他可能是对的,如果将国联进行公投,威尔逊很可能会胜出"。他的观点基于《纽约太阳报》(威尔逊的一个积极的反对者)做的一个调查。该报对所有 48 个州长对地区情绪的观点进行了询问调查,尽管有 26 个人是共和党,"结果却是极大地赞同国联,以至于反对国联的太阳报被迫以希望这是一首失败之歌的笔触将其印刷出版了出来"。最终,他说现在总体的观点似乎是威尔逊"会带回一个囊括了反对势力的建议的新的草案,这样他就会反击敌对势力"[③]。历史学家也认为,"1919 年 3 月,如果不能说民众压倒性地支持国联的话,至少从总体上来说美国人还是强烈支持的"[④]。

但是 1919 年下半年来,媒体对威尔逊以及国联批评的声音越来越大。参议院坚持一贯的立场,在一次聚会讨论之后,"所有 49 位共和党参议员及两位民主党参议员持保留态度"[⑤]。民众也对威尔逊的演讲嘘声四起,反而聚集听参议员对国联的批评[⑥]。连国外人士都明确地察觉到人们对"国联的信念已经消损了"[⑦]。

国内公众舆论发生分裂。外交政策的孤立主义者以及自由主义者对国联

① Floto, Inga. *Colonel House in Paris: A Study of American Policy at the Paris Peace Conference 1919*. Princeton, NJ: University Press, 1980, p.135.

② Lodge, Henry Cabot. *The Senate and the League of Nations*. Charles Scribner's Sons, 1925. p. 146-147.

③ Floto, Inga. *Colonel House in Paris: A Study of American Policy at the Paris Peace Conference 1919*. Princeton, NJ: University Press, 1980, p.147.

④ Bailey, Thomas F. *Wilson and the Peacemakers: Combining Woodrow Wilson and the Lost Peace and Woodrow Wilson and the Great Betrayal*. New York: The MacMillan Company, 1947, p.203-205.

⑤ "League Critics Confident after Counting Noses", *The New York Times*, Jul. 14, 1919.

⑥ "Hisses For Wilson in Carnegie Hall", *The New York Times*, Jun. 29, 1919.

⑦ "Italians Cable to Wilson. Irredentists Say Faith in League of Nations Has Been Impaired", *The New York Times*, May. 7, 1919.

提出种种批评。《华盛顿邮报》的一篇文章认为，接受国联就"意味着国家主权的让位，按照其他国家的愿望，对共同利益作出让步。它意味着放弃对武器的不限制使用，个人意愿服从国联的集体判决，以及完全依赖于所有联合民族的良好意愿。简言之，它意味着放弃国家主权"①。1919 年 5 月《新共和报》的一篇文章从劳合·乔治、科尔特尤、奥兰多是"将战争和征服作为自然的、必要的，总体来说，有益现象的旧秩序"的一部分，以及"可以接受的国际秩序"的希望在于"工人政党的崛起"这两个前提出发，指出整个和平协定未能"从阶级束缚和强权野心中解放道德的国家主义"。②《世纪》（Century）杂志中，赫伯特·亚当斯·吉本斯（Herbert Adams Gibbons）认为："我们带着热情去巴黎来改革世界……理想主义？我们说，除了我们自己，谁也没有理想主义……但是当我们被要求承担在近东的责任，维护缅因地区的防护，完成我们已经开始的工作，负担我们的份额，把门罗主义和巴拿马运河以及移民问题放在桌面上谈时，我们悲哀地将视线从世界持久和平上移开，像其他人一样钻进了玻璃屋。"③

许多民族主义团体尖刻地批评威尔逊以及条约，指责其未能满足他们母国的所有要求。《危机》杂志编辑迪布瓦抱怨道："波兰？总统很热爱这个国家。他对一切与波兰有关的事情都有着很浓的兴趣……但是 1200 万美国黑人怎么办？没有回应！距离华盛顿的遥远当然能为民主增添魅力"④。意大利裔美国人由于拒绝让意大利占领阜姆而感情激烈，爱尔兰裔美国人由于美国控制国联大会的"六大席位"而悻悻不平；德国裔美国人则由于协约国对他们故国的处理而情绪波动。他们"对盟约的每一个字都加以及细致的研究。有些人得出结论说，国联将成为一个无能的辩论性团体；有些人认为美国人如果参加国联，它的士兵就会奉命派往爱尔兰或阿拉伯为保卫英帝国而战斗，它的移民法将会受到日本的支配，它的关税将会受竞争国的控

---

① "A League of Nations", *The Washington Post*. Jun 23, 1918.

② Bell, Herbert C. F., Woodrow Wilson, and K. C. Fang. *Woodrow Wilson and the people*. Taipei: China Culture Publishing Foundation, 1960, p.327.

③ Bell, Herbert C. F., Woodrow Wilson, and K. C. Fang. *Woodrow Wilson and the people*. Taipei: China Culture Publishing Foundation, 1960, p.327.

④ （美）斯隆编，刘琛、戴江雯、苏曼等译：《美国传媒史》，上海：上海人民出版社，2010 年版，第 470 页。

制"①。

女权主义者们苦恼于战后经济生活问题,认为"从来没有像现在这样经历过困难时期",物价的上涨"使每个人的生活都生活艰难"。她们认为"总统应该比现在更好地处理这些问题。暂时抛开国际事务,专心致力于国内困境"。她们"曾对国联持同情态度,是罗斯福的追随者,但是现在,比起任何一个公众人物更赞同洛奇参议员"②。

当然,也有很多公众舆论依旧支持国联,希望威尔逊能够接受参议院的保留意见,二者尽快达成一致。在 3 月 20 日,条约在参议院的表决没有通过的第二天,媒体报道说由 25 个牵头人签名的一份请愿书呈给威尔逊总统,这份请愿书"得到了数千名知名美国人的赞同"。他们表示希望总统可以执行参议院的方案,"或者希望他提供一份折中方案可以迅速被参议院采纳"。该报道还引述陈情人的话说,"我们了解总统和参议院多数派和少数派的观点,3 月 19 日前由大多数参议员投票通过的洛奇保留案,对原始文件的修改是合适的,被大部分人所接受,我们也不可避免地在此基础上接受了加入国联的计划"。对于有争议的问题也应该尽快解决,拖延可能会导致国联计划的破产。我们认为"如果要挽救国联,就必须现在挽救它,总统建议把问题诉诸严肃的全民公决肯定会是灾难性的"③。

意见不一的媒体舆论分散了公众集体的力量。本来美国公众就是一个很庞大的群体,按照利益、思想观念的不同可以分成多个不同的集团。大部分情况下,每个集团对某个政策的看法都会有或大或小的差异,并很可能相互冲突对立。只有很特殊的情况下,例如战争的情况下,各个集团的意见才可能统一起来,同仇敌忾,表达同一种意见。一旦缺少了战争威胁或者共同的敌人,各个集团的意见就又分散四开,相互矛盾。这些对国联的众多指责,很多都是相互冲突的,但是这些相互冲突的批评的声音并没有彼此抵消。不论这些批评是出于善意的提醒还是恶意的嘲讽,是出于民族主义者之口,还是孤立主义者或者自由主义者之声,它们都使得累积起来的怀疑和敌意多上加多,要想为国联赢得统一的大多数公众舆论的支持,变得很是艰难。

通过上述分析可见,在政策确定时期,由于公众对外交事务关注度下

---

① (英)华尔脱斯著,汉敖、宁京译:《国际联盟史》(上卷),北京:商务印书馆,1964 年版,第 81 页。

② "Aged Woman Voter Fears War's Unrest", *The New York Times*, Sep. 1, 1919.

③ "Want treaty now, full action later", *The New York Times*, Mar 30, 1920.

降，媒体外交事务报道密度减少，而且公众意见倾向不一致，上述这些原因似乎好像消减了媒体的舆论作用。但这正是外交政策明确时期媒体的常态表现。而且，在这一时期，媒体对外交决策也依旧发挥了重要的作用，并在威尔逊国联政策这一外交事件中充分表现出来。

### （三）外交政策确定时期新闻媒体的作用分析

政策确定时期，新闻媒体在舆论宣传鼓动方面的作用不如战争时期显著，但同时，受政府影响和控制的程度也较小。新闻媒体主要在公众和外交决策者之间起到桥梁的作用。具体来说，媒体作用集中体现在对公众的作用和对外交决策者的作用两方面。

#### 1. 对公众的作用

在影响外交决策方面，媒体对公众的作用主要体现在扩展公众的国际知识，在外交事务上教育公众，通过议程设置和解释框架的作用塑造公众舆论，并将公众舆论反映出来，为社会大众以及外交决策者所认识。

（1）提供相关信息，在外交事务上教育公众

对大部分美国人来说，他们的关注点一般集中在国内问题，很少关心国家的外交政策，所以除非在特别时期例如美国卷入战争时期，他们很少会主动寻求外交知识和国际新闻。而此时，报纸的国际新闻版面就成为美国人接受国际新闻教育的主要渠道。

在国联问题上，报纸就对国联问题进程以及巴黎和会进行了大量报道，例如 1919 年 6 月 10 日《纽约时报》全文登载了在巴黎和会讨论的和平条约内容[1]；1919 年 8 月 20 日，在参议院讨论阶段，又全文登载了总统与外交关系委员会的讨论内容[2]……透过媒体的国际事务报道文章，原本对外交事务知之甚少的普通民众可以迅速了解世界上正在发生的新闻事件，了解其背景和发展进程，补充外交知识。

（2）议程设定

1918 年末以前，媒体对国联的报道较少，因而民众也没有充分意识到国联这一问题的重要性。而随着媒体对国联报道频率的增加，人们对国联问题就越来越重视。1919 年 4 月 19 日，《哈福德新闻报》（*The Harford*

---

① "Full Text of the Proposed Treaty of Peace, As Drawn by the Conference at Paris, and Issued by the United States Senate", *The New York Times*, Jun. 10, 1919.

② "Full Text of the President's Discussion With the Foreign Relations Committee", *The New York Times*, Aug. 20, 1918.

*Courant*）就刊发了一篇公众来信，提到在其所在的城镇中，人们对国联抱有很大的兴趣。"自从我们夜里，而且是华氏四十度的夜里在杂货店里对国联进行讨论以后，……杂货店卖的花生和口嚼烟草都卖得更多了。"[1]媒体将国联问题提上了公众意识的日程。

1919 年末，媒体对关于国内经济问题、劳资冲突的内容频见报端。人们对于国联问题的兴趣已经逐渐消失。大部分人比起孤立主义或者理想主义，更关心工资、股息和食品价格。人们街头巷议的问题不再是国联政策是否符合门罗主义，而是"方糖涨到了每磅 30 美分，牛排每磅要 25—30 美分"，人们考虑的不再是国联政策的优劣取舍，而是"现在不得不付给女佣每周 1.5 美元的工资，而战前只需要 50 美分"[2]。

民众的兴趣很容易转移，因而新闻工作者总是在不断搜寻新的议题，摒弃老的议题。"如果把新闻报道用表格的形式呈现出来，它不是一系列不相关联的高峰和低谷，而是一系列相互重叠的弧线，每一个代表着某个故事报道的兴起和衰落；当一个故事开始衰退，另一个的弧线就开始上升，线条是相交叉的。"[3]新闻工作者按照政府的宣传要求以及自己所理解的民众兴趣点选择新闻，而其对某个问题的大肆报道又培养了民众对该事件的兴趣，成为民众茶余饭后的谈资；并且引起了政府部门的注意，提上了政府的议事日程。所以，新闻议程一定程度上是由新闻工作者、政策制定者和公众联合设置的。[4]

而至于国联问题，两三年后，媒体明确地撰文指出，"国际法庭和国联不会作为一个国家话题吸引人们的关注。人们不会再以很多触及他们日常生活和习惯的国内问题为代价被带入外交问题的领域当中。……给我们些葡萄酒，给我们啤酒，给我们几个州的地区选择权。照书本的说法，这是美国主义。国联、法庭、移民、关税、国内税和其他一些东西，都是与人们的需求不太相关的边远话题"[5]。国联，已经从人们的视线中淡出了。

---

① "Letters From the People: the League of Nations", *The Harford Courant*, Apr 19, 1919.

② "Aged Woman Voter Fears War's Unrest", *The New York Times*, Sep. 1, 1919.

③ Cohen, Bernard C. *The Press and Foreign Policy*. Princeton, NJ: Princeton University Press, 1963, p.99.

④（美）帕雷兹著，宋韵雅、王璐菲译：《美国政治中的媒体：内容和影响》，南京：南京大学出版社，2010 年版，第 173 页。

⑤ "Light Wines, Beer and Local Option", *The Pittsburgh Courier*, Jun 23,1923.

### （3）框架解释

国联问题最初在媒体中获一致好评，报纸纷纷刊发报道支持国联。以《纽约时报》为例，1918 年 12 月就连续多天刊发了支持国联，相信威尔逊的报道。12 月 19 日的文章标题为"威尔逊对国联问题的看法；美国代表相信复杂情势很快就会改变"，20 日"允诺支持国联，著名人士发电报倡导国联"，21 日"威尔逊理念胜利了……"，22 日，"威尔逊断言，国联带来的公开性将避免战争"。大量密集的报道加深了公众对国联的好感。

世界舆论支持国联的报道更使人们在心中建立起国联是正义的，是受到万方支持的概念。1919 年 1 月 2 日《纽约时报》报道"教皇热切盼望国联成立；恳请各方支持威尔逊的和平任务"；1 月 7 日又报道"中国允诺支持威尔逊；徐总统希望国联维护和平与公正"；21 日"总统在法国大受欢迎表明他会终结战争；相信国联会在英国赢得各方强有力支持"。国联在世界各地备受欢迎的消息鼓动了美国人民的心情，提高了威尔逊的威望。

在报道人们对国联支持状况的同时，媒体也对反对国联计划的言论给予了关注，并且在 1919 年下半年，这种负面报道越来越多。早在 1918 年，媒体就报道参议员们对国联的敌视态度。1918 年 11 月 22 日在一篇名为"瑞德攻击国联计划"的报道中，参议员瑞德认为"美国将自己捆缚在国联上就意味着要将自己的子民送去任何爆发争端的国联成员国参加战斗。这违背了乔治·华盛顿告别宣言中警告美国在未来不要纠缠于联盟组织的告诫"[1]。波拉参议员也嘲笑国联计划，"认为每一个国家都应该决心执行门罗主义"[2]。到 1919 年下半年，人们对国联的信念已经消损了。威尔逊称参议院"毒害了公众舆论的池淖"[3]。人们通过参议员的公开演说以及媒体对其的报道，逐渐接受了这种观点，认为国联计划违背了门罗宣言，"美国人所要承担的负担之一……就是进入一个包括法国在内的武装联盟。……当我们把我们自己捆缚于'相互合作'的完全权力体中，我们会成为世界秩序的一部分吗？143 年来，我们都忙于自己国内的事务，而不去理睬其他地区。在我看来，我们待在我们的地方，把全部精力用于解决我们的国内问题是合情合理的。即使诉诸国联，也不能把属于这个世界秩序的一部分的国家从其他

---

① "Reed Assails Plan for League of Nations", *The New York Times*, Nov. 22, 1918.

② "Borah Ridicules League of Nations", *The New York Times*, Dec. 7, 1918.

③ Bell, Herbert C. F., Woodrow Wilson, and K. C. Fang. *Woodrow Wilson and the people*. Taipei: China Culture Publishing Foundation, 1960, p.323.

赞同这个世界秩序的国家手中解救出来"①。另一名公众写信称,"美国参议院外交委员充分体现了真正的美国主义。……一旦我们接受了威尔逊先生所提出的国联,美国就会成为一个从属国,正如参议员洛奇所说的那样,另一面旗帜将会在旧的荣耀上空摇曳,我们会经历每一场欧洲的战争,无疑未来将会有很多场。我相信,……国联……会是战争的先兆"②。

由此可见,报纸在促进公众舆论的形成方面具有巨大作用,天主教纽约总教区的大主教在一次就报纸读者群的扩大所发表的典型评论中提到:"在这里的每一个人都在读报,即便是最贫穷的人也花得起钱买报来读。出于急于节省时间和劳动的心理特点,我们这里的人们比其他任何地方的人都更愿意允许别人代替我们思考,更依赖于他人告知我们每日发生在这个世界上的历史大事,为我们提供即拿即用的思想流派和行为建议。"③

大法官亚历山大·爱迪生在 1799 年元旦这天不无担忧地写道:"如果你能用报纸控制形形色色的人,你就控制了这个国家,因为你能控制能主宰一切的大众舆论。"④这就是报纸塑造公众舆论的巨大作用。

(4)反映公众舆论

如上文所述,媒体报道的来源多种多样,各种舆论都可以在媒体上得到体现。政治人物的舆论观点在新闻报道栏目得以充分展示。例如媒体对参议员言论的报道以及对总统威尔逊、前总统塔夫脱以及罗斯福的诸多报道。

各种利益集团利用媒体表达自己的看法,纷纷将给威尔逊的电报公之于众,表达其对国联的支持或反对之情。例如美国劳工和民主联盟发表的一份声明表示:"威尔逊总统在大都市歌剧院做的杰出演讲为每一个劳工和妇女带去了新鲜的激情和信念的活力。"⑤1918 年 11 月 17 日,联合广告俱乐部电报称"允诺支持威尔逊"⑥,1919 年 2 月 5 日,《纽约时报》报道"商人允诺支持国联,商务部电报威尔逊重申其支持国联计划"⑦。

---

① "Voice of the People", *Chicago Daily Tribune*, May 13, 1919.

② "Voice of the People", *Chicago Daily Tribune*, Sep 13, 1919.

③（美）斯隆编,刘琛、戴江雯、苏曼等译:《美国传媒史》,上海:上海人民出版社,2010 年版,第 326 页。

④（美）斯隆编,刘琛、戴江雯、苏曼等译:《美国传媒史》,上海:上海人民出版社,2010 年版,第 102 页。

⑤ "League of Nations Believed Nearer", *The New York Times*, Sep. 29, 1918.

⑥ "For A League of Nations", *The New York Times*, Nov 17, 1918.

⑦ "Business Men Pledged to League to Nations", *The New York Times*, Feb 5, 1919.

普通民众虽然很难成为新闻采访的对象，但是也可以通过向报刊栏目组写信的方式来表达自己的意见。这样，报纸媒体就成为了解公众舆论的一项重要途径。

**2. 对外交决策者的作用**

在外交决策上，媒体虽然受到政府的很多制约，但它对政策制定者也发挥了很大的作用。媒体为政府部门提供了大量直接或间接的外交信息；它反映了公众舆论，从而造成舆论压力，奠定了政治决策的氛围；同时媒体将政府决策的信息告知公众，依照公众的反应进行政策调整，提到政治检验的作用。

（1）提供外交信息

决策者获取信息可以通过很多渠道，除正式的政府报告之外，很重要的一个就是通过新闻媒体。在国联问题上，虽然由于距离原因，美国代表阅读美国报纸有些困难，但是代表们与英法媒体保持了紧密的联系。《每日邮报》（*Daily Mail*）是"每天早晨这里（巴黎）英语写就的主要报纸"，它的影响是很大的，"大部分的英国和美国代表早餐时读报是很正常的，更重要的是，这两个代表团常定期阅读"。会议大部分时间，美国代表戈登·奥金克洛斯（Gordon Auchincloss）与《每日邮报》记者维克汉姆斯·斯蒂德（Wickham Steed）一直保持了紧密联系，他说："我认为从一月开始就收集《每日邮报》是很有启发性的。社论经常是我和斯蒂德交谈的部分内容，这些文章很大程度上帮助我理解事情的进展。"[①]

与政府报告相比，报纸媒体在给政策决定者提供信息方面有两个较为明显的特点。第一，媒体报道较为迅速。与正式的政府报告所需经历的繁冗手续相比，记者们刺探消息撰写新闻的速度要迅速很多。许多记者都与政府部门的工作人员保持密切往来，得以获得很多秘密的内部资料，因而媒体报道往往成为第一手的信息来源。

1919 年 6 月 8 日，参议院最先看到的国联盟约也是由媒体披露的。这天，参议员波拉向参议院递交了一份和平条约的复印件，坦率地承认他是从《芝加哥论坛报》记者处得到的，该记者将此文件从德国偷渡到美国。[②]在总统的西部之行时，也是随行记者提醒威尔逊注意参议员布里特（Bullitt）

---

① Floto, Inga. *Colonel House in Paris: A Study of American Policy at the Paris Peace Conference 1919*. Princeton, NJ: University Press, 1980, p.143.

② Creel, George. *The War, the World and Wilson*, New York: Harper & Brother Publishers, 1920, p.332.

召开的听证会。在会上，兰辛发表了反对国联的演说："我认为现在的国联完全没有用处。强权大国以适合自己的形式安排了世界秩序。英国和法国从条约中得到了他想要得到的一切，除了国联成员国全体一致，否则国联无法修改条约任何一条不公正条款，而大国也不会考虑弱小民族的利益而同意修改。"兰辛称："我认为如果参议院，如果美国人真正理解条约的内容，条约毫无疑问会不被否决，但是我怀疑美国人是否会理解。"[1]

第二，媒体报道涵盖的信息比较全面，包括世界各地以及美国各地各方舆论观点。美国三大通讯社以及很多大报刊集团多财力比较雄厚，可以在全美各地乃至世界多个国家派驻记者。例如《纽约时报》就从国外的伦敦、利物浦、北京、哥本哈根、柏林以及巴黎发回了大量报道，至于美国国内的舆论反映更加全面。这就使得这些媒体可以报道各地的公众舆论。而政治决策者也可以仅通过一份报纸就知晓世界各地国际新闻状况。

（2）政策环境与气氛营造者

媒体对政治决策者的作用不仅仅在于它是信息和意见的提供者，还在于他能够调动公众舆论，从而奠定讨论某个政治问题的氛围，促使决策者作出某种倾向的决策。威尔逊就曾说："我认为很大程度上公共事务的成功取决于报人……因为新闻决定了公共事务的氛围。"[2]

巴黎和会最初不允许记者旁听，1919 年 1 月 12 日全体会议时，记者被拒斥在大门之外，甚至连会议室的窗帘都是紧闭着的。记者们原本以为在威尔逊的倡导下，巴黎和会会是一次公开的会议，而现在紧缩的大门却将一切新闻封闭在内，对此记者表现了极大的愤慨。连贝克也说："我永远不会忘记那种失望、厌恶……"[3]这场会议受到记者们猛烈的抨击，他们称这次会议"钳制舆论"，是"黑暗中的外交"。美国通讯社、国际新闻通讯社、美联社、《信使日报》（*Courier-Journal*）、《纽约世界报》、《芝加哥论坛报》、《纽约时报》、《纽约太阳报》、《纽约先驱论坛报》记者联名向威尔逊写信抗议，称"这会限制我们对于已达成事项的信息。它会进一步阻碍关于这些问题的信息的出版发布，而公众有权获知这些信息。除非获得这个权利，公众就没有机会获知会议所商讨的各项内容，那么公众舆论也无法如你所提倡的，并在十四点原则中提到的那样正常运转。因此，我们作为美国媒体代表，……

---

① Senate Doc. 106, 66th Congress, 1st Session, p. 1276.

② Pollard, James E. *The Presidents and the Press*. New York: The MacMillan Company, 1947, p.635

③ "Wilson's Fight on Secrecy", *The New York Times*, Apr 9, 1922.

提出严正抗议。……我们希望你能解决这种不能忍受的状况。我们支持你所支持的，‘签订公开和平条约’”[1]。

在随后巴黎和会 17 日的会谈中，"威尔逊引述联合国和美国媒体代表特别委员会的决定，说他们要求巴黎和会的完全公开性。第二点要求官方记录尽可能完整。第三点是，除记录外，每天会议进展的完整概要应该向记者发布，记者应享有完全评论自由。第四点是应允许代表和负责任的记者之间的自由交流"。威尔逊认为，公开性是不可避免的，现下讨论的问题不是公开与否，而是如何正确地公开。[2]最终结果，媒体代表可以获准参加全体大会。

媒体作为政策环境的营造者，既能够推动会议的公开性，也可以给威尔逊的国联政策带来很大压力。事后学者认为，威尔逊选择巴黎作为和会进行的地点显然是个错误。其中一个重要原因就在于巴黎的媒体氛围对威尔逊很不利。有记者就认为："……法国政府允许巴黎报纸发表针对威尔逊总统的阴险攻击，并大肆刊发关于美国军队行为的报道……某些法国报纸受到法国政府的信任，这是人所共知的。"[3]当时美国和平委员会的贝克甚至在一定程度上有证据表明法国媒体的攻击是有组织有指导的：一份实际由美国委员会掌握的秘密文件显示法国媒体——很多都是恶名昭著地被政府控制——被控制攻击总统的影响力，支持法国利益。

威尔逊也明显地感到媒体的压力，在 1919 年 5 月 3 日的会议记录中，威尔逊认为，"媒体的整个趋势就表明法国与英国并不和美国站在一起，他没有得到这些国家的首脑的支持"[4]。这使得他在会议谈判中力不从心，受到很多限制。

（3）衡量民意的标尺

行政机构很多决策者会在正式作出决策前，先将其透露给媒体，以测试其公众反应，然后根据公众反应对政策加以修改完善，以期最后通过。在国

---

[1] "Wilson's Fight on Secrecy", *The New York Times*, Apr 9, 1922.

[2] 美国对外文件集 United States Department of State / *Papers Relating to the Foreign Relations of the United States, The Paris Peace Conference, 1919.* http://digicoll.library.wisc.edu/cgi-bin/FRUS/FRUS-idx?type=turn&entity=FRUS.FRUS1919Parisv03.p0610&id=FRUS.FRUS1919Parisv03&isize=M&q1=press&q2=public%20opinion&q3=league%20of%20nations

[3] Pollard, James E. *The Presidents and the Press.* New York: The MacMillan Company, 1947, p.697.

[4] 美国对外文件集 United States Department of State / *Papers Relating to the Foreign Relations of the United States, The Paris Peace Conference, 1919.* http://digicoll.library.wisc.edu/cgi-bin/FRUS/FRUS-idx?type=turn&entity=FRUS.FRUS1919Parisv05.p0439&id=FRUS.FRUS1919Parisv05&isize=M

联问题上，兰辛也曾抱有类似的想法。

1 月 20 日威尔逊和美国代表的会谈中，兰辛提到，在威尔逊回国之前，可以将国联问题整理发布出来。"从政策的观点来看，我认为这些观点声明将会引起政敌的怒火和对国联的批评，这可以给美国公众舆论一个表达意见的机会，而提前表达的公众意见将使得最后起草的国联草约能赢得美国大部分公众的支持，并且可能确保美国参议员的支持……"[①]不过，威尔逊并没有同意。威尔逊对图马尔蒂说："我不是那种会因为别人反对我而改变我个观点的人……"[②]威尔逊的这种性格显然限制了媒体政治检验作用的发挥。由此可见，媒体政治检验作用的发挥需要行政机构的配合，只有行政机构自觉运用媒体作为检测政策的工具，并根据媒体及舆论的反馈意见自觉进行政策调整，才能促使政治决策迅速有效地得到通过。

## 三、典型个案之二：新闻媒体与美国干涉索马里

1992 年美军事干涉索马里事件一直以来为新闻传播学界视为经典案例。在这一事件中，新闻媒体直接影响了布什政府的外交决策，促使其作出干涉决策。本书以此为例，通过对美国主流媒体和新闻简报在事件前后对索马里问题上的统计数据，探析媒体在干涉政策制定过程中的表现，以期回答媒体究竟对政策有无影响，如何影响等问题。

### （一）美国干涉索马里行动的背景

早在冷战期间，索马里就因其地理位置紧邻具有重大战略意义的中东油田和主要航道，倍受苏联和美国重视。1969 年军事政变后，索马里曾一度进入苏联势力管辖范围。但在 20 世纪 80 年代，索马里成为美国附庸国，并在 1980 年到 1987 年间成为非洲大陆美援的最大受惠国。冷战结束后，美国从索马里撤资，索马里随即陷入反叛势力与政府军混战局面。1991 年 1月，美国完全撤出索马里，并同时从其他十个国家撤回使馆和外交人员。索马里局势遂从反政府势力与政府混战迅速恶化到部族之间混战。联合国及其

---

① Lansing, Robert. *Peace Negotiations: A Personal Narrative*. London: Constable and Company LTD, 1921, p.101-102.

② Pollard, James E. *The Presidents and the Press*. New York: The MacMillan Company, 1947, p.690.

救援组织的作为极为有限，1991 年底，联合国官员全部撤出索马里。[①]

虽然国际社会及其前盟友美国先后放弃了在索马里的努力，但是美国行政部门和救援机构却远距离地继续关注着索马里危机局势。美国此间的反应可分为两个明显的阶段。第一阶段发生在 1991 年 1 月到 1992 年 8 月美国政府命令空投物资支援索马里；第二阶段即从此后，直到美国作出在索马里部署地面部队的决定。

1991 年 3 月，美国军事干涉索马里一年半之前，副国务卿赫尔曼·科恩（Herman Cohen）宣布索马里陷入内乱，美国对外救灾援助处（Office of Foreign Disaster Assistance，OFDA）启动救助资助。因此，早在武力干涉前，美国政府行政部门一直对索马里内战和饥荒保持关注并有应对。但直到 1992 年春夏前，美国政府从未把索马里作为主要政治问题来看待。在美国行政官员游说[②]和新闻媒体不断升温的关注[③]的共同作用下，索马里问题被提上了议事日程。美驻肯尼亚大使史密斯·亨普斯通（Smith Hempstone Jr.）的一封题为"地狱中的一天"（A Day in Hell）的外交电报据说真正引起了布什本人对索马里危机的关注。[④]8 月 14 日，布什政府下令向索马里提供大批空投救援，即救援提供行动（Operation Provide Relief）。空投意味着美国对索马里危机干预的升级，标志着布什政府对索马里展开实质行动的开始。

然而，随着 8 月空投大批救援物资涌入索马里，当地的治安情况依然堪忧。贪污贿赂及偷盗现象严重，反对派甚至明目张胆地索贿，途经其管辖区的物资必须缴纳过路费方可通过。此外，运粮队伍也经常遭掠。救济组织不得不雇用武装人员来保护自己。鉴于如此境况，1992 年 9 月，一支由 500 名联合国维和部队、四艘美国战舰和 2100 名陆战队员组成的武装进驻索马

---

① Cusimano, Maryann K. "Operation Restore Hope: The Bush Administration's Decision to Intervene in Somalia." Pew Case Studies in International Affairs, Washington D.C., WA: The Institute for the Study of Diplomacy, 1995, p.2.

② Livingston, Steven and Todd Eachus. "Humanitarian Crises and US Foreign Policy." *Political Communication*, Vol.12, No. 4 (1995): pp. 422-426.

③ Livingston, Steven and Todd Eachus. "Humanitarian Crises and US Foreign Policy." *Political Communication*, Vol.12, No. 4 (1995): p. 419.

④ Oberdorfer, Don. "The Path to Intervention: A Massive Tragedy 'We Could Do Something About'." *Washington Post*, December 6, 1992.

里。<sup>①</sup>与此同时，布什总统在公开场合表示支持在索马里使用安全武装部队。<sup>②</sup>与此同时，新闻媒体对事态的关注迅速升温，达到顶峰，但在 1992 年总统大选开始后，新闻中就已经几乎难觅索马里的字样。乔纳森·莫尔敏（Jonathan Mermin）研究表明，9 月 19 日到 11 月 8 日，各主要新闻广播公司的电视节目中，索马里在新闻中出现时长总计只有 250 秒。<sup>③</sup>

到 11 月初总统大选结束时，索马里局势恶化，大批食品救济无法运送到摩加迪沙以外的地区。随着国际社会保护救援物资不受匪帮劫掠的呼声不断增加，对索马里实施更有效救援行动压力的增大，美国高层行政官员的目光开始转向该问题。<sup>④</sup>11 月 9 日，参议员保罗·西蒙（Paul Simon）、南希·卡斯鲍姆（Nancy Kassebaum）和哈里斯·沃福德（Harris Wofford）呼吁采取进一步干涉行动。<sup>⑤</sup>此时，副国务卿罗伯特·加卢齐（Robert L. Galluci）草拟了两份报告建议国务卿劳伦斯·伊格尔伯格（Lawrence Eagleburger）有必要对索马里和波黑都进行干涉。到 11 月 12 日，加卢齐已经说服伊格尔伯格"在联合国安全委员会'采取一切必要手段'的受命下，美国率领联合部队将索马里从饥荒中拯救出来。"<sup>⑥</sup>此外，美国救援机构和国会成员也加大了游说当局的力度，督促其对索马里采取更大力度的行动。11 月 16 日，美国救援组织驻索马里高级代表在纽约与联合国官员面谈，要求得到更多的保护。第二天，十一个救援组织开始起草给布什政府的联合签名书，宣布人道主义组织没有更有力的保护在索马里就无法有效地开展工作。与此同时，以参议员保罗·西蒙为首的参议院代表团和以众议院共和党代表约翰·刘易斯（John Lewis）为首的众议院代表团在实地考察索马里

---

① Schraeder, Peter J. *United States Foreign Policy Toward Africa: Incrementalism, Crisis and Change.* Cambridge: Cambridge University Press, 1994, p. 177.

② Livingston, Steven and Todd Eachus. "Humanitarian Crises and US Foreign Policy." *Political Communication*, Vol.12, No. 4 (1995): p. 423.

③ Mermin, Jonathan. "Television News and American Intervention in Somalia: The Myth of a Media Driven Foreign Policy." *Political Science Quarterly.* Vol. 112, No. 3 (1997): p. 400.

④ Cusimano, Maryann K. *Operation Restore Hope: The Bush Administration's Decision to Intervene in Somalia.* Pew Case Studies in International Affairs, Washingtong D.C, WA: The Institute for the Study of Diplomacy, 1995, p. 6.

⑤ Mermin, Jonathan. "Television News and American Intervention in Somalia: The Myth of a Media Driven Foreign Policy." *Political Science Quarterly.* Vol. 112, No. 3 (1997): p. 400.

⑥ Oberdorfer, Don. "The Path to Intervention: A Massive Tragedy 'We Could Do Something About'." *Washington Post*, December 6, 1992.

后，呼吁加强安全保护工作。①11 月 18 日，布什总统与新当选总统克林顿会晤。据学者研究指出，索马里是其讨论的世界四个问题地区之一，克林顿也为布什对索马里问题的深深担忧而触动。②11 月 18 日到 20 日，美国国际发展署官员弗雷迪·坎尼（Fred Cuny）公开指出："局势如此不堪，联合国如此拖沓，美国军队不得不在没有联合国批准的情况下立即采取干涉行动。"③

11 月 20 日，决策高层开始注意索马里问题，并召集了第一轮跨部门联合决策会议，商议探讨可行的政策选择。会前，坎尼简要向五角大楼和国务院介绍了索马里的情况。④研究显示，第二轮跨部门会议成为是否动用军队的转折点："每天协助参谋长联席会议主席鲍威尔工作的杰里迈亚⑤语惊四座，说如果你认为（索马里的土地）需要美国军队，我们能够胜任。"⑥有学者认为："杰里迈亚的话使之前非军方决策者认为是'梦境'的动用美国地面部队的选择成为政策首选。"到 11 月 24 日，亦即联合国秘书长加利致信安理会，敦促联合国干涉索马里局势之日，跨部门会议已提出三种干涉选择。第一种选择旨在继续正在进行的援助行动，同时加强联合国在索马里的力量。第二种选择包括组织联合国统一指挥的国际联合部队，美国提供空军、海军、地勤和通信但不包括地面部队的支持。第三种选择，即派遣一个直接受命于美国的美军师或者更大规模的美军⑦，也在讨论范围之内。11 月 25 日，国家安全委员会召开会议，讨论并通过了第三个选择，即为联合国提供 2 万 8 千名美军将士作为先锋对索马里进行干涉，以保证粮食救济的运

---

① Oberdorfer, Don. "The Path to Intervention: A Massive Tragedy 'We Could Do Something About'." *Washington Post*, December 6, 1992.

② Mermin, Jonathan. "Television News and American Intervention in Somalia: The Myth of a Media Driven Foreign Policy." *Political Science Quarterly*. Vol. 112, No. 3 (1997): p. 401.

③ Gelb, Leslie H. "Shoot to Feed Somalia." *New York Times*, November 19, 1992.

④ Cusimano, Maryann K. *Operation Restore Hope: The Bush Administration's Decision to Intervene in Somalia*. Pew Case Studies in International Affairs, Washington D.C., WA: The Institute for the Study of Diplomacy, 1995, p. 7.

⑤ 戴维·杰里迈亚（David E. Jeremiah），第 16 任美国总统国家安全顾问，时任参谋长联席会议副主席

⑥ Oberdorfer, Don. "The Path to Intervention: A Massive Tragedy 'We Could Do Something About'." *Washington Post*, December 6, 1992.

⑦ Cusimano, Maryann K. *Operation Restore Hope: The Bush Administration's Decision to Intervene in Somalia*. Pew Case Studies in International Affairs, Washington D.C., WA: The Institute for the Study of Diplomacy, 1995, p. 10.

达。12 月 4 日，联合国安理会投票通过武装干预的提议，布什总统当天在对全国电视讲话中宣布美军将挥师索马里。12 月 9 日，第一批美军抵达索马里。此行动称为"重拾希望行动"（Operation Restore Hope）。

### （二）干涉索马里决策的动因分析

公众对"重拾希望行动"动因最普遍的解释是，新闻媒体对灾民惨状的煽情报道促使决策层作出干预的决策，也就是说，干涉决策是 CNN 效应的力证。例如，科恩认为，有关索马里的电视报道"激发了全国公共组织机构的良知，迫使政府制定以人道主义为目的的干涉政策"[①]。新闻记者的调查研究在强调多种因素共同作用导致干涉的同时，也认为美军出兵干涉索马里是强大的 CNN 效应的表现。高英指出，"'电视把美国逼入索马里……又把美国拖出'这样耳熟能详的说法……经得起考验"。他引用白宫新闻发言人马林·费茨沃特（Marlin Fitzwater）宣布决定在索马里部署地面部队时的话说："大选之后，媒体有了充足的时间，正是从那时候起，压力开始聚集……来自四面八方的声音告诉我们，必须采取行动。最后，压力太大了……电视使我们忍无可忍……晚上我无法忍受看着电视吃晚饭，电视让我难受。"[②]

国务卿伊格尔伯格也提到电视的重要性。他说："我是强烈建议他动手的两三个人之一，主要是因为电视画面中那些饥饿的孩子。"[③]布什总统自己也在 1999 年坦言，是新闻媒体的报道促使他干预索马里。布什说，他和妻子芭芭拉在电视上看见那些饥饿的孩子们，深受触动，立即要求国防部长蒂克·切尼和参谋长联席会议主席鲍威尔将军"到白宫来一趟"。布什对他们说："我，我们不能再坐视不管了。你们必须行动起来。"[④]

许多研究并没有探讨新闻报道是否促使高层决策者干预索马里，而只是

---

① Cohen, Bernard C. "The View from the Academy." In W. Lance Bennett and David L. Paletz eds. *Taken by Storm: The Media, Public Opinion and US Foreign Policy in the Gulf War.* Chicago, IL: University of Chicago Press, 1994, p. 10.

② Gowing, Nik. "Real-time Television Coverage of Armed Conflicts and Diplomatic Crises: Does it Pressure or Distort Foreign Policy Decisions?", Harvard Working Paper. Cambridge, MA: The Joan Shorenstein Barone Center on the Press, Politics and Public Policy, Harvard University, 1994, p. 68.

③ "Reliable Sources: How Television shapes Diplomacy," CNN, October 16, 1994. 转引自 Minear, Larry, Colin Scott and Thomas Weiss. *The News Media, Civil Wars and Humanitarian Action.* Boulder, CO: Lynne Rienner, 1996, p. 55.

④ Hines, Craig. "Pity, Not US Security Motivated Use of GIs in Somalia, Bush Says," *The Houston Chronicle,* October 24, 1999.

假定新闻报道是促使决策高层干涉的一个因素。[①]因此其研究所展现的画面是中层决策官员、国会议员及援助工作者利用新闻媒体对受难人群的报道迫使决策高层在索马里采取行动。还有一种对干涉原因不同的解释，也把新闻媒体作为影响因素之一。库西曼（Cusimano）研究指出，援助组织高层曾声称，布什相信索马里局势给他提供了"光荣地退出"和"高调卸任"的机会。[②]如果情况属实，索马里就可以成为说明 CNN 潜在效应的绝好例证，即决策者干预决策的作出是为了确保媒体正面报道以收获政治回报。

但是，也有研究显示，干预决策的作出另有缘由，并不一定与新闻媒体报道有关。首先，鉴于国会和援助机构的院外力促干涉等活动的力度，干预决策可以被解释为是国内政治压力和利益集团压力的结果。故此，有学者认为，布什政府"面临的局面是要么承认失败，任由所有受灾地区的灾民饿死……要么做点什么"[③]。在这种解释下，新闻媒体的压力似乎并非动因，而美国必须接受在索马里的失败及由此带来的蒙羞才是真正的动力。还有一种可能的解释是，在一个失败的国家进行人道主义干涉的想法与布什国际主义"新世界秩序"的设想不谋而合，即国际社会有责任维护包括人权在内的国际法。

其次，其他解释还包括：布什自己的基督教信仰使他坚信如果美国在拯救生命方面发挥影响，就应该责无旁贷。美国救济署食物与人道主义援助局副局长安德鲁·纳齐奥斯（Andrew Natsios）回忆布什总统在索马里饥荒问题上强烈的个人倾向道："1992 年 12 月，布什总统与关怀组织主席菲尔·约翰逊（Phil Johnson）谈话时我在座……席间布什总统回顾了 80 年代中期萨赫勒地区（Sahelian）饥荒期间他与第一夫人以及约翰逊一起参观关怀组织的饥饿儿童食物救助中心的场景。他说，他和妻子永远不会忘记目睹

---

① Livingston, Steven and Todd Eachus. "Humanitarian Crises and US Foreign Policy." *Political Communication*, Vol.12, No. 4 (1995): p. 427; Mermin, Jonathan. "Television News and American Intervention in Somalia: The Myth of a Media Driven Foreign Policy." *Political Science Quarterly*. Vol. 112, No. 3 (1997): p. 402.

② Cusimano, Maryann K. *Operation Restore Hope: The Bush Administration's Decision to Intervene in Somalia*. Pew Case Studies in International Affairs, Washington D.C., WA: The Institute for the Study of Diplomacy, 1995, p. 8.

③ Strobel, Warren P. *Late Breaking Foreign Policy: The News Media's Influence on Peace Operations*. Washington D.C., WA: United States Institute of Peace, 1997, p. 139.

死亡的情景，他说，这一记忆很明显影响了他派兵索马里的决策。"[①]

最后，布什政府内部力图转移来自国会促使干涉波斯尼亚的压力的期望也有可能是促使布什政府做出干涉索马里决策的一个原因。

需要注意的是，上述所有对干涉索马里非媒体影响因素的解释都并不排除媒体报道在其中发挥的作用。例如，可能在媒体关注的情况下政府才会有避免在索马里蒙羞的愿望。当然因无法控制索马里武装人员而蒙羞的顾虑也可能出于对美国军力因此会遭质疑的原因。同样，媒体对波斯尼亚危机的报道也可能增强了力主干涉的国会方的压力。但是，重点是无论有没有新闻媒体对索马里的报道，上述因素可能在决策过程中也发挥了影响。

### （三）干涉索马里决策前后媒体的反应

索马里干涉决策的做出分为两个阶段。第一阶段从 1992 年 11 月 5 日到 11 月 25 日，即布什决定部署地面部队之前。第二阶段从 1992 年 11 月 26 日到 12 月 9 日，即从布什决定布什地面部队，12 月 4 日布什全国电视讲话正式宣布向索马里派兵，到 12 月 9 日第一批美海军陆战队抵达摩加迪沙。具体详见表 4-2。

表 4-2　美国干涉索马里外交决策制定前后主要媒体对索马里报道统计

| 媒体\文章数量（篇） | 11月5日至25日 | 11月26日至12月4日 | 12月5日至12月9日 |
|---|---|---|---|
| 《华盛顿邮报》 | 21 | 55 | 56 |
| 《纽约时报》 | 21 | 45 | 54 |
| 《洛杉矶时报》 | 26 | 38 | 60 |
| 《基督教科学箴言报》 | 14 | 9 | 8 |
| 《华尔街日报》 | 8 | 23 | 17 |
| CBS | 27 | 172 | 180 |
| CNN | 20 | 169 | 237 |

数据来源：《华盛顿邮报》《纽约时报》《洛杉矶时报》《基督教科学箴言报》《华尔街日报》数据来自 Proquest Central 新闻库，CBS 和 CNN 数据来自 LexisNexis Academic 新闻数据库。

第一阶段：媒体缺乏兴趣，国务院持续关注索马里。

---

[①] Natsios, Andrew. "Illusions of Influence: The CNN Effect in complex Emergencies." In Robert I. Rotberg and Thomas G. Weiss (eds), *From Massacres to Genocide: The Media, Public Policy, and Humanitarian Crises*. Washington D.C. WA: The Brookings Institution Press, 1996, p. 168.

　　11 月 25 日部署地面部队的决定做出之前，新闻媒体对索马里的报道数量有限。《华盛顿邮报》和《纽约时报》在 21 天的时间内都发表了 21 篇相关文章，其中两报各有 1 篇头版新闻，《纽约时报》有 2 篇社论，《华盛顿邮报》1 篇社论。从内容上看，社论显然深深同情索马里灾情。《纽约时报》11 月 19 日和 20 日连续刊登安东尼·刘易斯（Anthony Lewis）撰写的两篇社论，第一篇题为"开枪为索马里提供食物（Shoot to Feed Somalia）"，第二篇题为"行动还是死亡"。其他文章关注索马里危机和救济情况，其中唯一一篇头版文章题为"一个索马里家庭及某些家庭是如何幸存的（How One Somali Family, Some of It, Survives）"。作者简·佩雷斯（Jane Perlez）不无同情地说："八月，在三个孩子相继去世，最后一粒谷子也吃完后，奥马尔先生和他的妻子法缇玛·阿里·阿布迪收拾起心爱的饭锅，拉着剩下三个饥肠辘辘的孩子拖着蹒跚虚弱的步伐，走了三天来到这个坐落在灌木丛中的基地。三个月以来，这对夫妇和他们的孩子就生活在这个为无家可归的人们设置的疾病肆虐的营地。"

　　电视新闻与报纸基本同步。CBS 晚间新闻对索马里的关注也不集中。在 21 天的时间里，CBS 的 21 条提及索马里的新闻报道中，只有 5 条以索马里为主题，没有头条，只有一条在新闻开播 10 分钟内播出。索马里报道占用的播出时间共计 3 分 30 秒，平均每天 10 秒报道索马里相关新闻。内容上，所有报道关注的都是饥荒或索马里难民，强调持续的危机和索马里的灾难。CNN 与 CBS 如出一辙，此间有 6 条以索马里为主题的新闻报道，四条呼吁干预索马里。

　　与媒体关注程度低形成对比的是在此期间美国官方力图促使对索马里问题关注的努力。如国务院召开了 10 次新闻发布会，新闻发言人主动传递空投援助索马里的消息。例如 11 月 10 日的新闻发布会上，理查德·鲍彻（Richard Boucher）宣布："九月以来美国民用飞机一直代表世界粮食计划和国际红十字会执行飞行任务。美国军用和民用飞机迄今已经向索马里和肯尼亚运送了总计 17539 吨的救济物资……这点尤为值得注意"[①]

　　这些声明反映了国务院意在宣传 8 月就开始的空中支援。但是，发言人反复提到的索马里问题却不为记者们所关注，记者们很快转移了话题。在此

---

　　① 美国国务院新闻发布会（State Department press briefings, SDPBs），1992 年 11 月 10 日，资料来源：Federal News Service, LexisNexis Congressional Universe.

期间唯一一次引起媒体兴趣的是 11 月 12 日和 16 日鲍彻警告索马里临时政府总统艾迪德停止阻挠粮食运输的行为时。但是，即使媒体对索马里产生兴趣之后，记者很快就继续就其他问题提问。根据此段时间新闻发布会没有提及任何人道主义干涉问题判断，可以断定这一时期美国政府在索马里问题上政策还没有成形。这一推断在其他有关这段时间美国索马里政策制定过程的相关研究中也得到证实。[①]没有政策也即表明这一时期的政策不确定性。

第二阶段：人道主义干涉决策制定后媒体的报道 1992 年 11 月 26 日至 12 月 9 日。

与 11 月 5 日至 25 日这段时间相比，11 月 25 日之后媒体对索马里的关注显著增加（详见表 4-1），报道量的剧增是紧随布什为联合国提供美军武力支持的决定产生的。11 月 26 日至 12 月 4 日期间，《华盛顿邮报》对索马里的报道增加到日均 2.7 篇，比之 11 月 5 日至 25 日日均 0.29 篇的报道量有大幅增长。几乎每天在头版首要位置都至少有一篇索马里相关报道。《纽约时报》日均相关报道从之前的 0.48 篇激增到 2.9 篇。相比之下，CBS 晚间新闻此前对索马里关注极为有限，但干涉决策曝光后，除了 11 月 27 日和 12 月 3 日两天，每天都把索马里局势作为头条新闻进行报道，条条新闻皆在新闻节目开始十分钟内播出。CNN 的报道变化与 CBS 如出一辙。显然，这段时间里，索马里已成为重要新闻题材。

12 月 4 日后，随着联合国安理会的许可和布什总统的全国电视讲话，媒体关注和报道又一次攀升。从布什电视讲话至美军登陆索马里之日，《华盛顿邮报》的索马里报道有 39 篇，平均每天 7.8 篇，《纽约时报》37 篇，日均 7.4 篇。这段时间《华盛顿邮报》和《纽约时报》以每日共计 15.2 篇的力度报道索马里局势，比 11 月 26 日到 12 月 4 日的日均 5.5 篇，和布什决定派兵前的日均 0.76 篇的报道力度形成鲜明对比。CBS 的报道在布什派兵讲话后也增加显著，在短短 5 天内其对索马里的实时报道累计达 85 分钟，与 11 月 26 日到 12 月 4 日的 46 分钟，和布什决策前 21 天时间里仅 3 分 30 秒的报道量差距也极为明显。CNN 的报道也同样大幅提升，日均达到

---

① Oberdorfer, Don. "The Path to Intervention: A Massive Tragedy 'We Could Do Something About'." *Washington Post*, December 6, 1992.; Cusimano, Maryann K. *Operation Restore Hope: The Bush Administration's Decision to Intervene in Somalia*. Pew Case Studies in International Affairs, Washington D.C., WA: The Institute for the Study of Diplomacy, 1995; Mermin, Jonathan. "Television News and American Intervention in Somalia: The Myth of a Media Driven Foreign Policy." *Political Science Quarterly*. Vol. 112, No. 3 (1997): pp. 399-403.

47 条即时新闻。到 12 月 5 日至 9 日，媒体中已铺天盖地充斥着索马里相关新闻。

外交决策方面，干涉决策作出后，美国政府全力宣传干涉政策，其中包括八次国务院新闻发布会、五次国防部新闻发布会和九次白宫新闻发布会。这一系列举措表明 11 月 25 日干涉决策作出后政策的高度确定性，尤其是在布什和克林顿宣传干涉政策先后作的公开声明。例如，布什宣布："索马里没有政府。法律和秩序已荡然无存。无政府状态泛滥……显然，有必要提供军事支援以保证索马里赖以救命的救援物资安全运抵灾区……所以，对于每一位参与此次行动的陆军、海军、空军和海军陆战队战士而言，允许我说，你们在为上帝而战。我们不会失败。谢谢大家，愿主保佑美利坚。"[1]

政策确定性还表现在国防部几次志在必得地解释未来军事行动计划的新闻发布会。例如，12 月 4 日的国防部新闻发布会上，不仅国防部长切尼和参谋长联席会议主席鲍威尔都列席参加，会上宣读的措辞得当、事无巨细的长达八千字的报告一大半都出自切尼的手笔。[2]12 月 7 日，国防部举办风格相似的新闻发布会，会上新闻发布人长达八千字的报告中，用了三分之一的时间宣传重塑希望行动的详细情况。[3]

**（四）干涉决策作出后媒体的导向作用**

媒体报道的导向以支持为主，大量使用"索马里使命"[4]"拯救成千上万声明的卓绝行动"[5]等褒义词汇。例如，45 篇重点报道干涉决定的文章中，有 30 篇对干涉表示支持，只有 8 篇取批评态度。从同情或漠视上看，大多数报道类似"饥饿的索马里对食品救济充满希望"[6]"索马里的悲惨境地"[7]等用词用语明显深表同情同情索马里受难民众。总体来看，在 16 篇重点介绍索马里饥荒和战乱的文章中，12 篇深表同情，只有两篇语气疏远。

本书利用关键词检索考察了媒体导向。新闻报道内容通过关键词出现频

---

[1] WHPB, December 4, 1992, Bush's address to the nation.

[2] Department of Defense background briefing (DDBB), December 4, 1992

[3] Department of Defense press briefing (DDPB), December 7, 1992

[4] Gordon, Michael. "UN Backs a Somalia force as Bush Vows a Swift Exit," *New York Times*, December 4, 1992, section A, p.1.

[5] Oberdorfer, Don and Trevor Rowe. "UN Moves toward Sending Armed Force to Deliver Food," *Washington Post,* November 26, 1992, section A, p. 1.

[6] Perlez, Jane. "Thievery and Extortion Halt Flow of UN Food to Somalis," *New York Times*, December 4, 1992, section A, p.1.

[7] Bonner, Raymond. "Buy up the Somalis Gus," *New York Times*, December 2, 1992, section A, p. 23.

率判断其支持 / 同情导向或者批评 / 漠视导向。首先，统计了可显示报道支持 / 批评导向的关键词如"拯救"（save）、"保护"（protect）和"帮助"（help）的词频情况。也就是说，如果新闻报道充斥着上述词汇，那么该报道即具有支持导向，因为其强调的是干涉索马里行动积极和价值方面的因素。相反，如报道中多次出现"我国"（national）、"美国利益"（US/American interest）、"不清楚 / 不确定"（unclear/uncertain）和"危险"（danger）等关键词即说明此报道反对干涉，因为其强调的是行动可能存在的风险，争论的是在没有牵扯美国国家利益的情况下美军是否适宜参与行动。在同情还是疏远的报道导向方面，"人民"（people）、"饥饿"（starving）、"垂死"（dying）和"死亡"（dead）等关键词使用频率说明，用"人民"等词汇认同索马里民众，同时突出其所受苦难，这类报道意在鼓励读者对索马里人民的认同。相反，"索马里"（Somali）、"战斗"（fighting）、"争战"（warring）和"杀戮"（killing）等词汇不但不鼓励读者认同或同情索马里，反而将索马里危机塑造成一场遥远的内战，而不是急需美国帮助的人道主义危机。

表 4-3  媒体对干涉决策报道导向词频分析（1992 年 11 月 26 日至 12 月 9 日）

| 支持性导向用词 | 出现频率 | 批评性导向用词 | 出现频率 |
| --- | --- | --- | --- |
| Save/saving | 33 | Interest | 26 |
| Protect | 25 | Uncertain/unclear | 19 |
| Help | 54 | Danger | 42 |
| 合计 | 112 | 合计 | 87 |

表 4-4  媒体对索马里人民报道导向词频分析（1992 年 11 月 26 日至 12 月 9 日）

| 同情导向用词 | 使用频率 | 疏远 / 中立导向用词 | 使用频率 |
| --- | --- | --- | --- |
| People | 185 | Somali | 157 |
| Starve/starving | 174 | Fight/fighting | 39 |
| Dying/die/dead | 50 | Warring/killing/killed | 53 |
| 合计 | 409 | 合计 | 249 |

统计数据来源：《华盛顿邮报》《纽约时报》数据来自 Proquest Central 新闻库，CBS 数据来自 LexisNexis Academic 新闻数据库。

关键词分析结果表明，新闻媒体在对索马里局势进行解释性报道过程中有明显支持和同情导向。通过表 4-3、表 4-4 可看出，112 频次的支持性导向用词明显超出批评性导向用词的 87 次，而同情性导向用语频率更是几乎超出淡漠性导向用语几乎两倍。总之，关键词分析支持前文结论，即媒体报道支持干涉索马里，同情索马里人民的遭遇。

**（五）外交政策不确定时期新闻媒体的作用分析**

新闻媒体的影响在政策不确定时期更具显性特征，其对时政多采取批评态度，并同情政策波及对象。因此，如果新闻媒体在干涉索马里的决策过程中具有推动作用，那么在政策不确定时期，媒体报道中就应该有大量批评时政、同情导向的用语。

11 月 25 日前，亦即提供地面部队支援的决策出台之前，美国对索马里政策还未确定，还没有作出干涉的决策。虽然从理论上说决策者在这段政策不确定时期会受媒体影响，但事实是媒体此间极少关注索马里。《华盛顿邮报》和《纽约时报》两报合计对索马里的日报道量是 0.76 篇，而且索马里消息也只在头版出现过两次。在这整整 21 天的时间里，CBS 给予索马里的关注也只有可怜的 3 分钟时间。这段时间虽然有些报道有同情导向，但很难想象这样的报道力度会"鼓动全国公共机构的良知"[1]或者"制造供养索马里的政治呼声"[2]。平均每天九秒钟的电视新闻和报纸上不知刊载在哪个角落的平均每天不到一篇报道的力度也不可能驱使决策者采取行动。当然，前文曾提到白宫发言人菲茨沃特称新闻媒体报道使决策者"忍无可忍"，以至于无法忍受"看着电视吃晚饭"[3]，对媒体报道的内容分析结果明显与之有出入。值得注意的是，其他参与决策制定的决策者对媒体报道对决策的影响也并没有深刻印象。副国务卿弗兰克·威斯纳（Frank Wisener）不"记得媒体压力在决策会议过程中成为问题"，并指出"我们绝少对新闻压力做反应，而更多的是对实际局势作出反应"。助理国务卿罗伯特·加卢齐也不记得此间媒体报道无论在数量上还是质量上有何建树。他认为，干涉索马里决

---

① Cohen, Bernard C. "The View from the Academy." In Bennett, W. Lance and David L. Paletz eds. *Taken by Storm: The Media, Public Opinion and US Foreign Policy in the Gulf War.* Chicago, IL: University of Chicago Press, 1994, p.10.

② Mandelbaum, Michael. "The Reluctance to Interven," *Foreign Policy*, No. 95 (Summer 1994): p. 16.

③ Gowing, Nik. "Real-time Television Coverage of Armed Conflicts and Diplomatic Crises: Does it Pressure or Distort Foreign Policy Decisions?", Harvard Working Paper. Cambridge, MA: The Joan Shorenstein Barone Center on the Press, Politics and Public Policy, Harvard University, 1994, p. 68.

策不是媒体报道助推决策者行动的案例。同样，助理国务卿阿诺德·坎特（Arnold Kanter）也不记得有任何"紧急的媒体事件"导致决策者作出干涉的决策。①总之，媒体对索马里饥民的大量关注在派兵索马里决策制定过程中并非要素。新闻记者们对国务院向索马里空投物资进行支援的信息的置若罔闻，也进一步说明这个问题。对新闻发布会情况的分析可以看出，新闻媒体报道并没有将政府官员的注意力引向索马里，反而是新闻发言人在试图鼓励媒体关注索马里。

　　综上，索马里个案研究表明，媒体对索马里的大量关注是在布什决定向联合国提供地面部队支援，政策确定性不断升级的情况下发生的。布什的派兵决策一曝光，媒体报道急剧增加。12 月 4 日，联合国安理会批准重塑希望行动。在此后政策确定的时期中，美国政府开始通过总统声明和一系列新闻发布会竭力宣传干涉政策。媒体报道的力度与政府举措交相辉映，在此期间对索马里的广播和报纸报道大幅增加。但媒体报道也没有简单地追踪官方议程。媒体也以自己的方式发挥其新闻导向作用。媒体没有挑战官方政策，甚至刻意均衡地报道对干涉的支持和反对的声音，媒体导向基本支持布什的决策。通过同情索马里人民的遭遇，选择强调干涉决策积极层面的因素，而不是强调潜在的问题，媒体制造了支持布什干涉政策、边缘化华府反对声音的媒体大环境。因而，研究证明，媒体报道没有促使布什政府作出干涉索马里的决策，而是在实际效果上为干涉政策构造了支持决策的环境。媒体在索马里个案中发挥的作用更确切地说是制造共识或标引作用，而不是 CNN 效应。

　　对事件前后新闻报道的内容分析表明，许多报道的确提倡干涉。最值得注意的是《纽约时报》公开呼吁美国干涉索马里以避免饥荒蔓延的两篇编者按。毫无疑问，至少部分参与决策制定的决策人读到了这类文章，部分也看到了电视新闻中对索马里危机的简短报道。因此，新闻媒体的报道有可能在决策者考量是否作出举动时对其有影响。尽管明显有夸大相关新闻数量的嫌疑，但无论是马林·菲茨沃特还是布什总统都在回忆时明确认为媒体报道促使他们行动。以下两点说明新闻媒体有影响，只是影响有限。

　　第一，相对其他影响决策的因素而言，媒体报道影响有限。如前所述，

---

① Robinson, Piers. *The CNN Effect: The Myth of News, Foreign Policy and Intervention.* New York: Routledge, 2002, p. 58.

参议员保罗·西蒙、南希·卡斯鲍姆和哈里斯·沃福德在布什召集跨部门会议前十天就不断游说。救援组织也陈书请求布什政府出手相助的同时，美国国际发展署官员弗雷迪·坎尼更亲自向决策者面呈干预请求。因此，无论是国会还是援助机构等利益集团都力争推动布什政府给予更大力度的干预。而国内和决策机构内部政治压力之外，还有联合国秘书长也努力争取美国干预索马里。

　　第二，美国政府早在干涉决策出台前一年半就一直不断对索马里危机作出各种反应。1991 年 3 月，助理国务卿赫尔曼·科恩（Herman Cohen）宣布索马里陷入内战危机，1992 年 8 月，布什命令空投大量救灾物资，这项行动直到 11 月正式干预政策出台前一直没有间断过。布什政府在考虑军事干预索马里之前已经致力于对索马里危机的救助。如此看来，几篇媒体报道最多只是极有限地影响了决策过程。当然，布什总统个人回忆说一天观看晚间新闻报道促使他下令干涉索马里的说法显然有些言过其实。诚然，没有上述多方呼吁干涉的压力，没有布什政府对索马里危机已有的关注和前期投入，新闻媒体凭一己之力是不可能迫使决策者举兵索马里的。决策者完全可以无视数量不多的媒体报道，正如其对待偶尔引起美国媒体关注的其他无关痛痒的国家地区的战乱和危机一样。媒体报道影响发挥到极致，也是间接地影响决策，促使举棋未定的决策者采取行动，而不可能成为影响决策的重大影响因素。国会和利益集团的游说，加上已有的政策倾斜，是直接促使决策者干预的主要因素。

　　媒体对决策者形成的压力和影响极为有限。在国会、利益集团、媒体几方面压力下，决策者的不作为是否会导致负面公众形象？干涉决策会否为决策者赢得媒体正面报道，以赢得政治资本？布什作出干涉决策之时，已然在总统大选中败给了克林顿，因此干涉索马里不会为其赚取任何政治回报。有学者推测，布什干涉索马里是得以体面卸任之举。[①]但为了赢得媒体青睐而动辄向胜败难料、前途未卜的索马里遣兵近三万之举实属冒险，决策者但凡考虑到美军在索马里遭受伤亡而可能在国内轩然引起的负面新闻报道，都不会只为博得媒体欢心贸然行事。因此，促使决策者最后作出干涉决策的因素更多地来自国会和利益集团的压力。

---

① Cusimano, Maryann K. *Operation Restore Hope: The Bush Administration's Decision to Intervene in Somalia*. Pew Case Studies in International Affairs, Washington D.C., WA: The Institute for the Study of Diplomacy, 1995, p. 8.

　　媒体报道知会公众、为公众提供必要的及时局势及背景知识，为决策者政策的推行和获得国内选民支持营造了有利的舆论环境。媒体对索马里局势的报道，对是否干涉、如何救助索马里危机的讨论为决策者作出干涉决策准备了舆论基础。当然这一影响并非来自 1992 年 11 月媒体并不强大的报道攻势。助理国务卿弗兰克·威斯纳回忆说，他那时知道记者当中普遍对索马里局势"深表同情"。他说："我认为这对决策并没有什么影响……其真正作用是在美国公众当中产生了提供舆论条件的影响……CNN 效应为美国公众支持干涉准备了条件。"①助理国务卿阿诺德·坎特也指出："在为推行干涉政策所做的准备中，生动的电视画面已经为我们的工作打好了基础。"有人指责布什政府没有为干涉政策做宣传准备工作，一位官员辩驳说："援助索马里人民的公众呼声已经四起。"这也说明决策者们深知舆论对干涉的支持态度。②

　　总之，向索马里驱兵两万八的决策并非美国媒体对当地饥荒报道引起的。实际上，直到布什宣布派兵政策之前，媒体从未集中关注过索马里局势。援助救援机构和国会的救援呼声，加上布什总统个人以及政策延续性的考虑是决策的主要动力。与此同时不可否认的是，媒体对决策具有间接的影响，具体体现为：媒体报道有可能促使某些决策参与者行动起来。其更突出的作用体现在为决策准备有利的舆论环境上。决策者在知晓媒体记者和公众普遍对索马里危机表示同情的前提下，得以毫不犹豫、信心十足地作出干涉决策，因其了解其政策已具备舆论基础，易于推行并获得公众支持。一旦决策出台，媒体积极响应支持干涉的报道和解释框架无疑为重塑希望行动赢得了公众支持。因此，媒体在索马里个案中起到的作用是支持而并非压力。

　　① Robinson, Piers. *The CNN Effect: The Myth of News, Foreign Policy and Intervention*. New York: Routledge, 2002, p. 62.

　　② Robinson, Piers. *The CNN Effect: The Myth of News, Foreign Policy and Intervention*. New York: Routledge, 2002, p. 62.

# 第五章　新闻媒体对美国外交决策影响机制

通过如上考察，我们可以清楚地看到，新闻媒体、公众舆论与外交决策之间的关系，其牵涉面广、复杂程度高，由此带来对这一问题的解读，在不同的时代、从不同的角度、以不同的视野，既各有侧重，也言人人殊。于如此千丝万缕的信息中探求更具客观性的结论，既需统揽全局的大视野，也不能忽视微观细节背后反映的潜在规律，更需要抓住关键的枢纽。笔者认为，政府外交政策是否确定，是解读新闻媒体、公众舆论与外交决策的关键点，也是破解这一课题的切入点。从这一关键点切入，我们不难发现，即便在外交政策确定时期，新闻媒体对公众舆论和外交决策的影响也是存在的，当然是隐性的存在。同时，我们也应注意，在外交政策不确定时期，即便新闻媒体对公众舆论和外交决策的影响是显性的，但同时也是间接的。可以说，新闻媒体对公众舆论和外交决策影响的普遍性和间接性，是我们从外交政策是否确定的关键点入手进行考察所得出的最基本认识。

## 一、外交政策确定时期媒体影响机制

### （一）问题的提出

外交决策确定时期，公众舆论一般是潜在的、不活跃的，这为决策层提供了在大多情况下实行他们认为适时适度政策的宽松空间。在这种情况下，一旦政府政策清晰、意见一致，新闻媒体影响政府外交政策的空间不大。这不大的空间，也难以通过新闻媒体单独实现，而主要表现在媒体与其他诸如公众、国会等合力反对政府决策，才能给予决策者改变政策的足够压力。同时，需要注意的是，即便有如上所言的足够压力，也不能保证政府一定会改变政策。如果决策者认为政策无误，就会力排众议，更积极地通过新闻简报、新闻发布会、记者见面会等手段宣传推行其既定政策。正如克林顿政府时期的国家安全顾问安东尼·莱克（Anthony Lake）直言不讳地指出，一旦政策确立，新闻媒体的报道对决策过程没有什么影响。[①]此时，如果决策者确定对媒体报道的话题采取不作为的政策，就总能找到避开该话题的办法。如 1994 年夏，在人道主义非政府组织的鼓励下，西方媒体没有忽视卢旺达种族灭绝和难民问题。但是，尽管媒体关注，除了法国和加拿大，西方主要国家都没有进行干涉。不但如此，联合国安全委员会的主要西方国家成员还在种族灭绝发生前几周撤走了部分维和部队。新闻媒体报道没有产生影响是因为主要西方国家决策者对此事已有明确的政策，即干预会困难重重，几乎没有成功的可能。同样地，"国际新闻媒体对第一次和第二次车臣战争中俄罗斯在车臣违反人权行为的报道也没有引起美国官方的正式谴责和任何行动。美国人道主义救援人员软硬兼施试图迫使美国政府在车臣问题上采取更强硬的立场，但美国决策者政策始终明确，他们不会为了维护车臣的利益而危害美国与俄罗斯两国的关系"[②]。因此，在官方政策明确的情况下，媒体在改变决策者初衷方面无法有作为。

但是，在外交政策确定时期媒体"没有什么影响"和"无作为"的表象下，媒体真的没有发挥任何影响吗？抑或是媒体对公众和外交决策发挥着不易为常人察觉的潜在或者隐性的影响呢？如果有潜在或隐形影响，这些影响具体有哪些？这些影响具体如何间接地影响决策呢？

**（二）媒体的作用与影响**

国联案例显示，恰恰是国联问题出台初期，也就是威尔逊信心满满地推行国联理念，美国参与国联势在必行，国联政策极为明确的时期，恰恰也是媒体极为活跃的时期。而在索马里个案中，当布什明确其外交政策，正式颁布军事干涉政策之时，也是媒体争相报道，公众关注度高涨时期，以上两个个案政策明确时期媒体的表现凸显了媒体此时期的特点。

**1. 媒体对公众与决策者同时发生的影响**

首先，对于决策者和公众来说，媒体对二者同时产生的影响如下。

---

[①] 转引自 Robinson, Piers. *The CNN Effect: The Myth of News, Foreign Policy and Intervention.* New York: Routledge, 2002, p. 30.

[②] Neack, Laura. *The New Foreign Policy: U.S. and Comparative Foreign Policy in the 21th Century.* Lanham: Rowman and Littlefield, Co., 2003, p. 118.

（1）信息的收集者

个案研究表明，新闻媒体收集国外最新动态的信息，以及内政外交问题上国内公众舆论对政府决策的反馈信息，并将这两类信息传播开来，提供给决策者和公众。索马里个案中，公众了解政府决策和国际形势的信息来源无疑是媒体。而布什制定、调整外交决策的重要信息来源和依据是其每日跟踪的报纸和电视报道，这使布什得以及时了解局势变化，制定其认为必要的外交政策。与此同时，媒体的跟踪报道及各路专家、名人的评论，也为布什政府了解舆情收集了一手信息。

（2）决策者和公众之间联系的纽带和桥梁，是政府的宣传机器，也是制造、传播和鼓励舆论的旁观者

无论国联个案还是索马里个案都表明，大众传媒主动自愿地充当外交政策的宣传机器，是沟通决策者和公众的桥梁。信息通过媒体在决策者与公众之间的流动，即从华盛顿决策中心通过媒体向公众的传播，部分公众意见（还有部分通过与议员直接联系、抗议等其他渠道）通过媒体记者的采编和报道向决策层反馈性地流动，实际上构成了美国民主政治体制的核心民主机制。

国联问题发展过程中，威尔逊与国会等决策层内部产生分歧等信息首先通过媒体向公众的传递，威尔逊和国会都利用媒体掌控公众舆论，新闻媒体作为第三方逐渐缩小着公众与威尔逊之间在国联问题上的信息差距，在二者之间谨慎地起到沟通和桥梁的作用。

信息极端不对称，特别是公众在信息上的劣势程度，是决定公众与决策者在外交决策领域相互关系的主宰因素，这因此也促使决策者坚持发布有利于自己的信息。毫无疑问，决策者对控制信息是极为重视的。曾负责媒体运作的前国防部长副助理布莱恩·G.惠特曼（Bryan G. Whitman）注意到国防部对 2003 年伊拉克战争战斗部队中的随军记者采取的政策是："我们的目标是控制信息市场。"[①]新闻媒体在信息控制与反控制过程中发挥着收集信息、解释信息和传播信息等重要作用。

媒体通过新闻报道和评析的方式宣传政府制定的外交政策，使公众了解决策意图、决策过程中的参与力量和困难，以及决策对象和国际社会对决策

---

① 转引自 Carr, David. "War News from MTV and *People* Magazine." *New York Times*. March 27, 2003, p. B14.

的反应。媒体这种在决策者和公众之间发挥的作用也常被称为旁观者（Bystander）。在旁观者的角色中，媒体一方面为决策者提供相关信息，有助于酝酿合理的外交决策，另一方面为公众提供外交决策前因后果的分析。因此，从这个意义上讲，新闻媒体对决策过程来说，起到了情报部门的作用。但是，在此过程中，就要求新闻媒体不仅提供基本事实和情报，而且要提供该事实或情报的相关事实，如理论前提、前因后果的分析等。媒体因而间接地还具有制造舆论、传播舆论和鼓励舆论的因势利导、推波助澜的作用。

（3）议程设定作用

新闻是大多数人每天了解世界各地消息的重要来源。但是，受播出时间和版面空间的限制，新闻编导只能从每日发生的众多新闻中摘选几条予以报道，而大多数新闻是上不了版面或节目的。因此，对于新闻的选择成为新闻媒体影响舆论和外交政策的环节。没有被选中的新闻或问题也就失去了曝光的机会，这些新闻或新闻所反映的问题也就失去了引起人们注意的机会，其在外交上的重要性也便随之失去了展现的机会。这一点，对于那些美国本国人没有机会亲历的国际事件尤为突出。

媒体的报道常常会引起公众和决策者对某些问题的极大兴趣和关注。日复一日，新闻媒体决定什么是新闻，无论是国内外政治新闻，是天气，还是经济、社会、文化、科技、时尚、娱乐新闻。新闻记者对事件的报道往往对千万公众了解事实、形成观念具有重要作用。新闻报道引导着大众的视线，如关注伊拉克战事、卫星发射、男篮赛事等等。新闻媒体使举国携手共睹政治历程，如总统就职典礼、国会调查案等，在无形之中影响公众舆论，在政治活动过程中使民众产生凝聚效应。[1]恩特曼也肯定地指出："新闻媒体在公众舆论认知的形成方面具有显著的影响作用。……实际上，公众舆论、决策官员的言行以及新闻报道三者之间是互为依存的关系。"[2]

因此，新闻媒体决定报道什么，不报道什么，什么是重要的新闻，有学

---

[1] Graber, Doris A. *Mass Media and American Politics*. Washington, DC: CQ Press, 2002, p. 3.

[2] Entman, Robert M. *Projections of Power: Framing News, Public Opinion, and U.S. Foreign Policy*. Chicago: Univ. Chicago Press, 2003, p.123.

者把媒体的这种作用称为"把关人"作用①。新闻媒体看似无意的选择实际上具有重要的政治影响，因为这会决定当天乃至此后一段时间公众和决策者的政治生活的中心议题，并可能引发一系列敦促决策、制定决策的政治活动。而通过大量报道激发公众和决策者兴趣的现象也就是自 20 世纪 50 年代以来社会科学领域相当热议的主题：新闻媒体对公共议程和外交事务议程的议程设置影响。

议程设置即媒体报道的变化导致或引起各方对该问题认知变化的过程。议程设置只是媒体机构、公众和政策决策人之间复杂关系具体运作过程的一部分。该理论将研究视角聚焦在范围相对固定的问题上，探索的是媒体影响相对可见的确切方式。

李普曼无疑是提出媒体议程设置作用的先驱，但他的提醒没有在当时学术界引起重视。即使在 40 年之后，在约瑟夫·克拉佩尔大众媒体影响学术研究综述专著中，也只有两页的篇幅涉及议程设置，而且其介绍也极为笼统。②虽然此后几十年间议程设置研究数量不少，但突破性的研究成果却不多。③甚至议程设置研究的倡导者麦库姆斯也直言此领域的研究零散不成体

---

① "把关人"是新闻传播领域中政治传播学在常态下媒体影响研究中提出的理论。把关人（gatekeeper）一词是 1947 年由社会心理学家库尔特·卢因（Kurt Lewin）首先提出的（见 Lewin, Kurt. "Channels of Group Life", *Human Relations*, Vol. 1, No. 2 (1947): pp. 143-153），卢因的学生曼宁·怀特（Manning White）最早将此理论引入新闻媒体的研究（White, David Manning. "The Gatekeeper: A Case Study in the Selection of News." *Journalism Quarterly.* Vol. 27, No.4 (1950): pp. 383-396），指把关人是那些有权决定某一条新闻是否应保留在新闻渠道的人。近年来，把关理论被运用到了新闻媒体影响机制的大环境之中用以研究新闻媒体的把关作用，即把关人决定了报道什么，不报道什么及其原因。该理论认为，新闻媒体对外交政策的影响远比标引理论更为积极。把关人相关研究显示，新闻记者通过判断报道的新闻价值来塑造新闻。（见 Galtung, Johan and Mari Holmboe Ruge. "The Structure of Foreign News." *Journal of Peace Research*, Vol.2, No.1 (1965): pp. 64-91; Thomas E. Patterson. *Out of Order*. New York: Knopf, 1993.）

② Klapper, Joseph. *The Effects of Mass Communications*. New York: Free Press, 1960, pp. 104-105.

③ 学术价值较高的有：Cohen, Bernard C. *The Press and Foreign Policy*. Princeton, NJ: Princeton University Press, 1963; Cook, Timothy E. *Governing With the News*; Fay L. Cook, Tom R. Tayler, Edward G. Goetz, Margaret T. Gordon, David Protess, Donna R. Leff, and Harvey L. Molotch. "Media and Agenda-setting: Effects on the Public, Interest Group Leaders, Policy Makers, and Policy." *Public Opinion Quarterly*, Vol. 47, No. 1 (1983): pp. 16-35; Lutz Erbring, Arthur Miller and Edie Goldenberg. "Front page News and Real World Cues: A New Look at Agenda-setting." *American Journal of Political Science* Vol. 24, No. 1 (1980): pp. 16-49; Michael B. MacKuen. "Social Communication and the Mass Policy Agenda." In Michael B. MacKuen and Steven L. Coombs eds. *More Than News: Media Power in Public Affairs*. Beverly Hills: Sage, 1981, pp. 19-144; Michael B. MacKuen. "Exposure to Information, Belief Integration, and Individual Responsiveness to Agenda Change." *American Political Science Review*. Vol. 78, No. 2 (1984): pp. 372-391.

系。①

　　1963 年，科恩断言"媒体也许不能很成功地告诉人们要怎么想，但它却能很成功地告诉人们该想些什么"②。1972 年，麦库姆斯和肖对 1968 年美国总统大选中媒体作用的研究将视角聚焦在了公众对某些问题的了解与关注度上，而不是公众的选举行为和态度，并得出结论，无论是社会问题还是政治问题，无论是地方性问题还是全国性问题，公众关注的问题都是由媒体提出。新闻受众不但从新闻报道中了解一个问题的来龙去脉，更"从新闻报道及报道的立场中了解到该问题的轻重缓急"③。麦库姆斯和肖因此首次正式提出议程设置概念，认为媒体通过对同一问题反复大量的报道，突出强调某些问题而忽视某些问题来影响公众舆论，影响到人们想什么。媒体对某些问题的关注程度，或者说是这些问题在媒体中的可见度越高，其对公众在这些问题上的影响越大。④但麦库姆斯和肖提出"议程设置说"时，只是一个相当简单的架构，其重视的是受众的认知层面，想要了解媒体所强调的是不是也是公众所认为重要的议题。

　　议程设置理论的假设是，通过界定什么问题是重要紧迫的政治问题，什么问题在政治辩论中属于边缘化或次重要问题，媒体可以改变现实政治中的个人观点。作为新闻媒体报道的终极产品，议程设置被一次次地证实、再证实。也就是说，媒体通过从问题的某方面进行报道，告诉人们如何解读和评判新闻。⑤从索马里个案中布什宣布政策之日起媒体报道与公众反应的实证研究及对电视报道的内容研究表明，索马里问题的重要与否以及公众对其关

---

　　① McCombs, Maxwell. "The Agenda-setting Approach." In Dan D. Nimmo and Keith R. Sanders. *Handbook of Political Communication.* Ann Arbor: UMI, 1998.

　　② Cohen, Bernard C. *The Press and Foreign Policy.* Princeton, NJ: Princeton University Press, 1963, p. 13.

　　③ McCombs, Maxwell E. and Donald L. Shaw. "The Agenda-setting Function of the Mass Media." *Public Opinion Quarterly,* Vol. 36, No. 2 (1972): p. 176.

　　④详见 McCombs, Maxwell E. and Donald L. Shaw. "The Agenda-setting Function of the Mass Media." *Public Opinion Quarterly,* Vol. 36, No. 2 (1972): pp.176-187; Maxwell E. McCombs. *Setting The Agenda: The Mass Media And Public Opinion.* Cambridge: Polity Press, 2004; Dearing, James W. and Everret M. Rogers. *Agenda Setting.* Thousand Oaks, CA: Sage Publications, 1996.

　　⑤ 参见 Schudson, Michael. "The Sociology of News Production." *Media, Culture & Society.* Vol. 11, No. 3 (1989): pp. 263-282.

注程度的不断提高，主要受电视"视觉现实主义和震撼人心的呼吁"[①]的影响。显然，"人们更相信眼见为实"[②]。而同一时期饥荒问题更为严重的苏丹，因交通通信等不便没有进入媒体视线，没有引起国际社会注意，而致使大批难民死亡，这一事实也从另一个侧面证实，即使在外交政策确定时期，媒体的议程设置作用发挥着潜在但却重要的影响。

正如刘继南总结媒体议程设定影响时所归纳的那样，媒体议程设定的影响"不在于它如何影响公众对某个具体事件的看法，而在于它通过所提供的信息及提供信息的方式告诉公众什么是重要的，应给予关注，什么是不重要的，不必给予重视；这是一种隐蔽的潜移默化的影响方式，最后在公众的意识中形成某种定式，造成某种舆论，间接地对决策议程产生影响"[③]。

（4）看门狗的监督作用（Watchdog）

媒体"看门狗"（Watchdog）监督作用[④]是指新闻媒体通过发掘并曝光政策存在的问题，或政府滥用职权等问题对政府决策和政策实施进行监督的作用。媒体常通过揭发鲜为人知的事实，向当局提出发人深省的质疑，督促政府"勤政""廉政"，"迫使当局对现行政策进行调整"，是对民主的重要保障。正如一位来自一份中西部报纸的记者所总结的："我们是第四权，我们的职责是监督——观察和解释——政府的所作所为。"[⑤]

对现行外交政策存在的问题进行质疑，是新闻媒体监督作用的主要表现。美国对外交事务最感兴趣也能参与到外交事务中来的人主要有以下几种：政府官员、记者、社会其他领域的精英和关注型公众。这些人读新闻时，不但会看社论版和观点栏目，还常常会与他人讨论所闻，因而相当程度上扩大了媒体的影响。而社论和观点栏目往往也旨在影响这些舆论精英。通过影响舆论精英，媒体的社论编辑和观点栏目作家也影响了公众对外交事务

① Ibelema, Mineabere and Larry Powell. "Cable Television News Viewed as Most Credible." Newspaper Research Journal, Vol. 22, No. 1 (2001): p. 42.

② Ibelema, Mineabere and Larry Powell. "Cable Television News Viewed as Most Credible." Newspaper Research Journal, Vol. 22, No. 1 (2001): p. 42.

③ 刘继南主编：《大众传播与国际关系》，北京：北京广播学院出版社，1999 年版，第 194 页。

④ Patterson, Thomas E. "The United States: News in a Free-Market Society." In Richard Gunther and Anthony Mughan eds. *Democracy and the Media: A Comparative Perspective.* Cambridge, UK: Cambridge Univ. Press, 2000, pp. 241-265.

⑤ Cohen, Bernard C. *The Press and Foreign Policy.* Princeton, NJ: Princeton University Press, 1963, p. 34.

的看法，并如此层层递进地影响到众多普通选民。20 世纪 60 年代中期起，
美国主流报纸社论和观点栏目对越战问题的质疑，无疑为约翰逊及其后的尼
克松政府进一步介入越南的计划制造了令其极为被动的舆论环境。

新闻媒体能否发挥监督作用的问题实际上一直存在争议。[①]大多数早期
媒体与外交关系的研究认为，媒体在信息上对官方来源的依赖，使他们附和
着决策精英提供的信息。[②]由于政府常常对绝密行动三缄其口，一旦政府方
面停止向媒体提供信息，媒体"看门狗"的监督作用就无从发挥。马丁·林
斯基在对卡特政府时期伊朗人质事件的研究中也曾指出，政府只是对人质解
救行动只字不提，就成功屏蔽了行动失败的消息。"电视台和主流报纸发
现，政府的沉默使自己无新闻可报。结果，在相当长的一段时间里，该新闻
的报道特别是在头版和头条新闻中完全杳无踪迹了。"[③]但事后，媒体发现
了真相，追踪报道了此役暴露的问题，成功地令民众及华盛顿决策层，特别
是国会进行反思。不仅如此，多年与白宫打交道的记者因获准与高层接触打
探消息而对白宫感恩戴德，逐渐为白宫所俘获。近来有学者注意到新闻媒体
对包装新闻，特别是带文字说明的图片或录像的包装新闻的依赖。而白宫新
闻办公室特别擅长提供和利用这些资源。[④]也有学者对此提出不同观点，认
为近些年来，媒体对决策精英解释框架的依赖已明显减少。比如，利文斯顿
和贝内特就探讨了新技术的出现是否降低了新闻工作者对官方消息来源的依
赖，并发现虽然官方渠道消息依然是新闻报道的重要消息来源，但技术却使
媒体在对事件跟踪报道上占据了先机。[⑤]

（5）影响公众及决策精英在外交政策上的态度

在外交政策问题上，媒体为国际问题和外交事务问题留出的版面一般最
多也不能超过 10%。因此，在报道什么国家地区、报道哪些外交决策等问

---

① Baum, Matthew A. *Soft News Goes to War: Public Opinion and American Foreign Policy in the New Media Age.* Princeton, NJ: Princeton Univ. Press, 2003; Hamilton, JT. *All the News That's Fit to Sell: How the Market Transforms Information into News.* Princeton, NJ: Princeton Univ. Press, 2003.

② Cohen, Bernard C. *The Press and Foreign Policy.* Princeton, NJ: Princeton University Press, 1963.

③ Linsky, Martin. *Impact: How the Press Affects Federal Policy Making.* New York: W.W. Norton, 1986, p. 91.

④ Iyengar, Shanto and Richard Reeves. *Do The Media Govern: Politicians, Voters, and Reporters in America.* Thousand Oaks, CA: Sage, 1997; Graber, Doris A. *Mass Media and American Politics.* Washington, DC: CQ Press, 2002.

⑤ Livingston, Steven and W. Lance Bennett. "Gatekeeping, Indexing, and Live-event News: Is Technology Altering the Construction of News?" *Political Communication.* Vol. 20, No. 4, 2003: pp. 363-380.

题上，媒体报道的内容也必须具有高度选择性。由新闻媒体在越战中的表现可以看出，新闻媒体具有通过大量电视画面、图片给受众留下深刻印象，以此改变其对相关政策态度的作用。越战中美国民众原本对赴越作战持支持的态度，在大量惨烈照片和图像报道后，态度逐渐改变，因而迫使决策者对政策作出相应调整。美国政府对索马里的军事干涉戛然而止，也正是因为美军飞行员遗体在摩加迪沙被拖过大街的镜头在媒体曝光，全美哗然，公众要求撤军的呼声四起，布什政府不得不终止行动。

　　近些年来，媒体，特别是电视，在影响外交政策方面的重要性急剧提升。很多情况下，他们并不是通过宣传"官方"观点，而是通过宣传"非官方"和不同意见来突出自身在政策方面的重要性。大众传媒有一支强大的信息分析和舆论制造的精英队伍。资深记者、专栏作家、社论编辑以及知名专家、学者和社会活动家等对新闻题材进行透视描述和解释说明，对外交政策的走向进行深入浅出的分析，提出自己的观点和政策建议或者批评现行的政策。这些人的观点也就是人们所说的"精英舆论"。外交决策者对"精英舆论"都十分重视，会在不同程度上吸纳其"有效"成分，并根据提出的批评和建议修正决策或行动措施。这不仅是因为"精英舆论"有着"智囊"的功能，能从更广、更深的角度来帮助分析和验证外交政策，而且还因为一些"精英舆论"的背后有着强大的政治势力，政府不得不考虑他们的观点和利益。[①]

　　在提升自身政策重要性过程中，媒体也利用一系列方法以起到提升影响力的重要作用，其中就包括政府与媒体之间的暗相嫱和，许多不同政见以及迄今保密的文件也由此得以在媒体上曝光。有时，媒体即使掌握了确凿的事实和来龙去脉，也有意误导公众，歪曲报道，以宣扬自己认同的观点。抗战前后亨利·鲁斯利用《时代周刊》等自己麾下的媒体，有意在中国问题上误导公众、歪曲报道，宣扬自己认同的扶蒋反共观点，即是最显著的例证。媒体的其他方法也是众人所熟知的，例如"气球试验法"（Trial Ballons），即透露一点信息，然后静观公众的反应；"泄露内幕法"（News Leak），"无中生有法"（Planted Story），"自导自演法"（Staged Events），如劫机事件等。[②]

---

① 刘继南主编：《大众传播与国际关系》，北京：北京广播学院出版社，1999 年版，第 196 页。

② Malek, Abbas ed. *News Media and Foreign Relations*. Norwood, NJ: Ablex, 1996, pp.32-33.

### 2. 主要对公众发挥的作用

（1）为公众舆论提供决策相关信息，也是公众的外交事务教育者

在外交政策问题上，媒体具有教育公众、培养"外交政策意识"[①]的"责任"和作用。媒体还具有向公众解释外交政策、提供相关历史背景资料的深度报道的重要作用，否则公众会对国际事务一无所知。媒体扮演着确保公众广泛参政议政和决策的重要角色。大部分学者认为媒体的任务是知会[②]，可以起到缩小决策者与公众间信息量差距的重要作用。

一般情况下，公众很少关注外交政策，因而对于国际新闻的关注也很少，相应地造成了外交决策者的优势。这一现象在军事冲突问题的早期尤为突出。这一时期，决策者与公众之间的信息占有量的差距极大。但是，诸如人员伤亡、领导意见不合、决策者明显掩盖事实、愚弄公众等因素会促使公众急剧提高对国际新闻的兴趣和需求，力求从新闻媒体获取更多信息。而此时，通过媒体的努力，决策者和公众间信息量的差距大大缩小。若冲突持续发展，信息量差距会继续缩小。新闻媒体在此间的作用极为重要，因为国际新闻报道是缩小信息量差距的最主要也是最直接的方式。如果没有新闻媒体作为控制信息流动的第三方，或者新闻媒体仅仅作为机械地传输信息的传送带，那么决策者对于公众的外交信息需求就没有太多作出任何反应的动力。[③]当然，临近总统大选时是例外。

布拉尼斯拉夫·斯兰契夫（Branislav Slantchev）将选民制裁决策者在

① Elson, Robert T. *Time Inc.: The Intimate Hisotry of the Publishing Empire*. New York: Athenaeum, 1968, p. 429.

② 例如 Lance, Bennett, W. *News: The Politics of Illusion*. New York: Longman, 2001; Patterson, Thomas E. "The United States: News in a Free-Market Society." In Richard Gunther and Anthony Mughan eds. *Democracy and the Media: A Comparative Perspective*. Cambridge, UK: Cambridge Univ. Press, 2000, pp. 241-265.

③ Baum, Matthew A. and Philip B. K. Potter. "The Relationships Between Mass Media, Public Opinion, and Foreign Policy: Toward a Theoretical Synthesis", *Annual Review of Political Science*. Vol. 11, 2008: p. 43.

理论上的力量与国内观众理论相结合[①]，研究了为什么公众对决策潜在的影响会持续而不是间歇性地影响决策者的行为。斯兰契夫认为，由于相对独立的媒体可以起到相对不偏不倚、可信消息来源的作用，它可以促进公众通过"观众成本的终极结果"[②]来对决策者的外交行动进行监督。这样就更易判定公众会在何时惩罚决策者的决策失误。换句话说，独立自由的新闻媒体缩小了决策者与公众之间的信息差距。[③]

（2）设定公共议程

媒体设置公共议程的理念可以追溯到20世纪20年代李普曼提出的在当时具有创新意义的理论：大众媒体在公众个人理解外部世界中具有重要作用。他说："从政治上说，我们所要面对的世界是摸不到、看不见、无法想象的，必须对其进行探索、报道和揣摩。"[④]在此过程中，新闻机构具有决定公众舆论倾向的影响力。李普曼的理论抓住了新闻媒体与其读者之间关系的精要。他较同时代人更早地意识到，作为社会一员，我们的主要经历并不是我们直接体验的一切，而是通过大众媒体传达给我们的经历。他最为关切的问题是大众对现实世界的认识从媒体报道受到的影响，也就是他所说的"我们头脑中的影像"[⑤]。换言之，人们的政治性判断或反应几乎无一例外地是根据新闻媒体提供的信息勾勒出的外部世界的所谓影像作出的。甚至可以说，大众媒体帮助塑造了人们头脑中现实的生成。在李普曼所处的时代

---

① 该理论将领导人看作舞台上的演员，而台下是诸多的政治观众，他们能够观察领导人的一举一动；认为国际危机是一个公开事件，是在国内政治观众面前发生的。国内观众可以观察到领导人处理危机的行动和表现，并且据此来评估领导人的能力。这是理解危机如何爆发以及如何展开的关键。危机作为一种政治摩擦，是国家间就共同利益的分配问题进行讨价还价的一个过程，因此在每个阶段中国家都可以有多种选择，可以选择攻击、让步或者进一步将危机升级。假设领导人选择退缩，或者没能够兑现自己的公开承诺或者威胁，那么就可能要遭受国内政治观众的惩罚，包括批评、谴责，甚至于被解除职务、罢免等。这里的国内政治观众包括反对党、竞争对手、国会议员、政治官僚、利益集团、大众（特别是在大众媒体崛起之后）等。详见 Fearon, James D. "Domestic Political Audiences and The Escalation of International Disputes." *American Political Science Review*, Vol.188, No.13 (1994): pp. 577-592.

② Schultz, Kenneth A. *Democracy and Coercive Diplomacy*. Cambridge, UK: Cambridge Univ. Press, 2001; Baum, Matthew A. "Going Private: Presidential Rhetoric, Public Opinion, and the Domestic Politics of Audience Costs in U.S. Foreign Policy Crises." *Journal of Conflict Resolution* Vol.48, No. 5 (2004) : pp.603-631.

③ Slantchev, Branislav. "Politicians, the Media, and Domestic Audience Costs." *International Studies. Quarterly*. Vol.50, No.2 (2006): pp. 445-477.

④ Lippmann, Walter. *Public Opinion*. New York: Macmillan Publishing, 1922, p.18.

⑤ Lippmann, Walter. *Public Opinion*. New York: Macmillan Publishing, 1922, p.18.

中，纸本版的报刊是媒体干预公众对外界认识的主要媒体。而如今，我们接触信息的媒体来源从传统的报纸、杂志、广播、电视到互联网被大大地电子化和多元化。但无论信息传播的形式如何变化，李普曼的理论却依然是真知灼见。我们形成政治观点的主要信息来源来自大众媒体。

通过就某地方性问题的民意调查和对当地报纸相关报道的内容分析，有学者研究了新闻媒体的议程设置作用对舆论的影响。研究结果发现，通过更突出地报道某一问题的某些方面，媒体显著提升了该问题在这些方面被公众关注的程度。同时，该研究还发现了议程设置的一个重要作用，即预设评判标准的作用：媒体报道围绕某一问题突出强调的某些特质，也成为公众评论该问题时关注的焦点。该研究得出如下结论：通过强调问题的某些方面，媒体在告诉人们"想什么"的同时，还告诉人们"怎么想"。①

美国公众舆论在许多方面是根据媒体提供的讯息和分析而形成。大部分民众最为关注的是与个人生活息息相关的问题，而且大都根据自身体会来判析问题。但同时，大多数公众在诸如联邦赤字会否威胁经济、美国卷入拉美会否威胁美国国家安全等国内外大事上持有自己的观点。在这些国内外政策问题上，公众无从深入调查，无从直接参与，因此无从进行经济、政治利益分析。大部分公众没有机会直接参与政治，因此，普通民众必须依靠他人提供的信息和分析来得出结论。而在现代社会，新闻媒体就是公众依赖的信息和分析来源。因此，公众对新闻媒体的依赖性就为媒体塑造公众思想提供了巨大的空间。

公共议程设置的具体表现就是新闻媒体所关注的问题也成为公众认为最重要的问题。艾杨格等以电视新闻为例的研究证实了这一点。"通过关注某些问题，忽视其他问题，电视新闻塑造了美国公众的政治关注点。这一影响显然既不是瞬间的，也不是永久的……当电视新闻集中报道某一问题，公众的关注点随之改变，而当电视新闻继而报道其他新闻，公众关注点也紧随其后地改变了。"②因此，议程设置的影响结果是公众关注问题或对象受媒体引导而发生的变化。

---

① Kim, Sei-Hill, Dietram A. Scheufele and James Shanahan. "Think about it This Way: Attribute Agenda-Setting Function of the Press and the Public's Evaluation of a Local Issue." *Journalism & Mass Communication Quarterly*. Vol. 79, No.1 (2002): pp. 7-25.

② Iyengar, Shanto and Donald R. Kinder. *News That Matters: Television and American Opinion*. Chicago: The University of Chicago Press, 1987, p. 33.

托德·吉特林（Todd Gitlin）因此指出，媒体影响已成为意识形态体系中的主要影响因素。人们熟知的仅限于自己"社会生活的狭小领域"[1]，大众媒体通过电视画面将模拟现实带到人们的生活中，而人们发现自己仰赖这些大众媒体来构造对真实世界的认知。

（3）设定解释框架（Framing）

美国著名编辑史蒂夫·史密斯曾强调，为新闻报道选择解释框架是记者所做的最重要的决定。[2]由于国际新闻和外交事务不为普通公众所熟悉的特殊性，新闻媒体的国际新闻报道几乎毫无例外地对新闻进行背景、意义等的解释。而新闻记者对新闻提供的前因后果的解释，近几十年来被学者们称为解释框架或直接称为框架。

虽然外交决策者上至总统、国务卿、助理国务卿、美国驻各国大使、参众两院议员，下至外交政策学者都为国际事务或事件提供解释，但媒体自上而下、四通八达的信息传播范围及其日复一日、从无声到有声、静态到动态的多媒体传播频率和手段，使其对公众乃至外交决策者本人的影响在各种解释中轻而易举地占据主导地位。正如政治学家多丽丝·格雷伯（Doris Graber）所指出的："通过解释前因后果并将其与某些事件联系在一起，新闻媒体甚至不用告诉读者相信什么或思考什么就能塑造舆论。例如媒体将中美洲的内部争斗与冷战时期苏联与古巴共产党组织的活动联系在一起，美国公众就会立即对该地区的动向高度警觉起来。"[3]因此，新闻媒体对新闻特别是公众相对陌生的国际新闻的解释，会直接影响公众舆论乃至外交决策。

媒体解释框架是指"从感知到的现实中筛选出几个方面，强调这几者间的联系，以突出强调某种特定解释的过程。成熟的解释框架一般具有以下四方面的作用：问题界定（澄清问题）、因果分析、道德评判、提出解决方案"[4]。媒体解释框架功能通过媒体预设功能（Priming）来塑造和改变受众对事件的解释和观点倾向。也就是说，媒体解释框架功能提出或突显某些解释，以牵动或鼓励目标受众按照某种特定方式进行感受、思考并因此作出

---

① Gitlin, Todd. *The Whole World is Watching: Mass Media in the Making and Unmaking of the New Left.* Berkeley, CA: University of California Press, 1980, p. 1.

② Smith, Steve. "Developing New Reflexes in Framing Stories." 转引自黄敏：《"冷战"与"主权"：中美南海对峙的媒体框架分析》，《新闻与传播研究》2009 年第 4 期。

③ Graber, Doris A. *Mass Media and American Politics.* Washington, DC: CQ Press, 2002, p.11.

④ Entman, Robert M. "Framing: Toward Clarification of a Fractured Paradigm." *Journal of Communication*, Vol.43, No.4 (1993): p. 52.

判断。

有学者这样形象地比喻道："和房屋的框架一样，新闻解释框架创建了其他因素得以建筑于其基础之上的结构。房屋中有许多部分不属于框架部分，但是如果没有框架，就没有房屋。框架决定了房屋的外观形状。"[①]具体来说，解释框架就是新闻写作的具体方法，包括解释框架性的标题、考究的遣词、修辞手法的巧妙以及叙述方式等。[②]

政治学对新闻媒体的研究则主要侧重以下几种解释框架：冲突解释框架、牵涉人群（human impact）解释框架、经济后果解释框架、道德观判断解释框架和责任解释框架。

冲突解释框架通过强调个人、组织或机构之间的冲突来激发受众的兴趣。有研究发现，新闻媒体主要通过利用几种主要的解释框架来报道各种问题。其中，冲突解释框架是最重要的一个。例如，关于南非的新闻报道就常常充斥着两极势力的对抗，如黑人与白人、黑人与警察、南非政府与新闻记者、南非与世界等。"记者习惯从事件两个方面进行报道的习惯，以及有可能就以好人和坏人的方式讲述事件的冲动，导致媒体格外重视冲突。"[③]其他研究也发现，新闻报道涉及政治精英之间矛盾时，往往把错综复杂的政治简单化为表面的冲突。例如总统竞选新闻就常被媒体用冲突框架来解释。[④]也正是因为强调冲突，有学者谴责新闻媒体诱导公众对时政的愤世嫉俗和对政治领袖的不信任。[⑤]

牵涉人群解释框架具体指新闻集中报道新闻事件会涉及的个人或群体，通过图片或描述等手段突出一张活生生的脸，让新闻受众只要谈及或想起此新闻事件，就会想起这张脸。例如中日战争初期《时代周刊》刊登的日机轰炸后一个小男孩坐在硝烟四起、尸横遍野的上海火车南站孤零零地哭泣的照

---

① Cappella, Joseph N. and Kathleen Hall Jamieson. *Spiral of Cynism: The Press and the Public Good.* New York: Oxford University Press, 1997, p. 38.

② Cappella, Joseph N. and Kathleen Hall Jamieson. *Spiral of Cynism: The Press and the Public Good.* New York: Oxford University Press, 1997, p. 39.

③ Neuman, W. Russell, Marion R. Just, and Ann N. Crigler. *Common Knowledge: News and the Construction of Political Meaning.* Chicago: University of Chicago Press, 2018, p. 66.

④ 见 Thomas E. Patterson. *Out of Order: An Incisive and Boldly Original Critique of the News Media.* New York: Knopf, 1993.

⑤ 见 Cappella, Joseph N. and Kathleen Hall Jamieson. *Spiral of Cynism: The Press and the Public Good.* New York: Oxford University Press, 1997, p. 145.

片，就深深印在读者脑海中，久久挥之不去。新闻报道往往避免直接表达对
受害人群的同情，他们利用形容词、个人经历和视觉效果等激发读者的愤
怒、换位思考、同情、怜悯之情，使新闻事件戏剧化、情感化。该框架在纽
曼等人发现的新闻媒体几种主要的解释框架中仅次于冲突框架，而且也是重
要的解释框架。在新闻市场竞争日益激化的局势下，这无疑是吸引受众的有
效手段。牵涉人群解释框架常常被用来向受众传递一类信息：该新闻事件值
得关注。①

　　经济后果解释框架从对某个人、团体、机构、地区或国家造成何种经济
后果的角度报道事件、问题和议题。纽曼等人的研究也将其作为新闻媒体常
见的解释框架。新闻报道的事件牵扯范围越大，其新闻价值就越大。一般而
言，经济后果牵扯的范围往往都相当广，相应的新闻价值自然会大。

　　道德框架将新闻事件、现实问题和议题放在宗教理念或道德禁忌的前提
下进行道德判断。由于客观性是新闻记者的职业操守，记者往往间接地在报
道中利用道德框架。如通过引经据典、由此及彼的推理或通过他人之口提出
自己要提出的问题。②

　　责任解释框架将引起某问题的起因或造成的后果归咎于政府或某些个人
或组织。艾杨格的研究指出，电视新闻从事件、个例或个人的角度对某问题
或议题进行报道而不是从更广阔的社会历史背景进行报道，实际上是在引导
受众从单个人或单个事件的层面理解所报道的问题。③

　　新闻媒体设定解释框架的作用在军事、防御和外交问题上尤为突出。
"人们更有可能接受媒体中关于他们缺乏直接经验或没有强烈倾向问题的报
道信息。对于大多数北美受众来说，这种情况更多地出现在国际事务方
面。"④

　　要理解在外交等问题上媒体解释框架对公众舆论和决策过程的影响，就
有必要了解新闻报道叙事也就是讲述故事的根本原则。一旦某问题或事件成

---

① Neuman, W. Russell, Marion R. Just, and Ann N. Crigler. *Common Knowledge: News and the Construction of Political Meaning*. Chicago: University of Chicago Press, 2018, pp. 69-70.

② Neuman, W. Russell, Marion R. Just, and Ann N. Crigler. *Common Knowledge: News and the Construction of Political Meaning*. Chicago: University of Chicago Press, 2018, p. 72.

③ Iyengar, Shanto. *Is Anyone Responsible? How Television Frames Political Issues*. Chicago: University of Chicago Press, 1991, p.130.

④ Hackett, Robert. *News and Dissent: The Press and the Politics of Peace in Canada*. Norwood, N.J.: Ablex Publishing, 1991, p. 98.

为新闻，就会被按照新闻的传统叙述方式被赋予解释框架。麦库姆斯等就此指出，新闻解释框架往往从是否能编排出好故事的角度来确定。从本质上讲，新闻强调的是能够按照新闻传统叙事方式推演故事的细节和事实。[①]新闻写作的这一特点是理解媒体框架作用如何接入决策过程的关键所在。而决策者一旦了解媒体框架作用影响公众感知的机制，他们要完成的工作就是为媒体提供能够赢得有利解释框架的信息，以便赢得公众支持。

虽然人们对事物的理解和解释源自其先前的基本信念、人际交往中的信息交换，以及媒体上的影像和文字，但在外交领域的事务上，人们都受着新闻媒体的主导。因为在外交问题上，很少有人能有更直接的消息来源。即使看过或听过消息的人们在谈论过程中也会对消息进行选择和定性，其获得的绝大多数信息依然来自新闻报道。以美国国防预算为例，除了新闻媒体，美国公众就没有其他渠道了解美国国防对象的军事意图和军事实力等信息。因此，至少在外交政策上，公众几乎没有直接从现实中获取相关信息的可能。但这并不意味着每个人会对媒体报道作出同样的反应，而是指大多数人的观点会受媒体报道的影响。[②]

需要着重强调的是，最有力和有效的解释框架是与政治文化保持高度一致性且能够在公众中引起文化共鸣的解释框架。解释框架的设定是"选择并突出事件和问题的某些方面，展示这些方面的内在联系，以推行某种特定的解释、评价和/或解决方法"[③]。最有效的解释框架是能引起文化共鸣的解释框架，也就是能够契合主流政治文化中"醒目、易懂、好记、煽情"的文字和影像进行解释的框架。[④]

解释框架设定成功与否取决于一个前提条件，即外交事件与政治文化之间是否存在一致性，且这种一致性容易辨识，这样全国的反应就纯属惯性反应了。如果施政精英成功地将外交事件与一种习惯性逻辑相结合，就"几乎

① McCombs, Maxwell et al. *Contemporary Public Opinion: Issues and the News*. Hillsdale, N.J.: Lawrence Erlbaum Associates, 1991, pp. 38-39.

② Entman, Robert M. *Projections of Power: Framing News, Public Opinion, and U.S. Foreign Policy*. Chicago: Univ. Chicago Press, 2003, p. 124.

③ Entman, Robert M. *Projections of Power: Framing News, Public Opinion, and U.S. Foreign Policy*. Chicago: Univ. Chicago Press, 2003, p. 5.

④ Entman, Robert M. *Projections of Power: Framing News, Public Opinion, and U.S. Foreign Policy*. Chicago: Univ. Chicago Press, 2003, p. 6.

无需任何认知努力就可使公众接受政府对该事件的解释"①。"9·11"事件
之后，布什政府把该事件解释为恐怖主义分子对美国无辜百姓的突然袭击。
恐怖主义分子是邪恶而不理性的，与其斗争的人是勇敢的英雄。这种解释所
展现的图景是普通美国人都易于接受的，因此，社会其他精英包括媒体或保
持沉默，或响应政府的解释，媒体也不断重申政府的解释框架。这是因为精
英和媒体都要顾及自身的利益、前程和生存问题，很少有人敢于挑战政府对
"9·11"事件的解释。事实也是如此，那些试图解释恐怖袭击事件深层原因
的评论家很快被边缘化，或者被视为不爱国。

　　而当外交事件与公众的心目中的国家形象或习惯性逻辑没有共鸣时，公
众的反应是屏蔽相关信息。出面设定解释框架的精英可以通过提供一个能与
公众国家形象联系起来的解释来赢得支持。当外交事件与政治文化完全契合
或者完全不搭界的情况下，政府精英对解释框架的控制是最强大的。

　　恩特曼举出了两个实例具体说明解释框架在以上两种情况下的作用。第
一个例子是 1983 年 9 月苏联击落一架大韩航空公司客机，导致 269 名旅客
和机组人员全部罹难。第二个例子是 1988 年 7 月美国海军舰艇击落一架伊
朗航空公司客机，导致 290 人毙命。"两个事件中，军事指挥官都误将客机
当作敌机，事后深入调查的官员也都称，当时情形下达攻击指令是正当
的。"②

　　苏联击落大韩航空公司客机事件后，里根政府出面对事件订立的解释框
架是，该事件是对手无寸铁的无辜平民进行的冷血屠杀。从公众习惯性的冷
战思维来看，邪恶的苏联屠杀无辜百姓的解释框架是不难为美国公众所接受
的。政府反对党精英和媒体都没有提出任何异议，而只是重复和不断夸大政
府所提供的解释框架。但在美军击落伊朗航空公司客机事件中，事件本身是
"完全与美国国家形象所背离的"，美国政府根本无法找到任何符合人们习惯
性思维的解释框架。这种与习惯思维、与美国国家形象和美国政治文化完全
不搭界的事件屏蔽了人们对事件的反思，而任由美国政府关于技术故障导致
击落发生的解释主导舆论。反对党精英和媒体都简单地接受了政府的解释框
架。相比之下，媒体对屠杀解释框架连篇累牍的文字报道和图像传播远远超

---

①　Entman, Robert M. *Projections of Power: Framing News, Public Opinion, and U.S. Foreign Policy.*
Chicago: Univ. Chicago Press, 2003, p. 13.

②　Entman, Robert M. *Projections of Power: Framing News, Public Opinion, and U.S. Foreign Policy.*
Chicago: Univ. Chicago Press, 2003, p. 29.

过其对技术故障解释框架的宣传。[①]

从恩特曼对解释框架理论的进一步探讨中可以看出，解释框架与政治文化相辅相成的时候才会被接受，才能产生更大的影响。而且，一个国家的政府只有及时跟踪事态的发展，对事态以及国家应对措施做出合乎政治文化和民众习惯性思维的解释，才能将外交事件维持在可控范围之内。当外交决策者任由其他势力，如国内政治反对势力和新闻媒体来界定事件，那么决策者就失去了对事态的控制。如果当局无法转移公众注意力使其接受自己的外交解释，外交政策的选择权就会旁落到体制外。其结果是，政府失去对解释框架的控制，就是失去对外交政策的控制。

一战结束前后，国联问题所以得到公众注意和认同，是威尔逊总统十四点计划勾勒出的国际社会美好前景以及美国可能在其中扮演的领袖角色，符合美国公众对美国国家社会形象的期待，因而在新闻媒体随声附和中，美国公众普遍欢迎威尔逊的国联方案。

（4）影响公众对外交政策的评判标准（Priming）

近些年来，议程设置理论有了新的发展，对于这一现象的理解已经从关注新闻媒体告诉公众注意什么问题的简单议程设定层面，发展到如今将媒体影响细化为量化性质的"预设评判标准"作用和质化性质的"解释框架"作用等阶段性作用，这也就是公众辩论受媒体议题影响而影响议程的不同方式。这里的量化是指主要通过对新闻报道出现的频繁程度或强度来衡量媒体报道对受众认知周遭问题轻重缓急认知的影响。而质化是指对新闻报道角度或侧重点等研究媒体报道内容对受众在具体问题上所持褒贬态度的影响。

耶鲁大学教授艾杨格和金德的研究在肯定了媒体议题对公众议题影响，断定"全国新闻中最受关注的问题也成为受众认为是全国最重要的问题"的同时[②]，首度提出媒体还有"预设评判标准"的功能，认为媒体预设评判标准的功能还可以影响到人们的政治态度及行为，因而将媒体影响从对受众的认知影响拓展到了对受众政治态度、甚至行为的影响。

预设评判标准是指人们用以对人对事进行政治评价的标准因媒体通过取舍新闻材料、版面位置、是否连续报道、连续报道时间等，侧重报道某些问

---

① Entman, Robert M. *Projections of Power: Framing News, Public Opinion, and U.S. Foreign Policy.* Chicago: Univ. Chicago Press, 2003, p. 31.

② Iyengar, Shanto and Donald R. Kinder. *News That Matters: Television and American Opinion.* Chicago: The University of Chicago Press, 1987, p. 16.

题，同时忽视其他问题而产生变化的现象。

如果可以把议程设置理解为一种记忆过程，在此过程中，话题或问题的可及性随其在大众媒体曝光次数的增加而增加，那么预设评判标准作用就在媒体对某问题的关注度与该问题在公众对政治参与者评价体系中的重要性之间建立了关联。公众的评价很大程度上依据媒体中曝光次数最多的那些问题做出的。[①]例如，如果经济问题和就业问题占据了媒体的头条新闻，那么经济政策及其实施情况就会是公众对国家领导人总体表现进行判断的基础。与议程设置有所不同的是，媒体预设评判标准的作用，侧重强调媒体是公众根据某一问题评判其领袖以及判断问题轻重缓急重要性的原因。[②]

从根本上看，预设作用是媒体影响研究的量化分析研究。通过提高某些问题在受众记忆中的可及性，预定论帮助受众界定衡量政治表现的标准。而记忆可及的信息主要取决于媒体报道的特定背景因素，诸如涉及问题的参与者、事件影像和相关信息等。[③]对决策者来说，这点对他们极为有利，因为可以利用预定论这一特性将公众的注意力吸引到成功的举措上，转移公众对存在问题的行政决策上的注意力。

议程设置与媒体预设评判标准的作用具有某种程度上的共性，因二者研究的都是某问题被媒体报道的频繁次数。"媒体预设评判标准作用是经诸多实验和调查研究成功验证的一种强大效应，这些研究不断表明，媒体通过更多或更少地突出某些问题的重要性，改变着这些问题对公众判断标准的影响。但是，与议程设置一样，媒体预设并不涉及这些问题在新闻报道中的具体措辞，而只是涉及这些问题出现的相对频繁程度。"[④]正是由于媒体预设评判标准作用主要关注某问题被媒体报道的数量，所以两则观点针锋相对或出发点完全不同但主题相同的报道在预定论的研究中属于同类的报道。与议程设置理论不同的是，媒体预设作用侧重研究媒体在公众对决策者的评判和

---

① Cappella, Joseph N. and Kathleen Hall Jamieson. *Spiral of Cyncism: The Press and the Public Good.* New York: Oxford University Press, 1997, pp. 81-82.

② Cappella, Joseph N. and Kathleen Hall Jamieson. *Spiral of Cyncism: The Press and the Public Good.* New York: Oxford University Press, 1997, p. 52.

③ Goidel, Robert, et al. "Priming Theory and RAS Models: Toward and Integrated Perspective of Media Influence." *American Politics Quarterly*, Vol. 25, No.3 (July 1997): p. 293.

④ Cappella, Joseph N. and Kathleen Hall Jamieson. *Spiral of Cyncism: The Press and the Public Good.* New York: Oxford University Press, 1997, p. 52.

问题重要性的排序上具有的至关重要的作用。[①]

通过议程设置，以及媒体的预设评判标准功能，媒体以如下三种主要方式影响政治进程：第一，决定政府必须解决和可以安然搁置的问题；第二，或强化或削弱领导人的能力；第三，媒体可以不同程度地干预政治宣传活动和选举活动的方向及结果。[②]

艾杨格还和西蒙一同以海外战争为例，研究了新闻媒体的议程设置、预设侧重以及框架等三种影响。他们发现，电视新闻对海湾局势报道的集中程度与盖洛普民测中认为海湾问题是当时最重要的外交问题的结果相印证，证明了媒体的议程设置作用；此外，他们还利用全国选举研究所（National Election Studies）1988、1990、1991 年的统计数据进行了研究并发现，海外危机过后，公众在评价布什总统时，对外交政策重要性的重视明显提高，而这又证实了媒体的预设评判标准的影响；同时，媒体报道内容分析（显示出军事问题报道充斥媒体）和调查数据都表明，关注电视报道的调查对象往往更支持对海湾采取军事而不是外交行动，而这又证实了媒体的解释框架作用。[③]

媒体的评判标准预设作用不容忽视。如果政府想要得到积极肯定的评价，就无法对媒体报道频率高的问题视而不见。因为要得到新闻受众的支持，决策者就必须认真严肃地对待媒体提出的问题。要将注意力转移到可能赢得选民政策问题上，关键在于成功利用预定论影响制造具有新闻价值的事件。为记者提供符合高尔顿和鲁格提出的新闻价值判定标准的消息，以及有利于政府一方的信息，都是决策者操控新闻受众态度的关键。

解释框架理论与议程设置和预设理论根本区别在于其注重研究的是媒体报道内容。大众媒体对社会问题确立的不同解释框架，会引导读者根据现有信息做出一系列特定的推断，而同时也规避了读者对同一事件可能做出的其他推断。"从认知上在知识体系中预设某些信息而同时避开其他信息。"[④] 通

---

① Cappella, Joseph N. and Kathleen Hall Jamieson. *Spiral of Cyncism: The Press and the Public Good*. New York: Oxford University Press, 1997, p.52.

② Iyengar, Shanto and Donald R. Kinder. *News That Matters: Television and American Opinion*. Chicago: The University of Chicago Press, 1987, p. 120.

③ Iyengar, Shanto and Adam Simon. "News Coverage of the Gulf Crisis and Public Opinion—A Study of Agenda-Setting, Priming, and Framing." *Communication Research*. Vol. 20, No. 3 (1993), 365-383.

④ Cappella, Joseph N. and Kathleen Hall Jamieson. *Spiral of Cyncism: The Press and the Public Good*. New York: Oxford University Press, 1997, p. 83.

过改变新闻媒体提供的信息，框架效应可通过新闻报道的观点改变人们对事件的解释。

议程设置实际上是媒体发挥解释框架功能的初级作用，即问题界定，也就是界定哪些问题值得引起公众和政府的关注。而 2001 年由麦库姆斯等提出的议程设置的二级作用，也称作属性议程设置（Attributes Agenda Setting）[1]所包含的三种作用恰恰也是媒体解释框架功能的核心作用，即突出强调问题起因、鼓动公众进行道德评判（及其他反应）、提出建议和对策。而这样的话，媒体的评判标准预设作用则成为力图促就媒体框架功能的人们具体行动的目标。[2]简而言之，如果说议程设置的一级作用是媒体的选择性报道对公众关注什么问题具有的框架作用的话，其二级作用就是新闻媒体对国内国际问题报道中的褒贬倾向影响公众在该问题上的态度的特质。

新闻媒体的议程设置和预设作用侧重强调通过增加同一问题或某些问题的曝光频率，在受众头脑中留下深刻印象，以影响受众的判断和决策。而媒体的框架功能则侧重强调描述同一事件的措辞和解释的不同，来影响受众对某一问题的看法。

从理论前提来看，媒体议程设置理论的认知学基础研究认为，为了理解周遭世界，人们必须主动地对生活中耳闻目睹的经历进行分类和解释。这些分类和解释行为是持续不断地甚至在人们毫无察觉的情况下本能地进行着。而当人们对新闻媒体在某问题上的报道进行反应时，势必至少部分地依赖或受限于此前或更久之前接触过的相关解释框架。[3]具体到这种解释框架在新闻媒体报道中所起到的作用，有学者提出，新闻媒体对某一问题进行的描述方式或框架性报道，实际上对受众起到了重要的提示作用。而只有当这些提示激活了受众先前接触的解释框架，或与其相吻合，媒体的框架功能才能对

---

① McCombs, Maxwell and Salma I. Ghanem. "The Convergence of Agenda Setting and Framing." In Stephen D. Reese, Oscar H. Gandy, and August E. Grant Eds., *Framing Public Life*. Mahwah, NJ: Erlbaum, 2001, pp.67-82.

② Entman, Robert M. "Framing Bias: Media in the Distribution of Power", *Journal of Communication*. 57 (2007), p. 165.

③ 参见 Goffman, Erving. *Frame Analysis: An Essay on the Organization of Experience*. Cambridge, MA: Harvard University Press, 1974.

受众的态度或决策产生影响。①

相对框架功能而言，新闻媒体的议程设置和预设影响发生作用的前提是受众头脑中对某些信息留有印象，而受众的决策过程也变成了受众搜索头脑中所存印象的过程。而媒体的议程设置和预设功能则正是在受众"多久之前"接触过、接触了多少某问题的相关解释方面发挥重要影响。而新闻媒体也正是通过反复持续地对某问题进行曝光，提高该问题的受关注程度，使其成为受众头脑中印象较为深刻，更能与媒体产生共鸣制造议程设置效应。同理，在媒体的预设作用模式中，关注度成为独立变量，受关注的问题直接成为影响受众个体在判断某政治人物和政治问题过程中的重要因素。而无论是议程设置还是预设作用，强调的都是通过报道数量发挥作用，问题曝光频率越高，受众印象越深，受众越容易受媒体影响。这也正是为什么艾杨格等学者如此断言：新闻媒体通过将大众视线吸引到某些问题上，而忽视其他问题，影响着民众判断"政府、政策以及官员候选人的标准"。②

解释框架作用强调的是新闻媒体对受众产生的影响不是通过报道某些问题或者问题的某些方面发生作用的，而是在对某问题描述过程中的遣词造句，是对问题进行的某种解释，而不是曝光度，引起受众的反应。也就是说，对同一问题作出的不同解释会在不同的受众中产生不同的反响。与之相对，议程设置和预设论则强调某一问题在受众头脑中的印象越深，媒体相关报道就会对受众的影响越大。③

对索马里个案的报道用词分析研究也证实了上述理论。新闻媒体在对索马里局势进行解释性报道过程中有明显支持和同情导向，媒体对索马里明显的支持和同情倾向，潜移默化地在公众脑海中预设了对索马里问题同情的倾向，为布什军事干涉政策准备了舆论基础，提供了干涉政策得以顺利推行的思想基础。

① Price, Vincent and David Tewksbury. "News Values and Public Opinion: A Theoretical Account of Media Priming and Framing." In George A. Barett and Franklin J. Boster, eds. *Progress in Communication Sciences: Advances in Persuasion*, vol. 3 Greenwich, CT: Ablex, 1997, pp. 173-212.

② Iyengar, Shanto and Donald R. Kinder. *News That Matters: Television and American Opinion*. Chicago: The University of Chicago Press, 1987, p. 63.

③ Kim, Sei-Hill, Dietram A. Scheufele and James Shanahan. "Think about it This Way: Attribute Agenda-Setting Function of the Press and the Public's Evaluation of a Local Issue." Journalism & Mass Communication Quarterly. Vol. 79, No.1 (2002): p.3.

**3．主要对决策者发挥的作用**

无论是外交事务本身相关消息，还是公众的反应，媒体是决策者获取此类信息的重要来源，以及进一步制造舆论，刺激舆论，改变舆论对外交政策态度[①]的重要机制。

（1）外交问题上的重要信息来源

国联个案研究材料表明，除威尔逊总统有得天独厚的国际局势消息来源外，其他决策者和行政官员主要依赖媒体为其提供巴黎和会及国联相关问题的信息。媒体记者被派往世界各地，迅速捕捉和追踪新闻线索，及时向决策者反馈世界舆论情况，为政府提供有效的对外决策依据。国际政治信息以及多边、单边外交信息不断地通过通讯社、广播电台以及报刊等媒体进入有关政策制定人员的办公室，现在更有了电视网络、因特网等便利媒体渠道，这些渠道提供的信息成为制定政策不可或缺的依据。

报道国际新闻的记者被认为是记者群中知识最丰富、头脑最敏捷、对信息最敏感、最精明强干而且最为勇敢的一群人。他们获取消息，收集情报的能力不下于训练有素的谍报人员，获取信息的速度也比各国外交部的加密文件快得多。看报纸、收听收看新闻节目以及和记者交流来进行政策调研是外交人员获取信息的主要方式。从国家元首到外交部长，从驻外大使到外交部的普通工作人员，无一不将新闻媒体作为他们了解国际风云变幻的耳目和捕获信息的得力助手。在美国政府的日常工作中，外事官员通常都是先通过阅读、观看、收听媒体的消息来获悉世界各地情况，接下来才是中央情报局和其他情报部门的详细报告。正如一位国务院官员所说：我们每天要干的第一件事就是看《纽约时报》国际要闻，在国务院没有《纽约时报》就别想工作。[②]"美国前总统卡特在一次接受记者采访时说，他每天早晨上班总是先看当天的新闻摘要，然后分别写便条给国务卿、国家安全顾问或是中央情报局局长，了解其中的一些具体情况以及计划采取的措施。里根总统则是选择每晚和他的高级顾问一起观看电视新闻。然后研究电视新闻对政府决策的评论，预测第二天将会有什么新的热点问题以及讨论如何对付这些问题。"[③]

新闻媒体传递外交信息的功能在处理危机和突发事件中尤显突出。有

---

①　Gelpi, Christopher. "Preaching to the Choir? The Impact of Cable News on Attitudes of Foreign Policy". Working paper presented at the Lansing-Lee/Bankard Seminar, University of Virginia, Jan. 29, 2009.

②　Graber, Doris A. *Mass Media and American Politics*. Washington, DC: CQ Press, 2002, p.222.

③　刘继南主编：《大众传播与国际关系》，北京：北京广播学院出版社，1999 年版，第 191-192 页。

时，在一些危机事件中，传媒有可能是决策的唯一信息源，尤其是当对手极其抵触官方接触时，媒体就变得至关重要。散布在世界各地尤其是敏感地区的国际通讯社记者和驻外记者，以其敏锐的触角和细密的关系网，用最快的速度首先向总部和国内发回报道。而驻外大使馆往往要在数小时或更长的时间之后，才有相关消息传回，这些多半通过官方渠道得来的消息，虽然更具有权威性，但却不一定完全真实，也不一定全面。如美国前国务卿中东事务官员丹尼尔•克哲尔曾就媒体在中东地区的重要作用表示："媒体比我们更容易接触这些国家，所以我们在看媒体报道时比看我们使馆的报告还要仔细。"① 由于危机地区形势险恶，很不安全，外交人员很难停留和深入，而这对于训练有素的记者恰恰是最激动人心、最能施展其才华的关键时刻。在诸如绑架、劫机和扣留人质等突发事件中，往往只有新闻记者被允许与有关参与者正面接触，只有他们才能向外界提供第一手情况。关于这一点，美国前总统里根和布什的外交事务顾问丹尼斯•罗斯曾说过一句话："在突发事件中，从 CNN 报道中所获取的信息比从政府自己的渠道获取的信息要多得多。"②

（2）政策环境/气氛营造者

在提供外交方面重要信息的同时，新闻媒体还具有为外交决策者营造政策环境的作用。尼古拉斯•惠勒（Nicholas Wheeler）曾指出，媒体无法迫使决策者作出某项决策，但却能够营造气氛，营造某种舆论环境，迫使决策者作出适应此环境和气氛的决策。③ 而媒体也是决策者们百试不爽的制造舆论的手段，如罗斯福就在签署基地驱逐舰协议前狡黠地暗示《时代周刊》和《生活》杂志说，只有他们首先提出基地驱逐舰协议的建议，他才会去落实。他说："我不能站出来支持这种协议，除非我得到了《时代周刊》和《生活》全体对我的外交政策的支持。"④

（3）制造共识

前文个案研究相继证明，政策明确时期，即国联个案中国联问题提出的

---

① 顾耀铭主编：《我看美国媒体》，北京：新华出版社，2000 年版，第 4 页。

② O'heffernan, Patrick. *Mass Media and American Foreign Policy.* Ablex Publishing House, 1991, p.41.

③ Wheeler, Nicholas J. *Saving Strangers: Humanitarian Intervention in International Society.* Oxford: Oxford University Press, 2000, p. 165.

④ 转引自 Carew, Michael G. "The Interaction Among National Newsmagazines and the Formulation of Foreign and Defense Policy in the Roosevelt Adminstration, 1939-1941." Dissertation. New York University, 2002. Proquest Dissertations and Theses. p. 224.

初期，以及索马里个案中布什宣布其干涉政策后，新闻媒体与行政机构口径一致地主要通过报道政策，宣传政策，为统治精英的外交政策服务。这时新闻报道与政策精英所代表的利益一致，共同制造有利于政策的舆论成为政府的喉舌和传声筒。在媒体与政府外交政策分庭抗礼的越战中，媒体对抗政府决策只是在政府内部大部分决策精英明确反战态度，决策层内部发生严重分歧之后的事。①因此本来作为新闻媒体挑战政府外交决策经典例证的越战反而成为证明媒体无非是反映政府决策精英在越战问题上出现分歧，与行政机构保持一致的例证。因而媒体的主要作用之一是为决策者争取公众支持。②

　　媒体参与美国外交决策过程还清晰地体现在政府利用媒体公开设定政治议程方面。因此，媒体不断地被政府当作外交讲坛，以帮助设定外交政策问题的解释框架、模式和议程。这是美国媒体独具的特征：澄清公众舆论，在政治精英及其周围制造一致意见。通过强调和宣传不同的外交政策举措，媒体能够主宰新闻的重要性、强调政策，帮助将其推到显著地位。媒体虽然具有监督政府决策及政策实施效果的作用，但媒体对政府的多数批评常"事后诸葛亮"。事实上，过去几十年的大量研究表明，美国媒体，特别是所谓精英媒体和主流媒体始终支持美国外交决策，至少在这些政策初始阶段是如此，而并未严正挑战这些决策的内在逻辑。媒体报道的外交话题与政府外交议程一致，与政府官员的口径一致的例证比比皆是。如罗伯特·恩特曼就美国新闻媒体对 20 世纪 80 年代韩国客机和伊朗客机被击落事件的报道进行的比较研究指出，同样是军方判断失误致使客机坠毁，机上大批无辜百姓遇难的两次事故，在美国媒体却作出了截然不同的报道：对因美国军方失误导致的伊朗客机事件，媒体称其为技术失误；而对因苏联军方失误造成的韩国客机事件，媒体却将其定位为惨无人道的暴行。事实上，美国新闻媒体的报道从始至终都与美国当局的政策及其利益保持高度的一致。③又如，一项旨在检测美国媒体对 1950—1956 年间印度支那报道的研究表明，包括《纽约时报》在内的三家大报的新闻报道和立场都向执政府当时在该问题上的政策倾

① 见 Hallin, Daniel C. The "Uncensored War". Berkeley: University of California Press, 1986.

② 见 Chomsky, Noam and Edward Herman. Manufacturing Consent. New York: Pantheon, 1988；Hammond, Phil and Edward Herman eds. Degraded Capability: The Media and the Kosovo Crisis. London: Pluto Press, 2000；Herman, Edward. "The Media's Role in US Foreign Policy." Journal of International Affairs (1993)Vol.47, No.1: pp.23-45.

③ Entman, Robert M. "Framing US Coverage of International News: Contrasts in Narratives of the KAL and Iran Air Incidents". Journal of Communication, Vol. 41, No. 4 (1991): p. 10.

斜。媒体不但没有挑战政府对美国在该地区安全问题相关的主要立论，而且其报道还普遍体现了执政府、国会委员会与编辑、专栏作家之间的协调一致与共识。[1]其他例证还包括：二战以来的美苏关系和美中关系，美国初涉印度支那时期以及越战初期，军备竞赛，冷战，对峙，古巴，智利，以及近些年的伊朗和黎巴嫩。[2]

决策精英在决策过程中自始至终都需顾及公众和媒体的反应，必须时刻关注公众对其外交政策是否有反应，又如何反应的问题。因此，媒体和公众在政策明确阶段"没有什么影响"的表现只是表象，实际上"蓄势薄发"的媒体和公众舆论从始至终地影响着外交决策的制定，尽管其影响程度大小不同，且常常是间接影响。此间媒体对外交决策的影响是潜在而间接的，对外交决策具有持续影响力。

**（三）政策确定时期媒体隐性作用影响机制**

政策确定时期媒体对外交决策的影响以间接和隐形的常态存在，表现为其在政策不确定时期以显性状态呈现的强大影响不再发挥作用，其显性特征消失。这往往会使人们茫然，因而会有如下感慨："冷战后泉涌般冲入政府官员办公室的世界恐慌景象和报道文章未能控制政策结果。有时他们（媒体）还提供政策建议，但有足够的理由相信，只有官员们觉得必要，就会对这些建议置之不理。"[3]

用哈贝马斯的话来说，政策确定时期"大众传媒社会学描述的公共领域是由政治权力和社会权力渗透的，大众媒体主导的。如果将这一虽然仍模糊不清的图景与上述常规认识相比对，在估量公民社会对政治体制的影响问题上，就会谨慎得多。当然这一评估是涉及的仅仅是处于静态下的公共领域"。而在突发事件或危机等政策不确定时期，也就是"在动态时期，支撑热心参与的公众的权力上起实际作用的体制结构开始动摇。公民社会与政治体制之间的力量均衡于是发生变化"[4]。新闻媒体对公众和政治体制的影响因而得以转为显性。

---

[1] Welch, Susan. "The American Press and Indochina 1950-1956." In Richard L. Merritt ed., *Communication in International Politics*. Urbana, IL: University of Illinois Press, 1972, pp. 207-231.

[2] Malek, Abbas ed. *News Media and Foreign Relations*. Norwood, NJ: Ablex, 1996, pp.31-32.

[3] Neack, Laura. *The New Foreign Policy: Complex Interactions, Competing Interests*. Lanham, MD: Rowman & Littlefield Publishers, Inc, 2014., pp. 118-119.

[4] Habermas, Jürgen. *Between Facts and Norms: Contributions to a Discourse Theory of Law and Democracy*. Translated by William Rehg. MA: MIT Press, 1996, p.379.

　　媒体对外交决策的具体影响机制运行如下：当有国际事件发生时，决策者从新闻媒体的国际新闻报道中得知有事态发生，媒体发挥提供信息情报、议程设置、加速决策进程甚至 CNN 效应等影响；决策者讨论外交对策过程中不断受媒体文字、音像、图像报道的影响，在媒体的敦促下不得不酌情加快决策，尽快出台政策。媒体顾问和公关专家也参与到决策过程中，决策者时常听取媒体专家的意见和建议。一旦政策确立，决策者会将媒体因素考虑进来，确保媒体正确领悟政策，以利用媒体传播其政策。

　　通常情况下，也就是外交政策明确时期，新闻媒体和公众舆论对外交决策的影响难以为人察觉，因而被许多学者称为"微乎其微"甚至可以"忽略不计"。但本书认为，难以察觉的影响并不是没有影响，因此应将此时期媒体对外交决策的影响更为妥帖地称为"隐性影响"。遇有突发事件或决策层内部产生分歧时，亦即外交政策不确定时期，外交决策者在媒体压力下被迫通过媒体对国际问题的新闻报道作出反应。此时媒体对公众和外交决策的影响可以明显为人们所察觉。新闻媒体这种为人所察觉的影响，亦即显性影响，在外交政策确定时期又转为隐性，外交政策越不确定，媒体的影响就越显著。反之，外交政策越明确，媒体的影响就越小。值得注意的是，决策层或舆论精英没有分歧或者分歧为公开时，各路媒体当中则很少有不同的声音批判外交决策。[①]

　　在政策确定的情况下，媒体虽然不可能撼动外交决策，但却从未停止发挥其潜在的隐性影响。如下表所示，在政策确定时期，媒体与决策者之间的关系以合作为主，媒体看似对决策者没有或少有影响的表面下潜在地发挥着如下影响：作为信息提供者，媒体忠实地为决策者提供外交方面的重要讯息，不断拓宽决策目标的针对范围，[②]在公众、舆论精英和利益集团关心的问题上为决策者施加压力，争取获得外交议程设定的机会。无论政策确定与否，媒体一成不变地发挥着决策者和公众之间沟通桥梁的作用，一方面将外交决策知会给公众，并通过对外交决策背景等的解释为政策营造舆论环境，因此也常成为决策者操控舆论和公众评判标准、在公众中制造共识的工具，另一方面随时为决策者提供外交问题上公众立场和民意的信息，起到上情下达、下情上晓的沟通作用。另外，虽然媒体"看门狗"的监督作用一直存在

---

　　① Robinson, Piers. *The CNN Effect: The Myth of News, Foreign Policy and Intervention.* New York: Routledge, 2002, p.115.

　　② O'heffernan, Patrick. *Mass Media and American Foreign Policy.* Ablex Publishing House, 1991, p.91.

争议，但其结合公众的压力具有督促政府"勤政""廉政"的作用是不争的事实。

## 二、外交政策不确定时期媒体影响机制

政策的不确定性是政府行政机构中部分个人、小团体和行政机构之间复杂协商过程的产物。因此，由政策不确定性带来的标准则是政府机构中部分官员、小团体和机构之间在某问题上达成一致意见和合作意向的程度。遇有突发事件或问题，应对政策还没有形成，或者上述个人和机构间意见不统一，或有利益冲突，或因某政策陈述过于模糊而导致政策理解或实施得不确定现象等都属于政策不确定的情况。[①]

新闻媒体和公众可以主要直接通过密切关注行政部门的新闻简报和新闻发布会来观察政策确定与否的迹象，另外，官员回忆录和访谈录也常常是很有力的观察依据。分析官方发布的文件，如由白宫、国防部和国务院这三个主要外交决策机构最新发布的新闻简报和公开声明，不难发现，这类信息每天都会更新，因此可以随时跟踪。当然，公众不能完全相信新闻简报和声明中透露的信息。首先，模棱两可是决策者常用的外交手段，其目的是为日后可能发生的变化留下游刃的余地。其次，新闻简报上发布的消息常常是决策者为了麻痹对手，掩盖政策真实意图而故意释放的烟幕弹。而且，新闻简报也是决策者在完全没有对策或者决策层内部意见相持不下的时候用来造成政府胸有成竹假象的工具。仅仅根据新闻发布会的消息是很难发现政策不确定的迹象的。但也不能因此完全否定新闻发布会的价值。

新闻简报是决策者试图设定新闻议程、向广大公众宣传政策的重要平台。危机期间，决策者极为重视公众的支持，因此最不愿显露政策不确定的任何迹象。在这种情况下，一旦在新闻发布会、新闻简报等传递的信息中发现任何政策不确定的迹象，则说明决策层内部存在巨大分歧。美国政府新闻简报主要包括：可分别从白宫、国务院和五角大楼网站上下载的《白宫新闻简报》(*White House Press Briefings*，WHPBs)、《国务院新闻简报》(*State*

---

① Robinson, Piers. *The CNN Effect: The Myth of News, Foreign Policy and Intervention*. New York: Routledge, 2002, p. 26.

*Department Press Briefings*，SDPBs）和《国防部新闻简报》（*Department of Defense Press Briefings*，DDPBs）。此类信息较早的资源可在 LEXIS-NEXIS 公司提供的联邦新闻服务系统（Federal News Service）中获得。因此，新闻简报是本书索马里个案研究中探究外交决策状态的重要依据。

## （一）问题的提出

外交政策不确定时期也往往是媒体和公众对外交决策不满之时，即处于哈贝马斯等所说的"公民不合作"状态下。舆论、媒体在此时的政策决策过程中的微妙运作机制可依照哈贝马斯的公共领域理论诠释如下："这种强化了的合法化要求的意识，在此制度层面的抗议活动升级至高潮时，体现得尤为明显。获得更多听众和更大媒体影响的最终手段是公民不合作（Civil disobedience）行动。这些非暴力的象征性违规行为是表示对那些貌似合法，但这些行动者认为根据有效宪法原则是不合法的决议的抗议。这些公民不合作行动意在一石二鸟：一方面，他们要求政府官员和议会议员重审已有定论的政治议案，以便必要时根据公众依然持有的异议修订决议；另一方面，他们诉诸罗尔斯所说的'社会大多数人的正义感'，并因此诉诸以非常手段发动的广大公民的批判性判断。无论每次争议的对象是什么，公民不合作行动还总是间接地力求将公共领域的传播过程与有组织的政治意志形成过程联系在一起。这些隐含的文字所传达的信息旨在形成一种根据宪法规定构成的不能脱离公民社会而又独立于边缘社会的政治体系。公民不合作行动因此就归因于其自身市民社会的起源，这种公民社会在危机情形下以公众舆论为媒体，激活宪法规定的民主的传统内容，抵制制度性政治的体制惰性。"①

新闻媒体及其代表和传达的公众舆论在对官方决策有异议时，采取的对抗行动具有如下特点："公民不合作涉及非法行动，通常是集体参与者方面公开的、有原则的、具有象征性质的非法行动，主要包括非暴力的抗议手段，并依靠公众的理性能力和正义感。公民不合作的目的是说服告诫公民政治社会中的公共舆论……某条法律或政策是不合理的，改变是正当的。参与公民不合作行动的集体参与者援引立宪民主体制的乌托邦原则，靠基本权利或民主合法性的观念打动听众。公民不合作因此是……当公民社会通过合法

---

① Habermas, Jürgen. *Between Facts and Norms: Contributions to a Discourse Theory of Law and Democracy.* Translated by William Rehg. MA: MIT Press, 1996, pp.382-383.

途径没能影响政治社会而其他途径也都无法奏效时……加强公民社会与政治社会纽带的手段。"① "对公民不合作的如此解释中,体现出这样一种市民社会的自我意识:它相信,至少在危机情况下,它可以增加动员起来的公众对政治体系的压力直至使后者转换到冲突模式,并把非官方的权力逆向循环中立化。"②

决策层内部发生分歧是引发政策不确定和媒体发挥其显性影响导火索。具体来说,在政府行政部门之间产生意见分歧或矛盾的情况下,媒体积极参与到决策辩论中来。媒体在决策分歧中往往支持一方,批评政府决策。此时,媒体报道或者为试图影响政策方向的部门提供机会,使这些部门可能因此获得更大的协商影响力,或者为主张改变政策的一方在博弈中提供后援,媒体则变身为这些试图改变政策的部门或个人的"同盟军"③,或者迫使决策者面对新闻报道和舆论的压力下对政策作出调整,否则等待他的将是公关上的溃败。在决策者将设想转化为政策,并使政策得以采纳和实施的整个过程中,发挥影响力。④此时,新闻媒体能够影响政策结果。

索马里个案研究表明,在布什政府的索马里问题政策未形成或完全没有政策的情况下,对媒体报道作出回应本身会给决策者们造成无形的压力,使其积极谋求对策,否则将会招致一片讨伐声。布什总统的回忆也证实这一点,其干涉索马里政策的初步形成可能就始于对媒体报道的回应。在回应媒体质疑的过程中,如果政府还没有形成明确的政策,将会更深地陷入媒体的围困之中。⑤因此,政策不确定时期,决策者不但易受媒体的影响,而且其新闻公关部门也会因此无力应对来自媒体的质疑,而政府也显得越发无能和

---

① 转引自 Habermas, Jürgen. *Between Facts and Norms: Contributions to a Discourse Theory of Law and Democracy*. Translated by William Rehg. MA: MIT Press, 1996, p.383.

② Habermas, Jürgen. *Between Facts and Norms: Contributions to a Discourse Theory of Law and Democracy*. Translated by William Rehg. MA: MIT Press, 1996, pp.383-384.

③ Strobel, Warren P. *Late Breaking Foreign Policy: The News Media's Influence on Peace Operations*. Washington D.C., WA: United States Institute of Peace, 1997, p. 211.

④ Linsky, Martin. *Impact: How the Press Affects Federal Policy Making*. New York: W.W. Norton, 1986, p. 114.

⑤ Robinson, Piers. *The CNN Effect: The Myth of News, Foreign Policy and Intervention*. New York: Routledge, 2002, p.32; Robinson, Piers. "Theorizing the Influence of Media on World Politics: Models of Media Influence on Foreign Policy". *European Journal of Communication*,Vol.16, No.4, 2001: p.525.

无力。[①]

政府政策不确定时期往往是政府决策者对局势失控的时候，也是外交政策辩论由决策层内部转向公开的外交大辩论的时候。而"如果决策官员让其他人掌控政策辩论，如果他们不密切关注其所制定政策的执行过程和结果，如果他们没有营造和维持公众和国会对其行动的支持，如果他们僭越其民众授权的界限或没能对问题进行预判，他们就会突然被媒体及媒体议程所左右。"[②]而此时也正是媒体大显身手的时候。[③]

## （二）媒体的作用与影响

在政策不确定时期，媒体发挥以下几方面的显性作用：媒体在政策不确定性时期具体发挥的显性影响包括：决策层初现分歧时，媒体的作用主要是"标引"，即呈现决策分歧的端倪。其"框架"如下：第一，公众舆论在媒体负面报道的影响下，会给政府施压；第二，政府形象和可信度因媒体负面报道急剧下降；第三，决策者在媒体影响下对现行政策产生怀疑。[④]而政策不确定程度越高，决策层内部分歧越大，媒体负面报道的影响就会越大。其作用主要是为公众提供辩论涉及外交问题的相关信息，在政府和对外交问题感兴趣的公众之间的联系纽带，政府了解民意的渠道，外交官和华府决策层内部了解"情报真实性的校准源"[⑤]。议程设置效应对公众舆论"想什么"（哪些问题值得关注），预设评定标准功能左右公众"怎么想"（哪些问题最重要）的影响。

## 1. 标引作用

决策层中的矛盾冲突属于常态。行政部门官员之间、小团体之间以及部门之间产生矛盾甚至冲突是司空见惯的事。正如唐晓所说，"一方面是政府行政部门与白宫总统国家安全顾问和助手之间的矛盾和斗争。前者惯于根据

① Robinson, Piers. *The CNN Effect: The Myth of News, Foreign Policy and Intervention*. New York: Routledge, 2002, p.32.

② Strobel, Warren P. *Late Breaking Foreign Policy: The News Media's Influence on Peace Operations*. Washington D.C., WA: United States Institute of Peace, 1997, p. 5.

③ Plischke, Elmer. *Conduct of American Diplomacy*. Westport, Conn: Greenwood Press, 1967, pp. 24-26.

④ Robinson, Piers. *The CNN Effect: The Myth of News, Foreign Policy and Intervention*. New York: Routledge, 2002, p.32. Robinson, Piers. "Theorizing the Influence of Media on World Politics: Models of Media Influence on Foreign Policy". *European Journal of Communication*，Vol.16, No.4, 2001: p.535.

⑤ Chang, Tsa Kuo. *The Press and China Policy: The Illusion of Sino-American Relations, 1950-1984*. Norwood, NJ: Ablex, 1993, p. 24.

法律所赋予的权力循规蹈矩，强调外交政策的长期稳定性和持续性；后者注重总统的政治主张，总想掌握外交政策的创制权，想方设法使总统赢得政治资本。肯尼迪手下的麦克乔台·邦迪、尼克松手下的基辛格和卡特手下的布热津斯基都是敢于向国务卿挑战的总统国家安全顾问。另一方面是政府各部门之间的矛盾和斗争，'各个内阁都心怀妒忌，为了各自的观点、使命、独立性和特权而纷争不已'。'实际上，这种机构之间的纷争在各届政府里都存在着'"①。这些矛盾平时不为人知地发生着，只有在矛盾尖锐到公开化的程度，才通过媒体表现出来，为公众所知。

但是，决策层初显分歧时，媒体往往并不急于也不确定应倾向任何一方。因此，其报道不倾向任何一方，而只是力求全面地报道各方的主张。媒体这种不倾向于分歧任何一方地对决策层现状进行报道的行为，就是贝内特提出的"标引"行为。②

标引理论是制造共识理论的延伸，认为媒体报道决策层的矛盾只是对决策精英谈论话题及决策层内部矛盾的标引。媒体报道强调外交政策存在的问题或政策失误甚至失败的举动，是新闻工作者反映权力中心重大矛盾和内部斗争的职责的反应③，很少超出华盛顿政府决策层政策分歧的局限性。④此时，在媒体与政府外交决策关系中，依然是政府影响着媒体的一举一动，而不是媒体影响外交决策。⑤

标引理论实际上反映的并不是媒体影响的本质，媒体影响本是时弱时强、不同情况下作用也不同的动态存在。标引理论将决策者不同意见作为其讨论的核心，认为媒体相当准确地"标引"出或者反映出决策层的矛盾。如

① 唐晓：《美国外交决策机制概论》，《外交学院学报》1996 年第 1 期。

② Bennett, W Lance. "Toward a Theory of Press-state Relations in the United States". *Journal of Communication*. Vol. 40, No. 2 (Spring 1990): pp. 103-125.

③ Bennett, W Lance. "Toward a Theory of Press-state Relations in the United States". *Journal of Communication*. Vol. 40, No.2 (Spring 1990): p.110.

④ 另见 Entman, Robert. "Framing US Coverage of International News: Contrasts in Narratives of the KAL and Iran Air Incidents." *Journal of Communication*. Vol.41, No.4 (1991): pp. 6-27; Hallin, *The Uncensored War*; Jonathan Mermin. *Debating War and Peace: Media Coverage of U.S. Intervention in the Post-Vietnam Era*. Princeton: Princeton University Press, 1999; Sigal, Leon. *Reporters and Officials*. Lexington, MA: D.C. Heath, 1973; Zaller, John and Dennis Chui. "Government's Little Helper: US Press Coverage of Foreign Policy Crises, 1945-1991", *Political Communication*, Vol.13, No. 4 (1996): pp.385-405.

⑤ Robinson, Piers. "Theorizing the Influence of Media on World Politics: Models of Media Influence on Foreign Policy". *European Journal of Communication*. Vol.16, No.4 (2001): p.525.

果白宫外交决策有激烈争议，一旦消息从决策层爆出，对该外交决策的批评意见就会见诸报端。[①]该理论恰恰反映了媒体的一个特质，即在决策层分歧造成的政策不确定初期，媒体具有不偏不倚地报道矛盾的特定作用，是媒体知会作用在决策层分歧初期的延伸。

但是，需要指出的是，决策层始终在外交决策中占据主动地位的特性，"除非政府内部（常常是国会）首先提出对白宫决策的批评，否则媒体是不会先发制人的。"[②]国联个案中国联问题的最终搁浅，源于国会对威尔逊提案的批评和质疑，媒体本身并非国联问题争议的发端。因此，媒体"对外交决策辩论没有独立性（只是边缘性）的贡献"。[③]

尽管如此，也不能完全否定媒体在标引过程中所发挥的作用。决策者在外交政策上意见出现分歧时，媒体的及时报道及时"标引"本身就是对决策层无声的压力，会影响外交政策。此时媒体对外交决策的影响作用虽然极为有限，但已超越了政府宣传工具的作用。

## 2. 决策进程的加速器

政策不确定时期，决策者能明显感觉到的媒体影响即是媒体迫使决策者尽快作出抉择的压力。而随着信息技术的迅猛发展，媒体对事态的反应越来越快，实时电视报道更大大压缩了情报传递和决策者必须对事态作出回应的时间，迫使决策者对事件及时作出反应：决策者的决策时间因此大大缩短了。实时报道因而扭曲并大大改变了外交、政治、军事决策的进程。[④]利文斯顿和林斯基都曾明确提出媒体的加速器作用，即指当媒体迫使决策进程加速，特别是在实时报道技术出现后，决策者不得不调整步伐，加速决策进程，以适应当今的实时、实况报道的大环境。这种加速作用尤为突出地表现

① Althaus, Scott L., Jill A. Edy, Robert M. Entman, and Patricia Phalen. "Revising the Indexing Hypothesis: Officals, Media, and the Libya Crisis." *Political Communication*, Vol. 13, No. 4 (1996): pp. 407-421.

② Mermin, Jonathan. *Debating War and Peace: Media Coverage of U.S. Intervention in the Post-Vietnam Era*. Princeton: Princeton University Press, 1999, p.7.

③ Mermin, Jonathan. *Debating War and Peace: Media Coverage of U.S. Intervention in the Post-Vietnam Era*. Princeton: Princeton University Press, 1999, p. 143.

④ Gowing, Nik. "Real Time Television Coverage of Armed Conflicts and Diplomatic Crises: Does it Pressure on Distort Foreign Policy Decisions?" Harvard Working Paper, Cambridge, MA: The Joan Shorenstein Barone Center on the Press, Politics and Public Policy at Harvard University, 1994, p.1.

在突发事件的发生时。①

在每日必须与媒体打交道的政府官员看来，新闻媒体的侵略性和潜在的破坏性与日俱增。政府官员不得不每日面对媒体，要对政府外交措施作介绍和解释，不时还必须设法隐藏政策真正动机，掩人耳目，蒙混过关。而通信技术的迅猛发展使得通信速度快速提升，加上公众对实况报道的热衷，迫使相关官员只能根据现有的有限情况仓促作出结论。这种仓促结论往往因过早下定论，出现这样那样的错误，会对将来的决策造成问题，或者仅仅是基于国内舆论，而不是基于长期的国家利益。卡特政府前任官员劳埃德·卡特勒（Lloyd Cutler）曾感慨：媒体不仅给外交决策订立了限期，而且把外交政策的内容转换成了极可能是误导性的但却是具有说服力的电视画面。②

决策者因此叫苦不迭，抱怨"没有时间安静地审慎抉择，私下达成协议，谋求公众的理解"③。国务院发言人尼古拉斯·伯恩斯（Nicolas Burns）就此评论说："瞬时新闻播报常要求政府对时间进行瞬时的分析……在我们的时代，一旦距离半个世界的地方有事态发生，在我们还没有机会接到驻外大使更详细的报告、仔细考量审慎抉择之前，CNN 国务院特派记者史蒂夫·赫司特（Steve Hurst）就询问我对事态作何反应的情况并不稀奇。"④布什政府国务卿詹姆斯·贝克（James A. Baker，Ⅲ）对索马里事件前后的 CNN 效应也深有感触，他说："它所做的就是一件事，即逼迫决策者表明政策立场。我还必须清晰迅速地表明立场。你处在实时模式下，根本没有时间三思。"⑤

实时报道技术的出现，使得肯尼迪总统在古巴导弹危机期间只给几个报刊编辑打打电话便能让媒体缄默而获得六天运筹帷幄宝贵的时间。不过，这样的时代一去不复返了。同时，在危机期间像肯尼迪的国防部长麦克拉马那样一眼电视不看就能气定神闲地指挥若定的时代，也成为历史。⑥

① 见于 Robinson, Piers. *The CNN Effect: The Myth of News, Foreign Policy and Intervention.* New York: Routledge, 2002, p.39.

② Culer, Lloyd. "Foreign Policy on Deadline." *Foreign Policy* No. 56 (Autumn1984): pp. 113-128.

③ Hoge, James F. Jr. "Media Pervasiveness." *Foreign Affairs.* July/August 1994: pp.136-137.

④ Burns, Nicholas. "Talking to the World About American Foreign Policy." *The Harvard International Journal of Press/Politics.* Vol. 1, No. 4 (Fall 1996.): p. 11.

⑤ Baker, James A. Ⅲ. *The Politics of Diplomacy: Revolution, War & Peace, 1989-1992.* New York: G. P. Putnam's Sons, 1995, p. 103.

⑥ Beschloss, Michael R. "The Video Vise." *The Washington Post*, May 2, 1993.

　　但是，导弹危机期间新闻媒体却也发挥了常常为人所忽视的似乎为如今"实时、全球性媒体"所应有的重要作用，以实时通信的媒体特殊方式帮助结束了这一危机。当时，美苏政府间的沟通方式极为落后，要花费六到八小时传递和翻译信息。为了克服这一障碍，绕过克格勃和苏联军方，赫鲁晓夫开始尝试直接通过电台广播向美国传递信息，因为赫鲁晓夫清楚地知道美国从未停止过对苏联电台的监听。罗伯特·麦克纳马拉（Robert McNamara）这样回忆危机结束当天的情形："他（赫鲁晓夫）指示莫斯科公共广播信号传输系统保持工作状态，随时等待他的消息。他的消息以这样的方式传递为的是避免加密解密的漫长过程……为了省却这六到八个小时的时间，赫鲁晓夫坚持将最后的讯息刻不容缓地传送出去，因为他担心我们当时正争分夺秒地准备发动军事行动。"[①]

　　与此同时，美国哥伦比亚广播网（CBS）莫斯科通信员马文·卡尔布（Marvin Kalb）预计到赫鲁晓夫的声明，与纽约电话连线，同步收听莫斯科电台当天早上的广播。而当卡尔布为莫斯科电台的声明作同声翻译时，肯尼迪总统及其幕僚就在白宫全文收听。[②]

**3. CNN 效应（消除决策者与公众间的信息不对称、决策进程加速器、实力放大器）**

　　CNN 效应是近 20 年来政治学、传媒学界研究新闻媒体与外交决策关系过程中涌现的新词汇。该词泛指新闻电台电视台的对某些问题特别是国际问题的实时、广泛报道迫使外交决策者加快决策过程甚至改变外交决策的现象。CNN 效应时代已完全不同于一百多年前赫斯特和普利策利用手中报纸营造战争气氛，担当美西战争推手的时代。以现代通信技术为后盾，24 小时不间断及时新闻播报为特征的 CNN 效应，已成为新闻媒体与外交决策关系史的分水岭。此前的国际新闻报道无论从广度、深度和速度等方面都无法与 CNN 时代相提并论，CNN 效应中折射出的新闻媒体对外交决策之影响也有了新的发展。一些学者和新闻人士甚至认为，近年来信息技术的迅猛发

　　① Beschloss, Michael R. *Presidents, Television, and Foreign Crises.* Washington, D.C.: The Annenberg Washington Program, 1993, p. 10.

　　② Livingston, Steven. "Clarifying the CNN Effect: An Examination of CNN Effects According to Type of Military Intervention." Research Paper, C-18. Cambridge, Mass.: Joan Shorenstein Center on the Press, Politics and Public Policy, John F. Kennedy School of Government, Harvard University, 1997: p. 4.

展，24 小时不间断的新闻播报，已从根本上改变了新闻媒体、公众舆论与外交决策之间的关系。①

实际上，"CNN 效应"一词早在 FOX、MSNBC 出现 24 小时不间断新闻播报之前就已出现。CNN 效应的早期倡导者认为，在实时报道中大量苦难镜头的感召下，公众会强烈要求决策层行动起来以使问题缓解，而实时报道出现之前的同类情况下公众通常不会有此反应。②

从理论上讲，通过及时通报信息，CNN 效应本应改变以往公众信息不灵的劣势，因而打破决策者决定解释框架的被动局面。公众在信息上的劣势无论在时间跨度上还是在程度上也都本应随着新闻媒体报道速度和信息量的增长而降低。实时播报需要大量信息以保证随时有新内容播出的特点，也可能促使新闻媒体比政府对消息的解释更早地解释新闻。

但是，对许多有可能存在 CNN 效应的个案研究却没能发现或证实上述推论。例如，苏珊·D. 莫勒（Susan D. Moeller）对卢旺达事件的研究发现，新闻媒体并没有发挥 CNN 效应中所指出的新闻媒体应起到的作用。③

本研究选取的索马里个案，亦即名为"重铸希望行动"的人道主义援助和干涉常被誉为 CNN 效应的典型例证。个案研究显示，1991 年末到 1992 年 7 月，美国对索马里局势恶化的反应是非军事化援助，如主要救援工作通过非政府组织、美国国际发展署国外救灾办公室、红十字国际委员会和联合国相关机构组织进行。在此期间，上述救助活动和索马里的形势并未引起媒体的关注。1992 年 8 月，布什政府对索马里实行自愿性人道主义干涉，用军用飞机向索马里运输救援物资。这一政策的制定是出于总统大选等国内因素的影响，而非媒体影响。④8 月，美国开始向索马里派驻军事人员，媒体视线遂跟随至此，新闻报道顿时鹊起。而这并非由于当地局势恶化，而是因

---

① Gilboa, Eytan. "The CNN effect: The Search for a Communication Theory of International Relations." *Political Communication*. Vol. 22, No. 1 (2005): pp. 27-44.

② Sharkey, Jacqueline. "When Pictures Drive Foreign Policy." *American Journalism Review*. Vol. 15, No. 10 (Dec. 1993): pp. 14-19; Maren, Michael. "Feeding a Famine: Western Journalists Covering Somalia Helped Create a Crisis, Demanding Aid Dollars and Aid Workers—and Even U.S. Troops. Somalia is the Story of How the Media Fed a Famine—With Tragic Results." *Forbes Media Critic* (Fall 1994): pp. 30-38.

③ Moeller, Susan D. *Compassion Fatigue: How the Media Sell Disease, Famine, War and Death*. New York: Routledge, 1999.

④ Livingston, Steven and Todd Eachus. "Humanitarian Crises and U.S. Foreign Policy: Somalia and the CNN Effect Reconsidered." *Political Communication*. Vol. 12, No. 4 (1995): p. 41.

为有美军出现。

此后，索马里持续不断的战斗和匪帮问题逐渐改变了干涉的性质。食品、药品等形式的援助显然已无助于形势的改善。12 月，布什政府决定派遣海军陆战队协助维持安全。外交政策第三次调整，由自愿性人道主义援助上升为强制性援助。媒体对索马里的关注也相应逐步升温。电视上充斥着索马里内战杀戮不止、饥民遍野的画面。到 1993 年夏，美国和联合国又一次调整外交政策，由强制性援助降级为和平调解，以求在索马里建立合法政权。由于此过程中，克林顿政府未得到国会和国内舆论的支持，因此未能对索马里进行更有力的干涉。1993 年 10 月，美军飞行员遗体在摩加迪沙被拖过大街的镜头令全美哗然，公众要求撤军的呼声四起，"越战症候群"的覆辙重现，美国政府不得不终止了索马里维和行动。

索马里事件前后，以乔治·凯南为代表的一批学者惊异于媒体对美国外交决策的影响，竞相展开对媒体作用的研究，但结论迥异。例如有学者认为，索马里局势动荡始自冷战结束后本是美苏争夺军事重镇的索马里，在美国战略版图上突然失去了战略意义，美国势力撤出导致的权利失衡，原美国扶持的政府遭到反政府军队攻击，由此导致内战。但索马里内战直到 1992年春夏之交才因美国驻肯尼亚大使的外交电报引起布什总统的注意。但真正做出干涉决策，还是在媒体压力下进行的。①

乔纳森·默尔明对索马里事件中新闻报道与外交决策关系的研究结论却不同，他认为："电视报道对美国干涉（索马里）有推动作用的论断在本课题按时间线索梳理事件与新闻报道关系的研究中得到了证实。没有理由怀疑1992 年 8 月和 11 月美国外交政策重大调整之前索马里在美国电视报道中的出现影响了布什政府的行动决策。但是令人不解的是，为什么索马里会在电视新闻中出现。这是理解电视新闻对外交决策影响的关键性问题。"②由于没有找到关键性问题的答案，因此尽管默尔明的研究证明了时间上新闻报道在前、外交决策在后的问题，但最终得出结论，索马里事件并没有证明CNN 效应，而是："新闻记者与政府密切合作，共同谋划报道索马里的时机、确定报道的解释框架以及报道力度。从索马里我们所学到的不仅是关于

---

① Oberdorfer, Don. "The Path to Intervention: A Massive Tragedy 'We Could Do Something About'. " *Washington Post*, December 6, 1992, p. A1.

② Mermin, Jonathan. *Debating War and Peace: Media Coverage of U.S. Intervention in the Post-Vietnam Era*. Princeton: Princeton University Press, 1999, p. 120.

电视报道对华盛顿的影响，也同样是关于华盛顿对新闻媒体的影响。"[1]也就是说，新闻媒体没有驱动外交决策，而只是对政府外交决策过程有帮助。

但是，在索马里个案中，媒体报道的消息来自政要，而非学者所预期。这些学者分析认为，干预索马里的压力来自包括重要国会成员和政府官员等决策精英在内的政府内部。而罗宾森则将美国对索马里的干涉描述为"新闻驱动媒体干涉之幻影"的代表。[2]

罗宾森在另外一篇文章中进一步指出，媒体驱动的干涉一般是不大可能的。[3]但在其后续的研究中，罗宾森重新修正了之前对 CNN 效应的判断，认为国外危机关键时刻新闻媒体给予的充满同情的报道，会影响西方国家政府对危机的反应。[4]索马里个案也印证了这一点。

CNN 效应对决策者最直接的影响就是前文提到的政策不确定时期媒体的决策进程加速器的作用。为了表现得积极响应民意，而且显得局势完全处于掌控之中，24 小时实时新闻播报迫使政要比过去更快地对事件作出反应。[5]这势必危及传统外交的优势，特别是需要极为审慎或者低调处理的外交事务。[6]而且，24 小时实时播报与此前的新闻形式有根本的区别，因为它向受众传递的是大量几乎完全同时同步的生动影像。有学者甚至认为 CNN 效应可能从根本上改变外交决策过程以往各方影响决策的均势，但是现实却

---

[1] Mermin, Jonathan. "Television News and American Intervention in Somalia: The Myth of a Media Driven Foreign Policy." *Political Science Quarterly*. Vol. 112, No. 3 (1997): p. 389.

[2] Mermin, Jonathan. "Television News and American Intervention in Somalia: The Myth of a Media Driven Foreign Policy." *Political Science Quarterly*. Vol. 112, No. 3 (1997): pp. 385-404; Robinson, Piers. "Operation Restore Hope and the Illusion of a News Media Driven Intervention." *Political Studies*. Vol. 49, No. 5 (2001): pp. 941-956; Baum, Matthew A. "Going Private: Presidential Rhetoric, Public Opinion, and the Domestic Politics of Audience Costs in U.S. Foreign Policy Crises." *Journal of Conflict Resolution* Vol.48, No.5 (2004): pp.603-631.

[3] Robinson, Piers. "The Policy-media Interaction Model: Measuring Media Power During Humanitarian Crisis." *Journal of Peace Research*. Vol. 37, No. 5 (2000): pp.613-633.

[4] Robinson, Piers. *The CNN Effect: The Myth of News, Foreign Policy and Intervention*. New York: Routledge, 2002.

[5] Robinson, Piers. "The Policy-Media Interaction Model: Measuring Media Power During Humanitarian Crisis." *Journal of Peace Research*. Vol. 37, No. 5 (2000): pp. 613-33; Robinson, Piers. "Operation Restore Hope and the Illusion of a news Media Driven Intervention." *Political Studies*. Vol. 49, No. 5 (2001): pp. 941-956.

[6] Wolfsfeld, Gadi. *Media and the Path to Peace*. Cambridge, UK: Cambridge Univ. Press, 2004.

并未能证实这一推论。[①]

　　CNN 效应的另一个对决策者的积极影响是同时具有扩大政策效果的作用。美国海军首席情报官肯德尔·皮斯（Kendell Pease）元帅将媒体的这一作用形象地称为"实力放大器"（Force Multiplier）[②]。如在"沙漠盾牌"行动期间，美军承载新式战斗轰炸机的航空母舰上特意安排 CNN 工作人员，任其拍下美军重型武器配备情况，有意以此方式向萨达姆展示美军实力。1996 年台海危机期间，美军也是故伎重演，派遣两艘航空母舰到台湾海峡游弋，随舰电视摄影记者全程拍摄，画面实时向中国和世界传达无言却有力的信息。[③]媒体配合美军行动起到了"实力放大器"的作用，对潜在和实际存在的敌人进行无形威慑，实际上帮助美国外交决策者最大程度上利用了媒体的"CNN 效应"。

**4. 设置外交政策议程**

　　有一位美国学者曾说："在华盛顿，真正为外交政策制定日程的，不是在白宫，而是在编辑室和记者的屋子里面。"[④]此言虽不免有些夸张，但却道出了新闻媒体在外交决策过程中特别是外交政策不确定情况下的重要作用。

　　媒体对外交决策的议程设置影响往往发生在外交政策形成初级阶段，即"问题确认阶段"[⑤]，也就是需要确认是否需要对某些问题采取或不采取任何外交对策的政策不确定阶段，而新闻媒体在此阶段具有影响决策者衡量是否将某问题放到外交决策议程中的作用。新闻媒体在政策不确定时期对外交政策议程的影响更为突出地表现在人道主义事件中，新闻媒体的不断报道使决策者不得不把该事件提上议事日程，并对其进行干预，从这个层面上说，

---

　　① Baum, Matthew A. and Philip B. K. Potter. "The Relationships Between Mass Media, Public Opinion, and Foreign Policy: Toward a Theoretical Synthesis", *Annual Review of Political Science*. Vol. 11, No. 1 (2008): p.52.

　　② Livingston, Steven. "Clarifying the CNN Effect: An Examination of CNN Effects According to Type of Military Intervention." Research Paper, C-18. Cambridge, Mass. : Joan Shorenstein Center on the Press, Politics and Public Policy, John F. Kennedy School of Government, Harvard University, 1997: p. 12.

　　③ Livingston, Steven. "Clarifying the CNN Effect: An Examination of CNN Effects According to Type of Military Intervention." Research Paper, C-18. Cambridge, Mass. : Joan Shorenstein Center on the Press, Politics and Public Policy, John F. Kennedy School of Government, Harvard University, 1997: p. 12.

　　④ 张中义：《影响美国对华政策的几种主要力量》，《现代国际关系》1997 年第 1 期，第 14 页。

　　⑤ Linsky, Martin. *Impact: How the Press Affects Federal Policy Making.* New York: W.W. Norton, 1986, p. 137.

新闻媒体具有一定议程设置的影响。

危机初期或政策不确定时期一旦公众或舆论精英参与，新闻媒体反映的提议就会有成效："问题形成还有其他方式，还存在从边缘到中心之外的其他途径，包括复杂分支和反馈渠道的其他模式。但总的来说，可以有把握地说，即使在多多少少力量复杂多样的公共领域，一旦对有关社会问题的认识在边缘激起危机意识，力量关系就会发生变化。如若公民社会的参与者在此时加入进来，明确相关问题，在公共领域宣传该问题，其努力可能会卓有成效，因为当地公共领域的动员会激发出潜在的、每一个公共领域内在结构所固有的、也存在于大众媒体的传统自我意识之中的依赖感；舞台上表演者的影响应归功于台下观众的肯定。"[1]公众及媒体的作用也因此不言而喻。

在危机初期或政策不确定时期，新闻媒体的报道往往会成为将问题推上政府议事日程的引爆器。例如在 1984 年埃塞俄比亚大饥荒的报道中，NBC晚间新闻中第一次披露受灾儿童饥寒交迫的图片，引发了后来 10 个月间整个新闻媒体对该地区的大规模报道。而具有讽刺意味的是，同一时期，埃塞俄比亚在遭受大饥荒的同时，巴西却在经历着其历史上最为恶劣的干旱。当美国和其他国家政府为埃塞俄比亚提供援助、音乐工作者组织慈善义演，为埃塞俄比亚灾民募集上亿美元善款用于粮食援助、新闻媒体争先恐后地报道埃塞俄比亚灾情的同时，巴西却没有得到任何国际援助，因而忍饥挨饿。事后有学者研究发现，巴西之所以落得无人问津的下场是因为巴西的"食物分发站点分布相当零散，不像埃塞俄比亚分布得极为集中"，灾区儿童无奈地忍饥挨饿等死的镜头在埃塞俄比亚随处可见，极方便新闻界捕捉。[2]显然，没有图像，就没有故事。没有媒体报道，也就没有政府的人道主义援助行动。

同样，索马里个案中，虽然美国政府在 1992 年 8 月之前一直关注索马里饥荒问题，但媒体报道量的增加，使索马里百姓疾苦为大部分美国公众所知晓。媒体的推波助澜是最终促使布什总统作出军事干涉决策的重要动因之一。

① Habermas, Jürgen. *Between Facts and Norms: Contributions to a Discourse Theory of Law and Democracy.* Translated by William Rehg. MA: MIT Press, 1996, p.382.

② Dearing, James W. and Everret M. Rogers. *Agenda Setting.* Thousand Oaks, CA: Sage Publications, 1996, p. 69.

当然，议程设置并非新闻媒体所独有的影响外交决策的机制。外交议程的设置实际上是个极其复杂的过程。除媒体外，突发事件本身、外交决策者本人、行政部门的官员，偶尔还会包括国会议员、利益集团等在外交议程设置上也都会有各自的影响。而由于政府官员和其他参与华盛顿外交决策的力量都竭力通过媒体向公众和对手传递自己的主见。大卫·肯纳默（David Kennamer）曾感慨道："新闻媒体的议程设置众矢之的的作用与其信息来源的作用相比毫不逊色。"[1]虽然新闻媒体较之其他参与议程设置竞争的主体有较大的自身优势，主宰报道哪些外交问题，哪些国际问题可以称为重要新闻进行大量深度报道，但其议程设置作用仅能在某些问题上发挥媒体之所长，而外交议程设置一般情况下仍由外交决策层主导。

**5. 设定解释框架**

在政策不确定的情况下，外交政策问题会触发公众的注意力。引起公众注意的过程一般是由决策层出现争议所驱动，由媒体以符合大众利益为标准的解释框架进行诠释的过程。这也就是恩特曼所指的"文化背景"解释框架。[2]

尽管大部分学者认为媒体的任务是知会，但是他们却并未能始终为维持外交决策过程中的均势而尽忠职守。相反，媒体的反应却往往使局势恶化。

在冲突早期，特别是重大冲突的早期[3]，当公众在信息上处于极端劣势，因而极易产生"团结"现象的时候，也是新闻媒体最不可能对外交决策者说不的时候。媒体会提供有利于外交决策过程中占优势一方的报道。媒体向公众兜售的是公众易买账的"团结"讯息，而媒体则得以与希望媒体保持此口吻的决策层维持关系。这一点与约翰·扎勒尔（John Zaller）和丹尼斯·丘（Dennis Chiu）的研究结论是一致的。他们的研究认为，由于媒体的消息来源依赖官方，特别是白宫和其他行政机构，因此当冲突发生时，媒

---

[1] Kennamer, David ed. *Public Opinion, The Press, and Public Policy*. Westport, CT: Praeger, 1994, p. 9.

[2] Baum, Matthew A. and Philip B. K. Potter. "The Relationships Between Mass Media, Public Opinion, and Foreign Policy: Toward a Theoretical Synthesis", *Annual Review of Political Science*. Vol. 11, No. 1 (2008): p. 55.

[3] Baker, William D. and John R. Oneal. "Patriotism or Opinion Leadership?: The Nature and Origins of the Rally Round the Flag Effect." *Journal of Conflict Resolution*. Vol.44, No.5 (2001): pp.661-687; Chapman, Terrence L.and Dan Reiter. "The United Nations Security Council and the Rally Round the Flag Effect." *Journal of Conflict Resolution*. Vol. 48, No. 6 (2004): pp.886-909.

体往往与公众一起"团结在国旗下"。①

　　这一点同样与恩特曼的结论不谋而合，他指出，当决策层就某一政策的争议性解释框架，如导致多重释义的含糊的文化解释而争论不休（例如伊拉克战争究竟会造成民主还是占领）时，媒体极有可能独立影响外交决策。反过来，当决策层利用文化上没有争议的解释框架推行政策，如与大多数民众所习惯或熟知的常理一致的解释框架时，媒体最不可能独立影响外交决策。"9·11"之后布什将本拉登和基地组织描述为邪恶势力就是最好的例证。而这种文化一致性解释框架是媒体最难与之抗衡的。②

　　当决策层利用文化一致性解释框架推行外交政策时，媒体报道的一元化使公众在信息上的劣势更加恶化。此时媒体提供的报道与强势决策层提供的符合文化传统的文化一致性解释框架保持一致。相反，当决策层就争议性解释框架争论不休时，媒体在报道"解释框架战争"（如决策层争议等）过程中，向公众透露越来越多来自不同渠道的信息，因而迅速缩小公众在信息上与决策层的差距。而当外交决策过程中没有绝对的强势方时，媒体则会提供多重解释框架，以满足各方在信息上的需求。在此过程中，媒体缩小了决策层和公众之间的信息沟，因此增加了公众影响外交决策的潜在机会和砝码。

　　当外交事件局势不明朗，主流文化因此没有立即作出符合习惯性思维的反应时，媒体和政府反对党精英则会提出不同的解释，赢得部分公众的支持。恩特曼警告说，政府由其他人界定解释框架和解决方案是在以身试险，是对外交事件处理的失当，"在无法找到有利的习惯性思维来佐护其外交路线时尤为如此"③。以美国为例，冷战的结束打破了许多以往的惯性思维，致使公众对外交事件的反应难以预测，而媒体在解释外交事件上的作用反而因此增强。在缺失类似冷战思维这样全方位有效的思维状态下，媒体、施政精英、反对党精英等都耐心地观望公众舆论，以甄别"哪些事件可引起共

　　① Zaller, John and Dennis Chiu. "Government's Little Helper: U.S. Press Coverage of Foreign Policy Crises, 1946-1999." In Brigitte L. Nacos, Robert Y. Shapiro, and Pierangelo Isernia eds., *Decisionmaking in a Glass House: Mass Media, Public Opinion, and American and European Foreign Policy in the 21st Century.* New York: Rowman & Littlefield, 2000, pp. 61-84.

　　② Entman, Robert M. *Projections of Power: Framing News, Public Opinion, and U.S. Foreign Policy.* Chicago: Univ. Chicago Press, 2003.

　　③ Entman, Robert M. *Projections of Power: Framing News, Public Opinion, and U.S. Foreign Policy.* Chicago: Univ. Chicago Press, 2003 p. 20.

鸣，又如何引起共鸣"①。

## （三）政策不确定时期媒体显性作用影响机制

要考察新闻媒体对外交决策和公众舆论的影响，首先需要弄清如下几个前提。

第一，媒体对外交政策和舆论的影响是媒体与外交政策关系研究的一部分。具体来说，媒体对外交政策影响可分为如下两个层面问题的研究：一是对媒体对外交政策决策具体过程和决策影响机制的研究，研究对象主要包括决策过程、外交决策文化、公众舆论与利益集团；二是对媒体影响外交决策广义上的研究，主要涉及现代通信技术的发展及其影响、和平安全与战争的影响、对外政策中的经贸政策与媒体影响、外交政策中的对外文化与信息交流与媒体影响等的研究。显然本课题的研究范围属于第一个层面的范畴。媒体对外交决策广义层面的影响并不在本研究范围之内。

第二，媒体、公众、决策者三者之间关系纷繁复杂，艾弗利特·罗杰斯（Everett Rogers）和詹姆斯·迪尔林（James Dearing）将三者间的关系细化为三层九重的错综关系，具体包括："媒体对自己、公众和决策者的影响；公众对自己、媒体和决策者的影响；以及决策者对自己、媒体和公众的影响。"②本研究无法也无意探讨如此繁复交错的关系，而是意在从中剥茧抽丝，侧重考察媒体对他国的报道在外交问题上对公众和外交决策的单方面影响。需要指出的是，着重探讨新闻媒体对公众和外交决策单方向的影响，仅仅是为了便于深入探究新闻媒体的作用，而绝对不是认为媒体对这两方有更强大的影响。因为众所周知的事实是，政府通过官方讲话、新闻发布会等途径，无形中对媒体具有强大的反影响，尤其是在对外决策方面。由于政府对信息源的控制、外交决策者与新闻工作者之间信息量失衡以及记者的爱国精神作用等诸多原因，政府对新闻媒体在外交问题上的影响实际上更为显著。

第三，新闻媒体对外交决策的影响主要是通过影响公众舆论，并继而通过公众舆论对外交决策者施加压力而产生一定改变政策的作用。由于外交政策问题是公众无法通过个人观察和社会交往所能获取信息的领域，因此媒体

---

① Entman, Robert M. *Projections of Power: Framing News, Public Opinion, and U.S. Foreign Policy.* Chicago: Univ. Chicago Press, 2003, p. 21.

② Rogers, Everett and James Dearing. "Agenda Setting Research: Where Has It Been, Where Is It Going?" In James Anderson ed. *Communications Yearbook* Ⅱ. Beverly Hills: Sage, 1988, p. 569.

对于社会公众的影响较之政府更大。[①]

第四，媒体对外交决策的影响始终是间接的。媒体对政策议程的影响虽然确实存在，但绝对不会干预政策具体制定过程和结果。媒体会揭示政策失误，但绝对不会直接参与具体问题的解决。因此，"媒体不会对决策有直接干预，决策者所要做的仅限于对媒体报道作出某种反应，而具体如何应对国际事件，决策者依然可以一如既往地根据国家利益等实际情况进行抉择"[②]。媒体和公众舆论的影响一般是潜在的、不活跃的，这为决策层提供了在大多情况下自由制定和执行政策的宽松空间。但是，西方国家领导层必须时刻通过媒体关注公众对其外交政策有无反应、如何反应等问题，适时适度地对政策进行必要的调整，以确保民众对施政政府的支持。

因此，媒体和公众舆论通常状态下呈现为潜在的不活跃的表象，实际上处于"蓄势待发"（Big club behind the door）[③]的状态。不仅如此，虽然其对决策影响程度在不同情况下大小不同，且常以隐性状态存在，然则却几乎从始至终地影响着外交决策的制定。

外交政策的制定是在部分由新闻媒体构建的信息环境中进行的。媒体在该信息环境中发挥作用的大小取决于多种因素：国家政治传媒体制、国家政治经济体制、政府的传媒政策和新闻媒体发挥作用的特定信息传播渠道等。新闻媒体在上述信息环境中通过议程设定、争夺解释框架、影响外交决策者对外交局势和公众态度等外部世界的判断、迫使决策者对媒体报道作出且通过媒体作出反应等对外交决策产生影响。

危机或冲突持续事件长短也是决定媒体及公众作用大小的重要因素。如果冲突或危机在短期内结束，特别是牵扯美国利益的非常时期，媒体和公众往往自然会关注事态发展，媒体相关国际报道因此会激增。短期冲突对决策者极为有利。新闻媒体未能充分发挥其塑造解释框架，引导舆论乃至间接且显性的影响，公众因对局势不甚了解，因而产生团结现象。通常这是决策者梦寐以求的结果，但往往事与愿违。如果危机或冲突未能在短期内结束，公

① Palmgreen, Philip and Peter Clarke. "Agenda Setting with Local and National Issues." *Communication Research*. Vol. 4, No. 4 (1977): p. 437.

② Gowing, Nik. "Real-time Television Coverage of Armed Conflicts and Diplomatic Crises: Does it Pressure or Distort Foreign Policy Decisions?" Harvard Working Paper. Cambridge, MA: The Joan Shorenstein Barone Center on the Press, Politics and Public Policy, Harvard University, 1994, pp. 83-85.

③ Weingast, Barry R. "The Congressional-bureaucratic System: A Principal Agent Perspective (with applications to the SEC)." *Public Choice*. Vol.44, No.1 (1984): pp.147-191.

众与决策者之间的信息不对称现象必将在媒体的作用下逐渐缩小，决策者以转移公众注意力为目的发动的侵略性或单边军事行动，极有可能反而促使公众发现决策端倪（如党派精英的意见不一）转而反对海外军事行动，使决策者陷入危机。

媒体参与并影响外交决策的过程是复杂的，但总体来说主要从如下几个层面对决策产生影响：

第一，决策者认知外部世界变化的信息源。媒体的国际新闻报道所提供的信息营造了由信息构成的认知世界，是决策者感知外部世界变化并对其作出反映的主要认知源。美国总统和其他外交决策者都受到媒体的影响。他们通过媒体了解外部世界，了解其他国家的最新动态。许多国际社会的信息也正是通过媒体这一重要公共传播渠道传递开来。此时，新闻媒体所起到的作用是提供消息来源，这也是决策过程信息输入大环境的重要组成部分，即为决策者提供信息和情报。

第二，决策的重要受众。决策者制定外交政策所要改变的环境中，改变新闻媒体对决策者、对事态的态度也正是外交政策的主要目的之一。新闻媒体因而占据着重要地位。因此，在信息输入和政策输出两个重要环节上，新闻媒体都具有关键作用。

第三，迫使决策者对事件及时作出反应，决策者的决策时间因此大大缩短了。

第四，通过影响公众舆论，给外交决策者施加压力，以迫其改变决策。由新闻媒体在越战中的表现可以得出，新闻媒体具有通过大量电视画面、图片给受众留下深刻印象，以此改变其对相关政策的态度。越战中民众原本对赴越作战支持的态度，在大量惨烈照片和图像报道后，态度逐渐改变，因而迫使决策者对政策作出相应调整。

第五，在突发事件和人道主义等问题上对决策议程产生巨大影响。特别在人道主义事件中，新闻媒体的不断报道使决策者不得不把该事件提上议事日程，并对其进行干预，从这个层面上说，新闻媒体具有一定议程设置的影响。

第六，作为外交决策意图改变的外部世界的重要部分，媒体对外交决策者具有长期无形的压力。高英通过深入采访外交决策者发现，他们经常感到外界的压力，而且在外交决策中也多少受媒体报道的影响。这至少证明一点：媒体与外交决策之间的影响绝对不是单向的。

　　然而，需要说明的是，媒体的影响始终是间接的。媒体的确对政策议程有影响，但绝对不会干预政策具体制定过程和结果；媒体会揭示政策失误，但绝对不会直接参与具体问题的解决。因此，媒体不会对决策有直接干预，决策者所要做的仅限于对媒体报道作出某种反应，而具体如何应对国际事件，决策者依然可以一如既往地根据国家利益等实际情况进行抉择。[①]因此，媒体的作用是督促政府"勤政""廉政""调整政策"，依然是对民主的保障。

　　学界围绕媒体于外交决策有无影响的争论实际上是对媒体影响动态机制的割裂，是将媒体影响在不同外交决策情形下不断转变的影响态势定格为静态下媒体的不同表现，因此媒体影响时有时无的表面现象就导致众人的迷惑。新闻媒体对外交决策的影响不是有或者无的问题，而是时隐时现的问题。媒体影响实际上从未消失过。在历史长河中媒体"没有影响"的常态表象下，是其不易为人察觉但却潜移默化地改变公众乃至外交决策者视野、认识和态度的潜在的隐性的影响。媒体影响只在特定情况下由隐性转为显性。因此，真正值得探讨的问题不是新闻媒体对外交决策是否有影响的问题，而是如何解释媒体时强时弱的现象的问题。

　　那么，应该如何解释媒体对外交决策时强时弱的现象呢？媒体对外交决策影响何时强？何时弱？媒体在对外交决策强弱不等的影响过程中究竟对决策发生了哪些影响？这些影响又具体怎样在外交决策中发挥作用呢？

　　本研究提出，利用政策确定性范式来解释媒体与公众和外交决策之间复杂多变的关系，从政策确定性的角度研究不同情况下媒体发挥作用的机制及其影响强弱态势转化的联动机制，一方面有助于理解新闻媒体的影响时强时弱但却无时无刻不存在的特性，另一方面意在探讨媒体影响究竟何时强何时弱，解释为什么政策不确定时期，媒体会大肆批评政府决策，而当政策确定时期又转而与政府保持一致口径的原因。

　　政策确定性范式来解释媒体影响机制的关键是将外交政策制定分为不同阶段来研究。从前文进行的国联和索马里个案不难看出，同一外交问题从酝酿到出台再到执行的过程中，诸多因素会致使政策在确定和不确定之间徘徊。如危机持续的时间长短、决策者内部发生意见分歧、媒体推动等都会使

---

　　① Gowing, Nik. "Real Time Television Coverage of Armed Conflicts and Diplomatic Crises: Does it Pressure on Distort Foreign Policy Decisions?" Harvard Working Paper, Cambridge, MA: The Joan Shorenstein Barone Center on the Press, Politics and Public Policy at Harvard University, 1994, pp. 83-85.

政策确定性质发生变化。以国联问题为例，威尔逊提出国联设想之初，政策明确，赋予了政策合理的解释框架，得到媒体和公众积极响应。但随着国联问题交付国会讨论，国会内部发生意见分歧，直接导致国联提案落空。又如索马里事件中，布什政府起初在是否干涉问题上并没有明确的政策，在媒体报道逐渐增多，公众逐渐对此问题有所了解，决策者和公众之间的信息量差距在媒体作用下迅速缩小甚至消失，布什最终明确作出干涉决策。

　　如同研究公众舆论时将舆论在短期和长期危机下的不同作用进行分别讨论一样，研究新闻媒体的作用也要一分为二，即在大多数情况下的政策明确情况下被操控的稍显消极的影响呈隐性的新闻媒体，和时而浮现的更积极更显性的政策不确定时期的媒体。而决策层与公众之间信息均衡与否是媒体上述两种不同表现的最明显的不同之处，而决策者内部发生分歧或突发事件后的政策缺失是造成媒体两种不同表现的原因。对新闻媒体的这种理解就可以将观点迥异的各家之言统一在同一个解释框架之下。

　　那么，如何解释媒体各种作用机制在外交政策明确和不确定时期的内在联系呢？

　　当遇有突发事件，政府暂时还没有形成政策，或者决策层内部产生的分歧公开化，就会出现政策不确定性情况。政策不确定时期也是政策酝酿时期，媒体在以频度和力度都大大超过平日、现如今已是 24 小时实时的新闻报道一石三鸟地发挥影响：一方面迎合了公众渴望了解相关信息的需求，制造舆论，刺激舆论，营造政策环境，改变舆论对外交政策态度；另一方面通过对报道什么不报道什么的把关以及对目标议题的反复报道影响决策议程；另外媒体积极参与决策辩论，对外交决策者施加无形而强大的压力，迫使决策者在最短的时间内作出或调整决策。媒体过多过于积极地透露官方和军方的消息，常会阻碍或干涉外交决策的制定。此时，媒体往往以比政府情报部门更快更直接的信息渠道为决策者提供重要的外交信息。此时的媒体甚至经常有能力"撼动政府"。

　　由于国会并不直接参与外交政策策划的特性，媒体对国会的影响基本上不因外交政策确定与否发生重大变化，主要包括：新闻媒体是外交问题上维持行政部门与立法部门间制衡关系的关键所在，影响国会议程设置，对议题、法案或听证会关注与否能直接影响立法结果，突出国会某机构组织或个人的重要性，影响公众对国会具体机构的印象，直接影响国会议案商讨进展过程，帮助议员宣传自己甚至影响国会议员的言行等。

新闻媒体的国际新闻报道是公众了解外交事务的重要渠道，起着教育公众的作用，在对他国报道的过程中，潜移默化地在公众心目中不断塑造并勾勒着世界行政地图，决定着公众的国际视野所及的范围。同时，新闻媒体也是决策者和公众了解某外交问题上公众民意倾向的主要方式。在关于他国的新闻报道过程中，媒体对某个国家和地区报道频率直接影响公众对该国的态度，报道的频率越高，公众对该国就越有好感。而这些影响是新闻媒体以难以为公众所察觉的特殊方式进行的。在外交政策明确时期，媒体还有一些为人们多多少少有所感觉但却说不清道不明的潜在的但却极为重要的影响，即：媒体设定公共议程的作用日复一日地决定着人们每天共同关心和谈论的话题，这种作用在不为普通公众熟知的外交事务上尤为明显，因为媒体得以充分发挥其公共议程设定、提供解释外交问题前因后果的框架作用和评判标准的作用。

"政策确定性的缺失"为新闻"媒体提供了难得的机会"。在危机或政策不确定时期，媒体对公众的影响更是超过以往。在外交政策酝酿初期，决策精英占有绝对的信息优势，公众对事实的感知是极具弹性的。这常常使总统得以主宰所谓的"解释框架战争"。随着时间的推移，随着事实真相逐渐浮出水面，公众通过媒体获取了更多的信息，弹性逐渐消失，这就为其他解释框架得以影响公众舆论打开了活动空间。如果某些人（如新闻记者）站出来提出其他解释框架，只要不超出逐渐消失的事实弹性所能接受的极限，就有很好的机会与总统提出的解释框架分庭抗礼。[1]

围绕伊拉克战争产生的一系列冲突就是极好的例证。无论所谓的"事实"如何，随着时间推移，公众似乎确信，即布什政府的战争理由超出了事实弹性。其结果表现在 2006 年中期选举中，共和党在国会失利，公众对布什支持率也大幅下滑。随着伊拉克没有发现大规模杀伤武器的消息的不胫而走，为了避免公众对新闻媒体同样负面的反应，媒体抢先在《纽约时报》掀起一股反思浪潮，深刻反省新闻媒体如何又为什么毫无异议地接受了官方对

---

① Baum, Matthew A. and Philip B. K. Potter. "The Relationships Between Mass Media, Public Opinion, and Foreign Policy: Toward a Theoretical Synthesis", *Annual Review of Political Science*. Vol. 11, No. 1 (2008): p. 57.

伊拉克战争的解释框架。[①]

　　在危机或政策不确定时期的初期，媒体较平时更为积极主动地提供公众所需要的突发事件相关信息，以迅速改善决策者与公众之间的信息不对等状态。在此期间特别是当涉及美国国家利益问题时，媒体主动充当着"团结在国旗下"现象制造者的角色，鼓动公众团结在政府周围，一致对外。政策不确定时期公众对什么问题最重要、问题相关的背景、有哪些解决问题的可行方案、如何看待和评判相关问题和人物等问题的解答都主要依赖媒体的报道。详见图 5-1。

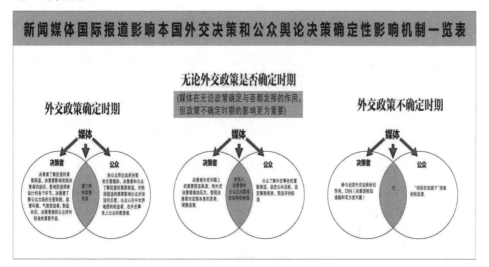

图 5-1　新闻媒体国际报道影响本国外交决策和公众舆论"决策确定性"影响机制一览表

　　媒体作为决策者外交问题上的重要信息来源，给外交决策者施加压力、督促决策者对政策本身的思考，调整政策、把关人、决策者和公众之间联系的纽带和桥梁，消除信息不对称、预设价值判断标准和加速决策进程，公众了解外交事务的重要渠道、设定公共议程、设定解释框架、预设评判标准等作用，在外交政策明确和不明确时期同时存在，只是媒体这些影响在外交政策不明确时期的影响相对更强。

　　媒体不同情况下对外交决策发生影响的时候，也是公众舆论对外交决策

---

　　① Baum, Matthew A. and Philip B. K. Potter. "The Relationships Between Mass Media, Public Opinion, and Foreign Policy: Toward a Theoretical Synthesis", *Annual Review of Political Science*. Vol. 11, No. 1 (2008): p. 57.

产生压力和影响的时候。公众很少直接观察事实，在外交事务中尤其如此，他们通常通过短期和长期地观察事实被解释的情况，并对其作出反应。[①]由于公众对外交事务的不熟悉，与外交决策者之间存在严重的信息不对等现象，其外交政策问题报道的需求反应也一般较慢。[②]因此，在外交事务的短期危机中，公众在媒体和政府的共同作用下往往会形成"团结在国旗下"现象。但随着危机或冲突的延续，随着媒体报道逐渐缩小公众与决策者之间的信息差距，一旦公众发现事实与消息之间差距太大，其反应便会是迅速而猛烈的。无论是媒体还是相关信息在公众中造成的"越战症候群"现象和"伤亡反应"现象会最终迫使决策者调整其外交政策。

总体来说，媒体在外交政策缺失的情况下作用更大。政策不确定初期，媒体全面报道政府内部分歧的全面情况，偶有对政府政策提出批评意见的情况，给政府施加压力，寄希望政府因此改变政策。此阶段媒体对政府有压力，但政策执行人员对媒体压力视而不见，依然行事如故，着意抵制媒体的影响力。值得注意的是，新闻媒体对外交政策的公然挑战只会在华盛顿部分决策精英对现行政策产生怀疑之后。[③]决策层分歧公开化或者遇有突发事件后，媒体的大量报道首先一方面引起决策者和公众对目标议题的注意，影响外交决策的议程；另一方面迅速缩小公众与决策者之间的信息差距。其次，大量报道给决策者施加的压力并平时更大，督促决策者尽快调整或出台政策。同时，媒体对目标议题提供的多元解释框架和评判标准一方面影响着决策层内部分歧各方的话语权的均衡态势，另一方面左右着公众每日谈论的话题和对目标议题的态度和看法。

---

① Baum, Matthew A. and Tim Groeling. *"Crossing the water's edge: Elite rhetoric, media coverage and the rally-round-the-flag phenomenon." Journal of Politics.* Vol.70, No.4 (2008): pp.1065-1085.

② Baum, Matthew A. and Philip B. K. Potter. "The Relationships Between Mass Media, Public Opinion, and Foreign Policy: Toward a Theoretical Synthesis", *Annual Review of Political Science.* Vol. 11, No. 1 (2008): p. 56.

③ 见 Hallin, Daniel C. *The "Uncensored War".* Berkeley: University of California Press, 1986.

# 附　录

1979 年 UNESCO《"世界 29 国国外新闻报道"调查报告》每日国际新闻数量统计表:

| | Average Number of stories | Average* length | | Average per cent of overall news output constituted by ** international news |
|---|---|---|---|---|
| | | col. cms | secs. | |
| **North America** | | | | |
| **United States** | | | | |
| New York Times | 33 | 1297 | | 39 |
| Washington Post | 26 | 1429 | | 42 |
| Los Angeles Times | 21 | 1029 | | 25 |
| New York Daily News | 14 | 518 | | 19 |
| Minneapolis Tribune | 14 | 495 | | 30 |
| Charlotte Observer | 11 | 542 | | |
| Television - CBS | 4 | | 266 | 19 |
| **Latin America** | | | | |
| **Argentina** | | | | |
| Clarín | 20 | 1372 | | 43 |
| La Opinión | 27 | 1111 | | 53 |
| Crónica | 21 | 551 | | 25 |
| Radio - Rivadavia | 11 | | 255 | na*** |
| Television - 11 | 3 | | 226 | na*** |
| Television - Tele Noche | 4 | | 349 | na*** |
| **Brazil** | | | | |
| O Estado de Sao Paulo | 29 | 2041 | | 33 |
| Jornal do Brasil | 24 | 1365 | | 28 |
| **Mexico** | | | | |
| El Universal | 40 | 1764 | | 33 |
| Excelsior | 39 | 1742 | | 43 |
| **Africa** | | | | |
| **Algeria** | | | | |
| El Moudjahid | 35 | 1219 | | 44 |
| Television | 13 | | 1140 | 68 |
| **Ivory Coast** | | | | |
| Fraternité Matin | 22 | 1459 | | 51 |
| Television | 33 | | 1320 | 82 |
| **Kenya** | | | | |
| Nairobi Standard | 13 | 626 | | 45 |
| Daily Nation | 14 | 569 | | 36 |
| Radio | 15 | | 540 | 64 |
| **Nigeria** | | | | |
| Daily Times | 9 | 350 | | 5 |
| New Nigerian | 3 | 248 | | 16 |
| Punch | 2 | 60 | | 13 |

| | Average Number of stories | Average* length | | Average per cent of overall news output constituted by ** international news |
|---|---|---|---|---|
| | | col. cms | secs. | |
| Radio | 3 | | 203 | 17 |
| Television | 1 | | 59 | 3 |
| *Tunisia* | | | | |
| La Presse | 36 | 1494 | | 76 |
| L'Action | 25 | 1100 | | 51 |
| Television | | 14 | | 85 | 77 |
| *Zaire* | | | | |
| Elima | 9 | 532 | | 29 |
| Salonga | 7 | 264 | | 25 |
| Radio | | 18 | | 1140 | 61 |
| *Zambia* | | | | |
| Zambia Times | 13 | 607 | | 43 |
| Zambia Daily Mail | 13 | 643 | | 81 |
| Radio | | 10 | | 420 | 47 |
| Television | | 7 | | 480 | 80 |
| *Middle East* | | | | |
| *Egypt* | | | | |
| Al-Ahram | 30 | 1014 | | 25 |
| Al-Akhbar | 38 | 635 | | 17 |
| Al-Gomhuria | 30 | 619 | | 12 |
| Radio | | 14 | | 660 | 92 |
| *Iran* | | | | |
| Kayhan | 15 | 138 | | 16 |
| Etela'at | 12 | 145 | | 18 |
| Ayandegan | 11 | 109 | | 17 |
| *Lebanon* | | | | |
| an-Nahar | 48 | 1789 | | 35 |
| as-Safir | 57 | 1892 | | 41 |
| al-Amal | 31 | 1072 | | 30 |
| Radio Lebanon | | 22 | | 1117 | 62 |
| Tele-Liban | | 13 | | 1062 | 65 |
| *Asia* | | | | |
| *Australia* | | | | |
| Australian | 23 | 826 | | 29 |
| Herald | 30 | 802 | | 28 |
| Telegraph | 16 | 514 | | 46 |
| Radio - ABC | | 7 | | 309 | 52 |
| Radio - 2ad | | 2 | | 53 | 18 |
| Television - ABC | | 6 | | 550 | 30 |
| Television - 9/8 | | 2 | | 802 | 16 |
| *India* | | | | |
| Hindu | 24 | 514 | | 24 |
| Times of India | 33 | 543 | | 21 |

| | Average Number of stories | | Average* length | | Average per cent of overall news output constituted by ** international news |
|---|---|---|---|---|---|
| | | | col. cms | secs. | |
| Indian Express | 22 | | 474 | | 24 |
| Hindustan Times | 27 | | 476 | | 23 |
| Statesman | 32 | | 473 | | 29 |
| Radio | | 5 | | 165 | 18 |
| Television | | 6 | | 302 | 34 |
| *Indonesia* | | | | | |
| Kompas | 11 | | 503 | | 18 |
| Sinar Harapan | 14 | | 732 | | 34 |
| Merdeka | 27 | | 1219 | | 44 |
| Radio | | 6 | | 391 | na*** |
| Television | | 9 | | 1175 | na*** |
| *Malaysia* | | | | | |
| New Straits Times | 39 | | 1237 | | 39 |
| Utusan Malaysia | 18 | | 621 | | 16 |
| Sin Chew Jut Poh | 37 | | 1632 | | 26 |
| Tamil Nesan | 18 | | 579 | | 23 |
| Radio English | | 7 | | 323 | 54 |
| Radio (Bahasa Malaysia) | | 13 | | 630 | 35 |
| Radio (Chinese) | | 5 | | 258 | 43 |
| Radio (Tamil) | | 5 | | 228 | 38 |
| Television (E) | | 10 | | 485 | 54 |
| Television (B) | | 10 | | 465 | 39 |
| Television (C) | | 9 | | 402 | 45 |
| Television (T) | | 7 | | 270 | 30 |
| *Thailand* | | | | | |
| Siam-Rath | 9 | | 451 | | 17 |
| Thai-Rath | 18 | | 573 | | 20 |
| Dao-Sham | 4 | | 292 | | 11 |
| Radio | | 2 | | 360 | 19 |
| Television 3TV | | 14 | | 1140 | 58 |
| **Eastern Europe** | | | | | |
| *Hungary* | | | | | |
| Nepszabadsag | 55 | | 660 | | 32 |
| Nepszava | 43 | | 570 | | 25 |
| Magyar Nemzet | 60 | | 660 | | 31 |
| Magyar Hirlap | 61 | | 730 | | 37 |
| Esti Hirlap | 25 | | 460 | | 30 |
| Radio | | 16 | | 960 | 33 |
| Television | | 11 | | 720 | 40 |
| *Poland* | | | | | |
| Tribuna Ludu | 42 | | 1087 | | 73 |
| Zycie Warzawy | 26 | | 677 | | 58 |
| Express Wieczerny | 30 | | 419 | | 45 |
| Radio 1 | | 9 | | 465 | 41 |
| Radio 111 | | 6 | | 158 | 55 |
| TV News | | 8 | | 717 | 26 |

| | Average Number of stories | Average* length | | Average per cent of overall news output constituted by ** international news |
|---|---|---|---|---|
| | | col. cms | secs. | |
| *Yugoslavia* | | | | |
| Delo | 50 | 4354 | | 60 |
| Dnevnik | 24 | 1694 | | 39 |
| Vecer | 12 | 766 | | 19 |
| Radio | 11 | | 540 | 36 |
| *USSR* | | | | |
| Pravda | 35 | 1444 | | 55 |
| Isvestiya | 25 | 1434 | | 55 |
| Komsomoskaya Pravda | 15 | 797 | | 46 |
| Television | 8 | | 504 | 32 |
| *Western Europe* | | | | |
| *Federal Republic of Germany* | | | | |
| Bild-zeitung | 31 | 351 | | 41 |
| Die Welt | 59 | 1196 | | 52 |
| Frankfurter Allegmeine | 50 | 1110 | | 48 |
| Sueddeutsche Zeitung | 65 | 1004 | | 60 |
| Frankfurter Rundschau | 37 | 802 | | 41 |
| Television - ARD | 14 | | 515 | 17 |
| Television - ZDF | 15 | | 530 | 24 |
| *Finland* | | | | |
| Helsingin Sanomat | 26 | 1315 | | 39 |
| Aamulehti | 18 | 673 | | 23 |
| Kansan Uutiset | 14 | 624 | | 22 |
| Savon Sanomat | 11 | 411 | | 10 |
| Television | 5 | | 441 | 36 |
| *Greece* | | | | |
| Ta Nea | 16 | 970 | | 18 |
| *Iceland* | | | | |
| Morgonbladid | 25 | 897 | | 23 |
| Thjodviljinn | 11 | 609 | | 24 |
| Dagbladid | 11 | 349 | | 16 |
| Radio | 6 | | 234 | 20 |
| Television | 4 | | 267 | 18 |
| *Netherlands* | | | | |
| Telegraaf | 16 | 755 | | 26 |
| NRC/Handelsblad | 38 | 1647 | | 42 |
| Tubantia | 23 | 783 | | 17 |
| Television-Nos | 6 | | 584 | 53 |
| *Turkey* | | | | |
| Milliyet | 27 | 1126 | | 33 |

# 参考文献

［1］Adams, William C. ed. *Television Coverage of International Affairs.* Norwood, NJ: Ablex Pub. Co., 1982.

［2］Aldrich, John H., Christopher Gelpi, Peter Feaver, Jason Reifler and Kristin Thompson Sharp. "Foreign Policy and the Electoral Connection." *Annual Review of Political Science.* Vol. 9 (2006): pp. 477-502.

［3］Aldrich, John H., et al. "Foreign Affairs and Issue Voting: Do Presidential Candidates Waltz Before a Blind Audience'? " *American Political Science Review.* Vol. 83, No. 1 (1989): pp. 123-141.

［4］Aldrich, John H., John L. Sullivan and Eugene Borgida. "Foreign affairs and Issue Voting: Do Presidential Candidates'Waltz before a Blind Audience'? " *American Political Science Review.* Vol. 83, No. 1 (1989): pp. 123-141.

［5］Allen, Cleo Joffrion. *Foreign News Coverage in Selected U.S. Newspapers 1927-1997: A Content Analysis.* Dissertation. Louisiana State University, 2005.

［6］Allison, Graham T. *Essence of Decision: Explaining the Cuban Missile Crisis.* Boston: Little, Brown and Company. 1971.

［7］Almaney, Adnan. "International and Foreign Affairs on Network Television News," *Journal of Broadcasing,* Vol.14 (Fall, 1970): pp. 499-509.

［8］Almond, Gabrial. "Public Opinion and National Security. "*Public Opinion Quarterly.* Vol. 20, No. 2 (1956): pp. 371-378.

［9］Almond, Gabrial. *The American People and Foreign Policy.* New York: Harcourt Brace and Jonanovick, 1950.

［10］Almond, Gabriel A. "Introduction: A Functional Appraoch to Comarative Politics." In Gabriel A. Almond and James S. Coleman, eds. *The*

*Politics of the Developing Areas.* Princeton: Princeton University Press, 1960, pp. 45-52.

[11]Althaus, Scott L., Jill A. Edy, Robert M. Entman, and Patricia Phalen. "Revising the Indexing Hypothesis: Officals, Media, and the Libya Crisis." *Political Communication*, Vol. 13, No. 4 (1996): pp. 407-421.

[12]American Institute for Political Communication. *Media and Non-Media Effects on the Formation of Public Opinion.* Washington, D. C.: American Institute for Political Communication, 1969.

[13]Anderson, James, ed. *Communications Yearbook Ⅱ.* Beverly Hills: Sage, 1988.

[14]Arian, Asher, et al. "Public Opinion and Political Change—Israel and the Intifada." *Comparative Politics.* Vol.24, No.3 (1992): pp. 317-334.

[15]Augelli, Enrico and Craig Murphy. *America's Quest for Supremacy in the Third World: A Gramscian Analysis.* London: Pinter Publisher, 1988.

[16]Avery, Donald R. *The Newspaper on the Eve of the War of 1812: Changes in Content.* Ph.D. Dissertation, Southern Illinois University at Carbondale, 1983.

[17]Bailey, Thomas. *The Man in the Street: The Impact of American Public Opinion on Foreign Policy.* New York: The MacMillan Company, 1948.

[18]Baker, James A. Ⅲ. *The Politics of Diplomacy: Revolution, War & Peace, 1989-92.* New York: G. P. Putnam's Sons, 1995.

[19]Baker, William D. and John R. O'neal. "Patriotism or Opinion Leadership？ : The Nature and Origins of the 'Rally Round the Flag' Effect." *Journal of Conflict Resolution.* Vol.44, No.5 (2001): pp.661-87

[20]Ball, George W. *Diplomacy for a Crowded World: An American Foreign Policy.* Boston: Little, Brown & Co., 1976.

[21]Bantz, Charles R., Suzanne McCorkle, and Roberta C. Baade. "The News Factory." *Communication Research.* Vol. 7, No. 1 (1980): pp. 45-68.

[22]Bass, Abraham Z. "Refining the 'Gatekeeper' Concept: A U.N. Radio Case Study." *Journalism Quarterly.* Vol.46 (1969): pp. 69-72.

[23]Bauer, Raymond A. Ithiel de Sola Pool, and Lewis A. Dexter. *American Business and Public Policy: The Politics of Foreign Trade.* New York: Atherton

Press, 1967.

[24]Baum, Matthew A. "Going Private: Presidential Rhetoric, Public Opinion, and the Domestic Politics of Audience Costs in U.S. Foreign Policy Crises." *Journal of Conflict Resolution* Vol.48, No.5 (2004): pp.603-631.

[25]Baum, Matthew A. "The Constituent Foundations of the Rally-Round-the-Flag Phenomenon." *International Studies Quarterly.* Vol. 46, No. 2 (2002): pp. 263-298.

[26]Baum, Matthew A. and Philip B. K. Potter. "The Relationships Between Mass Media, Public Opinion, and Foreign Policy: Toward a Theoretical Synthesis." *Annual Review of Political Science.* Vol. 11, No. 1 (2008): pp. 39-65.

[27]Baum, Matthew A. and Tim Groeling. *"Crossing the Water's Edge: Elite Rhetoric, Media Coverage and the Rally-Round-the-Flag Phenomenon."* *Journal of Politics.* Vol.70, No.4 (2008): pp.1065-1085.

[28]Baum, Matthew A. and Tim Groeling. "Shot by the Messenger: An Experimental Examination of the Effects of Party Cues on Public Opinion Regarding National Security And War." Available at: http://www.princeton.edu/csdp/events/ChangingMedia1107/BaumCM.pdf

[29]Baum, Matthew A. *Soft News Goes to War: Public Opinion and American Foreign Policy in the New Media Age.* Princeton, NJ: Princeton Univ. Press, 2003.

[30]Belknap, George and Angus Campbell. "Political Party Identification and Attitudes Toward Foreign Policy," *Public Opinion Quarterly*, Vol.15 (Winter, 1951-1952), pp. 605-608.

[31]Bennett, D. Scott and Allan C. Stam III. "The Declining Advantage of Democracy: A Combined Model of War Outcomes and Duration." *Journal of Conflict Resolution* Vol. 42, No. 3 (1998): pp. 344-66.

[32]Bennett, W. Lance. "Toward a Theory of Press-State Relations in the United States." *Journal of Communication.* Vol. 40, No. 2 (Spring 1990): pp.103-127.

[33]Bennett, W. Lance and David L. Paletz eds. *Taken by Storm: The Media, Public Opinion and US Foreign Policy in the Gulf War.* Chicago, IL: University of Chicago Press, 1994.

[34] Bennett, W. Lance, Regina G. Lawrence and Steven Livingston. "None Dare Call It Torture: Indexing and the Limits of Press Independence in the Abu Ghraib Scandal." *Journal of Communication*. Vol.56, No.3 (2006): pp.467-85.

[35] Bennett, W. Lance. *News: The Politics of Illusion*. New York: Longman, 2001.

[36] Berger, Arthur A. *Essentials of Mass Communication Theories*. London: Sage Publications, 1995.

[37] Berinsky, Adam J. "Assuming the Costs of War: Events, Elites, and American Public Support for Military Conflict." *Journal of Politics*. Vol. 69, No. 4 (2007): pp. 975-997.

[38] Berkowitz, Dan and Douglas Beach. "News Sources and News Context: The Effect of Routine News, Conflict And Proximity". *Journalism Quarterly*. Vol.70, No.1 (1993): pp. 4-12.

[39] Berkowitz, Dan. "Refining the Gatekeeper Metaphor for Local Television News." *Journal of Broadcasting and Electronic Media*. Vol. 34, No. 1 (1990): pp. 55-68.

[40] Berry, Nicholas O. *Foreign Policy and the Press*. Westport: Greenwood Press, 1990.

[41] Beschloss, Michael R. *Presidents, Television, and Foreign Crises*. Washington, D.C.: The Annenberg Washington Program, 1993.

[42] Bjereld, Ulf and Ann-Marie Ekengren. "Foreign Policy Dimensions: A Comparison between the United States and Sweden." *International Studies Quarterly*. Vol. 43, No. 3 (September 1999): pp. 504-505.

[43] Bloch, Yaeli and Sam Lehman-Wilzig. "An Exploratory Model of Media-Government Relations." In Gilboa, Eytan. ed. *Media and Conflict*. New York: Transnational, 2002.

[44] Brenner, Carl N. "Modeling the President's Security Agenda." *Congress and the Presidency*. Vol. 26, No. 2 (1999): pp.171-191.

[45] Bridges, Janet A. and Lamar W. Bridges. "Changes in News Use on the Front Pages of the American Daily Newspaper." *Journalism and Mass Communication Quarterly*. Vol.74, No.4 (1997): pp.826-838.

[46] Bridges, Janet A. "News Use on the Front Pages of the American

Daily." *Journalism Quarterly*. Vol. 66 (1989): pp. 332-337.

[47]Brody, Richard A. *Assessing the President: The Media, Elite Opinion, and Public Support*. Stanford, CA: Stanford Univ. Press, 1991.

[48]Bryson, Lyman ed. *The Communication of Ideas*. New York: Harper and Row, 1948.

[49]Burdette, Franklin L. "Influence of Noncongressional Pressures on Foreign Policy." *Annals of the American Academy of Political and Social Science*. Vol. 289 (Sept. 1953): pp. 92-99.

[50]Burkhardt, Richard W. "The Soviet Union in American School Textbooks," *Public Opinion Quarterly* 11 (Winter 1947-1948): pp. 569-571.

[51]Burns, James MacGregor, Jack Walter Peltason and Thomas E. Cronin. *Government by the People*. 13th Alternative Edition. Englewood Cliffs, NJ: Printice Hall, 1989.

[52]Burns, Nicholas. "Talking to the World About American Foreign Policy." *The Harvard International Journal of Press/Politics*. Vol. 1, No. 4 (Fall 1996.): pp. 10-14.

[53]Campbell, Angus and Philip E. Converse eds. *The Human Meaning of Social Change*. New York: Russell Sage Foundation, 1972.

[54]Campbell, Angus, Philip E. Converse, Warren E. Miller and Donald E. Stokes. *The American Voter*. New York: Wiley, 1960.

[55]Campbell, Angus, Philip E. Converse, Warren E. Miller, and Donald E. Strokes eds. *Elections and the Political Order*. New York: Wiley, 1966.

[56]Canes-Wrone, Brandice. *Who Leads Whom? Presidents, Policy, and the Public*. Chicago: Univ. Chicago Press, 2006.

[57]Cantril, Hadley and Mildred Strunk, *Public Opinion, 1935-1946*. Princeton: Princeton University Press, 1951.

[58]Cappella, Joseph N. and Kathleen Hall Jamieson. *Spiral of Cyncism: The Press and the Public Good*. New York: Oxford University Press, 1997.

[59]Carew, Michael G. "The Interaction Among National Newsmagazines and the Formulation of Foreign and Defense Policy in the Roosevelt Adminstration, 1939-1941." Dissertation. New York University, 2002. Proquest Dissertations and Theses.

〔60〕Chang, Tsa Kuo. *The Press and China Policy: The Illusion of Sino-American Relations, 1950-1984*. Norwood, NJ: Ablex, 1993.

〔61〕Chang, Tsan-Kuo and Jae-Won Lee. "Factors Affecting Gatekeepers' Selection of Foreign News: A National Survey Of Newspaper Editors." *Journalism Quarterly*. Vol. 69, No.3 (1992): pp. 554-561.

〔62〕Chang, Tsan-Kuo, Pamela J. Shoemaker and Nancy Brendlinger. "Determinants of International News Coverage in the U.S. Media." *Communication Research*. Vol. 14 (1987): pp. 396-414.

〔63〕Chapman, Terrence L. and Dan Reiter. "The United Nations Security Council and the rally round the flag effect." *Journal of Conflict Resolution*. Vol. 48 (2004): pp. 886-909.

〔64〕Chiozza, Giacomo and Hein E. Goemans. "International Conflict and the Tenure of Leaders: Is War Still Expost Inefficient？" *American Journal of Political Science*. Vol. 48, No. 3 (2004): pp. 604-619.

〔65〕Cho, Hiromi and Stephen Lacy. "International Conflict Coverage in Japanese Local daily Newspapers." *Journalism and Mass Communication Quarterly*. Vol. 77, No. 4 (2000): pp. 830-45.

〔66〕Choi, Seung-Whan and Patrick James. "Media Openness, Democracy and Militarized Interstate Disputes: An Empirical Analysis." *British Journal of Political Science*. Vol.37, No. 1 (2006): pp. 23-46. Available at: http://www-bcf.usc.edu/~patrickj/Choi%20and%20James,%20Forthcoming,%20BJPS.pdf

〔67〕Chomsky, Noam and Edward Herman. *Manufacturing Consent*. New York: Pantheon, 1988.

〔68〕Chong, Dennis and James N. Druckman. "Framing Theory." *Annual Review of Political Science*. Vol. 10, No. 1 (2007): pp. 103-126.

〔69〕Clark, David H. "Can Strategic Interaction Divert Diversionary Behavior？ A Model of U.S. Conflict Propensity." *Journal of Politics*. Vol. 65, No.4 (2003): pp.1013-1039.

〔70〕Cobb, Roger and Charles Elder. "The Politics of Agenda-Building." *Journal of Politics*. 1971: pp. 892-915.

〔71〕Cobb, Roger, Jennie Keith Ross, and Marc Howard Ross. "Agenda Building as a Comparative Political Process." *American Political Science*

*Review*, Vol. 70 (1976): pp. 126-138.

［72］Cohen, Akiba, Mark Levy, Itzhak Roeh, and Michael Gurevitch. *Global Newsroom, Local Audiences: A Study of the Eurovision News Exchange.* London: John Libbey, 1996.

［73］Cohen, Bernard C. *Democracies and Foreign Policy: Public Participation in the United States and the Netherlands.* Madison: Univ. Wisc. Press, 1995.

［74］Cohen, Bernard C. *The Press and Foreign Policy.* Princeton, NJ: Princeton University Press, 1963.

［75］Cohen, Bernard C. *The Public's Impact on Foreign Policy.* Boston: Little, Brown, 1973.

［76］Cohen, Bernard. "The View from the Academy." In W. Lance Bennett and David L. Palez eds. *Taken by Storm: The Media, Public Opinion and US Foreign Policy in the Gulf War.* Chicago, IL: University of Chicago Press, 1994.

［77］Colaresi, Michael. "The Benefit of the Doubt: Testing an Informational Theory of the Rally-Effect." *International Organization.* Vol. 61, No. 1 (2007): pp. 99-143.

［78］Cook, Fay L. et al. "Media Agenda Setting: Effects on the Public, Interest Group Leaders, Policy Makers, and Policy." *Public Opinion Quarterly.* Vol.47, Vol. 1 (1983): pp. 16-35.

［79］Cook, Fay L., Tom R. Tayler, Edward G. Goetz, Margaret T. Gordon, David Protess, Donna R. Leff, and Harvey L. Molotch. "Media and Agenda-setting: Effects on the Public, Interest Group Leaders, Policy Makers, and Policy." *Public Opinion Quarterly*, Vol. 47, No. 1 (1983): pp. 16-35.

［80］Cook, Timothy E. *Governing With the News.* Chicago, IL and London:University of Chicago Press, 1998.

［81］Cook, Timothy. *Making Laws and Making News.* Washington, DC: The Brookings Institution, 1989.

［82］Culbert, David. "Television's Visual Impact on Decision-Making in the USA, 1968: The Tet Offensive and Chicago's Democratic National Convention." *Journal of Contemporary History.* Vol.33, No.3 (1998): pp. 419-449.

［83］Culer, Lloyd. "Foreign Policy on Deadline." *Foreign Policy* No. 56

(Autumn1984): pp. 113-128.

　　[84] Curran, James, Michael Gurevitch, and Janet Woolacott. *Mass Communication and Society.* Sage Publications, 1979.

　　[85] Dearing, James W. and Everret M. Rogers. *Agenda Setting.* Thousand Oaks, CA: Sage Publications, 1996.

　　[86] Delli-Carpini, Michael X. and Scott Keeter. *What Americans Know About Politics and Why it Matters.* New Haven, CT: Yale Univ. Press, 1996.

　　[87] Denton, Robert E. and Dan F. Hahn. *Presidential Communication: Description and Analysis.* New York: Praeger, 1986.

　　[88] DeRouen, Karl and Jeffrey Peake. "The Dynamics of Diversion: The Domestic Implications of Presidential Use of Force." *International Interactions.* Vol. 28 (2002): pp. 191-211.

　　[89] Destler, I. M. "The Reasonable Public and the Polarized Policy Process." In Anthony Lake and David Ochmanek eds. *The Real and the Ideal: Essays on International Relations in Honor of Richard H. Ullman*, New York: Rowman & Littlefield, 2001, pp. 75-90.

　　[90] Detzer, Dorothy. *Appointment on the Hill.* New York: Holt, 1948.

　　[91] Deutsch, Karl W. and Richard L. Merritt. "Effect of Events on National and International Images." In Herbert C. Kelman, ed., *International Behavior.* New York: Holt, Rinehart, and Winston, 1965, p. 146; Lippmann, *Public Opinion*, pp. 54-55.

　　[92] Divine, Robert A. ed. *The Johnson Years, Volume One: Foreign Policy, the Great Society and the White House.* Lawrence, KS: University Press of Kansas, 1987.

　　[93] Domke, David. et al. "Going Public as Political Strategy: The Bush Administration, an Echoing Press, and Passage of the Patriot Act." *Political Communication.* Vol. 23, No. 3 (2006): pp. 291-312.

　　[94] Donaldson, Scott, *Archibald MacLeish: An American Life.* Boston: Houghton Mifflin Co., 1992.

　　[95] Donohue, George A., Clarice N. Olien, and Philip J. Tichenor. "Structure and Constraints on Community Newspaper Gatekeepers." *Journalism Quarterly,* Vol. 66, No. 4 (1989): pp. 807-812.

[96] Doyle, Michael W. "Liberalism and World Politics." *American Political Science Review.* Vol. 80, No. 4 (1986): pp. 1151-1169.

[97] Drifte, Reinhold. *Japan's Foreign Policy.* London: Chatham House Papers, Royal Institute of International Affairs, 1990.

[98] Druckman, James N. "The Implications of Framing Effects for Citizen Competence." *Political Behavoir.* Vol. 23, No. 3 (2001): pp. 225-256.

[99] Dull, James. *The Politics of American Foreign Policy.* Englewood Cliffs, NJ: Prentice-Hall, 1985.

[100] Eichenberg, Richard C. "Victory Has Many Friends: U.S. Public Opinion and the Use of Military Force." *International Security.* Vol. 30, No. 1 (2005): pp. 140-177.

[101] Elson, Robert T. *Time Inc.: The Intimate Hisotry of the Publishing Empire.* New York: Athenaeum, 1968.

[102] Engel, Gladys and Kurt Lang. *Politics and Television Re-viewed.* Beverly Hills: Sage Publications, 1984.

[103] Entman, Robert M. "Framing Bias: Media in the Distribution of Power", *Journal of Communication.* 57 (2007): pp. 163-173.

[104] Entman, Robert M. "Framing United States Coverage of International News: Contrasts in Narratives of the KAL and Iran Air Incidents." *Journal of Communication*, Vol.41, No.4 (1991): pp. 6-27.

[105] Entman, Robert M. "Framing: Toward Clarification of a Fractured Paradigm." *Journal of Communication*, Vol.43, No.4 (1993): pp. 51-58.

[106] Entman, Robert M. and David L. Palez, "Media and the Conservative Myth." *Journal of Communication.* Vol.30, No. 4 (1980): pp.154-165.

[107] Entman, Robert M. *Projections of Power: Framing News, Public Opinion, and U.S. Foreign Policy.* Chicago: Univ. Chicago Press, 2003.

[108] Erbring, Lutz, Arthur Miller and Edie Goldenberg. "Front page News and Real World Cues: A New Look at Agenda-setting." *American Journal of Political Science* Vol. 24, No. 1 (1980): pp. 16-49.

[109] Eveland, William P., Jr. and Tiffany Thomson. "Is It Talking, Thinking, or Both? A Lagged Dependant Variable Model of Discussion Effects on Political Knowledge." *Journal of Political Communication.* Vol.56 (2006): pp.

523-542.

［110］Fearon, James D. "Domestic Political Audiences and The Escalation of International Disputes." *American Political Science Review*, Vol.188, No.13 (1994): pp. 577-592.

［111］Feaver, Peter D. and Christopher Gelpi. *Choosing Your Battles: American Civil-Military Relations and the Use of Force.* Princeton, NJ: Princeton Univ. Press, 2004.

［112］Fenno, Richard F., Jr. *Congressmen in Committees.* Boston: Little, Brown, 1973.

［113］Ferre, John P. "Denominational Biases in the American Press." *Review of Religious Ressearch*. Vol. 21, No. 3 (1980): pp. 276-283.

［114］Filson, Darren and Suzanne Werner. "Bargaining and Fighting: The Impact of Regime Type on War Onset, Duration, and Outcomes." *Amerian Journal of Political Science.* Vol. 48, No. 2 (2004): pp. 296-313.

［115］Fordham, Benjamin O. "Strategic Conflict Avoidance and the Diversionary Use of Force." *Journal of Politics.* Vol. 67, No. 1 (2005): pp. 132-153.

［116］Fordham, Benjamin O. "The Politics of Threat Perception and the Use of Force: A Political Economy Model Of U.S. Uses of Force, 1949-1994." *International Studies Quarterly.* Vol. 42 (1998): pp. 567-590.

［117］Foster, Schuyler H., Jr. "Chartering America's News of the World War." *Foreign Affairs.* Vol.15, No.2 (1937): pp. 311-319.

［118］Foster, Schuyler H., Jr. "How America Became Belligerent: A Quantitative Study of War News, 1914-1917." *American Journal of Sociology.* Vol. 40 (1935): pp. 464-475.

［119］Freedman, Lawrence. "Victims and Victors: Reflections on the Kosovo War." *Review of International Studies.* Vol. 26, No.3 (2000): pp. 335-358.

［120］Galtung, Johan and Mari H. Ruge. "The Structure of Foreign News." *Journal of Peace Research.* Vol. 2, No.1 (1965): pp. 64-91.

［121］Galtung, John and Mari Ruge. "Structuring and Selecting News." *Journal of International Peace Research.* Vol. 2 (1965): pp.64-90.

[122]Gandy, Oscar. *Beyond Agenda-Setting: Information Subsidies and Public Policy*. Norwood, N.J.: Ablex, 1982.

[123]Gans, Herbert. *Deciding What's News*. New York: Vintage, 1980.

[124]Gartner, Scott and Gary M. Segura. "Race, Casualties, and Opinion in the Vietnam War." *Journal of Politics*. Vol. 62, No. 1 (1998): pp. 115-146.

[125]Gartner, Scott and Gary M. Segura. "War, Casualties and Public Opinion." *Journal of Conflict Resolution*. Vol. 42, No. 3 (2000): pp. 278-300.

[126]Gartner, Scott. "Casualties and Public Support: An Experimental Analysis." Presented at Annual Meeting of American Political Science Assocociation, Philadelphia, PA, 2006.

[127]Gelpi, Christopher "Preaching to the Choir? The Impact of Cable News on Attitudes of Foreign Policy". Working paper presented at the Lansing-Lee/Bankard Seminar, University of Virginia, Jan. 29, 2009.

[128]Gelpi, Christopher and Joseph Grieco. "Democracy, Interdependence and the Sources of the Liberal Peace." *Jouranl of Peace Research*. Vol. 45, No. 1 (2008): pp. 17-36.

[129]Gelpi, Christopher, Peter D. Feaver and Jason Reifler. "Success Matters—Casualty Sensitivity and the War in Iraq." *International Security*. Vol. 30, No. 3 (2005): pp. 7-46.

[130]George, Alexander. *Presidential Decision Making in Foreign Policy: The Effective Use of Information*. Boulder, CO: Westview Press, 1980.

[131]Gilboa, Eytan. "The CNN Effect: The Search for a Communication Theory of International Relations." *Political Communication*. Vol. 22, No. 1 (2005): pp. 27-44.

[132]Girardet, Edward ed. Somalia, Rwanda, and Beyond: The Role of the International Media in Wars and Humanitarian Crises. Geneva, *Crosslines Global Report*, 1995.

[133]Gitlin, Todd. *The Whole World is Watching: Mass Media in the Making and Unmaking of the New Left*. Berkeley, CA: University of California Press, 1980.

[134]Goffman, Erving. *Frame Analysis: An Essay on the Organization of Experience*. Cambridge, MA: Harvard University Press, 1974.

[135] Goidel, Robert, et al. "Priming Theory and RAS Models: Toward and Integrated Perspective of Media Influence." *American Politics Quarterly*, Vol. 25, No.3 (July 1997): pp. 287-318.

[136] Golan, Guy and Wayne Wanta, "International Elections on the U.S. Network News: An Examination of Factors Affecting Newsworthiness." *Gazette.* Vol. 65 (Spring, 2003): pp. 25-39.

[137] Government Printing Office. *Public Papers of the Presidents of the United States: Herbert Hoover, 1929.* Washington: United States Government Printing Office, 1974.

[138] Gow, James et al. eds. *Bosnia by Television.* London: British Film Institute, 1996.

[139] Gowing, Nik. "Real Time Television Coverage of Armed Conflicts and Diplomatic Crises: Does it Pressure on Distort Foreign Policy Decisions? " Harvard Working Paper, Cambridge, MA: The Joan Shorenstein Barone Center on the Press, Politics and Public Policy at Harvard University, 1994.

[140] Gowing, Nik. "Real-time TV Coverage from War: Does it Make or Break Government Policy? " In James Gow et al. eds. *Bosnia by Television.* London: British Film Institute, 1996: pp. 81-91.

[141] Graber, Doris A. ed. *The President and the Public.* Philadelphia: Institute for the Study of Human Issues, 1982.

[142] Graber, Doris A. *Mass Media and American Politics.* Washington, DC: CQ Press, 2002. 6th edition.

[143] Graber, Doris A. *Media Power in Politics.* Congressional Quarterly Inc. Washtington D.C., 1994.

[144] Griswold, William J. et al. *The Image of the Middle East in Secondary School Textbooks.* New York: Middle East Association of North America, 1976.

[145] Grofman, Bernard N. ed. *Information, Participation, and Choice: An Economic Theory of Democracy in Perspective.* Ann Arbor: Univ. Mich. Press, 1993.

[146] Gurevitch, Michael. *Culture, Society and the Media.* New York : Methuen, 1982.

[147] Haass, Richard. *Intervention: The Use of American Military Force in*

*the Post-Cold War World* Carnegie Endowment Book, 1994.

[148]Habermas, Jurgen. *Between Facts and Norms: Contributions to a Discourse Theory of Law and Democracy.* Translated by William Rehg. MA: MIT Press, 1996.

[149]Hackett, Robert. News and Dissent: The Press and the Politics of Peace in Canada. Norwood, N.J.: Ablex Publishing, 1991.

[150]Hallin, Daniel C. and Paolo Mancini. *Comparing Media Systems: Three Models of Media and Politics.* Cambridge, UK: Cambridge Univ. Press, 2004.

[151]Hallin, Daniel C. *The "Uncensored War".* Berkeley: University of California Press, 1986.

[152]Hamilton, James T. *All the News That's Fit to Sell: How the Market Transforms Information into News.* Princeton, NJ: Princeton Univ. Press, 2003.

[153]Hammond, Phil and Edward Herman, eds. *Degraded Capability: The Media and the Kosovo Crisis.* London: Pluto Press, 2000.

[154]Haney, Patrick J. *The Submarines of September: The Nixon Administration and a Soviet Submarine Base in Cuba.* Washington D.C.: Georgetown University School of Public Service, 1996.

[155]Harmon, Matthrew T. "The Media, Technology and United States Foreign Policy: A Re-Examin of 'CNN Effect'." *Swords and Ploughshares: A Journal of International Relations.* Vol. 8, No. 2 (1999): pp. 1-15.

[156]Hayne, Mark B. "The Quai d'Orsay and the Formation of French Foreign Policy in Historical Context." In Robert Aldrich and John Connell eds. *France in World Politics.* London: Routledge, 1989, pp.194-218.

[157]Henry, William A. III. "News as Entertainment: the Search for Dramatic Unity". In Elie Abel ed., *What's News: The Media in American Society.* San Francisco: Institute for Contemporary Studies, 1981: pp. 133-158.

[158]Herbst, Susan. *Reading Public Opinion: How Political Actors View the Democratic Process.* Chicago: University of Chicago Press, 1998.

[159]Herman, Edward S. "The Media's Role in US Foreign Policy." *Journal of International Affairs.* Vol.47, No.1 (1993): pp.23-45.

[160]Hero, Alfred O. Jr. *American Religious Groups View Foreign Policy,*

*1937-1969*. Durham: Duke University Press, 1973.

[161]Hero, Alfred O. Jr. *Americans and World Affairs*. Boston: World Peace Foundation, 1959.

[162]Hero, Alfred O. Jr. *The Southerner and World Affairs*. Baton Rouge: Louisiana State University Press, 1965.

[163]Hertsgaard, Mark. *On Bended Knee*. New York: Schocken Books, 1989.

[164]Herzstein, Robert E. *Henry R. Luce: A Political Portrait of the Man Who Created the American Century*. New York: Macmillan Publishing Company, 1994.

[165]Hess, Gregory D. and Athanasios Orphanides. "War Politics—An Economic, Rational-Voter Framework." *American Economic Review*. Vol.85, No.4 (1995): pp. 828-846.

[166]Hess, Stephen. *International News and Foreign Correspondents*. Washington: The Brookings Institution, 1996.

[167]Hester, Albert. "The News from Latin America via a World News Agency." *Gazette*. Vol. 20, No.2 (1974): pp. 82-98.

[168]Hilsman, Roger. *The Politics of Policy Making in Defense and Foreign Affairs*. Englewood Cliffs, NJ: Prentice-Hall, 1987.

[169]Hilsman, Roger. To Govern America. New York: Harpers & Row, 1979.

[170]Hilsman, Roger. *To Move a Nation*. New York: Doubleday.1967.

[171]Hindman, Douglas Blanks. "Media System Dependency and Public Support for the Press and President." *Mass Communications & Society*. Vol. 7, No. 1, 2004: pp. 29-42.

[172]Hines, Craig. "Pity, not US Security, Motivated Use of GIs in Somalia, Bush Says." *The Houston Chronicle*. October 24, 1999, p. A11.

[173]Hoge, James. "Media Pervasiveness." *Foreign Affairs*. July/August 1994: pp. 136-144.

[174]Hoge, James. "The End of Predictability." *Media Studies Journal*. Vol. 7, No. 4 (1993): pp. 1-9.

[175]Holbrooke, Richard. "No Media-No War." *Index on Cencorship*.

Vol.28, No.3 (1999): pp. 20-21.

[176] Holsti, Ole R. and James Rosenau. *American Leadership in World Affairs: Vietnam and the Breakdown of Consensus.* Boston: Allen & Unwin, 1984.

[177] Holsti, Ole R. *Public Opinion and American Foreign Policy.* Ann Arbor: Univ. Mich. Press, 2004.

[178] Howell, William G. and Jon C. Pevehouse. "Presidents, Congress, and the Use of Force." *International Organization.* Vol.59, No.1 (2005): pp. 209-232.

[179] Huntington, Samuel, "The Erosion of American National Interest," *Foreign Affairs*, Vol. 76, No.5 (September/October, 1997): pp. 28-49.

[180] Hutcheson, John, et al. "U.S. National Identity, Political Elites, and a Patriotic Press Following September 11." *Political Communication.* Vol.21, No.1 (2004): pp.27-50.

[181] Ibelema, Mineabere and Larry Powell, "Cable Television News Viewed as Most Credible." Newspaper Research Journal, Vol. 22, No. 1 (2001): pp. 41-51.

[182] Isernia, Pierangelo, et al. "Foreign Policy and the Rational Public in Comparative Perspective." *Journal of Conflict Resolution.* Vol.46, No.2 (2002): pp. 201-224.

[183] Iyengar, Shanto and Adam Simon. "News Coverage of the Gulf Crisis and Public Opinion—A Study of Agenda-Setting, Priming, and Framing." *Communication Research.* Vol. 20, No. 3 (1993): pp. 365-383.

[184] Iyengar, Shanto and Donald R. Kinder. *News That Matters: Television and American Opinion.* Chicago: The University of Chicago Press, 1987.

[185] Iyengar, Shanto and Richard Reeves. *Do The Media Govern: Politicians, Voters, and Reporters in America.* Thousand Oaks, CA: Sage, 1997.

[186] Iyengar, Shanto. *Is Anyone Responsible? How Television Frames Political Issues.* Chicago: University of Chicago Press, 1991.

[187] Jacobs, Lawrence and Robert Y. Shapiro. *Politicians Don't Pander: Political Manipulation and the Loss of Democratic Responsiveness.* Chicago: University of Chicago Press, 2000.

[188] Jacobs, Lawrence R. and Robert Y. Shapiro. *Politicians Don't*

*Pander: Political Manipulation and the Loss of Democratic Responsiveness.* Chicago: Univ. Chicago Press, 2000.

[189]Jacobsen, Peter Viggo. "National Interest, Humanitarianism or CNN: What Triggers UN Peace Enforcement After the Cold War? " *Journal of Peace Research.* Vol. 33 (1996): pp. 205-215.

[190]Jacobson, Gary C. *A Divider, Not a Uniter: George W. Bush and the American People.* New York: Longman, 2006.

[191]Jacobson, Peter V. "National Interest, Humanitarianism or CNN: What Triggers UN Peace Enforcement After the Cold War? " *Journal of Peace Research.* Vol. 33, No. 2 (1996): pp. 205-215.

[192]Jacobson, Peter V. "Focus on the CNN Effect Misses the Point: The Real Media Impact on Conflict Mangaement is Invisible and Indirect." *Journal of Peace Research.* Vol. 37, No. 2 (2000): pp. 131-143.

[193]James, Patrick and John R. Oneal. "The Influence of Domestic and International Politics on the President's Use of Force." *Journal of Conflict Resolution.* Vol. 35, No.2 (1991): pp.307-332.

[194]Jeff, Manza, Fay Lomax Cook, and Benjamin I. Page eds. *Navigating Public Opinion: Polls, Policy and the Future of American Democracy.* New York: Oxford University Press, 2002.

[195]Jentleson, Bruce W. "The Pretty Prudent Public—Post Post-Vietnam American Opinion on the Use of Military Force." *International Studies Quarterly.* Vol. 36, No. 1 (1992): pp. 49-74.

[196]Jentleson, Bruce W. and Rebecca L. Britton. "Still Pretty Prudent: Post-Coldwar American Public Opinion on the Use of Military Force." *Journal of Conflict Resolution* Vol. 42, No. 4 (1998): pp. 395-417.

[197]Johnson, Melissa. "Predicting News Flow From Mexico." *Journalism and Mass Communication Quarterly.* Vol.74, No.2 (1997): pp. 315-330.

[198]Jones, Bryan D. *Reconceiving Decision-Making in Democratic Politics.* Chicago: University of Chicago Press, 1994.

[199]Judis, John B. "Twilight of the Gods." *Wilson Quarterly.* Autumn 1991: pp. 43-55.

[200]Katz, Andrew Z. "Public Opinion and the Contradictions of Jimmy

Carter's Foreign Policy." *Presidential Studies Quarterly.* Vol. 30, No. 4 (2000): pp. 662-687.

[201] Kedrowski, Karen M. *Media Entrepreneurs and the Media Enterprise in the U.S. Congress.* Cresskill, New Jersey: Hampton Press, Inc. 1996.

[202] Kennamer, David, ed. *Public Opinion, The Press, and Public Policy.* Westport, CT: Praeger, 1994.

[203] Kennan, George F. *American Diplomacy, 1900-1950.* Chicago: University of Chicago Press, 1951.

[204] Kennan, George F. *The Cloud of Danger: Current Realities of American Foreign Policy.* Boston: Little, Brown, 1977.

[205] Kepplinger, Hans Mathias and Gregor Daschmann. "Today's News— Tomorrow's Context: A Dynamic Model of News Processing." *Journal of Broadcasting & Electronic Media.* Vol.41 (1997): pp. 548-565.

[206] Kepplinger, Hans Mathias. "Reciprocal Effects: Toward a Theory of Mass Media Effects on Decision Makers." *The Harvard International Journal of Press/Politics.* Vol.12, No.2 (2007): pp. 3-23.

[207] Kernell, Samuel. *Going Public: New Strategies of Presidential Leadership.* Washington, D.C.: CQ Press, 1992.

[208] Key, Valdimer O., Jr. *Public Opinion and American Democracy.* New York: Knopf, 1961.

[209] Kim, Sei-Hill, Dietram A. Scheufele and James Shanahan. "Think about it This Way: Attribute Agenda-Setting Function of the Press and the Public's Evaluation of a Local Issue." Journalism & Mass Communication Quarterly. Vol. 79, No.1 (2002): pp. 7-25.

[210] Kingdon, John. *Agendas, Alternatives and Public Policies.* 2d ed. New York: Harper Collins, 1995.

[211] Klapper, Joseph T. *The Effect of Mass Communication.* Glencoe, Ill.: Free Press, 1960.

[212] Klarevas, Louis. "The Essential Domino of Military Operations: American Public Opinion and the Use of Force." *International Studies Perspectives.* Vol. 3, No. 4 (2002): pp. 417-437.

[213] Klein, Woody. *All the Presidents' Spokesmen: Spinning the News—*

*White House Press Secretaries from Franklin D. Rooselvelt to George W. Bush.* Westport, Connecticut: The Praeger Publishers, 2008.

[214] Kriesberg, Martin. "Soviet News in the 'New York Times'," *Public Opinion Quarterly* 10 (Winter 1946-1947): pp. 540-564.

[215] Krosnick, Jon A., and Donal R. Kinder. "Altering the Foundations of Support for the President through Priming." *American Political Science Review.* Vol. 84, No. 2 (1990): pp. 497-512.

[216] Kull, Steven and Clay Ramsey. "The Myth of the Reactive Public." In Philip Everts and Peirangelo Isernia, eds. *Public Opinion and the International Use of Force*, London: Routledge, 2001, pp. 205-228.

[217] Kurz, Robert J. "Congress and the Media: Forces in the Struggle over Foreign Policy." In Simon Serfaty ed. *The Media and Foreign Policy.* New York: St. Martin's Press, 1990: pp. 65-80.

[218] Kusnitz, Leonard. *Public Opinion and Foreign Policy: America's China Policy, 1949-1979.* Westport, Conn: Greewood Press, 1984.

[219] Lacy, Stephen, Tsan-Kuo Chang and Tuen-Yu Lau. "Impact of Allocation Decisions and Market Factors on Foreign News Coverage." *Newspaper Research Journal.* Vol. 10, No. 4 (1989): pp. 23-32.

[220] LaFeber, Walter. "U.S. Policy-Makers, Public Opinion and the Outbreak of the Cold War, 1945-1950." In Yonosuke Nagai and Akira Iriye eds. *The Origin of the Cold War in Asia.* New York: Columbia University Press, 1977: pp. 40-57

[221] Lai, Brian, and Dan Reiter. "Rally 'round the Union Jack? Public opinion and the use of force in the United Kingdom, 1948-2001." *International Studies Quarterly.* Vol. 49, No. 2 (2005): pp. 255-272.

[222] Lake, Anthony and David Ochmanek eds. *The Real and the Ideal: Essays on International Relations in Honor of Richard H. Ullman*, Lanham, Md.: Rowman and Littlefield, 2001.

[223] Lance, Bennett, W. "Toward a Theory of Press-state Relations in the United States." *Journal of Communication.* Vol. 40, No. 2 (Spring 1990): pp. 103-125.

[224] Lang, Kurt and Gladys Engel Lang. *Voting and Nonvoting:*

*Implications of Broadcasting Returns before Polls are Closed.* Waltham: Blaisdell Publishing Co, 1968.

[225] Larson, Eric V. and Bogdan Savych. *American Public Support for US Military Operations from Mogadishu to Baghdad: Technical Appendixes.* Santa Monica, CA: RAND, 2005.

[226] Larson, Eric V. "Putting Theory to Work: Diagnosing Public Opinion on the US Intervention in Bosnia." In Miroslav Nincic and Joseph Lepgold eds. *Being Useful: Policy Relevance and International Relations Theory.* Ann Arbor: Univ. Mich. Press, 2000, pp. 174-233.

[227] Larson, James F. and Andy Hardy. "International Affairs Coverage on Network Television News: A Study of News Flow." *Gazette.* Vol. 23 (Winter 1977): pp.136-147.

[228] Lazarsfeld, Paul F. and Harry Field, *The People Look at Radio*, Chapel Hill: University of North Carolina Press, 1946.

[229] Lazarsfeld, Paul F., Bernard R. Berelson and Hazel Gaudet. *The People's Choice: How the Voter Makes Up His Mind in a Presidential Campaign.* New York, NY: Duell, Sloan & Pierce, 1948.

[230] Lee, Chin-Chuan and Junghye Yang. "National Interest and Foreign News: Comparing U.S. and Japanese Coverage of a Chinese Student Movement." *Gazette.* Vol. 56, No. 1 (1995): pp.1-18.

[231] Lee, Chin-Chuan, Zhongdang Pan, Joseph M. Chan, and Clement Y. So. "Through the Eyes of US Media: Banging the Democracy Drum in Hong Kong." *Journal of Communication.* Vol. 51, No. 2 (2001): pp. 345-365.

[232] Lee, Jong R. "Rallying around the Flag." *Presidential Studies Quarterly.* Vol. 7 (1977): pp. 252-256.

[233] Lewin, Kurt. "Channels of Group Life", *Human Relations*, Vol. 1, No. 2 (1947): pp. 143-153.

[234] Lewis, Justin. *Constructing Public Opinion.* New York: Columbia University Press, 2001.

[235] Library of Congress ed. *Lincoln: Speeches and Writings 1832-1858.* New York: Rutgers University Press, 1989.

[236] Lichtenberg, Judith ed. *Democracy and the Mass Media,* Cambridge,

MA.: Cambridge University Press, 1990.

[237] Lichter, S. Rober, Stanley Rothman, and Linda S. Lichter. *The Media Elite: America's New Powerbrokers.* New York: Hastings House Publishers, 1986.

[238] Lindzey, Gardner, and Elliot Aronson eds. *Handbook of Social Psychology*, 3rd edition. New York: Random House, 1985.

[239] Linsky, Martin. *Impact: How the Press Affects Federal Policy Making.* New York: W.W. Norton, 1986.

[240] Lippmann, Walter and Charles Merz. *A Test of the News.* New York: New Republic, 1920.

[241] Lippmann, Walter. *Essays in the Public Phylosophy.* Boston: Little, Brown and Company, 1955.

[242] Lippmann, Walter. *Public Opinion.* New York: MacMillan Publishing, 1922.

[243] Lipset, Seymour M. "The President, the Polls, and Vietnam." *Transactions.* Vol. 3 (1966): pp. 20-22.

[244] Livingston, Steven and Todd Eachus. "Humanitarian Crises and U.S. Foreign Policy: Somalia and the CNN Effect Reconsidered." *Political Communication.* Vol. 12, No. 4 (1995): pp. 413-429.

[245] Livingston, Steven and W. Lance Bennett. "Gatekeeping, Indexing, and Live-event News: Is Technology Altering the Construction of News？ " *Political Communication.* Vol. 20, No. 4 (2003): pp. 363-380.

[246] Livingston, Steven, "Clarifying the CNN Effect: An Examination of CNN Effects According to Type of Military Intervention." Research Paper, C-18. Cambridge, Mass. : Joan Shorenstein Center on the Press, Politics and Public Policy, John F. Kennedy School of Government, Harvard University, 1997.

[247] Livingston, Steven. "Beyond the 'CNN effect': The Media-Foreign Policy Dynamic." In Pippa Norris ed., *Politics and the Press: The News Media and Their Influences.* Boulder, Colorado: Lynne Rienner Publishers, Inc. 1997, pp. 291-318.

[248] Love, Maryann Cusimano. *Operation Restore Hope: The Bush Administration's Decision to Intervene in Somalia.* Washington, D.C.: Institute

for the Study of Diplomacy, Georgetown University, 1995.

[249]Lowery, Shearon and Melvin Defleur. *Milestones in Mass Communication Research: Media Effects.* News York: Longman Publishers, 1983.

[250]Lupia, Arthur and Matthew D. McCubbins. *The Democratic Dilemma: Can Citizens Learn What They Need to Know?* Cambridge, UK: Cambridge Univ. Press, 1998.

[251]Lupia, Arthur, Matthew McCubbins, and Samuel L. Popkin eds. *Elements of Reason: Cognition, Choice, and the Bounds of Rationality.* New York: Cambridge University Press, 2000.

[252]Lynd, Robert S., and Helen Merrell Lynd. *Middletown in Transition: A Study in Cultural Conflicts.* New York: Harcourt, Brace & Co, 1937.

[253]MacKuen, Michael B. "Exposure to Information, Belief Integration, and Individual responsiveness to Agenda Change." *American Political Science Review.* Vol. 78, No. 2 (1984): pp. 372-391.

[254]MacKuen, Michael B. "Exposure to Information, Belief Integration, and Individual Responsiveness to Agenda Change." *American Political Science Review.* Vol. 78, No. 2 (1984): pp. 372-391.

[255]MacKuen, Michael B. "Social Communication and the Mass Policy Agenda." In Michael B. MacKuen and Steven L. Coombs eds. *More Than News: Media Power in Public Affairs.* Beverly Hills: Sage, 1981, pp. 19-144.

[256]Madison, James. *Letters and Other Writings of James Madison, Fouth President of the United States.* Philadelphia: Lippincott & Co., 1865, vol. 3, 1816-1828.

[257]Maj. Lafferty, Brad D., et. al. "The Impact of Media Information on Enemy Effectiveness: A Model for Conflict." 1994.Available at: http://www.findthatdoc.com/search-24417344-hDOC/download-documents-media-laf.doc.htm

[258]Malek, Abbas. ed., *News Media and Foreign Relations.* Norwood, NJ: Ablex, 1996.

[259]Manheim, Jarol B. and Robert B. Albritton. "Changing National Images: International Public Relations and Media Agenda Setting." *American Political Science Review.* Vol.78, No.3 (1984): pp. 641-654.

[260]Manheim, Jarol B. *Strategic Public Diplomacy and American Foreign Policy: The Evolution of Influence.* New York: Oxford University Press, 1997.

[261]Mann, Thomas E. "Making Foreign Policy: President and Congress." In Thomas E. Mann ed. *A Question of Balance: The President, the Congress and Foreign Policy.* Washington, D.C.: The Brookings Institution, 1990: pp. 1-34.

[262]Manza, Jeff, Fay Lomax Cook, and Benjamin I. Page eds. *Navigating Public Opinion: Polls, Policy and the Future of American Democracy.* New York: Oxford University Press, 2002.

[263]Manza, Jeff, Fay Lomax Cook, and Benjamin I. Page eds. *Navigating Public Opinion: Polls, Policy and the Future of American Democracy.* New York: Oxford University Press, 2002.

[264]Maren, Michael. "Feeding a Famine: Western Journalists Covering Somalia Helped Create a Crisis, Demanding Aid Dollars and Aid Workers—and Even U.S. Troops. Somalia is the Story of How the Media Fed a Famine—With Tragic Results." *Forbes Media Critic* (Fall 1994): pp. 30-38.

[265]Markel, Lester, ed., *Public Opinion and Foreign Policy.* New York: Harper and Bros., 1949.

[266]Matthews, Donald R. *U.S. Senators and Their World.* University of North Carolina Press, 1960.

[267]Mayhew, David R. *Congress: The Electorial Connection.* New Heaven, Conn.: Yale University Press, 1974, p.147.

[268]McChesney, Robert W., Ellen M. Woods and John B. Foster eds. *Capitalism and the Information Age: The Political Economy of the Global Communication Revolution.* New York: Monthly Review Press, 1998.

[269]McCombs, Maxwell E. and Donald L. Shaw. "The Agenda-setting Function of the Mass Media." *Public Opinion Quarterly.* Vol. 36, No. 2 (1972): pp. 176-187.

[270]McCombs, Maxwell E. *Setting The Agenda: The Mass Media And Public Opinion.* Cambridge: Polity Press, 2004.

[271]McCombs, Maxwell, et al. *Contemporary Public Opinion: Issues and the News.* Hillsdale, N.J.: Lawrence Erlbaum Associates, 1991.

[272]McNelly, John T. and Fausto Izcaray. "International News Exposure

and Images of Nations." *Journalism Quarterly*. Vol. 63, No. 3 (1986): pp. 546-553.

[273] Meernik, James D. *The Political Use of Military Force in US Foreign Policy*. Aldershot, UK: Ashgate, 2004.

[274] Mermin, Jonathan. "Television News and American Intervention in Somalia: The Myth of Media-Driven Foreign Policy." *Political Science Quarterly*. Vol.112, No.3, (Autumn 1997): pp. 385-403.

[275] Mermin, Jonathan. *Debating War and Peace: Media Coverage of U.S. Intervention in the Post-Vietnam Era*. Princeton: Princeton University Press, 1999.

[276] Merton, Robert K. *Social Theory and Social Structure*, 3$^{rd}$ ed. New York: Free Press, 1968.

[277] Michael Schudson. "The Sociology of News Production." *Media, Culture & Society*. Vol. 11, No. 3 (1989): pp. 263-282.

[278] Midlarsky, Manua I. ed. *Handbook of War Studies*. New York: Unwin-Hyman, 1989.

[279] Miller, Arthur H., Edie N. Goldenberg, and Lutz Erbring. "Type-Set Politics: Impact of Newspapers on Public Confidence." *American Political Science Review*. Vol. 73, No. 1 (1979): pp. 67-84.

[280] Miller, Derek B. *Media Pressure on Foreign Policy: The Evolving Theoretical Framework*. New York: Palgrave MacMillan, 2007.

[281] Miller, Susan H. "News Coverage of Congress: The Search for the Ultimate Spokesma." *Journalism Quarterly*. Vol. 54, No. 3 (1975): pp. 459-465.

[282] Minear, Larry, Colin Scott and Thomas Weiss. *The News Media, Civil Wars and Humanitarian Action*. Boulder, CO: Lynne Rienner, 1996.

[283] Moeller, Susan D. *Compassion Fatigue: How the Media Sell Disease, Famine, War and Death*. New York: Routledge, 1999.

[284] Moore, Will H. and David J. Lanoue. "Domestic Politics and US Foreign Policy: A Study of Cold War Conflict Behavior." *Journal of Politics*. Vol. 65, No. 2 (2003): pp. 376-396.

[285] Moosbrugger, Lorelei. *The Vulnerability Thesis: Interest Group Influence and Institutional Design*. New Heave: Yale University Press, 2012.

［286］Morgan, T. Clifton and Christopher J. Anderson. "Domestic Support and Diversionary External Conflict in Great Britain, 1950-1992." *Journal of Politics.* Vol.61, No. 3 (1999): pp. 799-814.

［287］Morgan, T. Clifton and Kenneth N. Bickers. "Domestic Discontent and the Use of Force." *Journal of Conflict Resolution.* Vol. 36, No. 1 (1992): pp. 25-52.

［288］Morgenthau, Hans J. *Politics Among Nations: The Struggle for Power and Peace.* New York: Knopf, 1978.

［289］Mott, Frank Luther. *Jefferson and the Press.* Baton Rouge, LA: Louisiana State University Press, 1943.

［290］Mueller, John E. *War Presidents and Public Opinion.* New York: Wiley, 1973.

［291］Nacos, Brigitte L., Robert Y. Shapiro, and Pierangelo Isernia eds., *Decisionmaking in a Glass House: Mass Media, Public Opinion, and American and European Foreign Policy in the 21$^{st}$ Century.* New York: Rowman & Littlefield, 2000.

［292］Neack, Laura. *The New Foreign Policy: U.S. and Comparative Foreign Policy in the 21th Century.* Lanham: Rowman and Littlefield, Co., 2003.

［293］Nelson, Willima H. ed. *Theory and Practice in American Politics.* Chicago: University of Chicago Press, 1966.

［294］Neuman, W. Russell, Marlon R. Just, and Ann N. Cragler. *Common Knowledge: News and the Construction of Political Meaning.* Chicago: University of Chicago Press, 1992.

［295］Newsom, David D. *The Public Dimension of Foreign Policy.* Bloomington: Indiana University Press, 1996.

［296］Newsom, David D. "Foreign Policy Follies and Their Influence". *Cosmos: A Journal of Emerging Times,* No. 5, 1995: pp. 48-53.

［297］Nincic, Miroslav and Joseph Lepgold eds. *Being Useful: Policy Relevance and International Relations Theory.* Ann Arbor: Univ. Mich. Press, 2000.

［298］Noelle-Neumann, Elisabeth. *The Spiral of Silence: Public Opinion— Our Social Skin.* 2nd Edition. Chicago: University of Chicago Press, 1993.

[299]Nye, Joseph. "Redefining NATO's Mission in the Information Age." *NATO Review*. Vol. 47, No. 4 (Winter 1999): pp. 12-15.

[300]Nye, Joseph. "Redefining the National Interest." *Foreign Affairs* Vol. 78, No. 4 (July/August, 1999): pp. 22-35.

[301]Ogan, Christine, et al. "The Changing Front Page of the New York Times, 1900-1970". *Journalism Quarterly*, Vol.52 (1975): 340-344.

[302]O'heffernan, Patrick, *Mass Media and American Foreign Policy*. Ablex Publishing House, 1991.

[303]Oneal, John R. and Anna L. Bryan. "The Rally Round the Flag Effect in U.S. Foreign Policy Crises, 1950-1985." *Political Behavoir*. Vol. 17, No. 4 (1995): pp. 379-401.

[304]Oneal, John R. and Bruce M. Russett. "The Classical Liberals Were Right: Democracy, Interdependence, and Conflict, 1950-1985." *International Studies Quarterly*. Vol. 41, No. 2 (1997): pp. 267-293.

[305]Oneal, John R. and Jaroslav Tir. "Does the Diversionary Use of Force Threaten the Democratic Peace？ Assessing the Effect of Economic Growth on Interstate Conflict, 1921-2001." *International Studies Quarterly*. Vol.50, No.4 (2006): pp.755-779.

[306]Oneal, John R., Brad Lian, and James H. Joyner. "Are the American People 'Pretty Prudent'? Public Responses to US Uses of Force, 1950-1988." *International Studies Quarterly*. Vol. 40, No. 2 (1996): pp. 261-279.

[307]Orstein, Norman, ed., *Congress in Change*. New York: Praeger, 1975.

[308]Ostrom, Charles W. and Brian L. Job. "The President and the Political Use of Force." *American Political Science Review*. Vol. 80, No. 2 (1986): pp. 541-566.

[309]Page, Benjamin I. and Jason Barabas. "Foreign Policy Gaps between Citizens and Leaders. *International Studies Quarterly*." Vol. 44, No.3 (2000): pp.339-64.

[310]Page, Benjamin I. and Marshall M. Bouton. *The Foreign Policy Disconnect: What Americans Want from Our Leaders But Don't Get*. Chicago: Univ. Chicago Press, 2006.

[311]Page, Benjamin I. and Robert Y. Shapino. "Effects of Public Opinion

on Policy." *American Political Review*. Vol. 77, No. 1 (1983): pp. 175-190.

[312] Page, Benjamin I. and Robert Y. Shapiro. *The Rational Public: Fifty Years of Trends in American Policy*. Chicago: Univ. Chicago Press, 1992.

[313] Paletz, David L. ed. *Political Communication Research: Approaches, Studies, Assessments*. Vol. Ⅱ, Norwood, NJ: Ablex, 1996.

[314] Paletz, David L. *The Media in American Politics*. New York: Longman, 2002.

[315] Palmgreen, Philip and Peter Clarke. "Agenda Setting with Local and National Issues." *Communication Research*. Vol. 4, No. 4 (1977): pp. 435-452.

[316] Pan, Zhondang and Gerald M. Kosicki, "Framing Analysis: An Approach to News Discourse." *Political Communication*. Vol.10, No. 1 (1993): pp. 55-76.

[317] Pan, Zhondang and Gerald M. Kosicki. "Framing as a Strategic Action in Public Deliberation." In Stephen D. Reese, Oscar Gandy, and August E. Grant eds. *Framing Public Life: Perspectives on Media and Our Understanding of Social Life*. Mahway, N.J.: Erlbaum, 2001: pp. 35-65.

[318] Parenti, Michael. *Land of Idols*. New York: St. Martin's Press, 1993.

[319] Parsons, Talcott. "On the Concept of Influence." *The Public Opinion Quarterly*. Vol. 27, No. 1 (1963): pp. 37-62.

[320] Patterson, Thomas E. "The United States: News in a Free-Market Society." In Richard Gunther and Mughan, Anthony eds. *Democracy and the Media*: *A Comparative Perspective*. Cambridge, UK: Cambridge Univ. Press, 2000: pp. 241-265.

[321] Patterson, Thomas E. "The United States: News in a Free-Market Society."In Richard Gunther and Anthony Mughan eds. *Democracy and the Media*: *A Comparative Perspective*. Cambridge, UK: Cambridge Univ. Press, 2000, pp. 241-265.

[322] Patterson, Thomas E. *Out of Order: An Incisive and Boldly Original Critique of the News Media*. New York: Knopf, 1993.

[323] Peele, Gillian, Christopher J. Bailey, and Bruce T. Cain eds. *Developments in American Politics*. London: Macmillan, 1992.

[324] Perry, David K. "News Reading, Knowledge about, and Attitudes

toward Foreign Countries." *Journalism Quarterly*. Vol. 67, No. 2 (1990): pp.353-358.

[325]Plischke, Elmer. *Conduct of American Diplomacy*. Princeton, NJ: D. Van Nostrand, 1967.

[326]Pollard, James E. *The Presidents and the Press*. New York: The MacMillan Company, 1947.

[327]Popkin, Samuel L. *The Reasoning Voter: Communication and Persuasion in Presidential Campaigns*. Chicago: Univ. Chicago Press, 1994.

[328]Potter, Philip B. K. "Does Experience Matter ?　American Presidential Experience, Age, and International Conflict." *Journal of Conflict Resolution*. Vol.53, No.3 (2007): pp. 351-378.

[329]Potter, W. James. "News from Three Worlds in Prestige U.S. Newspapers." *Journalism Quarterly*. Vol. 64, No. 1 (1987): pp. 73-79.

[330]Powlick, Philip J. "The Sources of Public Opinion for American Foreign Policy Officers", *International Studies Quarterly*. Vol. 39, No. 4 (Dec. 1995): pp. 427-451.

[331]Powlick, Philip J. and Andrew Z. Katz. "Defining the American Public Opinion/Foreign Policy Nexus." *International Studies Review.* Vol.42, No.1 (1998): pp.29-61.

[332]Price, Vincent and David Tewksbury. "News Values and Public Opinion: A Theoretical Account of Media Priming and Framing." In George A. Barett and Franklin J. Boster, eds. *Progress in Communication Sciences: Advances in Persuasion*, vol. 3 Greenwich, CT: Ablex, 1997, pp. 173-212.

[333]Rachlin, Allan. *News as Hegemonic Reality: American Political Culture and the Framing of News Accounts*. New York: Praeger, 1988.

[334]Rahn, Wendy M. "The Role of Partisan Stereotypes in Information Processing about Political Candidates." *American Journal of Political Science*. Vol. 37, No. 1 (1993): pp. 472-496.

[335]Reese, Stephen D., Oscar Gandy, and August E. Grant, eds. *Framing Public Life: Perspectives on Media and Our Understanding of the Social World*. Mahwah, N.J.: Erlbaum, 2001.

[336]Reilly, John E. *American Public Opinion and U.S. Foreign Policy*.

Chicago: Chicago Council of Foreign Relations. 1995.

[337] Reiter, Dan and Allan C. Stam III. *Democracies at War*. Princeton, NJ: Princeton Univ. Press. 2002.

[338] Reston, James. "The Press, the President and Foreign Policy." *Foreign Affairs*. Vol.44, No.4 (1966): pp.552-569.

[339] Reston, James. *The Artillery of the Press: Its Influence on American Foreign Policy*. New York: Harper & Row, 1966.

[340] Riffe, Daniel and Arianne Budianto. "The Shrinking World of Network News." *International communication Bulletin*. Vol. 36 (Spring 2001): pp.12-35.

[341] Riffe, Daniel, et al. "Gatekeeping and the Network News Mix." *Journalism Quarterly*. Vol. 63, No. 2 (1986): pp. 315-21.

[342] Riffe, Daniel, et al. "International News and Borrowed News in the New York Times: An Update." *Journalism Quarterly*. Vol. 70, No.3 (1993): pp. 638-646.

[343] Riffe, Daniel, et al. "The Shrinking Foreign Newshole of the New York Times." *Newspaper Research Journal*. Vol. 15, No. 3 (1994): pp. 74-88.

[344] Riis, Roger W. "Are Newspapers Doing Their Duty?" *Independent*. Vol. 112 (1924): pp. 117-18.

[345] Risse-Kappen, Thomas. "Public Opinion, Domestic Structure, and Foreign Policy in Liberal Democracies." *World Politics*. Vol.43, No.4 (1991): pp. 479-512.

[346] Robinson, James A. *The Monroney Resolution: Congressional Initiative in Foreign Policy Making*, New York: Eagleton Foun-dation Studies in Practical Politics; Henry Holt, 1959.

[347] Robinson, Michael J. and Kevin R. Appel. "Network News Coverage of Congress." *Political Science Quarterly*. Vol. 94, No.3 (1979): pp. 407-448.

[348] Robinson, Piers. "Operation Restore Hope and the Illusion of a news Media Driven Intervention." *Political Studies*. Vol. 49, No. 5 (2001): pp. 941-956.

[349] Robinson, Piers. "The CNN Effect revisited." *Critical Studies in Mass Communication*. Vol. 22, No. 4 (2005): pp. 344-349.

[350]Robinson, Piers. "The CNN Effect: Can the News Media Drive Foreign Policy？" *Review of International Studies*, Vol. 25 (1999): pp. 301-309.

[351]Robinson, Piers. "The Policy-media Interaction Model: Measuring Media Power During Humanitarian Crisis." *Journal of Peace Research*. Vol. 37, No. 5 (2000): pp.613-633.

[352]Robinson, Piers. "Theorizing the Influence of Media on World Politics: Models of Media Influence on Foreign Policy". *European Journal of Communication*. Vol.16, No.4 (2001): pp.523-544.

[353]Robinson, Piers. *The CNN Effect: The Myth of News, Foreign Policy and Intervention*. New York: Routledge, 2002.

[354]Root, Elihu. "A Requisite for the Success of Popular Diplomacy." *Foreign Affairs* 1 (1922): pp. 1-10.

[355]Rosenau, James N. ed., *Domestic Sources of Foreign Policy*. New York: Free Press, 1967.

[356]Rosenau, James N. *Public Opinion and Foreign Policy*. New York: Random House, 1961.

[357]Rosengren, Carl. "International News: Methods, Data And Theory." *Journal of Peace Research*. Vol. 11, No. 2 (1974): pp. 145-156.

[358]Royce J. Ammon. *Global Television and the Shaping of World Politics: CNN, Telediplomacy, and Foreign Policy*. Jefferson, CA: McFarland & Company, Inc. 2001.

[359]Russet, Bruce M. and Harvey Starr. *World Politics: The Menu for Choice*. New York: W.H. Freeman and Company, 1992.

[360]Russett, Bruce M. and John R. Oneal. *Triangulating Peace: Democracy, Interdependence, and International Organizations*. New York: W.W. Norton, 2001.

[361]Scalapino, Robert A. ed. *The Foreign Policy of Modern Japan*. Berkeley: University of California Press, 1977.

[362]Scheufele. Dietram A. "Framing as a Theory of Media Effects." *Journal of Communication*. Vol. 49, No. 1 (1999): pp. 103-122.

[363]Schlesinger, James. "Quest for a Po*st-Cold* War Foreign Policy." *Foreign Affairs*. Vol. 72, No. 1 (1992-1993): pp.17-28.

[364] Schmitt-Beck, Rudiger. "Mass Communication, Personal Communication and Vote Choice: The Filter Hypothesis of Media Influence in Comparative Perspective." *British Journal of Political Science*. Vol.33, No. 2 (2003): pp. 233-259.

[365] Schultz, Kenneth A. *Democracy and Coercive Diplomacy*. Cambridge, UK: Cambridge Univ. Press, 2001.

[366] Schumpeter, Joseph. *Capitalism, Socialism, and Democracy*. New York: Harper and Row, 1942.

[367] Seib, Philip M. *Headline Diplomacy: How News Coverage Affect Foreign Policy*. Westport CN: Praeger Publishers, 1996.

[368] Semetko, Holli A. and Patti M. Valkenburg. "Framing European politics: A content analysis of press and television news." Journal of Communication. Vol.50, No. 2 (2000): 93-109.

[369] Semetko, Holli A., Joanne Bay Brzinski, David Weaver and Lars Willnat. "TV News and US Public Opinion about Foreign Countries: The Impact of Exposure and Attention." *International Journal of Public Opinion Research*. Vol. 4, No. 1 (1992): pp. 18-36.

[370] Semmel, Andrew K. "Foreign News in Four U.S. Elite Dailies: Some Comparisons." *Journalism Quarterly*. Vol. 53 (Winter 1976): pp. 732-736.

[371] Seymour-Ure, Colin. *The Political Impact of Mass Media*. London: Constable; Beverly Hills, CA: Sage, 1974.

[372] Sharkey, Jacqueline. "When Pictures Drive Foreign Policy." *American Journalism Review*. Vol. 15, No. 10 (Dec. 1993): pp. 14-19.

[373] Shaw, Donald L. "At the Crossroads: Change and Continuity in American Press News, 1820-1860." *Journalism History*. Vol. 8, No. 2 (1981): pp. 38-50.

[374] Shaw, Donald L. and Maxwell E. McCombs. *The Emergene of American Political Issues: The Agenda-Setting Function of the Press*. St. Paul: West Publishing, 1977.

[375] Shaw, Martin. *Civil Society and Media in Global Crises*. London: St Martin's Press, 1996.

[376] Sherman, Spencer. "Pack Journalism, Japanese Style." *Columbia*

*Journalism Review* (September-October, 1990): pp. 37-42.

[377]Shoemaker, Pamela J. and Stephen Reese. "Exposure To What? Integrating Media Content and Effects Studies." *Journalism Quarterly.* Vol.67, No.4 (1990): pp.649-652.

[378]Shoemaker, Pamela J., et al. "Individual and Routine Forces in Gatekeeping." *Journalism and Mass Communication Quarterly.* Vol. 78, No. 2 (2001): pp.233-246.

[379]Sigal, Leon. *Reporters and Officials.* Lexington, Mass.: D.C. Heath, 1973.

[380]Singer, Benjamin D. "Violence, Protest, and War in TV News," *Public Opinion Quarterly,* Vol. 34 (Winter, 1970-1971): pp. 613-616.

[381]Slantchev, Branislav L. "How Initiators End Their Wars: The Duration of Warfare and the Terms of Peace." *American Journal of Political Science.* Vol. 48, No. 4 (2004): pp. 813-829.

[382]Slantchev, Branislav. "Politicians, the Media, and Domestic Audience Costs." *International Studies. Quarterly.* Vol.50, No.2 (2006): pp. 445-477.

[383]Small, Melvin. *Democracy & Diplomacy: The Impact of Domestic Politics on U.S. Foreign Policy, 1789-1994.* Baltimore, Maryland: Johns Hopkins University Press. 1996.

[384]Smith, Brewster M. Jerome S. Bruner, and Robert W. White. *Opinions and Personality.* New York: Wiley, 1956.

[385]Smith, Hedrick. *The Power Game.* New York: Random House, 1988.

[386]Snider, Paul. "'Mr. Gates' Revisited: A 1966 Version of the 1949 Case Study." *Journalism Quarterly.* Vol. 44, No. 3 (1967): pp. 419-427.

[387]Sniderman, Paul M., Richard A. Brody, Philip E. Tetlock. *Reasoning and Choice.* Cambridge, UK: Cambridge Univ. Press, 1991.

[388]Sobel, Richard. *The Impact of Public Opinion on U.S. Foreign Policy Since Vietnam.* New York: Oxford Univ. Press, 2001.

[389]Spears, George, Kasia Seydegart, and Margaret Gallagher. *Who Makes the News? The Global Media Monitoring Project 2000.* London: World Association for Christian Communication, 2000.

[390]Srivastava, Shubham. "The Role of Media in Foreing Policy: A

Decision Making." In Proceedings and E-journal of the 7th AMSAR Conference on Roles of Media during Political Crisis, Bangkok, Thailand, May 20th 2009.

[391] State Department. *Patterns of Global Terrorism*. 2004. Available at: http://www.state.gov/j/ct/rls/crt/2003/33777.htm

[392] Stech, Frank J. "Winning CNN Wars." *Parameters*. Vol. 24, No. 3 (Autumn 1994): pp. 37-53.

[393] Stein, Elizabeth. *Leading the Way: The Media and the Struggle Against Authoritarian Rule*. UCLA Dissertation. 2008. Available at: Google Book.

[394] Stempel, Guido H. "Content Patterns of Small and Metropolitan Dailies." *Journalism Quarterly*. Vol.39 (1962): pp.88-91.

[395] Stempel, Guido. "Gatekeeping: The Mix of Topics and the Selection of Stories." *Journalism Quarterly*. Vol. 62 (1985): pp.791-796.

[396] Steven Kull and Clay Ramsey. "The Myth of the Reactive Public." In Philip Everts and Peirangelo Isernia, eds. *Public Opinion and the International Use of Force*, London: Routledge, 2001, pp. 205-228.

[397] Stoll, Richard J. "The Guns of November: Presidential Reelections and the Use of Force, 1947-1982." *Journal of Conflict Resolution*. Vol. 28, No. 2 (1984): pp. 231-246.

[398] Striplin, Deborah. *The National Directory of Magazines 2011: Comprehensive Presentation of U.S. and Canadian Magazines*. Oxbridge Communications Inc. http://www.magazine.org/ASME/EDITORIAL_TRENDS/1093.aspx

[399] Strobel, Warren P. *Late Breaking Foreign Policy: The News Media's Influence on Peace Operations*. Washington D.C., WA: United States Institute of Peace, 1997.

[400] Taras, David. "Television and Public Policy: The CBC's Coverage of the Meech Lake Accord." *Canadian Public Policy*. Vol. 15, No. 3 (1989): pp. 322-334.

[401] The Commission on Freedom of the Press. *A Free and Responsible Press*. Chicago: University of Chicago Press, 1947.

[402] Tifft, Susan E. and Alex S. Jones. *The Trust: The Private and*

*Powerful Family behind the New York Times.* Boston: Little Brown & Co, 1999.

［403］Tocqueville, Alexis De. *Democracy in America.* New York: Liberty of America, 2004.

［404］Tuchman, Gaye. "Making News By Doing Work: Routinizing the Unexpected." *American Journal of Sociology.* Vol. 77 (1979): pp. 110-131.

［405］Tuchman, Gaye. "Objectivity As Strategic Ritual: An Examination of Newsmen's Notions of Objectivity." *American Journal of Sociology.* Vol. 77 (1972): pp. 660-679.

［406］Tucker, Nancy B. *Patterns in the Dust: Chinese-American Relations and the Recognition Controversy 1949-1950.* New York: Columbia University Press, 1983.

［407］Turnbull, George Stanley, Jr. "Reporting of the War in Indochina: A Critique," *Journalism Quarterly* 34 (Winter 1957): pp. 87-89.

［408］Tyndall, Andrew. *Who Speaks for America? Sex, Age and Race on the Network News.* Washington, D.C.: 10th Annual Women, Men and Media Study, conducted by ADT Research in conjunction with the Freedom Forum, October 20, 1998.

［409］Verba, Sidney, Richard A. Brody, Edwin B. Parker, Norman H. Nie, Nelson W. Polsby, et al. "Public Opinion and War in Vietnam." *American Political Science Review.* Vol. 61, No. 2 (1967): pp. 317-333.

［410］Vilanilam, J. V. "Foreign Policy as a Dominant Factor in Foreign News Selection and Presentation." *Gazette.* Vol. 32, No.1 (1983): pp. 73-85.

［411］Wanta, Wayne and Yu-Wei Hu. "The Agenda-Setting Effects of International News Coverage: An Examination of Differing News Frames." *International Journal of Public Opinion Research.* Vol. 5 (Summer 1993): pp. 250-264.

［412］Wanta, Wayne, Guy Golan and Cheolhan Lee. "Agenda Setting and International News: Media Influence on Public Perceptions of Foreign Nations." *Journalism and Mass Communication Quarterly.* Vol.81, No. 2 (Summer 2004): pp. 364-377.

［413］Weingast, Barry R. "The Congressional-bureaucratic System: A Principal Agent Perspective (with applications to the SEC)." *Public Choice.*

Vol.44, No.1 (1984): pp.147-191.

[414] Welch, Susan. "The American Press and Indochina 1950-1956." In Richard L. Merritt ed., *Communication in International Politics*. Urbana, IL: University of Illinois Press, 1972, pp. 207-231.

[415] Wheeler, Michael. *Lies, Damn Lies, and Statistics: The Manipulation of Public Opinion in America*. New York: Norton, 1976.

[416] Wheeler, Nicholas J. *Saving Strangers: Humanitarian Intervention in International Society*. Oxford: Oxford University Press, 2000.

[417] White, David Manning. "The Gatekeeper: A Case Study in the Selection of News." *Journalism Quarterly*. Vol. 27, No.4 (1950): pp. 383-96.

[418] Whitney, Charles D., Marilyn Fritzler, Steven Jones, Sharon Mazzarella, and Lana Rakow. "Geographic and Source Biases in Network Television News, 1982-1984." *Journal of Broadcasting & Electronic Media*. Vol. 33 (Spring 1989): pp.159-174.

[419] Wilhoit, G. Cleveland and David Weaver. "Foreign News Coverage in Two U.S. Wire Services: Update." *Journal of Communication*. Vol. 33, No. 2 (1983): pp. 132-148.

[420] Wilke, Jurgen. "Foreign News Coverage and International News flow over Three Centuries." *Gazette*. Vol. 39 (1987): pp.164-175.

[421] Will, George, ed. *Press, Politics and Popular Government*. Washinton, American Enterprise Institute, 1972.

[422] Wolfsfeld, Gadi. *Media and the Path to Peace*. Cambridge, UK: Cambridge Univ. Press, 2004.

[423] Wood, Dan B. and Jeffrey S. Peake. "The Dynamics of Foreign Policy Agenda Setting." *American Political Science Review*. Vol. 92, No. 1 (1998): pp. 173-183.

[424] Woodward, Julian L. *Foreign News in American Morning Newspapers: A Study in Public Opinion*. New York: Columbia University Press, 1930.

[425] Wright, Vincent. *The Government and Politics of France*. New York: Holmes and Meier, 1978.

[426] Wu, Denis W. "Investigating the Determinants of International News

Flow: A Meta-analysis." *The International Journal for Communication Studies.* Vol. 60 (June 1998): pp.493-512.

[427] Yang, Jin. "Framing the NATO Air Strikes on Kosovo across Countries." *Gazette: The International Journal for Communication Studies.* Vol. 65, No. 3 (2003): pp. 231-49.

[428] Zaller, John and Dennis Chui. "Government's Little Helper: US Press Coverage of Foreign Policy Crises, 1945-1991", *Political Communication*, Vol.13, No. 4 (1996): pp.385-405.

[429] Zaller, John. "Elite Leadership of Mass Opinion: New Evidence from the Gulf War". In W. Lance Bennett and David L. Paletz eds. *Taken by Storm: The Media, Public Opinion and U.S. Foreign Policy in the Gulf War.* Chicago: Univ. Chicago Press, 1994: pp. 186-209.

[430] Zaller, John. "Positive Constructs of Public Opinion." *Critical Studies in Mass Communication.* Vol. 11, No. 3 (1994): pp. 276-87.

[431] Zelizer, Barbie and Stuart Allan. *Journalism after September 11.* London & New. York: Routledge, 2002.

[432] 范士明：《CNN 现象与美国外交》，《美国研究》1999 年第 3 期。

[433] 范士明：《公众舆论、新闻媒体对九十年代美国对华政策国内环境的影响》，北京大学博士论文，1999 年。

[434] 顾耀铭主编：《我看美国媒体》，北京：新华出版社，2000 年版。

[435] 韩召颖：《美国政治与对外政策》，天津：天津人民出版社，2008 年版。

[436] 黄敏：《"冷战"与"主权"：中美南海对峙的媒体框架分析》，《新闻与传播研究》2009 年第 4 期。

[437] 刘继南主编：《大众传播与国际关系》，北京：北京广播学院出版社，1999 年版。

[438] 倪峰：《影响国会外交及安全决策的关键因素及冷战后的新特点》，《美国研究》2002 年第 1 期。

[439] 唐晓：《美国外交决策机制概论》，《外交学院学报》1996 年第 1 期。

[440] 张友伦、李剑鸣主编：《美国历史上的社会运动和政府改革》，天津：天津教育出版社，1992 年版。

[441] 张中义：《影响美国对华政策的几种主要力量》，《现代国际关系》

1997 年第 1 期。

[442]朱明权：《美国国家安全政策》，天津：天津人民出版社，1996 年 7 月第 1 版。

[443]朱锐：《外交决策中的公众舆论与媒体因素》，《当代世界》2008 年第 8 期。

[444]资中筠主编：《战后美国外交史》（下册），北京：世界知识出版社，1994 年版。

[445]（德）哈贝马斯著，童世骏译：《在事实与规范之间：关于法律和民主法治国的商谈理论》，北京：生活·读书·新知三联书店，2003 年版。

[446]（美）汉密尔顿、杰伊、麦迪逊著，程逢如译：《联邦党人文集》，北京：商务印书馆，1980 年版。

[447]（美）赫德里克·史密斯：《权力游戏——华盛顿是如何工作的》，北京：中国人民大学出版社，1991 年版。

# 作品简介

本书是国家社科基金研究成果。在考察美国及主要西方国家媒体国际新闻报道数量、关注范围、特殊受众群体、新闻媒体记者获取国际新闻的渠道、对国际新闻的取舍标准及其内涵、国际新闻受众特性以及美国新闻媒体对他国报道的特点等问题的基础上，系统梳理了美国外交核心决策层、国会等外交决策部门所关注的不同国际新闻来源，探讨了美国新闻媒体的国际新闻报道对美国总统、白宫、国务院、国防部以及国会等决策者和决策机构的影响，阐述了美国国际新闻报道对决策者和决策机构的影响方式及其效果，重点剖析了公众舆论在外交决策上的特殊作用，以及公众关注国际新闻的渠道、态度，及在常态和危机情况下对外交决策不同影响及其特点，研究了媒体报道对公众在外交事务上的影响，探索了新闻媒体通过对公众外交事务议程等环节的影响在外交决策问题上发挥其特有作用的机制，提出了一套重新认识媒体对公众舆论和外交决策影响的全新的"政策确定性"理论框架，补充了国内在媒体、公众、决策三者关系相关理论研究的缺失，对于相关理论研究和实证研究的进一步深入展开具有较高的学术借鉴价值与实际应用价值。

# 作者简介

罗宣，南开大学世界近现代史研究中心副教授。先后就读于南开大学和美国南佛罗里达大学，并获历史学学士、史学硕士、图书馆与信息情报学硕士和史学博士学位。2016—2017 年富布莱特访问学者。著有《在梦想与现实之间：鲁斯与中国》（人民出版社，2005 年版）。主要研究领域为中美关系史、新闻媒体与美国外交、网络史学。